湖北省高校人文社科重点研究基地
湖北师范大学语言学研究中心资助出版

修辞与模糊语言研究

黎千驹 ◎ 著

中国社会科学出版社

图书在版编目(CIP)数据

修辞与模糊语言研究 / 黎千驹著 . —北京：中国社会科学出版社，
2015.6
ISBN 978 - 7 - 5161 - 5732 - 9

Ⅰ.①修…　Ⅱ.①黎…　Ⅲ.①汉语 - 修辞 - 研究　Ⅳ.①H15

中国版本图书馆 CIP 数据核字(2015)第 053075 号

出 版 人	赵剑英	
责任编辑	任　明	
特约编辑	李晓丽	
责任校对	李　楠	
责任印制	何　艳	

出　　版	中国社会科学出版社
社　　址	北京鼓楼西大街甲 158 号
邮　　编	100720
网　　址	http：//www. csspw. cn
发 行 部	010 - 84083685
门 市 部	010 - 84029450
经　　销	新华书店及其他书店

印刷装订	北京市兴怀印刷厂
版　　次	2015 年 6 月第 1 版
印　　次	2015 年 6 月第 1 次印刷

开　　本	710 × 1000　1/16
印　　张	31.25
插　　页	2
字　　数	528 千字
定　　价	88.00 元

目　录

一　修辞理论研究

二　语音修辞研究

三　词汇修辞研究

四　语法修辞研究

五　模糊语言理论研究

六　模糊语言应用研究

七　治学与学者研究

一　修辞理论研究

论现代汉语同义修辞学科体系的建构

摘　要：同义修辞是在言语交际活动中说写者精心地选择同义手段来表达意旨，交流思想，以提高表达效果的一种言语交际活动。无论是在语言体系中还是在言语表达中，只要是可以互换的，并且互换之后其意义仍然相同或者基本相同的语言材料，都属于修辞学上的同义手段。同义手段包括两大类：一是语言体系中的同义手段；二是言语表达中的同义手段。如果按照语言的三要素来分，同义手段可以分为词汇上的同义手段、语音上的同义手段和语法上的同义手段。按照这种划分来建构现代汉语同义修辞的学科体系，是完全可行的。

关键词：现代汉语；同义修辞；体系建构

同义修辞是在言语交际活动中说写者精心地选择同义手段来表达意旨，交流思想，以提高表达效果的一种言语交际活动。无论是在语言体系中还是在言语表达中，只要是可以互换的，并且互换之后其意义仍然相同或者基本相同的语言材料，都属于修辞学上的同义手段。因此同义手段包括两大类：一是语言体系中的同义手段；二是言语表达中的同义手段。按照语言的三要素来分，同义手段又可以分为词汇上的同义手段、语音上的同义手段和语法上的同义手段。

一　词汇上的同义手段

词汇上的同义手段指的是同义词。如何选择同义词呢？这主要体现在求贴切、辨色彩、求同异、善活用、精确与模糊的选择、信息的选择等方面。

（一）求贴切

这是修辞的基本要求，也是同义修辞的基本出发点。判断用词是否贴切，这主要可以用以下两条标准来衡量：一是用词是否恰当，是否最具表现力；二是用词是否得体。我们认为，讲求语言的贴切，主要体现在以下几个方面：注意词义范围的大小，分清词义的轻重，辨明词义的着重点，结合上下文意。例如：

（1）叶部长考虑到他的年龄和衰弱的身体，劝他说："还是找另外一个人来输吧！"（周而复：《诺尔曼·白求恩断片》，见《中国现代散文选·七》，人民文学出版社 1983 年版）

（2）军区卫生部叶部长考虑他五十多岁的年龄和疲弱的身体，劝他说："还是另外找一个人来输吧。"（《截肢和输血》，见初级中学课本《语文》第 1 册）

"衰弱"和"疲弱"都有"体弱"的意思，然而二者的着重点不同："衰弱"的着重点在"衰"，指身体失去了强盛的精力、机能；"疲弱"的着重点在"疲"，是指劳累。白求恩大夫的体弱，不在于年老或疾病，而在于劳累过度，因此改文用"疲弱"一词更符合客观实际，更能揭示出白求恩崇高的精神。

（二）辨色彩

辨色彩包括辨析同义词的语体色彩和感情色彩。

第一，语体色彩的同义选择。词用于不同的语言环境，可以产生不同的语体。语体是言语的功能变体，可以分为口头语体与书面语体两大类。口头语体是社会日常生活中常用的语言表达体式，它具有通俗、生动和灵活等特点，富有浓郁的生活气息。在句式的运用上，常用短句、省略句和独语句，而较少用长句、规整句和复句。书面语体是借助文字在口头语体的基础之上发展起来的语言表达体式，它具有典雅、端庄和精密等特点。在句式的运用上，常用长句、规整句和复句。书面语体又可以分为文艺语体、科技语体、政论语体和公文语体四类。这四类语体又各有特点：文艺语体是用于文艺作品的语体，它具有生动性、形象性和独创性等特点。它大量运用日常生活用语、成语、谚语等。在句式的运用上，表现出极大的丰富性与灵活性。科技语体是用于科学技术和生产领域的语体，它较多地使用专业术语，具有准确性和单义性等特点。政论语体是广泛用于社论、评论、文艺批评和思想杂谈的语体，它具有鼓动性、逻辑性和鲜明性等特点。公文语体是广泛用于国家机关、社会团体、企事业单位的公文和日常应用文的语体，它具有准确性、规范性和简洁性等特点。

从另一个角度来看，书面语体又可以分为方言语体和共同语语体两类。方言是全民语言在不同地域的变体，是统一的全民语言的分支。共同语是一个社会的全体成员或大多数人日常生活中使用的语言。在书面语中，运用方言词语来进行交际的属方言语体，运用共同语词语来进行交际的属共同语语体。方言语体具有地域性，共同语语体具有全民性。

人们在不同的社会活动领域内进行交际时，由于交际的目的、对象、内容和场合等的不同，所用的语言也就具有不同的特点。有些词语常用于某些语体，有些词语只能用于特定的语体，也有些词语通用于各种语体，因此在交际过程中，根据语言环境来精心选择带有语体色彩的词语，这对提高语言的表达效果有着积极的意义。

语体的同义选择主要体现在以下几个方面：一是口头语体与书面语体的同义选择；二是方言语体与共同语语体的同义选择；三是科技语体与文艺语体的同义选择。例如：

（3）不行，不行，你的腿脚不灵便，从这些筐头子空里穿，不安全，栽倒了咋整？（王愿坚：《普通劳动者》，见同名短篇小说集，人民文学出版社 1978 年版）

（4）……栽倒了，怎么办？（《普通劳动者》，见初级中学课本《语文》第 6 册）

原文中的"咋整"是方言词语，它受地域的限制，一般难以为其他方言区域的人所接受，不大好懂，改文换成"怎么办"，既通俗明白，又符合现代汉语规范化的要求。

第二，感情色彩的同义选择。词语的褒义、贬义和中性之分，构成了词义的感情色彩。有的词语表达了说写者对该事物肯定、喜爱、赞美、尊敬的感情，含有褒义；有的词语表达了说写者对该事物否定、厌恶、贬斥、鄙视的感情，含有贬义；有的词语不表示说写者对该事物的褒贬，是中性词。我们在运用语言进行交际的时候，如果注意辨析含有褒贬色彩的词语，就能够更准确、更鲜明地表达思想，提高语言的表达效果。例如：

　　（5）"老虎团"的军官们发了急，恶狠狠地冲上前来，指挥他们的预备队，朝缺口硬压过去。他们决心要把这刚刚露出的缺口用士兵的尸体来堵塞住！（谢雪畴：《"老虎团"的结局》，《人民文学》1961年第12期）

　　（6）……他们妄图把这刚刚露出的缺口用士兵的尸体堵塞住！（《"老虎团"的结局》，见高级中学课本《语文》第2册）

　　原文中的"决心"含有褒义色彩，把它用在敌人方面是不恰当的，因此改文换成贬义词"妄图"。这样既准确地表现了敌人的嚣张气焰，又表达了作者对敌人的嘲讽。

（三）求同异

　　在一句话或一段话里，当要重复表示同样的意思的时候，是使用相同的词语还是使用不同的词语来表示，这就必须进行选择。这种选择的方法就是词语的求同与求异。

　　第一，在一句话或一段话里，使用相同的词语来表示同样的意思，这就是词语的求同。例如：

　　（7）面对这样的党员，面对这样的党组织，群众评价说："还是共产党好！"（马识途：《我们打了个大胜仗》，《人民日报》1981年11月7日）

　　（8）……群众评论说："还是共产党好！"（《我们打了个大胜仗》，见高级中学课本《语文》第4册）

　　从表意的角度来看，无论是用"评价"还是用"评论"都是正确的，然而如果结合上文来看，就有了优劣之分。上文这样写道："我这里只想说说我们党的基层组织和普通党员，在灾难临头人民遭难时是怎样行动，群众又是怎样评论他们的。"这里使用了"评论"一词，因此为了求得前后照应，下文也宜用"评论"一词。

　　第二，在一句话或一段话里，使用不同的词语来表示同样的意思，这就是词语的求异。例如：

(9) 船随山势左一弯，右一弯，每一曲，每一折，都向你展开一幅绝好的风景画。(《长江三日》，见《刘白羽散文选》，人民文学出版社 1978 年版)

(10) 船随山势左一弯，右一转，每一曲，每一折，都向你展开一幅绝好的风景画。(《长江三峡》，见高级中学课本《语文》第 1 册)

原文两次用"弯"字来描写船行驶的动作，这就显得有点重复单调；改文把后一个"弯"改为"转"，这就使得语言富于变化。

(四) 善活用

每一个词语都有固定的形式、语法功能和词汇意义，唯有如此，人们的语言交际活动才得以正常进行；然而在特定的语言环境里，人们有时为了达到某种特殊的修辞效果而临时改变某个词语的形式、语法功能或词汇意义。这就是词语的活用。词语的"本用"与"活用"，同样构成同义手段。例如：

(11) 惜秦皇汉武，略输文采；唐宗宋祖，稍逊风骚。(毛泽东：《沁园春·雪》)

根据词的形、音、义三者之间的关系，"秦皇""汉武""唐宗""宋祖"等语音形式和结构形式并不表示"秦始皇""汉武帝""唐太宗""宋太祖"等意义，但是在这种特定的语言环境里，读者可以明白前者是后者的节缩。运用节缩这一修辞方式来改变词形，可以收到语言简洁、音节和谐、结构整齐的效果。

(五) 精确与模糊的选择

语言中有些词语的外延是精确的，有些词语的外延是模糊的。这就有了精确语言与模糊语言之分。同样是运用模糊语言，也存在着程度、范围、时间和数量等方面模糊度的大小问题。由此可见，精确语言与模糊语言也同样构成同义手段。

第一，用模糊语言替换精确语言。例如：

（12）起初我还以为是谁家新婚的洞房，其实家家如此，毫不足奇。（《海市》，见《杨朔散文选》，人民文学出版社 1978 年版）

（13）起初我还以为是新婚洞房，其实许多人家都如此，毫不足奇。（《海市》，见高级中学课本《语文》第 3 册）

原文"家家"是精确语言，然而与客观事实不相符合，因此改文换成了模糊语言"许多人家"，这样一来，说话就留有余地。

第二，用精确语言替换模糊语言。例如：

（14）毛主席走下车来。和平日不同，穿一套半新的蓝布制服，皮鞋，头戴深灰色的盔式帽。（方纪：《挥手之间》，《人民文学》1961 年第 10 期）

（15）毛主席走下车来。和平日不同，新的布制服，深灰色的盔式帽……（《挥手之间》，见初级中学课本《语文》第 6 册）

原文"半新的蓝布制服"是模糊语言，说明这套制服平日也穿过，它与上文"和平日不同"发生矛盾，因此改文换成精确语言"新的布制服"。

（六）信息的选择

我们所说的信息的选择，是在两个或两个以上的真信息之间进行的。如果其中有一个是假信息，则不属于我们所说的信息选择的范围，因为信息的选择只有优劣之分，而没有真假之别。信息的选择，表现在语言形式上，或改换某些词语，或增删某些词语。然而并不是说凡改换或增删某些词语的现象都是信息的选择。我们所说的信息的选择，包括三个要素：一是两个信息都是真的；二是这两个真信息中的主要信息是相同的；三是被选择的次要信息不同，但它们可以共存，只不过选甲还是选乙，有时存在着优劣之别。例如：

（16）车上跳下来周恩来同志、王若飞同志，后面跟了穿着整齐、

身佩短剑的张治中将军。(方纪:《挥手之间》,见《散文特写选》)

(17) 车上跳下周恩来同志和王若飞同志,后面跟着国民党的代表张治中将军。(《挥手之间》,见初级中学课本《语文》第6册)

这里的主要信息是说后面跟着张治中将军。在次要信息方面,原文从仪表的角度来给人信息:他"穿着整齐、身佩短剑";改文从政治身份的角度来给人信息:他是"国民党的代表"。当时国共两党准备和谈,因此点明张治中将军的政治身份就显得更为恰当一些。

二　语音上的同义手段

语音上的同义手段指的是同义语音形式,即不同的语音形式具有相同或者相近的意义。它主要包括音韵和谐和音节匀称。不少谈同义手段的论著都没有涉及语音上的同义手段,或虽然提及,但所界定的范围太窄。下面我们结合实例谈谈语音同义手段问题及它所涉及的范围。

(1) 骑在人民头上的,人民把他摔垮;给人民作牛马的,人民永远记住他!(臧克家:《有的人》)

"摔垮",原文作"摔倒"。如果从意义上看,这两个词很难说孰优孰劣;如果从语音的角度来看,读者就会感觉到"倒"与"他"不押韵,而"垮"与"他"押韵,念起来就悦耳动听。由此可见,"倒"与"垮"在这里构成了语音上的同义手段——它们的语音形式不同,意义基本相同,是选择何种语音形式,取决于押韵的需要。

(2-1) 熟练的纺手,趁着一豆灯光或者朦胧的月光,也能摇车,抽线,上线,一切做得优游自如。(吴伯箫:《记一辆纺车》,《人民文学》1964年第4期)

(2-2) 熟练的纺手趁着一线灯光或者朦胧的月色也能摇车,抽线,上线,一切做得从容自如。(《记一辆纺车》,见初级中学课本《语文》第4册)

原文用"月光",改文用"月色"。其实"月光"就是"月色",都是指"月亮的光线"，它们之间既没有意义的微殊，又没有语体的区别，也没有语法功能的差异。那么改文为什么要用"月色"来替换"月光"呢？我们认为这主要是为了声音的和谐。"光"的韵母属洪亮级韵，声音响亮，它适宜跟明亮的色彩相配；"色"的韵母属柔和级韵，声音柔和，它适宜跟昏暗的色彩相配。人们习惯说"月光皎洁""月色昏暗""明亮的月光""朦胧的月色"等，大概就是从词语的声音即韵母的响亮度方面来考虑的。例如，鲁迅在《社戏》里分别使用了"月光"和"月色"："月色便朦胧在这水气里"，"月光又显得格外的皎洁"。这里也是将"月色"与"朦胧"搭配，"月光"与"皎洁"搭配，这也许是鲁迅先生从语音方面精心选择词语的结果。由此可见，"月光"与"月色"在这里构成了语音上的同义手段——它们的语音形式不同，意义相同，是选择何种语音形式，取决于跟它配合使用的词语。

（3）提起我那驴，可是百里挑一：浑身（乌黑）乌黑乌黑，没有一根杂毛，四只蹄子可是白的。（杨朔：《雪浪花》，见王钟林、王志彬《修辞与写作》，内蒙古教育出版社 1983 年版）

原文用"乌黑"，后改为叠音词"乌黑乌黑"，所表示的程度更深一些。由此可见，"乌黑"与"乌黑乌黑"在这里构成了语音上的同义手段——它们的语音形式不同（叠音与否），意义基本相同，是选择何种语音形式，取决于表达的需要。

（4）不管是什么人，尽管可以创造各种条件延年益寿，却不可能不老不死。秦始皇梦想长生不死……（《黑海风暴和天气预报的产生》，见韩树英主编《通俗哲学》，中国青年出版社 1982 年版）

（5）有的死亡于疾病，有的牺牲在战场。（《黑海风暴和天气预报的产生》，见高级中学课本《语文》第 6 册）

"死"和"死亡"是同义词。例（4）中两处用"死"，这是由于前面有单音节词"老"或"生"与之相对；例（5）中用"死亡"而不用"死"，是因为与之相配的是双音节词"牺牲"。如果这两例中的"死"与"死亡"互换，虽然意义不会改变，但是音节会不匀称，读来就不上口，听起来就不顺耳。由此可见，"死"与"死亡"在这里构成了语音上的同义手段——它们的语音形式不同（单音节与双音节），意义相同，是选择何种语音形式，取决于音节是否匀称。

三　语法上的同义手段

语法上的同义手段包括两大类：同义结构和同义句式。同一个意义，往往可以用不同的句式来表达；不同的句式往往可以表达相同的意义。同一个词语，可以充当不同的句子成分而基本意义不变；同一个句子成分，其位置可前可后，所表达的意义基本相同。这种语法形式不同，所表达的意义相同或者基本相同的句子，我们把它叫做"同义语法形式"。其中，属于结构一级的，我们称为"同义结构"；属于句子一级的，我们称为"同义句式"。同义语法形式的存在，为我们表达思想提供了丰富的形式。然而在表达同一个意义时，选择什么样的语法形式，这在表达效果方面有时具有优劣高低之分。因此，尽管同一个意义往往可以用不同的句式来表达，或者说不同的句式往往可以表达相同的意义；尽管同一个词语可以充当不同的句子成分而基本意义不变；同一个句子成分其位置可前可后，所表达的意义基本相同，但是要想准确、生动地表达思想，我们还得精心地去选择恰当的语法形式。这就是我们所说的"同义语法形式的选择"。也就是说，在表达同一个意义的时候，选择哪种语法形式才算最恰当。

（一）同义结构的选择

它主要包括"同一词语作不同成分的选择"、"常位句与变位句的选择"（同一成分的不同位置的选择）、"词语语序的移动"等。

第一，同一词语作不同成分的选择。同一词语作不同的成分指的是：在相同的语言环境中，所选用的词语基本上相同或相当，但让它在句子里所充当的成分不同，并且这个词语在作不同的成分时所表达的意义基本上是相同的，只是在修辞效果方面有所不同。既然不同的词语在句子中可以充当不同的成分，并且所表达的意义基本相同，那么在具体的语言环境中，是选用该词语充当甲成分还是乙成分，这就要求我们进行选择。这就是我们所说的"同一词语作不同成分的选择"。这种选择主要包括下列内容：状语与补语的选择、宾语与状语的选择、状语与谓语的选择、主语与宾语的选择、主语与状语的选择、定语与谓语的选择、主语与补语的选择、谓语与补语的选择、主语与定语的选择、述语与宾语的选择、定语与状语的选择、定语与宾语的选择、定语与补语的选择等。例如：

（1-1）她悲痛老赵的被捕，她又觉得这种情况太突然，太奇怪。（峻青：《党员登记表》，见《黎明的河边》，人民文学出版社1978年版）

（1-2）她为老赵的被捕而悲痛，又觉得这种情况太突然，太奇怪。（《党员登记表》，见高级中学课本《语文》第4册）

"老赵的被捕"在原文中作宾语，侧重于"她悲痛"是什么；在改文中与介词"为"组成介宾短语作状语，侧重于"她"为什么而悲痛，且"悲痛"一词一般不能带宾语，因此以改文为优。

第二，常位句与变位句的选择（同一成分的不同位置的选择）。句子成分在句子中都有一定位置。现代汉语的句子成分一般是主语在前，谓语在后；述语在前，宾语在后；定语在前，中心语在后；状语在前，谓语在后。按照这种成分位置排列的句子，我们称为"常位句"。然而有时由于修辞的需要，人们在不改变句子基本意义的前提之下，往往把某一成分提前或者挪后。这种不按照成分正常位置排列的句子，我们称为"变位句"。常位句与变位句是由同一成分在句子中所处位置的变换所造成的，它们共同处于一个既相互依赖又相互对立的统一体之中，离开了常位句就无所谓变位句，反之亦然。变位句有三个特点：第一，成分的位置发生了变化，即提前或者挪后，但基本意义没变；第二，成分不变，即某一句子成分不会因位置的变化而变化成别的成分；第三，变化了的成分之间往往有语音停顿。

尽管常位句与变位句所表达的基本意义是相同的，然而它们的修辞效果会有细微差别。例如：

（2）水生笑了一下。女人看出他笑得不象平常，"怎么了，你?"（孙犁：《荷花淀》）

（3）车夫毫不理会，——或者并没有听到，——却放下车子，扶那老女人慢慢起来，搀着臂膊立定，问伊说：

"你怎么啦?"（鲁迅：《一件小事》）

例（2）的谓语"怎么了"移到主语前面，生动地表现了水生妻子的惊讶，语气急切。如果换成常位句，语气就会舒缓一些。如例（3）"你怎么啦？"车夫那平缓的询问语气中流露出对那跌倒的女人的关心。这里如果也换成变位句"怎么了，你？"则表明车夫在呵斥那女人，这无疑会有损车夫的形象。可见常位句与变位句各有各的作用。

第三，词语语序的移动。我们在上文探讨了句子成分的变位问题，这实际上也是讲语序的移动，只不过是从常位句和变位句的角度来展开讨论的。在这里，我们主要是从通常位置的角度来探讨语序的移动问题，即同一句子成分可前可后，但并非变位句。那么，是把这个成分放在甲处还是移到乙处？这就有一个选择的过程。这种选择的结果一般不会造成意义上的多大变化，然而修辞效果往往不同。如果因语序的调整而使意义发生了根本性的变化，则不在本节的讨论范围。例如，"屡战屡败"换成"屡败屡战"，前者是一个常败将军的形象，后者是一个失败而不气馁，敢于浴血奋战者的形象。两者的意义已经发生了根本性的变化。语序的移动可分为主语的移动、定语的移动、状语的移动、补语的移动，以及联合短语中词语的换位等。例如：

（4-1）太阳好象负着重荷似的一步一步、慢慢地努力上升。（《海上的日出》，见《巴金文集》，四川人民出版社1982年版）
（4-2）太阳象负着什么重荷似的，慢慢的，一步一步地，努力向上升起来。（《海上的日出》，见初级中学课本《语文》第1册）

"一步一步"和"慢慢"都是"升"的状语。原文中说"一步一步"地"慢慢地上升"，重心落在"慢慢"上；改文把这两个状语互换位置，就成了"慢慢"地"一步一步地上升"，重心落在"一步一步"上，表明虽然太阳是慢慢地上升，却是一步一步地上升，这就突出表现了太阳初升时的艰难与顽强。可见改文优于原文。

（二）同义句式的选择

句子可以分为单句和复句两大类。根据不同的标准，单句可以分为陈述句、疑问句、祈使句和感叹句；又可以分为肯定句和否定句；主动句和被动句；特殊句式和一般句式。不同的句式往往可以表达相同的意义，只是在修辞效果方面存在着某些差异。因此人们为了准确、生动地表达思想，往往注意选择恰当的句式。这就是同义句式的选择。在同义句式选择方面，我们所要探讨的内容主要有"陈述句、疑问句、祈使句、感叹句的选择"、"肯定句与否定句的选择"、"主动句与被动句的选择"、"特殊句式之间的选择"、"特殊句式与一般句式的选择"、"句子语序的移动"、"单句与复句的选择"和"句子语序的移动"等。例如：

（5-1）我回到汉中，立即被卷入反对中国法西斯统治的斗争旋涡中。（《永远怀念周恩来同志》，见《曹靖华散文选》，陕西人民出版社 1983 年版）

（5-2）我回到汉中，立即卷入反对国民党法西斯统治的斗争旋涡中。（《往事漫忆——怀周恩来同志》，见《飞花集》，上海文艺出版社 1978 年版）

原文"立即被卷入反对中国法西斯统治的斗争旋涡中"是被动句，改文换成主动句。原文含有被迫卷入的意味，改文具有积极参与的性质，更能够体现作者的觉悟和大无畏的革命精神，因此以改文为优。

综上所述，按照语言的三要素将同义手段分为词汇上的同义手段、语音上的同义手段和语法上的同义手段，并以此来建构现代汉语同义修辞的学科体系，是完全可行的。

（原载《常德师范学院学报》2001 年第 6 期）

语言贴切：标准与方法

摘　要：求贴切，是语言锤炼的基本要求与基本出发点，它主要涉及所选用的语言是否更佳的问题。判断语言是否贴切主要可以用以下两条标准来衡量：一是用词是否恰当，是否最具表现力；二是用词是否得体。讲求语言的贴切，主要体现在以下几个方面：一是注意词义范围的大小；二是分清词义的轻重；三是辨明词义的着重点；四是结合上下文意。

关键词：语言；贴切；标准；方法

讲准确，是写作中语言表达的基本前提，它主要是要求"辞达"；求贴切，是语言锤炼的基本要求与基本出发点，它主要涉及所选用的语言是否更佳的问题。那么怎样判断语言是否贴切呢？主要可以用以下两条标准来衡量。

第一，用词是否恰当，是否最具表现力。法国19世纪著名作家福楼拜说过："我们不论描写什么事物，要表现它，唯有一个名词，要赋予它运动，唯有一个动词，要得到它的性质，唯有一个形容词。我们必须不断地苦思冥索，非发现这个唯一的名词、动词或形容词不可。仅仅发现与这些名词、动词或形容词相类似的词句是不行的，也不能因为思索困难，就用类似的词句敷衍了事。"这个"唯一的名词、动词或形容词"就是最恰当、最具表现力的词语。据说有一次苏轼与黄庭坚、苏小妹谈写诗，苏小妹出题说：在"轻风"与"细柳"，"淡月"与"梅花"之间添一字而成诗。黄庭坚云："轻风舞细柳，淡月隐梅花。"苏小妹说不好。苏轼改为"轻风摇细柳，淡月映梅花"。小妹仍说不好，并改为"轻风扶细柳，淡月失梅花"。苏轼与黄庭坚皆拍手称妙。"舞细柳"与"摇细柳""扶细柳"，"隐梅花"与"映梅花""失梅花"等，在表达上并无正误之分，然而有优劣之别。既然是"轻风",无论是用"舞"还是用"摇",语义都显得过重,唯有用"扶"才能准确地表现出"轻风"与"细柳"之间的柔和相谐的情状;既然是"淡月",说它"隐梅花"则有失真实,说它"映梅花",则有点夸张,只有"失梅花"才能与"淡月"相配——淡淡的月光下有一树梅花,那洁白的梅花使得淡淡的月光仿佛消失了一般。由此可见,这个"扶"字,这个"失"字,就是唯一的动词,就是最恰当、最具表现力的词语。

第二,用词是否得体。说写者与听读者总是处在一定的关系之中,如果说写者能注意到听读者这一对象去选择词语,这就叫得体。俗话说什么藤结什么瓜,什么人说什么话,如果描写一个人的言行,所选用的词语跟他的身份、地位、性格等相符合,这也是得体。例如:

（1）他不回答,对柜里说,"温两碗酒,要一碟茴香豆。"便排出九文大钱。（鲁迅:《孔乙己》）

（2）我温了酒,端出去,放在门槛上。他从破衣袋里摸出四文大钱,放在我手里,见他满手是泥,原来他便用这手走来的。（鲁迅:《孔乙己》）

（3）他走近柜台,从腰间伸出手来,满把是银的和铜的,在柜上一扔说,"现钱! 打酒来!"（鲁迅:《阿Q正传》）

例（1）和例（2）,描写拿钱的动作,一般用"拿""掏""取"等动词,鲁迅先生在这里却选用了另外两个动词:"排"和"摸"。孔乙己本是穷困潦倒之人,却摆出有钱人的气派。这一个"排"字,就传神地表现出了孔乙己装腔作势的神情和爱虚荣的心理。后来他不再是"排出"大钱,而是"摸出"。这一个"摸"字,就准确地描写了孔乙己走入绝境之时的可怜相。这两个动词还深刻地表现出了孔乙己前后生活境况所发生的变化。

例（3）,同样是掏钱买酒喝,阿Q的动作与孔乙己相比就大不相同。他从城里偷东西得了钱回到未庄,在酒店打酒时,阿Q"从腰间伸出手来,满把是银的和铜的,在柜上一扔说,'现钱! 打酒来!'"这一个"扔"字,就描写出了阿Q"发财"时得意忘形的神态和他的精神胜利法的性格特征。虽然孔乙己和阿Q同样具有摆阔气的心理,但是孔乙己无论如何也不会做出"扔"钱的动作，他毕竟是读书人、斯文人。

由此可见，上面的三个动词运用得非常得体，不但"扔"不能用于孔乙己，就是同样用于孔乙己的"排"和"摸"，也不能交换使用。

那么怎样才能做到用词贴切呢？我们认为，讲求语言的贴切，主要体现在以下几个方面：一是注意词义范围的大小；二是分清词义的轻重；三是辨明词义的着重点；四是结合上下文意。下面我们结合一些著名作家的作品来加以分析与讨论。

一　注意词义范围的大小

同义词的细微差别，有时表现在词义范围有大小之分。如果忽略了词义范围的差别，那么我们在表达思想的时候就可能失之片面，或失之笼统。要准确选用表范围的词语，就应该注意这些方面的问题：要注意合乎事理，要注意表达的着重点，要注意所指时间的长短。

（一）要注意合乎事理

例如：

> 原文：我们抗日军民热烈响应毛主席的伟大号召："自己动手，丰衣足食"，结果彻底粉碎了敌人围困的阴谋。（吴伯箫：《记一辆纺车》，《人民文学》1961年第4期）
> 改文：我们边区军民热烈响应毛主席的"自己动手，丰衣足食"的伟大号召，结果彻底粉碎了敌人困死我们的阴谋。（《记一辆纺车》，见初中《语文》第4册）

大生产运动只是在陕甘宁边区开展，因而参加者也只能是边区军民。原文用"抗日军民"，外延太大，不合历史事实，因此改文用"边区军民"这一外延较小的概念来替换。

（二）要注意表达的着重点

例如：

> 原文：他一一去问刚才行手术的病人，用生硬的中国话直接问病

人："好不好？"（周而复：《诺尔曼·白求恩断片》，见《中国现代散文选·七》）

　　改文：他——去看刚才做过手术的伤员，用生硬的中国话直接问："好不好？"（《截肢和输血》，见初中《语文》第 1 册）

　　"屋子"和"手术室"，是属种关系的概念。原文用的都是属概念，一般说来这是可以的，然而整篇文章是围绕抢救伤员这一中心展开的，为了表示强调或突出中心，改文用种概念显得更为合适。

（三）要注意所指时间的长短

例如：

　　原文：那是在抗日战争最艰苦的时候。（吴伯箫：《记一辆纺车》，《人民文学》1961 年第 4 期）

　　改文：那是在抗日战争最艰苦的年月。（《记一辆纺车》，见初中《语文》第 4 册）

　　原文：春天 4、5 月间禾苗出土时间，也正值狂风肆虐的时期。（竺可桢：《向沙漠进军》，见《人民日报》1961 年 2 月 9 日）

　　改文：春天四五月间禾苗刚出土，正是狂风肆虐的时候。（《向沙漠进军》，见初中《语文》第 3 册）

　　"时候""年月""时期"都表示时间，三者的主要区别是："时候"指较短的一段时间或时间里的某一点；"时期"指较长的一段时间（多指具有某种特征的），例如，"解放战争时期""社会主义建设时期"；"年月"所表示的时间长于"时候"，但短于"时期"，一般不超过十年，例如可以说"在抗美援朝的年月（或时期）"，但不可以说"在新民主主义革命年月"。由此可见，第 1 例原文中的"时候"，用来表示八年抗战这么长的时间，显然不妥，因此改文换成"年月"；第 2 例原文中的"时期"，用来表示两个月的时间，显得"大词小用"，因此改文换成"时候"。

二　分清词义的轻重

　　有些同义词虽然指的是同一事物，但是在表现该事物的某种特征或程度等方面存在着轻重的差别，因此在使用这类同义词的时候，不能随意替代，该轻的要轻，该重的要重，从而使语言表达贴切而有分寸。例如：

　　　　原文：而仿佛是些令人快乐、令人兴奋和最有意思的事情使她激动着。（杨沫：《青春之歌》）
　　　　改文：却仿佛有什么令人快乐，令人兴奋和最有意义的事情使她激动着。（《坚强的战士》，见初中《语文》第 5 册）

　　"意思"和"意义"都是指语言文字所包含的内容，然而"意义"所表示的内容深刻、重大，常指某种客观效果或影响；"意思"所表示的内容一般不及"意义"深。郑谨在跟林道静谈她生命中的最后时刻，谈她对党的信念。这是人生中重大的事情。原文用"意思"，语义太轻，因此改文换成"意义"。这是分清名词词义的轻重。

　　　　原文：我们抗日军民热烈响应毛主席的伟大号召："自己动手，丰衣足食"，结果彻底粉碎了敌人围困的阴谋。（吴伯箫：《记一辆纺车》，《人民文学》1961 年第 4 期）
　　　　改文：我们边区军民热烈响应毛主席的"自己动手，丰衣足食"的伟大号召，结果彻底粉碎了敌人困死我们的阴谋。（《记一辆纺车》，见初中《语文》第 4 册）

　　国民党配合日寇重重封锁陕甘宁边区，其目的是想困死我们。原文中的"围困"一词还不足以表现敌人的猖狂和用心的险恶，以及我们所面临的巨大困难，因此改文换成了语义较重的词语"困死"。这是分清动词词义的轻重。
　　值得注意的是，有时作者故意将"轻重"错位，以期收到积极的修辞效果。例如：

　　　　段执政有卫兵，"孤桐先生"秉政，开枪打败了请愿的学生，胜矣。（鲁迅：《"公理"之所在》）

　　一方是荷枪实弹的军人，一方是手无寸铁的学生，双方力量强弱之对比是非常明显的，而作者用"打败"一词来形容段祺瑞政府的"武功"，这就充分揭露了段祺瑞政府把学生当做敌人并对手无寸铁的学生进行残酷镇压的罪恶行径，语言犀利，具有极强的讽刺意味。

三　辨明词义的着重点

汉语里有一种双音同义词，它们是由一个相同的语素和一个不同的语素构成的。这相同的语素使得它们在意义上具有相同的一面；这不同的语素则决定了它们在意义上又具有相异的一面，并且它往往是词义的着重点之所在。我们讲究用词的贴切，不能不注意辨明词义的着重点。例如：

> 原文：叶部长考虑到他的年龄和衰弱的身体，劝他说："还是找另外一个人来输吧！"（周而复：《诺尔曼·白求恩断片》，见《中国现代散文选·七》）
> 改文：军区卫生部叶部长考虑他五十多岁的年龄和疲弱的身体，劝他说："还是另外找一个人来输吧。"（《截肢和输血》，见初中《语文》第1册）

"衰弱"和"疲弱"都有"体弱"的意思，然而二者的着重点不同："衰弱"的着重点在"衰"，指身体失去了强盛的精力、机能；"疲弱"的着重点在"疲"，是指劳累。白求恩大夫的体弱，不在于年老或疾病，而在于劳累过度，因此改文用"疲弱"一词更符合客观实际，更能揭示出白求恩崇高的精神。这是辨明形容词词义的着重点。

> 原文：听着总司令的话，我们一时觉得脸上有些发烧，内心感到很惭愧。（刘坚：《草地晚餐》，见《战争年代的朱德同志》）
> 改文：听着总司令的话，我们顿时觉得脸上发烧，内心感到很惭愧。（《草地晚餐》，见初中《语文》第1册）

"一时"和"顿时"都表示时间短，然而"一时"侧重于某种情况存在的短暂，含有"暂时这样，过后不一定这样"的意思；"顿时"侧重于某种情况发生时间的迅速。"我们觉得脸上有些发烧，内心感到很惭愧"，这是听了总司令的话之后而立刻产生的一种感觉，它并不涉及这种感觉存在时间的久暂，可见改文用"顿时"优于原文的"一时"。这是辨明副词词义的着重点。

四　结合上下文意

有些词用在某些句子或短语里是正确的，但是如果结合上下文意来看，有时又显得并不十分恰当。因此我们讲求用词的贴切，还应该结合上下文意来选词。例如：

> 原文：后来太阳才慢慢地冲出重围，出现在天空，甚至把黑云也染成了紫色或者红色。（《海上的日出》，见《巴金文集·八》）
> 改文：到后来才慢慢儿透出重围，出现在天空，把一片片黑云变成了紫云或红霞。（《海上的日出》，见试用本初中《语文》第1册）

说"太阳冲出重围"或"太阳透出重围"，都是正确的，然而由于上文有"才慢慢地"等状语修饰，这样一来，含有"时间快、力量大"等义素的"冲出"一词就显得与修饰语不协调了，因此改文换成了"透出"。这是结合上下文意选择恰当的动词。

> 原文：粉红色的山，各色的映山红，再加上或深或淡的新绿，眼前一片明艳。（叶圣陶：《记金华的两个岩洞》，见《中学现代散文分析》）
> 改文：……再加上或浓或淡的新绿……（《记金华的两个岩洞》，见叶圣陶《小记十篇》）

"深的新绿"或"浓的新绿"的说法，都是正确的，然而它们的反义词是不同的："深"与"浅"相对，"浓"与"淡"相对。原文中"深"的下文有"淡"字，为了对应，因此改文把"深"换成了"浓"。这是结合上下文意选择恰当的形容词。

（原载武汉大学《写作》2002年第10—11期）

孔子的言语交际观研究
——以《论语》为例

摘　要：孔子的言语交际观主要体现在信言观、慎言观、辞达观、美言观和语境观五个方面。信言观是指在言语交际活动中言语要诚信；慎言观是指说话要谨慎；辞达观是语言表达要准确；美言观是指语言表达要注重内容充实和形式优美，即"文质彬彬"；语境观是指人们在言语交际活动中要善于根据言语环境选择恰当的语言来表达思想。

关键词：孔子；论语；言语交际；主张

孔子是中国古代伟大的思想家、伟大的文化大师、伟大的教育家。从言语交际艺术的角度来看，孔子也是古代著名的修辞学家，他具有系统的言语交际理论。通过考察《论语》，我们发现孔子的言语交际观主要体现在信言观、慎言观、辞达观、美言观和语境观五个方面。

一　孔子言语交际的"信言"观

信是诚信，信言观是指在言语交际活动中言语要诚信。人们进行言语交际，有时交际的话题是一方对另一方表达承诺。既然已经承诺，就得守信，践行承诺。此可谓"言必信，行必果"。孔子的"信言"观可以从四个方面来进行考察：诚信是治国之道，是修身之道，失信是一种耻辱，失信之人将使得别人改变对他的看法。

（一）诚信是治国之道

"子曰：'道千乘之国，敬事而信。'"（《论语·学而》）意思是"治理拥有千辆兵车的国家，要严肃认真地处理政事并守信用"。孔子把

"信"上升到了治国安邦的高度，并且把它摆在治理国家的首位。"子贡问政。子曰：'足食，足兵，民信之矣。'子贡曰：'必不得已而去，于斯三者何先?'曰：'去兵。'子贡曰：'必不得已而去，于斯二者何先?'曰：'去食。自古皆有死，民无信不立。'"（《论语·颜渊》）意思是子贡问如何治理政事，孔子说："使粮食充足，使军备充足，使老百姓信任政府。"孔子认为治理政事之道在于"足食，足兵，民信之矣"。子贡说："如果迫不得已而要去掉一项，在这三项中先去掉哪一项呢?"孔子说："去掉使军备充足。"子贡说："如果迫不得已而要去掉一项，在这两项中先去掉哪一项呢?"孔子说："去掉使粮食充足。自古以来谁都有一死，如果老百姓不信任政府，那么国家是站不住脚的。"可见"取信于民"是贤明君主和有识之士治理国家的一个重要凭借。如果政府失信，伤害的不仅仅是百姓的切身利益，也必将导致百姓对政府部门的信任危机；政府失信是执政方面的一大毒瘤，它必将导致整个社会信用体系的崩溃。

（二）诚信是修身之道

孔子把诚信看作做人的基本准则和道德底线。《论语》里反复强调做人要讲诚信。例如，孔子要求弟子："谨而信。"（《论语·学而》）意思是"谨慎而诚信"。"主忠信。"（《论语·学而》）意思是"以忠信为主"。"久要不忘平生之言。"（《论语·宪问》）意思是"与人交往而不忘平日的诺言"。并且孔子把"信"纳入其教学的内容："子以四教：文、行、忠、信。"（《论语·述而》）意思是"孔子以四项内容教育学生：古代文献、社会实践、忠于职守、诚实守信"。子夏也说道："与朋友交，言而有信。"（《论语·学而》）曾子每日反省自己："与朋友交而不信乎?"（《论语·学而》）

人与人之间要讲诚信，即相互信任而不尔虞我诈，信守承诺而不失信于人。诚信是做人的基本准则，是人与人之间交往的基础，只有诚信之人，才值得信赖，才有威信，人们才乐于与之交往。自古以来，守信之人往往被人称颂。如果不守诚信，则将处处碰壁。正如孔子所说："人而不信，不知其可也。"（《论语·为政》）意思是"一个人如果不讲信用，不知他还可以做什么"。"子张问行。子曰：'言忠信，行笃敬，虽蛮貊之邦，行矣。言不忠信，行不笃敬，虽州里，行乎哉?'"（《论语·卫灵公》）子张询问行事如何行得通，孔子答以对自身的言行要求，只有自身做到了"说话忠诚守信，行为忠厚谨慎，即使到了不开化的国家也行得通。说话不忠诚守信，行为不忠厚谨慎，即使在家乡，能行得通吗？"此可谓诚信走遍天下，无信寸步难行。

（三）失信是一种耻辱

"子曰：'古者言之不出，耻躬之不逮也。'"（《论语·里仁》）意思是"古人言语不轻易出口，以说了而自身做不到为耻"。孔子对此种观点亦反复申说。例如，"子曰：'其言之不怍，则为之也难。'"（《论语·宪问》）意思是"一个人说话大言不惭，他实行起来就会艰难"。"子曰：'君子耻其言而过其行。'"（《论语·宪问》）意思是"君子以说得多做得少为耻"。由此可见，孔子认为失信是一种耻辱。这就是孔子在言行是否一致方面所倡导的"耻辱感"。这种耻感文化，两千年来它不断地激励着人们言行一致，言必信，行必果。

（四）失信之人将使得别人改变对他的看法

孔子对于不诚信之人，是严厉批评的。"子曰：'巧言令色，鲜矣仁！'"（《论语·学而》）意思是"花言巧语，装出和颜悦色，（这种人）仁德是很少的"。与"信言"相对的是"巧言"。尽管"巧言"是那么动听，"令色"是那么和善，但是它们都不是真诚地发自内心，而是虚假为之，目的在于取悦于人。孔子对巧言令色深恶痛绝，曾多次对它进行批评："巧言、令色、足恭，左丘明耻之，丘亦耻之。"（《论语·公冶长》）意思是"花言巧语，装出和颜悦色，过分恭顺，左丘明认为可耻，我也认为可耻"。"巧言乱德。"（《论语·卫灵公》）意思是"花言巧语必将败坏道德"。巧言令色违背了起码的诚信，是言不由衷，是虚情假意，这样的人当然也就少"仁"了。

"宰予昼寝。子曰：'朽木不可雕也，粪土之墙不可杇也；于予与何诛？'子曰：'始吾于人也，听其言而信其行；今吾于人也，听其言而观其行。于予与改是。'"（《论语·公冶长》）宰予白天睡觉，孔子非常生气地说道："腐朽的木头不可雕刻，脏土筑成的墙不可粉刷；对于宰予么，还责备什么呢？"宰予白天睡觉的行为，还使得孔子改变了察人之法。孔子说："当初我对人，听到他说的话就会相信他的行为；现在我对人，听到他说的话还要观察他的行为。从宰予白天睡觉这件事我改变了观察人的方法。"孔子由以前的"听言法"即"听其言而信其行",而改为"观行法"即"听其言而观其行"。"听其言而信其行"这种察人之法是建立在人们"言而有信"的基础之上的。然而有的人说的是一套,做的又是一套。其言语动听、恳切,而其行为则背道而驰。因此对于此类言而无信之人,则不能"听其言而信其行",而应该"听其言而观其行",这样才能认识一个人的真实面貌,才不至于上当受骗。所以"孔子曰:'不知言,无以知人也。'"(《论语·尧曰》)意思是"不知道分辨别人的话,就不能了解别人"。

二　孔子言语交际的"慎言"观

慎言观是指说话要谨慎。孔子的"慎言"观可以从四个方面来考察:慎言就是要少说多做,就是要先做后说,慎言是修身之道,慎言是一种实事求是的治学精神。

(一)　慎言就是要少说多做

在处理言与行的关系问题上,孔子认为就是要少说多做。他提倡君子"敏于事而慎于言"(《论语·学而》)。意思是君子"做事勤勉而说话谨慎"。"君子欲讷于言而敏于行。"(《论语·里仁》)意思是"君子说话要谨慎,做事要勤勉"。这两句都是强调君子要少说多做。

(二)　慎言就是要先做后说

"子贡问君子。子曰:'先行其言而后从之。'"(《论语·为政》)意思是子贡问怎样才是君子。孔子说:"先做到想要说的话,然后再说出来。"这样可以避免"言过其行"(《论语·宪问》)的毛病。"子曰:'古者言之不出,耻躬之不逮也。'"(《论语·里仁》)意思是"古人言语不轻易出口,以说了而自身做不到为耻"。"南容三复白圭,孔子以其兄之子妻之。"(《论语·先进》)"白圭"出自《诗经·大雅·抑》,其中四句是"白圭之玷,尚可磨也;斯言之玷,不可为也。"意思是"白圭上面有污点还可以磨掉,说话如果有缺点就无法去掉"。一言既出,驷马难追,不可不慎!南容经常反复吟诵"白圭之玷"几句诗,这就表明他说话非常谨慎。

（三）慎言是修身之道

"慎言"又与"信言"密切相关。慎言和信言既是言语观，也是良好的品德修养。因为无论少说多做还是先做后说，都能够避免"夸夸其谈"和"言过其行"，也可以防止"言多必失"和"言而无信"，能够做到"夫人不言，言必有中"（《论语·先进》）。意思是"一个人不说则已，一说就说到点子上"。孔子认为"慎言"在品德修养中非常重要，例如：

"司马牛问仁。子曰：'仁者，其言也讱。'曰：'其言也讱，斯谓之仁已乎？'子曰：'为之难，言之得无讱乎？'"（《论语·颜渊》）据《史记·仲尼弟子列传》载："司马耕字子牛。牛多言而躁。"所以当司马牛问什么是仁时，孔子针对司马牛性格方面的缺点说道："仁德的人说话谨慎。"司马牛说："说话谨慎就叫作仁吗？"孔子说："做到仁很难，谈论仁能不谨慎吗？"

"子曰：'刚、毅、木、讷，近仁。'"（《论语·子路》）意思是"刚强、果决、质朴、慎言，这四种品德接近仁德"。皇侃《论语义疏》云："刚者无欲，仁者静，故刚者近仁；毅者果敢，仁者必有勇，故毅者近仁；木者质朴，仁者不尚华饰，故木者近仁；讷者言语迟钝，仁者慎言，故讷者近仁也。"朱熹《论语集注》云："木讷则不至于外驰，故近仁。"可见孔子把慎言当作仁的一项重要内容，当然也就是品德修养的一项重要内容。

"子张学干禄。子曰：'多闻阙疑，慎言其余，则寡尤；多见阙殆，慎行其余，则寡悔。言寡尤，行寡悔，禄在其中矣。'"（《论语·为政》）意思是子张想学谋求官职的方法。孔子说："多听听，保留疑问，谨慎地谈论其余有把握的部分，就能减少错误；多看看，保留疑问，谨慎地实行其余有把握的部分，就能减少懊悔。言语少错误，行动少懊悔，俸禄就在其中了。"慎言能够减少错误，错误减少了，品德修养自然就提高了，别人也就乐于任用他了。可见，慎言不仅是品德修养的一项重要内容，也是"求干禄"的一种良方呢！

（四）慎言是一种实事求是的治学精神

孔子提倡"多闻""多见"，因为这样能增广见闻。然而孔子认为，并非一有见闻就要发表自己的看法或采取行动，而是要善于"阙疑""阙殆"，孔子还以史书为证，说："吾犹及史之阙文也。"（《论语·卫灵公》）意思是"我还能看到史书上存疑的情况"。因此孔子告诫人们："君子于其所不知，盖阙如也。"（《论语·子路》）意思是"君子对于他所不懂的，采取存疑的态度"。这种"阙疑""阙殆""阙文""阙如"的做法，实际上就是"知之为知之，不知为不知"，也是一种实事求是的治学精神，是一种严谨而踏实的优良学风。

三　孔子言语交际的"辞达"观

辞达观是语言表达要准确。"辞达"是孔子言语交际观的一个重要内容。语言表达，首先得讲究言辞的准确，这是语言表达的基本原则。孔子云："辞达而已矣。"（《论语·卫灵公》）意思是"言辞能够达意就可以了"。这实际上提出了语言表达的"准确"原则。如果词不达意，则不能正确地表达自己所要说写的意思，则必将影响语言交际的效果。例如从运用词语的角度来说，判断用词是否准确，或者是否"辞达"，主要可以用以下三条标准来衡量：用词是否符合客观实际，用词是否符合情理，用词是否明确而无歧义。

（一）用词是否符合客观实际

据李东阳《麓山诗话》引《唐音遗响》载：任翻《题台州寺壁》诗曰："绝顶秋风已自凉，鹤翻松露滴衣裳。前山月落一江水，僧在翠微开竹房。"既去，有观者取笔改"一"为"半"字。任翻途经钱塘江，发现月落之时的江水是随潮而退的，只剩半江了。于是他急忙返回台州寺，欲把原诗改为"前山月落半江水"，结果发现已被人改了，于是他慨叹道："台州有人。"这"半江水"之所以优于"一江水"，关键在于它准确地反映了客观事实。

（二）用词是否符合情理

据沈括《梦溪笔谈·续笔谈》载："陶渊明《杂诗》'采菊东篱下，悠然见南山'。往时校定《文选》改作'悠然望南山'，似未允当。若作'望南山'，则上下句意全不相属，遂未佳作。"这"见"字之所以不能改为"望"，就在于它符合情理。"悠然见南山"，一个"见"字准确地表现了陶渊明悠然自得的情怀，他"本自采菊无意望山，适举而见之，故悠然忘情，趣闲而景远，此未可于文字精粗间求之"（苏轼《鸡肋集》）。如果改为"望"字，则表明作者是有意而为，不能准确地表现出作者的"悠然"之情。

（三）用词是否明确而无歧义

据宋魏庆之《诗人玉屑》载："萧楚才知溧阳县，张乖崖作牧。一日召食，见公几案有一绝云：'独恨太平无一事，江南闲杀老尚书。'萧改'恨'作'幸'字。公出，视稿曰：'谁改吾诗？'左右以实对。萧曰：'与公全身。公功高位重，奸人侧目之秋；且天下一统，公独恨太平，何也？'公曰：'萧弟一字之师也！'"这里的"恨"字之所以不贴切，就在于它可能产生歧义，很容易被奸人罗织罪名；改为"幸"字，表意明确，这就不会给人留下把柄了。

四　孔子言语交际的"美言"观

"子曰：'质胜文则野，文胜质则史。文质彬彬，然后君子。'"（《论语·雍也》）意思是"质朴胜过文采，就会显得粗野；文采胜过质朴，就会显得虚浮。文采与质朴配合得当，这才是君子"。"文质彬彬"是一种中和之美，它几乎可以涵盖社会生活中的所有层面。我们仅从三个方面来加以阐述。

（一）从人的性格方面来看，有的人直率粗犷，说话直来直去，可谓之"质"。此种人虽待人坦诚，但其言语往往过于直率而容易伤人，粗野而不中听。有的人温文尔雅，说话文绉绉的，可谓之"史"。此种人虽待人温和，但其言语往往过于修饰而显得虚假。所以孔子认为，君子的理想人格应是文采与质朴配合得当，既质朴又不粗野，既文雅又不虚假。二者不可偏废。然而有的人认为君子的"质"胜过"文"，甚至认为君子有"质"就够了，不必需要"文"。例如："棘子成曰：'君子质而已矣，何以文为？'子贡曰：'惜乎，夫子之说君子也，驷不及舌。文犹质也，质犹文也。虎豹之鞟犹犬羊之鞟。'"（《论语·颜渊》）意思是棘子成说："君子质朴就够了，还要文采做什么呢？"子贡说："先生这样谈论君子，可惜啊！一言既出，驷马难追。文采如同质朴，质朴如同文采。如果把虎豹和犬羊皮上有文采的毛都拔去，那么虎豹的皮就如同犬羊的皮了。"子贡所言，可谓深得孔子所言"文质彬彬"之旨。

（二）从文学创作方面来看，有的人注重质朴，有的人注重文采，甚至一个时代的文学也显现出或重质或重文的倾向。例如，《礼记·表记》："子曰：虞夏之质，殷周之文，至矣。虞夏之文不胜其质，殷周之质不胜其文。"意思是虞和夏的质朴，殷和周的文饰，都达到了极致。虽然虞夏也有文饰，但是没有胜过其质朴；虽然殷周也有质朴，但是没有胜过其文饰。很显然，孔子是在用文质概念观察一个时代的特征。在孔子看来，虞夏是质胜文的时代，而殷周是文胜质的时代。又例如，魏征主编的《隋书》这样总结南朝与北朝文学的异同："江左宫商发越，贵于清绮，河朔词义贞刚，重乎气质。气质则理胜其词，清绮则文过其意。理深者便于时用，文华者宜于咏歌。此其南北词人得失之大较也。若能掇彼清音，简兹累句，各去所短，合其两长，则文质彬彬，尽善尽美矣。"由此可见，南北朝时期，南方文学从总体上来看呈现出清绮的风格而偏重于"文"，北方文学从总体上来看呈现出质朴的风格而偏重于"质"。这种有所偏颇的文风都难免其不足，所以魏征提出他心目中理想的文学风格是"各去所短，合其两长，则文质彬彬，尽善尽美矣"。

（三）从言语表达方面来看，"文质彬彬"是孔子的言语表达观的一个重要内容，即美言观，是指语言表达要注重内容充实和形式优美。质，是就内容而言，是言之有物，是内容充实；文，是就形式而言，是言之有文，是形式优美，就是"美言"。如果言之无物，则内容空洞，叫人不知所云；如果言之无文，则行之不远。《左传·襄公二十五年》比较完整地记载了孔子的这一言语表达观。"仲尼曰：《志》有之：'言以足志，文以足言。'不言，谁知其志？言之无文，行而不远。"意思是语言是用来表达思想的，文采是用来修饰语言的。不说话，谁知道他的想法呢？说话没有文采，就传播不远。《礼记·表记》："子曰：情欲信，辞欲巧。"意思是感情要真实，言辞要美丽。这"情欲信，辞欲巧"，也可以看作"文质彬彬"在语言表达方面的具体体现。

五　孔子言语交际的"语境"观

语境观是指人们在言语交际活动中要善于根据言语环境选择恰当的语言来表达思想。语境是人们在言语交际活动中选择恰当的语言来表达思想的言语环境。它主要包括前言后语语境、情景语境和社会语境等。情景语境主要由五个要素构成，即何时（时间）、何地（地点与场合）、何事

（话题）、何故（交际意图）、何人（交际双方，包括双方的身份、职业、兴趣、情感、思想、信念、意志、个性、气质、能力、修养等），可以简称为"五何"。换言之，言语交际的双方是什么人（何人），他们在什么时间（何时）、什么地点与场合（何地），因为什么事情进行交谈（何事），他们想要达到什么目的（何故），构成了言语交际中的情景语境。社会语境主要由当前社会的政治、经济、文化状况以及民族文化心理等要素构成。换言之，当前社会的政治、经济、文化状况以及民族文化心理等社会背景构成了言语交际中的社会语境。语境对人们的言语交际活动起着一定的制约作用，也能够起到一定的辅助作用。交际的双方只有根据语境选择恰当的语言来表达思想，才能收到比较好的表达效果。孔子在言语交际活动中善于根据不同的语境恰当地选择语言来表达思想，从而获得理想的表达效果。

（一）注重言语交际中的情景语境

"孔子于乡党，恂恂如也，似不能言者。其在宗庙朝廷，便便言，唯谨尔。""朝，与下大夫言，侃侃如也；与上大夫言，訚訚如也。君在，踧踖如也，与与如也。"（《论语·乡党》）孔子在乡里，谦恭温顺，好像不善言谈的人。这是因为父老乡亲是看着自己长大的，大家乡里乡亲的，所谈也无非是日常生活中的一些琐碎之事，因此不宜在他们面前逞口舌之能，而当谦恭温顺。他在宗庙、朝廷，说话清楚流畅，只是谨慎罢了。孔子上朝时，跟下大夫说话，理直气壮，从容不迫的样子；跟上大夫说话，和颜悦色而正直地争辩的样子。这是因为在朝廷所谈皆国事，在宗庙所谈皆关乎礼仪。国事和礼仪，皆事关重大，如果听到不当之言论，看见不当之举动，就应该清楚流畅地表明自己的观点，理直气壮、正直地去争辩；然而毕竟是同朝为官，容貌表情还得保持和气。当国君临朝时，孔子就显得恭敬不安的样子，步履安详的样子。因为大臣必须尊重国君的威严，言语行为皆应有所收敛，更不宜在国君面前放肆。

由此可见，孔子在社交场合善于根据时间、地点、场合、话题、交际对象的不同，来确定自己的容貌表情和选择恰当的言辞，或者说孔子在社交场合非常注意容貌表情和言辞的得体。又例如：

"子贡问友。子曰：'忠告而善道之，不可则止，毋自辱焉。'"（《论语·颜渊》）意思是子贡问怎样交友。孔子说："真诚地劝告并好好地引导他，如果行不通就算了，不要自取其辱。"朱熹《论语集注》云："友所以辅仁，故尽其心以告之，善其说以导之。然以义合者也，故不可则止。若以数而见疏，则自辱矣。"孔子此言，的确为交友之道。从言语表达的角度来看，这体现了孔子言语交际的"语境"观。当朋友有过错时，该怎样帮助他呢？孔子认为要"忠告而善道之"。这是考虑到交际双方的友好关系来进行言语交际。

俗话说："良药苦口利于病，忠言逆耳利于行。"但是并非人人都懂得这个道理，并非人人都乐于听取逆耳之言。因此当朋友不听忠告和引导时，如果仍然一味地"忠告而善道之"，或许他会认为你这是看他不顺眼，是在挑他的刺，于是他就可能对你产生反感，甚至敌意，或者反而劝你少管闲事。而你也会认为朋友把你的好心当作驴肝肺，因此觉得憋屈，觉得自讨没趣。若果真如此，则是言语不得体。所以孔子认为，面对这种情况就不必再去"忠告而善道之"，以免自取其辱。这同样体现了孔子言语交际的"语境"观，即根据对方的个性心理、对待批评的态度来决定什么时候该说，什么时候不该说。

"夫子时然后言，人不厌其言。"(《论语·宪问》)"时"是"适时"，意思是孔子该说的时候才说，所以别人不讨厌他的话。与之相反的便是："孔子曰：'侍于君子有三愆：言未及之而言谓之躁，言及之而不言谓之隐，未见颜色而言谓之瞽。'"(《论语·季氏》)意思是"陪着君子说话容易犯三种过失：没轮到他说话却抢着说叫作急躁；该他说的时候却不说叫作沉默；不看君子的脸色就贸然说叫作瞎眼"。孔子所指出的陪着君子说话容易犯三种过失，实际上又是从反面指出某些人言语表达不得体、不符合情景语境的三种表现形式：说话急躁、该说却不说、不知察言观色而贸然说。

"子曰：'中人以上，可以语上也；中人以下，不可以语上也。'"(《论语·雍也》)意思是"中等资质以上的人，可以告诉他高深的学问；中等资质以下的人，不可以告诉他高深的学问"。朱熹《论语集注》引张敬夫曰："圣人之道，精粗虽无二致，但其施教，则必因其材而笃焉。盖中人以下之质，骤而语之太高，非惟不能以入，且将妄意躐等（跨越等级），而有不切于身之弊，亦终于下而已矣。故就其所及而语之，是乃所以使之切问近思，而渐进于高远也。"

子路问："闻斯行诸？"子曰："有父兄在，如之何其闻斯行之？"冉有问："闻斯行诸?"子曰:"闻斯行之。"公西华曰:"由也问'闻斯行诸?'子曰:'有父兄在';求也问'闻斯行诸?'子曰:'闻斯行之'。赤也惑,敢问。"子曰:"求也退,故进之;由也兼人,故退之。"(《论语·先进》)

同样是问"闻斯行诸?"孔子根据谈话人不同的性格而作出截然相反的回答。子路性格特征是争强好胜,因此孔子回答说:"有父兄在,怎么能听到了就去实行它呢?"目的是想抑制他,挫挫他的锐气;冉有的性格特征是谦退,因此孔子回答说:"听到了就去实行它。"目的是想鼓起他行动的勇气。

上述两章,对不同的人教以深浅不同的学问,对同一个问题给予因人而异的回答,既体现了孔子因材施教的教学原则,也显示出孔子言语交际的"语境"观——见什么人说什么话。

(二) 注重言语交际中的社会语境

"子曰:'邦有道,危言危行;邦无道,危行言孙。'"(《论语·宪问》)意思是"国家政治清明时,应该言行正直;国家政治黑暗时,应该行为正直而言语谦逊"。

行为正直,是一个人的操守和气节的重要体现,所以孔子认为:人无论是身处国家政治清明时还是政治黑暗时,都应该行为正直。

至于言谈,则应考虑当前社会的政治因素。当国家政治清明时,君主贤明,能够广开言路,勇于纳谏,臣民则可以直言国家所存在的某些弊端,以便君主兴利除弊,至少直言进谏者无性命之忧。例如,据《战国策·齐策一》载:邹忌讽齐王纳谏,齐威王接受他的谏议说:"好!"于是下令:"所有的大小官员和百姓,能当面指责我过错的人,授予上等的赏赐;上书劝谏我的人,授予中等的赏赐;能在公共场所议论我的过失,并被我听说到的,授予下等的赏赐。"命令刚刚颁布,许多大臣都来进谏,宫廷热闹得像集市一样;几个月之后,有时候间或有人进言;满一年之后,即使想要进谏,也没有什么可说的了。燕国、赵国、韩国、魏国的国君听说了这件事,都来朝见齐国。这就是人们所说的修明内政,不需用兵,就可以战胜其他的国家。

当国家政治黑暗时,君主昏庸或者残暴,刚愎自用,听不进不同意见,此时臣民如果直言国家所存在的某些弊端,"妄议朝政",则不但难以被君主采纳，直言进谏者反而将遭受罢官甚至杀头的危险。例如，"微子去之，箕子为之奴，比干谏而死。孔子曰：'殷有三仁焉。'"（《论语·微子》）意思是"纣王昏乱残暴，微子离开了纣王，箕子成为纣王的奴隶，比干进谏而被杀。孔子说：'殷有三位仁人'"。微子，名启，纣王的庶兄，其母为帝乙之妾时，生启；后立为妻，生纣。启受封于微（今山东梁山西北），故称微子。微子数谏纣王而不听，遂愤而出走。周灭殷，周公以微子统率殷族，封于宋，为宋国始祖。箕子，名胥余，纣王的叔父，封国于箕，故称箕子。数谏纣王而不听，遂披发佯狂，被贬为奴隶并遭囚禁。比干，纣王的叔父，数谏纣王，被纣王剖心而死。所以孔子说：国家政治清明时，应该言行正直；国家政治黑暗时，应该行为正直而言语谦逊。宦懋庸《论语稽》云："邦无道，则当留有用之身匡济时变，故举动虽不可苟，而要不宜高谈以招祸也。汉之党锢、宋之元佑党、明之东林党，皆邦无道而言不逊者也。"刘宝楠《论语正义》亦云："汉明之末，学者知崇气节，而持之过激，酿为党祸，毋亦昧于远害之旨哉！"这实际上是从另一方面告诫人们，言语交际不能不注重社会语境。孔子的语境观对于修辞学中的"语境"理论和语用学中的"得体原则"皆具有启发作用。

综上所述，孔子的言语交际观主要体现在信言观、慎言观、辞达观、美言观和语境观五个方面。信言观是指在言语交际活动中言语要诚信；慎言观是指说话要谨慎；辞达观是语言表达要准确；美言观是指语言表达要注重内容充实和形式优美，即"文质彬彬"；语境观是指人们在言语交际活动中要善于根据言语环境选择恰当的语言来表达思想。透过孔子的言语交际观，我们把孔子说成古代著名的修辞学家，似不为过。

（原载《毕节学院学报》2012 年第 6 期）

二 语音修辞研究

浅谈韵母响亮度的修辞作用

词是声音和意义的结合体，词语的语音美主要在于音韵和谐。一般来说，一个汉字代表一个音节，一个音节一般由声、韵、调组成，因此押韵和注意韵母的响亮度，讲究声调的平仄，以及运用双声、叠韵和叠音等，都可以使音韵和谐，从而提高语言的表达效果。限于篇幅，本文仅就押韵和注意韵母的响亮度来展开论述。

押韵，就是在诗行的末尾有规则地用韵母相同或相近（韵腹和韵尾相同或相近）的音节，形成回环往复的韵律美。押韵可以使诗歌悦耳动听，有助于感情的抒发，便于朗诵和记忆，利于流传。一般来说，成功的诗歌大多是讲究押韵的。在这里我们不准备具体地分析某一首诗歌的押韵情况，只是想就作家对句末音节的修改来说明诗歌押韵的必要性，以及由此而产生的修辞效果。

（1-1）一杆红旗要大家扛，红旗倒了大家都糟糕。（李季：《王贵与李香香》，见《新诗选·三》，上海教育出版社1979年版）

（1-2）一杆红旗要大家扛，红旗倒了大家都遭殃。（《王贵与李香香》，见高级中学课本《语文》第2册）

（2）骑在人民头上的，人民把他摔垮；给人民作牛马的，人民永远记住他！（臧克家：《有的人》）

例（1），原文中的"扛"与"糕"不押韵，改文把"糟糕"换成"遭殃"，不仅语意加重了，而且由于"扛"与"殃"的韵母相同，因此读起来更上口。例（2），"摔垮"，原文作"摔倒"。如果从意义上看，这两个词语很难说孰优孰劣；如果从音韵的角度来看，读者就会感觉到"倒"与"他"不押韵，而"垮"与"他"押韵，念起来悦耳动听。

　　当然，押韵终究只是形式，如果不顾内容的需要而片面追求押韵，则是不恰当的。例如：

　　（3）场面这么好，音调这么嘹……我也曾听过报……
　　（4）太阳出来望见她洗尿。

　　夏衍先生在《文艺工作者和汉语规范化》一文中说："这里，诗人为了押韵，生硬地把'嘹亮'略成了'嘹'，把'报告'略成了'报'，把'洗尿布'略成了'洗尿'，这怎么能使读者看得懂呢?"
　　在内容和形式之间，如果有碍于内容，有的人宁愿不押韵。唐代高怿《群居解颐》中记载了这么一件事：

　　　安禄山败，史思明继逆，至东都，遇樱桃熟，其子在河北，欲寄遗之。因作诗同去，诗云："樱桃一笼子，半赤已半黄。一半与怀王，一半与周至。"诗成，赞美之，皆曰："明公此诗大佳，若能言'一半周至，一半怀王'，即与'黄'字声势稍稳。"思明大怒曰："我儿岂可居周至之下!"周至即其傅也。

　　这个笑话也许是意在嘲讽史思明不懂诗，然而从另一个角度来看，史思明在表意准确与音韵和谐发生矛盾的情况之下，他选择的是表意准确，即"我儿岂可居周至之下!"
　　一般来说散文不要求押韵，然而如果在某些句群里押韵，则可以增添文章的韵律美，有助于感情的抒发。例如：

　　（5）至若春和景明，波澜不惊，上下天光，一碧万顷；沙鸥翔集，锦鳞游泳；岸芷汀兰，郁郁青青。（范仲淹：《岳阳楼记》）
　　（6）他们的品质是那样的纯洁和高尚，他们的意志是那样的坚韧和刚强，他们的气质是那样的纯朴和谦逊，他们的胸怀是那样的美丽和宽广！（魏巍：《谁是最可爱的人》）
　　（7）我们以我们的祖国有这样的英雄而骄傲，我们以生在这个英雄的国度而自豪！（魏巍：《谁是最可爱的人》）

例（5），这里的"明"、"惊"、"顷"、"泳"和"青"押韵，从而使文章形成了一种回环往复的韵律美。例（6），第一、二、四句末尾的"尚"、"强"和"广"押韵，便于朗诵和记忆。例（7），"傲"与"豪"押韵。这样读起来就显得铿锵悦耳，并且和谐的韵律与澎湃的激情融为一体，增强了文章的感染力。

值得注意的是，押韵还应该考虑韵母的响亮度。我们知道，根据发音时口腔开合的大小、鼻腔是否共鸣等，韵母可以分为三级：

发音时开口度大或韵尾是鼻音的，响亮度就大，声音就比较洪亮，如：a、ia、ua、an、ian、uan、üan、en、in、uen、ün、ang、iang、uang、eng、ing、ueng、ong、iong 等韵，人们称为洪亮级韵；发音时开口度小，韵尾不是鼻音的，声音就比较柔和一些，如：o、uo、e、ai、uai、ou、iou、ao、iao 等韵，人们称为柔和级韵；发音时开口度更小，声音就比较细微，如：ê、ie、üe、ei、uei、-i、er、i、ü、u 等韵，人们称为细微级韵。

大家都知道写诗要押韵，然而不少写诗的人却不注意考虑韵母的响亮度。其实韵母有响度，感情有高低，写诗选韵时最好能够使这两者协调配合。一般来说，抒发豪壮激昂、热烈奔放的感情时，宜用声音洪亮的韵，如郭小川《青纱帐——甘蔗林》、何其芳《我为少男少女们歌唱》；表现温柔愉快、低沉哀痛的感情时，宜用声音柔和或细微的韵，如李瑛《一月的哀思》、贺敬之《西去列车的窗口》。由于这些诗歌的韵脚所选用的韵母恰当，因此对准确地表达思想感情无疑起到了积极的作用。

在一般文体（非韵文）里，根据韵母的声音有洪细之分的特点来选择词语，同样能够提高语言的表达效果。例如：

（8-1）屋子里虽然有十多个人，却没有一点声音，只是汽灯在嗡嗡地响着。（周而复：《诺尔曼·白求恩断片》，见《中国现代散文选·七》，人民文学出版社 1983 年版）

（8-2）手术室里虽然有十多个人，可是谁也没有讲话，只有明亮的汽灯在嘶嘶地响着。（《截肢和输血》，见初级中学课本《语文》第 1 册）

（9-1）手术在悄悄进行着，只听见低微的锯骨的嘶喳嘶喳的音响。（《诺尔曼·白求恩断片》，见《中国现代散文选·七》，人民文

学出版社 1983 年版）

　　（9-2）手术在静悄悄地进行着，只听见低微的锯骨声。（《截肢和输血》，见初级中学课本《语文》第 1 册）

　　（10-1）这屯子还是数老孙头能干，又会赶车，又会骑马，摔跤也摔得漂亮。拍塌一声，掉下地来，又响亮又干脆。（周立波：《暴风骤雨》，上海文艺出版社 1981 年版）

　　（10-2）……叭哒一响，掉下地来，又响亮又干脆！（《分马》，见初级中学课本《语文》第 2 册）

　　（11-1）熟练的纺手，趁着一豆灯光或者朦胧的月光，也能摇车，抽线，上线，一切做得优游自如。（吴伯箫：《记一辆纺车》，《人民文学》1964 年第 4 期）

　　（11-2）熟练的纺手趁着一线灯光或者朦胧的月色也能摇车，抽线，上线，一切做得从容自如。（《记一辆纺车》，见初级中学课本《语文》第 4 册）

　　例（8），原文"嗡"的韵母是 ueng，属洪亮级韵。用"嗡嗡"来表现宁静的气氛未免显得有点不协调；改文换成"嘶嘶"。"嘶"的韵母是 -i，属细微级韵。用这细微韵"嘶嘶"声来衬托手术室里的寂静，与上文"谁也没有讲话"的场面配合得十分协调。

　　例（9）和例（10），"声（eng）"和"响（iang）"的韵母都属洪亮级韵，然而"响"的开口度大一些，响亮度也就比"声"的响亮度要大。由此我们来推敲这两例原文的用词情况就会发现：例（9）原文中用"音响"一词，响度太大，跟它前面的修饰语"低微的"显得不大协调，因此改文换成"声"；例（10）原文的情况正好相反，本该用响亮度大一些的"响"字，却用了响亮度低一些的"声"。用"叭哒一声"或"叭哒一响"来描摹老孙头从马上摔在地上时所发出的声音，无疑后者显得"又响亮又干脆"！

　　例（11），原文用"月光"，改文用"月色"。其实"月光"就是"月色"，都是指"月亮的光线"，二者之间既没有意义的微殊，又没有语体的区别，也没有语法功能的差异，那么改文为什么要用"月色"来替换原文中的"月光"呢？我们认为这主要是为了声音的和谐。"光（uang）"属洪亮级韵，声音响亮，它适宜跟明亮的色彩相配；"色（e）"

属柔和级韵，声音柔和，它适宜跟昏暗的色彩相配。人们习惯上说"月光皎洁""月色昏暗""明亮的月光""朦胧的月色"等，大概就是从词语的声音即韵母的响亮度方面来考虑的。例如，鲁迅在《社戏》里分别使用了"月光"和"月色"："月色便朦胧在这水气里"，"月光又显得格外的皎洁"。这里也是将"月色"与"朦胧"搭配，"月光"与"皎洁"搭配，这也许是鲁迅先生从语音方面精心锤炼词语的结果，而不是偶然为之。

（原载郑州大学《语文知识》1990 年第 1 期）

浅谈古人语音推敲的艺术

　　古人在写诗作文时善于锤炼词语。在锤炼词语时，不仅重视词语的意义，而且也注重词语的声音。关于古人如何重视词语意义的锤炼，今人已进行过大量的分析研究，并且取得了丰硕的成果。然而关于古人是如何注重词语声音的推敲的，这种研究相对来说，无疑显得薄弱一些。本文愿从这方面作一些浅略的探讨。

　　刘大櫆《论文偶记》云："音节高则神气必高，音节下则神气必下。故音节为神气之迹。一句之中或多一字少一字，一句之中或用平声或用仄声，同一平字仄字或用阳平阴平、上声去声入声，则音节迥异。"注重词语声音的锤炼，往往可以收到音韵和谐、音节匀称和平仄得当等表达效果。下面我们围绕这三个方面来谈谈古人语音锤炼的艺术。

　　（1）至若春和景明，波澜不惊，上下天光，一碧万顷；沙鸥翔集，锦鳞游泳；岸芷汀兰，郁郁青青。（范仲淹：《岳阳楼记》）
　　（2）《刘公嘉话》云：（贾）岛初赴举京师，一日于驴上得句云："鸟宿池边树，僧敲月下门。"始欲着"推"字，又欲着"敲"字，炼之未定，遂于驴上吟哦，时时引手作推敲之势。时韩愈吏部权京兆尹，岛不觉冲至第三节。左右拥至尹前，岛具对所得诗句云云。韩立马良久，谓岛曰："作敲字佳矣。"遂并辔而归，留连论诗，与为布衣之交。（胡仔：《苕溪渔隐丛话》）

　　例（1），《岳阳楼记》虽是散文名篇，但它并不要求押韵，然而作者在文章中的某些地方却押韵，例如其中的"明"和"惊"属庚韵，"顷"属梗韵，"泳"属敬韵，"青"属青韵。其中庚、梗、敬是同部平上去通押，庚与青为邻韵通押。由于押韵，就使文章形成了一种回环往复的韵律美，并且便于朗诵和记忆。例（2），从意义上看，用"推"与用"敲"孰优孰劣，姑且不论。仅从音韵的角度来看，"敲"字的韵母是 iao，属柔和级韵；"推"字的韵母是 uei，属细微级韵，因此"敲"字比"推"字的响度要大一些。

　　（3）初淅沥以萧飒，忽奔腾而砰湃，如波涛夜惊，风雨骤至。（欧阳修：《秋声斌》）

　　（4）寻寻觅觅，冷冷清清，凄凄惨惨戚戚。（李清照：《声声慢》）

　　以上两例运用了双声、叠韵和叠音来提高语言的表达效果。例（3），"淅沥"是叠韵联绵词，"萧飒"和"砰湃"是双声联绵词。运用双声和叠韵，读起来和谐悦耳，可以增强语言的表现力和感染力。例（4），"寻寻觅觅"，都是动词的重叠，"冷冷清清，凄凄惨惨戚戚"，都是形容词的重叠。它们重叠之后，增添了词语的附加意义，如前一组动词的重叠表示动词行为的重复，后一组形容词的重叠表示程度的加深。与此同时，它们还产生了极强的感染力。从音韵的角度来看，这七个叠音词连用，收到了音韵和谐、朗朗上口的效果。

　　我们讲注重词语声音的选择，不仅要注意音韵的和谐，还要注意音节的匀称，即音节与音节之间的配合要匀称和谐，让人读来顺口，听来悦耳。如何使音节匀称呢？一般来说，是要求单音节配单音节，双音节配双音节，三音节配三音节，等等。例如：

　　（5）至于负者歌于途，行者休于树，前者呼，后者应，伛偻提携，往来而不绝者，滁人游也。临溪而渔，溪深而鱼肥，酿泉为酒，泉香而酒洌，山肴野蔌，杂然而前陈者，太守宴也。宴酣之乐，非丝非竹，射者中，弈者胜，觥筹交错，起坐而喧哗者，众宾欢也。苍颜白发，颓然乎其间者，太守醉也。（欧阳修：《醉翁亭记》）

　　这例中的"前者呼"与"后者应"，"射者中"与"弈者胜"等，是三音节与三音节相配；"临溪而渔"与"酿泉为酒"，"伛偻提携"与"山肴野蔌"，"觥筹交错"与"苍颜白发"，"滁人游也"与"太守宴也"，"众宾欢也"与"太守醉也"等，是四音节与四音节相配；"负者歌于途"与"行者休于树"，"溪深而鱼肥"与"泉香而酒洌"等，是五音节与五音节相配；"往来而不绝者"与"杂然而前陈者"，"起坐而喧哗者"与"颓然乎其间者"等，是六音节与六音节相配。这样读起来就朗朗上口，听起来铿锵悦耳。

　　注重声音的选择，还要注意平仄之间的配合。汉语的声调有平仄之分，平声的特点是上扬，读起来声音能够拉长，音感强烈响亮；仄声的特点是下抑，读起来声音短促，音感干脆利落。古人在遣词造句时是比较注意平仄之间的配合的，仍以例（5）为例，它不仅音节匀称，而且平仄得当。例如，"负者歌于途"与"行者休于树"，"前者呼"与"后者应"，其中的"负"与"行"，"途"与"树"，"前"与"后"，"呼"与"应"等，皆是平仄相对；"伛偻提携""泉香酒洌""起坐喧哗"等，或为平平仄仄，或为仄仄平平，都是平仄交错；句与句之间的最末一个字（这里指不算句末的"也"字）"游""宴""欢""醉"等，都是平仄相对。这样就使得音节有扬有抑，错落有致，从而产生强烈的音乐感。由此可见，注重语音的锤炼，讲究音韵和谐、音节匀称和平仄得当，不能不说是《醉翁亭记》这篇散文获得人们好评并被人们千古传诵的一个重要因素。

　　　　　　　　　　　　　　　　　（原载《修辞学习》2001 年第 3 期）

三　词汇修辞研究

论词语锤炼的艺术

摘　要：词语锤炼的方法主要有讲准确、求贴切、辨色彩、求同异、善活用五项。讲究用词准确，主要体现在以下几个方面：（1）词的意义或用法是否准确；（2）表意是否明确而无歧义；（3）用词是否合乎规范；（4）搭配是否恰当。讲求语言的贴切，主要体现在以下几个方面：（1）注意词义范围的大小；（2）分清词义的轻重；（3）辨明词义的着重点；（4）选择恰当的角度；（5）结合上下文来选词。词语色彩的锤炼，主要是指语体色彩和感情色彩的锤炼。在一句话或一段话里，是使用相同的词语来表示同样的人或事物，还是使用不同的同义词来表示，这就必须作出选择。这种选择的方法就是词语的求同与求异。每一个词语都有固定的形式、语法功能和词汇意义。然而在特定的语言环境里，有时为了达到某种特殊的修辞效果，可以临时改变它的形式、语法功能或词汇意义。这就是词语的活用。

关键词：讲准确；求贴切；辨色彩；求同异；善活用

为了准确地表达思想，提高表达效果，词语是要精心锤炼的。那么如何锤炼词语呢？本文试作初步探讨。我们把中学语文课本中有改动的篇目跟原文逐字逐句地加以对照。同时还查阅了一些著名作家的作品原文和改文，以及作品手稿，收集了大量的语言材料；然后把这些材料分门别类，进行分析研究，归纳出词语锤炼的若干方法，即讲准确、求贴切、辨色彩、求同异、善活用五项，供大家参考。

一　讲准确

用词必须准确，否则就不能正确地表达自己所要说写的意思，从而影响交际的效果。讲究用词准确，主要体现在以下几个方面：（1）词的意义或用法是否准确；（2）表意是否明确而无歧义；（3）用词是否合乎规范；（4）搭配是否恰当。

（一）词的意义或用法是否准确

按照词的语法特点，汉语里的词可以分为实词和虚词两大类。实词表示实在意义，因此我们在使用实词的时候，首先就必须明确它的意义；虚词一般不表示实在意义，它的基本用途是表示语法关系，因此我们运用虚词的时候，首先就必须明确它的用法。只有这样，才能做到用词准确。例如：

（1a）第一幅浮雕是"焚烧鸦片烟"，记述鸦片战争前夕，1839年6月3日，群众在虎门烧毁鸦片的事迹。（周定舫：《人民英雄永垂不朽》，《人民日报》1958年4月23日）

（1b）第一幅浮雕是"销毁鸦片烟"，描述了鸦片战争前夕，1839年6月3日，群众在虎门销毁鸦片的事迹。（《人民英雄永垂不朽》，见初级中学课本《语文》第1册）

（2a）人家走路都没出一滴汗，为了我跟他说话，却害他出了这一头大汗，这都怪我了。（茹志鹃《百合花》）

（2b）……因为我跟他说话……

例（1），鸦片是一种毒品，燃烧时所散发出的烟是有害于人体健康的；更何况林则徐收缴了237.6万多斤的鸦片！事实上，林则徐是派人在海滩边挖好两个水池，先将鸦片和食盐倒进去，然后抛入石灰，用铁锄木耙翻搅，使之熔化毁掉。由此可见，原文用"焚烧"和"烧毁"来记述虎门销烟，并没有准确地反映客观实际，都不准确，因此改文换成了"销毁"。例（2），"为了"是表示目的的介词，"因为"是表示原因的介词。这里显然是表示原因的，因此改文把"为了"换成"因为"。

（二）表意是否明确而无歧义

语义费解、义有两歧、自相矛盾等，都必将使得表意不明确，因此我们在运用词语的时候，应该避免这些消极因素，从而准确地表情达意。例如：

　　(3a) 沈宽亮早已把汽车做了最好的检修，可是他还在想："万一出了毛病，我就扛着它送去！"(《为了六十一个阶级弟兄》，《人民文学》1960 年第 4 期)

　　(3b) 司机早把汽车做了最彻底的检修，可是他还在想："万一出了毛病，我就扛着药箱送去！"(《为了六十一个阶级弟兄》，见高级中学课本《语文》第 1 册)

原文中的"它"是指代汽车还是药箱？恐怕不很明确。改文换成"药箱"，表意就明确了。

　　(4a) 手术在悄悄进行着，只听见低微的锯骨的嘶喳嘶喳的音响。(周而复：《诺尔曼·白求恩片段》，见《中国现代散文选·七》，人民文学出版社 1983 年版)

　　(4b) 手术在静悄悄进行着，只听见低微的锯骨声。(《截肢和输血》，见初级中学课本《语文》第 1 册)

"悄悄"既可以指"没有声音或声音很低"，也可以指"（行动）不让人知道"。这里究竟是指哪一种意义呢？并不是很明确，因此改文换成了"静悄悄"，避免义有两歧。

　　(5a) 而且东山一带已将成为上海一带的工人的疗养区。(郑振铎：《石湖》，《人民日报》1958 年 1 月 4 日)

　　(5b) 而且东山一带即将成为工人的疗养区。(《石湖》，见试用本初级中学课本《语文》第 3 册)

"已"表示已然，而"将"表示将然。前者是完成时，后者是将来时，二者不能连用。改文换成"即将"就恰当了，避免自相矛盾。
　　值得注意的是，有时作者故意使用互相矛盾的词语来表情达意，以获得特殊的修辞效果，例如：

　　(6) 阿 Q 在这刹那，便知道大约要打了，赶紧抽紧筋骨，耸了肩膀等候者。果然，拍的一声，似乎确凿打在自己头上了。(鲁迅：

《阿 Q 正传》)

"似乎"是表推测的语气副词,"确凿"是表肯定的副词,二者互相矛盾,本不能并列使用,作者却用了,而且收到积极的表达效果:"拍的一声",说明假洋鬼子的哭丧棒确凿地打在阿 Q 头上了,而阿 Q 又觉得是"似乎确凿打在自己头上了"。这就写出阿 Q 被打时的那种浑浑噩噩的情状,表现出他的精神胜利法。

(三) 用词是否合乎规范

只有符合规范的语言才容易让人理解,从而达到交际的目的。同时,语言的规范性,也是保持语言纯洁的重要手段。不合乎规范的语言主要表现在以下几个方面:任意改换固定短语中的成分,袭用已经淘汰了的旧名称和不符合一般用法的规则等。例如:

　　(7a) 五更半夜牲口正吃草。(李季:《王贵与李香香》,见《新诗选·三》,上海教育出版社 1979 年版)
　　(7b) 三更半夜牲口正吃草。(《王贵与李香香》,见高级中学课本《语文》第 2 册)

成语是一种固定短语,结构紧密,其中的成分不能任意更换或增删。原文中的"五更半夜"违背了这一原则,不符合规范,于是改文换成了"三更半夜"。

　　(8a) 他划第二根洋火,选定他睡觉的地方。(柳青:《创业史》,中国青年出版社 1960 年版)
　　(8b) 他划第二根火柴,选定睡觉的地方。(《梁生宝买稻种》,见初级中学课本《语文》第 2 册)

作者在写作《创业史》的时候,生活中还广泛地使用着"洋火"这一名称,然而现在,中国人靠用洋货的时代已经一去不复返了,因此那些带有"洋"字标记的名称如"洋油""洋火"等,都已换成了另外的词语来代替,因此改文用"火柴"来替换"洋火"。

（9a）还是在二三天前，这里附近因台风而造成电线走火。（何为：《第二次考试》，见《临窗集》，百花文艺出版社 1980 年版）

（9b）还是在两三天前，这里因为台风造成电线走火。（何为：《第二次考试》，见初级中学课本《语文》第 2 册）

在个体量词前面，一般用"两"不用"二"。

（四）搭配是否恰当

单独的词语是很难表达一个完整意思的，只有把词与词按照一定的规律组合成句子，才能表达清楚。但是，如果词语搭配不当，就会影响表意的准确度。常见的词语搭配不当的错误有主谓搭配不当、动宾搭配不当、偏正搭配不当、动补搭配不当和关联词语搭配不当等。现举两例说明：

（10a）荔枝蜜的特点是成色纯、养分大。（杨朔：《荔枝蜜》）

（10b）荔枝蜜的特点是成色纯、养分多。（杨朔：《荔枝蜜》，语文课本）

（11a）一时间，我又觉得自己不仅是在看书，却又像是在零零乱乱翻动着一卷历史稿本。（杨朔：《泰山极顶》）

（11b）一时间，我又觉得自己不仅是在看书，而且又像是在零零乱乱翻动着一卷历史稿本。（杨朔：《泰山极顶》，语文课本）

例（10），"养分"只存在多少问题，而没有大小区别，因此原文陈述不当。例（11），"不仅"常跟"而且"呼应，构成"不仅……而且……"形式，而不与"却"构成"不仅……却……"形式。

二 求贴切

讲准确，是词语锤炼的基本要求，主要是用词是否准确的问题；求贴切，是词语锤炼进一步的要求，主要是词语是否更佳的问题。讲准确，即有正误之分；求贴切，即有优劣之别。讲求语言的贴切，主要体现在以下几个方面：（1）注意词义范围的大小；（2）分清词义的轻重；（3）辨明词义的着重点；（4）选择恰当的角度；（5）结合上下文来选词。

（一）注意词义范围的大小

同义词的细微差别，有时表现在词义范围有大小之分。如果忽略了词义范围的差别，那么我们在表达思想的时候就可能失之片面，或失之笼统。例如：

（1a）有几个"慈祥"的老板到小菜场去收集一些莴苣菜的叶瓣，用盐卤渍一浸，这就是她们难得的佳肴。（夏衍：《包身工》，见《散文选·二》，上海教育出版社 1979 年版）

（1b）有几个"慈祥"的老板到菜场去收集一些菜叶，用盐一渍，这就是她们难得的佳肴。（《包身工》，见高级中学课本《语文》第 2 册）

（2）他的对于我的热心的希望，不倦的教诲，小而言之，是为（邻）中国，就是希望中国有新的医学。（《藤野先生》，见《鲁迅手稿选集》，文物出版社 1962 年版）

例（1），老板到小菜场未必就只收集一些莴苣菜的叶瓣，其他的菜叶也会照样收集的，可见原文用"莴苣菜的叶瓣"，范围太窄，失之偏颇。例（2），原文写作"邻国"，范围太大，过于笼统，日本的邻国有中国，也有其他国家；改文换成"中国"，所指就明确了。

（二）分清词义的轻重

有些同义词虽然指的是同一事物，但是在表现其某种特征或程度方面，则有轻重的差别。在使用这种同义词的时候不能随意替代，该轻的要轻，该重的要重，从而使表达贴切而有分寸。例如：

（3a）九年多以前，他曾经为了攻取这一带山岭要保护住这里的古陵而忧心过。（王愿坚：《普通劳动者》，见同名短篇小说集，人民文学出版社 1978 年版）

（3b）九年以前，他曾经为了攻取这一带山岭，又要保全这里的古陵而焦虑过。（《普通劳动者》，见初级中学课本《语文》第 6 册）

（4a）风吹过来，觉得身上很冷。（《潘先生在难中》，见《叶圣

陶短篇小说选集》，人民文学出版社 1954 年版)

(4b) 风吹过来，觉得身上很凉。(《潘先生在难中》，见《叶圣陶文集·一》)

例 (3)，既要攻取这一带山岭，又要保全这里的古陵，二者的确很难兼顾，但又必须做到。原文用"忧心"来形容将军当时的心情，词义太轻，因此改文换成"焦虑"。例 (4)，夏天的清晨，即使刮风也不会使人感觉得冷，原文用"冷"，词义过重，因此改文换成"凉"。

(三) 辨明词义的着重点

汉语里有一种双音同义词，由一个相同的语素和一个不同的语素构成。相同的语素使得它们在意义上有相同的一面；不同的语素则决定了它们在意义上又有相异的一面，并且它往往是词义的着重点之所在。我们讲求用词贴切，就应该辨明词义的着重点。例如：

(5a) 九年多以前，他曾经为了攻取这一带山岭又要保护住这里的古陵而忧心过。(王愿坚:《普通劳动者》，见同名短篇小说集，人民文学出版社 1978 年版)

(5b) 九年以前，他曾经为了攻取这一带山岭，又要保全这里的古陵而焦虑过。(《普通劳动者》，见初级中学课本《语文》第 6 册)

"保护"和"保全"都有"护卫使之不受损害"的意思，然而"保护"的着重点是"护"，即妥善护卫，使之不受损害；"保全"的着重点是"全"，即妥善护卫，使之完整无缺。这里是要使古陵在炮火下能够完整地保存下来，因此改文用"保全"优于原文的"保护"。

(四) 选择恰当的角度

对同一个对象，如果从不同的角度去观察，便可以归成不同的类别。例如，就某个人而言，如果从性别的角度来看，他是男的；如果从职业的角度来看，他是教师……这里的"男的""教师"等，便可指称同一个对象，然而究竟取哪一种，这就得视表达的需要来选择恰当的角度，例如：

　　（6a）在一道一公尺多高的土崖下面，平躺着一列斗车。（王愿坚：《普通劳动者》，见同名短篇小说集，人民文学出版社1978年版）

　　（6b）在一道一米多深的土洼下面，平躺着一列斗车。（《普通劳动者》，见初级中学课本《语文》第6册）

"高"是由下往上看，"深"是从上往下看。这里的说话人是站在土崖上面往下看，因此宜用"深"。

（五）结合上下文来选词

有些词用在某些句子或短语里是准确的，但是如果结合上下文来看，有时又显得并不恰当。因此我们讲求用词贴切，还应该结合上下文来选词。例如：

　　（7a）后来太阳才慢慢地冲出重围，出现在天空，甚至把黑云也染成了紫色或者红色。（《海上的日出》，见《巴金文集·八》，四川人民出版社1982年版）

　　（7b）到后来才慢慢儿透出重围，出现在天空，把一片片黑云变成了紫云或红霞。（《海上的日出》，见试用本初级中学课本《语文》第1册）

说"太阳冲出重围"或"太阳透出重围"，都是正确的，然而由于上文有"才慢慢地"等状语修饰，这样，含有"时间快、力量大"等因素的"冲出"一词就显得与修饰语不协调了，因此改文换成了"透出"。

三　辨色彩

我们所说的词语色彩的锤炼，主要是指语体色彩和感情色彩的锤炼。

（一）语体色彩的锤炼

语体是言语的功能变体。人们在不同的社会活动领域内进行交际时，由于交际的目的、对象、内容和场合等的不同，所用的语言也就具有不同的特点。有些词语常用于某些语体，有些词语只能用于特定的语体，也有些词语通用于各种语体，根据语言环境来精心选择带有语体色彩的词语，对提高语言的表达效果是会有积极意义的。

1. 口头语体与书面语体的锤炼。口头语体具有通俗、生动与活泼的特点，所以人们在写文章的时候，往往用口头语体来替换书面语体。例如：

（1a）起伏的青色群山一座挨一座，延伸到远方，消失在迷茫的薄暮中。（彭荆风：《驿路梨花》，《光明日报》1977 年 11 月 27 日）

（1b）……消失在迷茫的暮色中。（《驿路梨花》，见初级中学课本《语文》第 2 册）

原文中的"薄暮"是书面语，改文换成口头语"暮色"，显得更通俗。

书面语体具有庄重、典雅的特点，有时用书面语代替口头语，亦能提高语言的表达效果。例如：

（2）季度评奖会开始了。十几双眼睛望着我，似乎是（看）期待着我表示意见。（徐仲华：《评讲〈我和一个同志之间〉》，见《文章评改》，上海教育出版社 1979 年版）

"看"通用于口头语体和书面语体；"期待"一般用于书面语体。改文用"期待"，显得更严肃。

2. 方言语体与普通话语体的锤炼。方言词语受地域的限制，一般难以为其他方言区域的人所接受，因此能够用普通话词语表达的，就尽量不要使用方言词语。例如：

（3a）崔二爷来胡日弄，修寨子买马又招兵。（李季：《王贵与李香香》，见《新诗选·三》）

（3b）崔二爷来胡打算，修寨子买马又招兵。（《王贵与李香香》，见高级中学课本《语文》第 2 册）

原文中的"胡日弄"是方言词语，不大好懂，改文换成"胡打算"，就通俗明白了。

3. 科学语体与艺术语体的锤炼。一般来说，艺术语体可以大量地运用各种形象的修辞方法，以增强作品的感染力；科学语体则很少使用语言中的描绘手段，它要求对客观事物作客观的、冷静的、准确的说明。例如：

　　（4a）狡猾的野兔靠野草和偷窃农民的果实来生活，阴险的狼却要以野兔来做食物。（《食物从何处来》，《人民日报》1959 年 3 月 31日）
　　（4b）例如，野兔靠吃野草来生活。狼以野兔为食物。（《食物从何处来》，见初级中学课本《语文》第 6 册）

原文用"狡猾""偷窃""阴险"等词语来分别说明野兔和狼，其厌恶之情溢于言表。然而说明文的一个重要特征就在于它的客观性，即客观冷静地介绍和说明事物，一般不带作者的感情色彩，因此改文删去了上述词语。

（二）感情色彩的锤炼

词语有褒义、贬义和中性之分。有的词语表达了肯定、喜爱、赞美、尊敬的感情，含有褒义；有的词语则表达了否定、厌恶、贬斥、鄙视的感情，含有贬义；有的词语不表示褒贬，则是中性词。我们在运用语言进行交际的时候，如果能注意对含有感情色彩的词语进行锤炼，那么就能更准确、更鲜明地表达思想，提高语言的表达效果。例如：

　　（5）终于这（事情）流言消灭了。于是却又竭力运动，要收那一封匿名信去。（《藤野先生》，见《鲁迅手稿选集》，文物出版社 1962 年版）
　　（6a）"吓！"声音很严厉，左手的食指坚强地指着，"这是中央银行的，你们不要，可是要想吃官司？"（《多收了三五斗》，见《叶圣陶短篇小说选集》，人民文学出版社 1954 年版）
　　（6b）……左手食指坚硬地指着……（《多收了三五斗》，见《叶圣陶文集》，人民文学出版社 1958 年版）

例（5），作者把"事情"改成"流言"，用贬义词来替换中性词，表达了对造谣生事者的气愤之情。例（6），原文中的"坚强"是褒义词，不应用于唯利是图的米行先生，因此改文换成中性词"坚硬"。

四　求同异

在一句话或一段话里，是使用相同的词语来表示同样的人或事物，还是使用不同的同义词来表示，这就必须作出选择。这种选择的方法就是词语的求同与求异。

（一）词语的求同。例如：

（1a）吃荤也好，吃素也罢，反正都是靠植物而生活。（《食物从何处来》，《人民日报》1959 年 3 月 31 日）

（1b）吃荤也好，吃素也好，反正都是靠植物而生活。（《食物从何处来》，见初级中学课本《语文》第 6 册）

（2）他们快要开拔到前方去，觉得最高的权威附灵在自己身上，什么东西都不在眼里，只要高兴提起脚来踩，都可以踩做泥团踩做粉。（叶圣陶：《潘先生在难中》）

例（1），"也好"与"也罢"是同义词，然而"也好"比"也罢"所表示的语气轻些。要么连用两个"也好"，要么连用两个"也罢"，而不宜把二者混在一起使用。——这是为了求得前后照应而求同。例（2），连用了三个"踩"字，语意顺畅，很有气势。如果把其中的两个"踩"字分别换成"踏"和"压"，则不会有这种效果。——这是为了求得文气贯通而求同。

（二）词语的求异。例如：

（3a）船随山势左一弯，右一弯，每一曲，每一折，都向你展开一幅绝好的风景画。（《长江三日》，见《刘白羽散文选》，人民文学出版社 1978 年版）

（3b）船随山势左一弯，右一转，每一曲，每一折，都向你展开一幅绝好的风景画。（《长江三峡》，见高级中学课本《语文》第 1 册）

（4）安丽梅获得女子 10 公里竞走冠军，冯英华夺得女子 100 米栏金牌，段秀泉获得男子 1500 米跑第一名，丛玉珍在女子铅球比赛中夺魁。(《羊城晚报》1987 年 7 月 25 日)

例（3），原文两次用"弯"来描写船行驶的动作，显得单调；改文把后一个"弯"字换成"转"字，从而使表达显得生动。例（4），是报道比赛情况，在语言表达方面就力求避免重复使用相同的词语。同样是报道中国队夺冠的战绩，而分别用"获得冠军""夺得金牌""获得第一名""夺魁"等词语来表达。这样就使文章显得生动活泼。

五　善活用

每一个词语都有固定的形式、语法功能和词汇意义。唯有如此，语言交际活动才得以正常进行；然而在特定的语言环境里，有时为了达到某种特殊的修辞效果，可以临时改变它的形式、语法功能或词汇意义。这就是词语的活用。例如：

（1）先生最初这几天对我很严厉，后来却好起来了，不过给我读的书渐渐加多，对课也渐渐地加上字去，从三言到五言，终于到七言。(鲁迅：《从百草园到三味书屋》)

（2）最惹眼的是屹立在庄外临河的空地上的一座戏台，模糊在远处的月夜中，和空间几乎分不出界限。(鲁迅：《社戏》)

（3）红眼睛原知道她家里只有一个老娘，可是没有料到她竟会那么穷，榨不出一点油水。(鲁迅：《药》)

例（1），"三言""五言""七言"分别是"三言诗""五言诗""七言诗"的缩略。根据词的形、音、义三者的关系，"三言"这一语音形式和结构形式并不表示"三言诗"的意义，它在这里只是"三言诗"的缩略形式。——这是词语形式的活用。例（2），"模糊"是形容词带处所补语活用为动词，给人一种运动或变化的感觉。——这是语法形式的活用。例（3）的"红眼睛"只是临时指管牢的阿义。——这是词语意义的活用。

(原载香港中文大学《中国语文通讯》1993 年第 3 期)

论词语语体色彩的锤炼

语体是言语的功能变体。人们在不同的社会活动领域内进行交际时，由于交际的目的、对象、内容、场合等的不同，所用的语言也就具有不同的特点。有些词语常用于某些语体，有些只能用于特定的语体，也有些通用于各种语体。根据语言环境来精心选择带有语体色彩的词语，对提高语言的表达效果是有积极意义的。

一　口头语体与书面语体的选择

口头语体具有通俗、生动与活泼的特点，因此人们在写文章的时候，往往用口头语体来替换书面语体。例如：

（1－1）起伏的青色群山一座挨一座，延伸到远方，消失在迷茫的薄暮中。（彭荆风：《驿路梨花》，《光明日报》1977 年 11 月 27 日）

（1－2）……消失在迷茫的暮色中。（《驿路梨花》，见初级中学课本《语文》第 2 册）

（2－1）油田领导亲临医院。（茹志鹃：《离不开你》，见《中国优秀报告文学选评》，复旦大学出版社 1982 年版）

（2－2）油田领导亲自来到医院。（《离不开你》，见高级中学课本《语文》第 6 册）

上面两例原文中的"薄暮"和"亲临"是书面语，改文分别换成"暮色"和"亲自来到"等口头语，显得通俗。值得注意的是，口语中往往存在一些不规范的语言成分，这些语言成分一般不宜进入书面语中。例如：

（3-1）我想起一个问题，就问："可是呢，一只蜜蜂能活多久？"（《荔枝蜜》，见《杨朔散文选》，人民文学出版社1978年版）

（3-2）我想起了一个问题，就问："一只蜜蜂能活多久？"（《荔枝蜜》，见初级中学课本《语文》第2册）

（4-1）可是啊，海市不出来，难道我们不能到海市经常出现的地方去寻寻看么？（《海市》，见《杨朔散文选》，人民文学出版社1978年版）

（4-2）可是，海市不出来……（《海市》，见高级中学课本《语文》第3册）

例（3-1），这里没有转折关系，不必用"可是"；例（4-1），"可是"后面不必用"啊"。"可是呢""可是啊"等，尽管在口语中经常出现，然而到了书面语里一般要被剔除，以便使语言具有规范性和简洁性。

书面语体具有庄重、典雅的特点，有时用书面语来替换口头语，也能提高语言的表达效果。例如：

（5-1）在这深深怀念周总理学习周总理的日子里，又使我们回忆起一次随同周总理从延安到重庆的短暂而又不平凡的经历。（袁鹰：《一次难忘的航行》，《光明日报》1977年1月9日）

（5-2）在这缅怀周总理，学习周总理的日子里，我们又回忆起三十一年前随同周总理从延安到重庆的一次不平凡的航行。（《一次难忘的航行》，见试用本初级中学课本《语文》第4册）

（6）季度评奖会开始了。十几双眼睛望着我，似乎是（看）期待着我表示意见。（徐仲华：《评讲〈我和一个同志之间〉》，见《文章评改》，上海教育出版社1979年版）

例（5），"深深怀念"是口头语，"缅怀"是书面语，后者更显得庄重，同时，"缅怀周总理"与"学习周总理"在音节上配合匀称。例（6），"看"通用于口头语体和书面语体，"期待"一般用于书面语体。这里用书面语体的"期待"，能够较好地表现出紧张而严肃的气氛。

文言词语具有较浓的书面语色彩，如果不是为了提高表达效果，最好不要使用。例如：

（7-1）先付包洋十元，人银两讫。（夏衍：《包身工》，见《散文选·二》，上海教育出版社 1979 年版）

（7-2）先付包洋十元，人银两交。（《包身工》，见高级中学课本《语文》第 2 册）

（8-1）母子见了面，老人第一句话就说："若不是这孩子送我，娘怕找不到你呢。"（陈广生、崔家骏：《雷锋的故事》，解放军文艺出版社 1973 年版）

（8-2）母子见了面，老人第一句话就说："要不是这孩子送我，娘怕找不到你呢。"（《人民的勤务员》，见初级中学课本《语文》第 1 册）

例（7），原文中的"讫"是文言词语，口语中一般不说。因此改文把"两讫"换成现代通行的词语"两交"。例（8），原文中的"若不是"带有文言色彩，口语里是不大说的，更何况这是出自一位老人之口，因而显得不符合人物的身份，改文换成口语"要不是"，这就贴切了。

下面的例子违反了上述原则，因而是不恰当的：

（9-1）伊的青布围裙轻轻动荡，猫的小爪似伸似缩地想将裙缘抓住，但是终于没抓住。（《阿凤》，见《叶圣陶短篇小说选集》，人民文学出版社 1954 年版）

（9-2）伊的青布围裙轻轻动荡，猫的小爪似伸似缩地想将他攫住，但是终于没有捉着。（《阿凤》，见《叶圣陶文集·一》，人民文学出版社 1958 年版）

原文中的"抓住"一词本来通俗明白，改文却换成文言词语"攫住"，反而生僻难懂了。当然，在一定的语言环境里，又可以根据表达的需要选用有生命力的文言词语，以便提高语言的表达效果。例如：

（10-1）我们肃立在您老人家遗体面前，透过泪水看到您老人家还是那样庄重而慈祥。（毛岸青、邵华：《我们爱韶山的红杜鹃》见《人民文学》1977 年第 9 期）

（10-2）我们肃立在您老人家遗体之前，透过泪水看到您老人家还是那样慈祥而庄严。（《我们爱韶山的红杜鹃》，见试用本初级中

学课本《语文》第 5 册)

（11）惨象，已使我目不忍视；流言，尤使我耳不忍闻。我还有什么话可说呢？我懂得衰亡民族之所以默无声息的缘由了。（鲁迅：《记念刘和珍君》）

（12）孔乙己着了慌，伸开五指将碟子罩住，弯腰下去说道，"不多了，我已经不多了。"直起身又看一看豆，自己摇头说，"不多不多！多乎哉？不多也。"（鲁迅：《孔乙己》）

（13）"千里之行，始于足下"，在开始的时候，就得有个盘算，才不致"失之毫厘，谬以千里"。（陶铸：《崇高的理想》）

（14）他听说齐宣王爱听竽乐和奏，就混在乐队里，装模作样，冒称内行，领取俸禄。（《善于建设一个新世界》，见高级中学课本《语文》第 1 册）

例（10），改文用具有文言色彩的"之前"来替换原文中的"面前"，更显得庄重。例（11），大量地运用文言词语，很好地表达了作者内心的激愤之情。例（12），对孔乙己带有文言色彩的语言进行描写，这对于刻画孔乙己迂腐的性格特征起到了较好的作用，同时具有极强的讽刺性。例（13），两处运用文言词语，从而收到了言简意赅的效果。例（14），"俸禄"一词符合南郭先生所处的历史环境，如果改为"工资"，则会显得不伦不类。

二 方言语体与共同语语体的选择

方言词语受地域的限制，一般难以为其他方言区域的人所接受，因此能够用共同语（在现代汉语里即普通话）词语表达的，就尽量不要使用方言词语。例如：

（1-1）不行，不行，你的腿脚不灵便，从这些筐头子空里穿，不安全，栽倒了咋整？（王愿坚：《普通劳动者》，见同名短篇小说集，人民文学出版社 1978 年版）

（1-2）……栽倒了，怎么办？（《普通劳动者》，见初级中学课本《语文》第 6 册）

（2-1）崔二爷来胡日弄，修寨子买马又招兵。（李季：《王贵与

李香香》，见《新诗选·三》）

（2-2）崔二爷来胡打算，修寨子买马又招兵。（《王贵与李香香》，见高级中学课本《语文》第2册）

上面两例原文中的"咋整"和"胡日弄"都是方言词语，不大好懂，改文分别换成"怎么办"和"胡打算"，既通俗明白，又符合现代汉语规范化的要求。

我们主张能够用普通话词语表达的，就尽量不要使用方言词语，这并不是说方言词语绝对不可以用。叶圣陶先生在《关于使用语言》一文中说："方言土语的成分也不是绝对不用，只是限制在特定的情况下使用。譬如作品中某个人物的对话，要是用了某地区的方言土语，确实可以增加描写和表现的效果，这就是个特定的情况，这时候就不妨使用。又如作者觉得方言土语的某一个成分的表现力特别强，普通话里简直没有跟它相当的，因此愿意推荐它，让它转成普通话的成分，这就是个特定的情况，这时候就不妨使用——到底能不能转化成普通话的成分，那还得看群众同意不同意。"这可以作为我们使用方言词语的重要原则。下面我们举例来说明。

（3）我家只有一个忙月（我们这里给人做工的分三种……自己也种地，只是过年过节以及收租的时候来给一定的人家做工的称忙月），忙不过来，他便对父亲说，可以叫他的儿子闰土来管祭器的。（鲁迅：《故乡》）

（4）杨二嫂发现了这件事，自己很以为功，便拿了那狗气杀（这是我们这里养鸡的器具，木盘上面有着栅栏，内盛食料，鸡可以伸进颈子去啄，狗却不能，只能看着气死），飞也似的跑了，亏伊装着这么高低的小脚，竟跑得这样快。（鲁迅：《故乡》）

（5）冬天，打冰夹鱼的时候，她们一个个登在流星一样的冰船上来回警戒。（孙犁：《荷花淀》）

（6）一人一马一杆枪。（李季：《王贵与李香香》）

（7）咱们先借一棵大枪给赵玉林使唤。（周立波：《暴风骤雨》）

例（3）用"忙月"，是因为普通话里没有可以用来代替的词。例

（4）用"狗气杀"，例（5）用"打冰夹鱼"（即打开冰来捞底下的鱼）和"冰船"（也叫"冰排子"或者"冰床"，这是一种在冰上行驶的木制的交通工具），都是为了显示特有的地方风物。例（6）和例（7），"枪"不说"一支"，而说"一杆"或"一棵"，前者是使用陕北方言，这与该诗所运用的陕北信天游形式是配合和谐的；后者是使用东北方言，富有地方色彩。

三　科技语体与文艺语体的选择

一般来说，文艺语体可以大量地运用各种形象的修辞方法以增强作品的感染力；科技语体则很少使用描绘手段，它要求对客观事物作客观的、冷静的、准确的说明。例如：

（1-1）叶子就是一个食品工厂，上面有着许多小烟囱，叫气孔。（《食物从何处来》，《人民日报》1959 年 3 月 31 日）

（1-2）叶子就是一个食品工厂，叶子上面有着许多气孔。（《食物从何处来》，见初级中学课本《语文》第 6 册）

（2-1）每一根毛就是一个最基层的原料采购站，大力的收买土壤中的水分和无机盐等原料。（《食物从何处来》，《人民日报》1959 年 3 月 31 日）

（2-2）每一根毛就是一个最基层的原料采集站，大力地吸收土壤中的水分和无机盐等原料。（《食物从何处来》，见初级中学课本《语文》第 6 册）

（3-1）但是，它们侵入作物也不是一无阻挡的，因为作物不是任凭它们为所欲为而是不断同它们进行斗争；就是说，作物具有不同程度的抗病性。（《农作物抗病品种的培育》，《科学大众》1964 年第 3 期）

（3-2）但是这些病菌侵入作物，也不是全无阻挡的。因为作物具有不同程度的抵抗病菌的能力。（《农作物抗病品种的培育》，见高级中学课本《语文》第 2 册）

（4-1）狡猾的野兔靠野草和偷窃农民的果实来生活，阴险的狼却要以野兔来做食物。（《食物从何处来》，见《人民日报》1959 年 3 月 31 日）

（4-2）例如，野兔靠吃野草来生活。狼以野兔为食物。(《食物从何处来》，见初级中学课本《语文》第6册)

以上四例都是选自说明文。例（1-1）中运用了比喻的修辞方式，用"小烟囱"作喻体来比喻叶子上面的气孔，然而这个比喻既不恰当，也不合语体，因此改文将比喻删去。例（2-1）中运用了拟人的修辞方式，用"收买"来使作物具有人的特征，然而这实在没有必要；改文用"吸收"来替换"收买"，既表达准确，又符合说明文的写作要求。例（3-1）中也运用了拟人的修辞方式，并且流露出对作物能够抵抗病菌的赞美之情，然而这与文体不合，因此改文删去了这段运用拟人方式的文字。例（4-1），用"狡猾""偷窃""阴险"等词语来分别说明野兔和狼的生活习性，其厌恶之情溢于言表，然而说明文的一个重要特征就在于它的客观性，即要求作者客观冷静地介绍和说明事物，一般不带作者的感情色彩，因此改文删去了上述词语。

（原载《逻辑与语言学习》1992年第5期）

论词语感情色彩的锤炼

词语有褒义、贬义和中性之分。有的词表达了说写者对该事物肯定、喜爱、赞美、尊敬的感情，含有褒义；有的词则表达了说写者对该事物否定、厌恶、贬斥、鄙视的感情，含有贬义；有的词不表示说写者对该事物的褒贬，则是中性词。我们在运用语言进行交际的时候，如果能注意对含有褒贬色彩的词语进行精心选择，那么就能更准确、更鲜明地表达思想，提高语言的表达效果。如何锤炼带有感情色彩的词语呢？下面我们从中性词与贬义词的锤炼、中性词与褒义词的锤炼、褒义词与贬义词的锤炼三个方面来具体地加以分析研究。

一　中性词与贬义词的锤炼

（1－1）我感到自己的可耻，也感到了丑石的伟大。（贾平凹：《丑石》，《人民日报》1981 年 7 月 20 日）

（1－2）我感到自己的无知，也感到了丑石的伟大。（《丑石》，见高级中学课本《语文》第五册）

（2－1）现在，先生是死了！我们不愿放肆地悲痛，这不是我们放肆悲痛的时候。（阿累：《一面》，见《中国现代散文·下》，上海文艺出版社 1979 年版）

（2－2）现在，先生是死了！我们不愿恣情地悲痛，这还不是我们恣情悲痛的时候。（《一面》，见初级中学课本《语文》第 2 册）

例（1），"可耻"是贬义词，这里用来自我贬斥，未免过重；课文改为中性词"无知"，这样就比较准确地表达了作者因过去对丑石的不了解而产生的愧疚心理。例（2），"放肆"和"恣情"都有"（言行）任意、任性"的意思，但是"放肆"含有贬义而"恣情"是中性词。这里不宜对自己用贬义，改文用中性词是恰当的。——这是用中性词来替换贬义词。

　　（3）仲子：……但这三年来，侠累那家伙，是愈闹愈不成话了。他竟主张和秦国勾结，借秦国的力量来压迫自己的兄弟赵国和魏国，更想进而压迫齐国和燕国，与南方的楚国争雄。（郭沫若：《棠棣之花》）

　　（4）终于这（事情）流言消灭了。于是却又竭力运动，要收那一封匿名信去。（《藤野先生》，见《鲁迅手稿选集》，文物出版社1962年版）

　　例（3）"勾结"一词，在《甘愿做炮灰》一书（该书收有《棠棣之花》）中本作"联络"。作者用贬义词"勾结"来替换中性词"联络"，不仅揭露了侠累里通外国的卖国行径，同时也表达了作者对他的愤恨和鞭笞。例（4），作者把中性词"事情"换成贬义词"流言"，这就表达出了作者对造谣生事者的愤慨之情。——这是用贬义词来替换中性词。

二　中性词与褒义词的锤炼

　　（1-1）周总理那十分熟悉的面影立即跃入我的眼帘。（《珍贵的衬衫　难忘的深情》，《北京日报》1977年1月22日）

　　（1-2）周总理那慈祥的面容立即跃入了我的眼帘。（《一件珍贵的衬衫》，见初级中学课本《语文》第2册）

　　（2-1）在这些成果中，准确到7位数的圆周率便是人所共知的例子。（《祖冲之》，见《中国古代科学家》）

　　（2-2）在这些成果中，准确到小数点后七位数字的圆周率就是著名的例子。（《祖冲之》，见初级中学课本《语文》第5册）

　　例（1），原文"十分熟悉"是中性词语，课本改为褒义词"慈祥"，不仅描写了周总理的面容，而且表达了作者对周总理的赞美之情。例（2），原文"人所共知"不含有任何感情色彩，课本改为褒义词"著名"，这就表达了作者对祖冲之在圆周率计算方面所取得的卓越成就的推崇和赞美之情。——这是用褒义词来替换中性词。

（3-1）"吓！"声音很严厉，左手的食指坚强地指着，"这是中央银行的，你们不要，可是要想吃官司？"（《多收了三五斗》，见《叶圣陶短篇小说选集》，人民文学出版社 1954 年版）

（3-2）……左手食指坚硬地指着……（《多收了三五斗》，见《叶圣陶文集》，人民文学出版社 1958 年版）

（4）仲子：三年前我来找你的时候，便是希望你帮助我，来铲除这个国贼！（郭沫若：《棠棣之花》）

例（3），原文"坚强"是褒义词，不应用于唯利是图的米行先生，因此课本改为中性词"坚硬"。例（4）中的"个"，《甘愿做炮灰》本作"位"。"位"含有尊敬的意味。既然说的是国贼，又怎能以"位"称之？因此作者改为中性词"个"。——这是用中性词来替换褒义词。

三　褒义词与贬义词的锤炼

该用褒义词的时候却用了贬义词，或者该用贬义词的时候却用了褒义词，这势必会使得作者在表达感情时发生错位。例如：

（1-1）铁匠黄老吉底勇猛强悍的血液，在她的周身泛滥起来了。（峻青：《党员登记表》，见《黎明的河边》，人民文学出版社 1978 年版）

（1-2）铁匠黄老吉的勇猛强悍的血液，在她的周身沸腾起来了。（《党员登记表》，见高级中学课本《语文》第 5 册）

（2-1）"老虎团"的军官们发了急，恶狠狠地冲上前来，指挥他们的预备队，朝缺口硬压过去。他们决心要把这刚刚露出的缺口用士兵的尸体来堵塞住！（谢雪畴：《"老虎团"的结局》，《人民文学》1961 年第 12 期）

（2-2）……他们妄图把这刚刚露出的缺口用士兵的尸体堵塞住！（《"老虎团"的结局》，见高级中学课本《语文》第 2 册）

例（1），原文中的"泛滥"是贬义词，把它用在所歌颂的对象黄淑英身上，这是不恰当的，因此改文换成含有褒义色彩的"沸腾"。例（2），原文中的"决心"含有褒义色彩，把它用在敌人方面是不恰当的，因此改文换成贬义词"妄图"。这样既准确地表现了敌人的嚣张气焰，又表达了作者对敌人的嘲讽。

关于词语感情色彩的锤炼，还应该注意以下几个问题。

第一，有的词语本身并不带感情色彩，但是在特定的语境里往往可以显示出某种感情色彩。例如：

（3）他，在这个世界上只活了二十二年。（魏巍：《路标》）

（4）我的同事希腊文教师别里科夫两个月前才在我们城里去世。（契诃夫：《装在套子里的人》）

例（3），雷锋同志是一位伟大的共产主义战士，他的生命虽然是短暂的，但是充满着光辉。对于他短暂的一生，作者用"只活了二十二年"来表达。其中的"只"是中性词，然而作者的感情却寄寓其中：对雷锋同志的早逝表示惋惜，对雷锋同志的精神表示敬仰。这样就使得原本是中性词的"只"具有了褒义色彩。例（4），别里科夫是专制制度和旧思想的卫道士，对于他的死，布尔金用"两个月前才在我们城里去世"来表达。其中的"才"原本没有感情色彩，但是用在这里，就突出了人们对别里科夫深恶痛绝的感情，只恨他死得太迟了。这正如小说结尾部分所说的那样："我们要老实说：埋葬别里科夫那样的人，是一件大快人心的事。"这样就使得原本是中性词的"才"具有了贬义色彩。

第二，有时同一个词语在不同的语境里所表示的感情色彩是不相同的。例如：

（5）几个年轻的姑娘赤着脚，提着裙子，（唧唧喳喳）嘻嘻哈哈追着浪花玩。（杨朔：《雪浪花》，见王钟林、王志彬《修辞与写作》，内蒙古教育出版社1983年版）

（6-1）哪晓得瑶族老人一下来到她们面前，深深弯下腰去行了个大礼，吓得小姑娘们象小雀似的蹦开了，接着就嘻嘻哈哈的大笑了起来："老爷爷，你给我们行这样大的礼，不怕折损我们吗？"（彭荆风：《驿路梨花》，《光明日报》1977年11月27日）

（6-2）瑶族老人立即走到她们面前，深深弯下腰去，行了个大礼，吓得小姑娘们象雀似的蹦开了，接着就哈哈大笑起来……（《驿

路梨花》，见初级中学课本《语文》第2册）

　　例（5），原文写作"唧唧喳喳"，它有时含有讨厌的感情色彩，因此作者改为"嘻嘻哈哈"。这样就生动地表现出了姑娘们活泼和欢乐的性格，也流露出作者对她们的喜爱之情。例（6），原文同样是用"嘻嘻哈哈"来形容姑娘们欢快的笑声，然而并不能给人以活泼和欢乐之感，反而使人觉得小姑娘在瑶族老大爷面前有点不恭敬。改文换成"哈哈"，这就表现出了小姑娘的活泼和顽皮。

　　第三，有时说写者为了收到某种特殊的修辞效果而故意使褒贬错位：或在表示肯定、喜爱、赞美、尊敬等感情时不使用褒义词而使用贬义词，或在表示否定、厌恶、贬斥、鄙视等感情时不使用贬义词而使用褒义词。例如：

　　（7）中国军人的屠戮妇婴的伟绩，八国联军的惩创学生的武功，不幸全被这几缕血痕抹杀了。（鲁迅：《记念刘和珍君》）

　　（8）也有解散辫子，盘得平的，除下帽来，油光可鉴，宛如小姑娘的发髻，还要将脖子扭几扭。实在标致极了。（鲁迅：《藤野先生》）

　　例（7），"伟绩"和"武功"原本是褒义词，而这里却是表示贬义："伟绩"就是"血债"，"武功"就是"罪恶"。帝国主义和反动政府用荷枪实弹的军队来对付徒手请愿的学生，以立下"伟绩"，建立"武功"。这是何等的残暴，何等的疯狂！作者在这里把褒义词当作贬义词使用，这就使得讽刺意味更深，战斗力量更强，对敌人的揭露也就更深刻。例（8），"标致"原本是褒义词，这里用来讽刺"清国留学生"的大出洋相，表达了作者对这些人的厌恶之情。

　　（9）几个女人有点失望，也有点伤心，各人在心里骂着自己的狠心贼。（孙犁：《荷花淀》）

　　（10）可是就在这时候，他俩发生了第一次争执。原来趁将军弯腰上肩的时候，小李偷偷把绳子往后移了半尺多。这个"舞弊"的动作被将军发觉了，他扭回身抓住绳子往前移过来，不满地说：

"这，这不行。"

"我身体好，这边稍微重点没啥。"小李把绳子又移过去了。

"你这是欺侮我看不见。"将军伸手抓住绳子又往前移了过来。
(王愿坚:《普通劳动者》)

例（9），"狠心贼"是贬义词，然而这里并没有责骂的意味，倒是更显得女人们对自己的丈夫有着深厚的感情，语言含蓄。例（10），"舞弊"和"欺侮"都是贬义词，但是将军并不是真要责备小李，而是不想要小李的照顾，要争挑重担。这反映了将军和小李合作得相当融洽，也使人物对话显得幽默而富有情趣。

（原载郑州大学《语文知识》1993 年第 1 期）

名词锤炼的艺术

摘　要：名词锤炼的艺术，是指在描写某种事物时，如何精心地选择出这唯一的名词来准确地表现它。那么如何才能精心地选择出这唯一的名词呢？可以从不同的角度着眼，譬如明确概念的内涵，区分集合概念与非集合概念，分清陈述的对象，符合客观实际，根据空间位置的不同来选择名词，注意词语之间的搭配关系，注意某个名词所适用的对象，选择表意确定而无歧义的名词，根据上下文意来选择名词，选择通俗的、大众化的名词，根据时间和角度的不同来选择称谓词，注意词语语意的轻重等。

关键词：名词；锤炼；艺术

法国 19 世纪著名作家福楼拜曾说过这样一段话："我们不论描写什么事物，要表现它，唯有一个名词，要赋予它运动，唯有一个动词，要得到它的性质，唯有一个形容词。我们必须不断地苦思冥索，非发现这个唯一的名词、动词和形容词不可。仅仅发现与这些名词、动词或形容词相类似的词句是不行的，也不能因为思索困难，就用类似的词句敷衍了事。"有感于此，本文所要探讨的名词锤炼的艺术，就是指在描写某种事物时，如何精心地选择出这唯一的名词来准确地表现它。

那么如何才能精心地选择出这唯一的名词呢？下面我们结合一些作家的作品原文和改文来作具体的分析和讨论。

（1-1）机场上人群静静地立着，千百双眼睛随着主席高大的身影在人群里移动，望着主席一步一步走近了飞机，一步一步踏上了飞机的梯子。（方纪：《挥手之间》，见《散文特写选》）

（1-2）机场上人群静静地立着，千百双眼睛随着主席的高大身

形移动，望着主席一步一步走近飞机，一步一步踏上飞机的梯子。（《挥手之间》，见初级中学课本《语文》第6册）

（2—1）美的概念里是更健康的内容，那就是整洁、朴素、自然。（吴伯箫：《记一辆纺车》，见《人民文学》1961年第4期）

（2—2）在延安，美的观念有更健康的内容，那就是整洁、朴素、自然。（《记一辆纺车》，见初级中学课本《语文》第3册）

例（1），"身影"是指"身体的影子"，"身形"是指"身体、身材"。千百双眼睛望着的只能是主席的身形，而不可能去看主席身体的影子。例（2），"概念"是客观事物的本质属性在人们头脑中的反映，而"观念"是指思想意识。把"整洁、朴素、自然"看作美，这是一种美的观念而不是美的概念。——这两例的修改说明，要用准一个名词，就必须明确概念的内涵。

（3—1）那些铺在她身后的果子，又象是繁密的星辰。（丁玲：《太阳照在桑乾河上》）

（3—2）那些铺在她身后的果子又象是繁密的星星。（丁玲：《果树园》，见试初级中学课本《语文》第5册）

（4）我在街上看到一队华贵的客车，鱼贯行驶，每一辆车的玻璃窗上，都各贴有一方纸张。上面写着纺织、石油、化工等等字眼。（秦牧：《语林采英》）

例（3—1）和例（4）中的"星辰"和"纸张"都是集合名词，说果子像星辰（星的总称），不妥，因此例（3—2）改为非集合名词"星星"。例（4），用"一方"来计量"纸张"是不恰当的，这里的"一方纸张"可以改成"一小张纸"或"一方纸片"。——这两例的修改说明，要用准一个名词，就必须注意区分集合概念与非集合概念。

（5—1）这么一研究，就发现天文学可是热闹，到处有星的爆发，一颗星象氢弹一样爆炸。（钱学森：《现代自然科学中的基础学科》，《人民日报》1977年12月9日）

（5—2）这么一研究，就发现天上可是热闹，到处有星的爆发，

一颗星爆发象氢弹爆炸一样。（钱学森：《现代自然科学中的基础学科》，见高级中学课本《语文》第 1 册）

（6-1）急流刚刚滚过，看见前面有一奇峰突起，江身沿着这山峰右面驶去。（刘白羽：《长江三日》，见《刘白羽散文选》）

（6-2）急流刚刚滚过，前面有一奇峰突起，江水沿着这山峰右面流去。（《长江三峡》，见高级中学课本《语文》第 1 册）

例（5），根据文意可知，"热闹"的是指"天上"，而不是"天文学"。例（6），能流动的是"江水"，而不是"江身"。由于"天文学"与"天上"相关，"江身"与"江水"相关，因此两例原文分别把"天上""江水"误作为"天文学"和"江身"。——这两例的修改说明，要用准一个名词，就必须分清陈述的对象。

（7-1）使这些"乡下小姑娘"和别的世界隔绝之外……（夏衍：《包身工》，见《散文选·二》）

（7-2）使这些乡下小姑娘和外界隔绝之外……（《包身工》，见高级中学课本《语文》第 1 册）

（8-1）或者，当你自己随着大伙在田里插秧，黑油油的泥土吱吱地冒出脚缝的时候。（秦牧：《土地》，见《长河浪花集》）

（8-2）……黑油油的泥土吱吱地冒出脚趾缝的时候。（《土地》，见高级中学课本《语文》第 2 册）

例（7），包身工被关在工厂里，只是与外界隔绝，厂内厂外，同是一个世界。例（8），脚是没有缝的，即使由于某种原因裂开了缝，也不至于从脚底裂到脚背。有缝的是脚趾与脚趾之间。——这两例的修改说明，要用准一个名词，就必须符合客观实际。

（9-1）在这幽静的湖中，唯一活动的东西就是天鹅。（碧野：《天山景物记》，见《现代游记选》）

（9-2）在这幽静的湖上，唯一活动的东西就是天鹅。（《天山景物记》，见高级中学课本《语文》第 3 册）

（10-1）老汉神秘地一笑，指着正北的方向说："哪，从那里，

北京。"（竣青：《秋色赋》，见散文集《秋色赋》）

　　（10-2）老汉神秘地一笑，指着西北的方向说："哪，从那里，从北京。"（《秋色赋》，见高级中学课本《语文》第2册）

　　例（9），"湖中"所指的范围较广，它包括湖面和湖里。湖面上唯一活动的东西是天鹅，但是湖里也有别的活动的东西，因此改文换成"湖上"就更准确了。例（10），北京在山东的西北，老汉是在山东说这番话的，因此课本用"西北"来替换原文的"正北"。——这两例的修改说明，要用准一个方位名词，就必须根据空间位置的不同来选择名词。

　　（11-1）开荒，种庄稼，种蔬菜，是保证足食的战线；纺羊毛，纺棉花是保证丰衣的战线。（吴伯箫：《记一辆纺车》，《人民文学》1961年第4期）

　　（11-2）开荒，种庄稼，种蔬菜，是足食的保证；纺羊毛，纺棉花，是丰衣的保证。（《记一辆纺车》，见初级中学课本《语文》第3册）

　　（12-1）人们从这里将可以了解到中国革命所经过的艰苦道路，先烈们的光辉榜样，中国人民为了取得自由、解放，曾经付出的巨大代价。（周定舫：《人民英雄永垂不朽》，《人民日报》1958年4月23日）

　　（12-2）人们从这里可以了解到中国革命所经过的艰苦道路，先烈们的光辉业绩……（《人民英雄永垂不朽》，见初级中学课本《语文》第1册）

　　例（11），说"开荒"等"是保证足食的战线"，搭配不当，因此改文用"是足食的保证"来替换。例（12），说"了解艰苦道路""了解巨大代价"是可以的，但不能说"了解榜样"，因此改文用"业绩"来替换"榜样"。——这两例的修改说明，要用准一个名词，就必须注意词语之间的搭配关系。

　　（13-1）从四面八方飞来的新的蝶群正在不断地加入进来。这些蝴蝶大多数是属于同一个种族的。（《澜沧江边的蝴蝶会》，见《文

章评改》）

（13－2）新的蝶群不断地加进来，体积不断地扩大。这些蝴蝶
大多数属于同一种。（《澜沧江边的蝴蝶会》，见初级中学课本《语
文》第 6 册）

（14）"唉!"他的母亲叹息说，"一交子时，你就是十六岁了，
（性质）性情还是那样，不冷不热地，一点也不变。"（《铸剑》，见
《鲁迅手稿选集》）

例（13），吕叔湘先生评改说，"种族"多用于人类，用于蝴蝶不恰
当，可以改为"……大多数属于同一种"。例（14），"性质"和"性情"
都含有"某种属性"的意思，然而"性质"是指事物的属性，"性情"
指人的性格。——这两例的修改说明，要用准一个名词，就必须注意某个
名词所适用的对象。

（15－1）同行老余是在边地生活过多年的人。（彭荆风：《驿路
梨花》，《光明日报》1977 年 11 月 27 日）

（15－2）同行老余是在边境地区生活过多年的人。（《驿路梨
花》，见初级中学课本《语文》第 1 册）

（16）他的对于我的热心的希望，不倦的教诲，小而言之，是为
（邻）中国，就是希望中国有新的医学。（《藤野先生》，见《鲁迅手
稿选集》）

例（15），"边地"既可以指"边境地区"，也可以指非边境但是较
边远的地区；改用"边境地区"，意思就显得确定而无歧义。例（16），
"邻国"包括"中国"，也可以指其他与日本相邻的国家，为了表意确切，
鲁迅先生把"邻国"改成了"中国"。——这两例的修改说明，要用好一
个名词，就必须选择表意确定而无歧义的名词。

（17－1）发电机、卷扬机、混凝土搅拌机和空气压缩机的响声，
震荡山谷。（杜鹏程：《光辉的里程》）

（17－2）发电机、卷扬机、混凝土搅拌机和空气压缩机的吼声，
震荡山谷。（《夜走灵官峡》，见初级中学课本《语文》第 2 册）

例（17），说"发电机"等机器的"响声"或"吼声"，都未尝不可，但是根据下文的"震荡山谷"，则宜用"吼声"。——这例的修改说明，要用好一个名词，就必须根据上下文意来选择名词。

（18－1）而在回路的时候，他又总爱放开嗓子叫一阵，舞弄着胳膊指挥一番。（王愿坚：《普通劳动者》，见同名短篇小说集）

（18－2）而在返回的时候，……（《普通劳动者》，见初级中学课本《语文》第6册）

（19）秋初再回到学校，（榜）成绩早已发表了。（《藤野先生》，见《鲁迅手稿选集》）

上面两例原文中的"回路"和"榜"都不太通俗，因此改文分别改为"返回"和"成绩"。——这两例的修改说明，要用好一个名词，就必须选择通俗的、大众化的名词。

（20－1）当年毛主席带领队伍下山去挑粮食，不就是用这样的扁担么？（袁鹰：《井冈山散记》，《人民文学》1961年1—2月合刊）。

（20－2）当年毛委员和朱军长带领队伍下山去挑粮食，不就是用这样的扁担么？（《井冈翠竹》，见初级中学课本《语文》第4册）

（21－1）秭归是屈原故乡，是楚子熊绎建国之地。（《长江三日》，见《刘白羽散文选》）

（21－2）秭归是楚先王熊绎始封之地，也是屈原的故乡。（《长江三峡》，见高级中学课本《语文》第1册）

例（20），毛泽东同志在井冈山时期是中央委员，既然这里说的是"当年"的事情，就应该用"委员"来指称毛泽东同志，这样才符合历史的真实。例（21），从分封的爵位来说，熊绎是子爵；从做楚国君主的先后来说，熊绎是楚国第一个国君，因此称熊绎为"楚子"或"楚先王"都是正确的，但是作者应该根据表达的着重点来选择称谓的角度。——这两例的修改说明，要用好一个表示称谓的名词，就必须注意根据时间和角度的不同来选择称谓词。

（22-1）"不！我哪怕就在房檐下蹲一夜哩，也要节省这两角钱！"……做出这个决定，生宝心里一高兴，连煤气味也就不是那么使他发呕了。（柳青:《创业史》）

（22-2）拿定这个主意，心里一高兴，连煤气味也似乎不那么呛人了。（《梁生宝买稻种》，见初级中学课本《语文》第2册）

（23-1）而仿佛是些令人快乐、令人兴奋和最有意思的事情使她激动着。（杨沫:《青春之歌》）

（23-2）却仿佛有什么令人快乐、令人兴奋和最有意义的事情使她激动着。（《坚强的战士》，见初级中学课本《语文》第5册）

例（22），"决定"和"主意"都有"办法"的意思，但是"决定"往往是经过组织或集体讨论出的办法，语义比"主意"重一些，个人心里的打算宜用"主意"来表示。例（23），"意思"和"意义"都是指语言文字所包含的内容，然而"意义"所表示的内容深刻、重大，常指某种客观效果或影响。"意思"所表示的内容一般不及"意义"深。郑瑾在跟林道静谈她生命的最后时刻，谈她对党的信念，这是有意义的事。原文用"意思"，语意就显得轻了。——这两例的修改说明，要用好一个名词，就必须注意语意的轻重。

综上所述，名词的锤炼可以从不同的角度着眼，譬如明确概念的内涵，区分集合概念与非集合概念，分清陈述的对象，符合客观实际，根据空间位置的不同来选择名词，注意词语之间的搭配关系，注意某个名词所适用的对象，选择表意确定而无歧义的名词，根据上下文意来选择名词，选择通俗的、大众化的名词，根据时间和角度的不同来选择称谓词，注意词语语意的轻重等。

（原载《台州师专学报》2000年第2期）

词语的增繁与表意明确

　　摘　要：我们在写文章的时候，如果写得太简略而不能明白地传情达意，就应该考虑增加一些词语来使表意明确。这就是词语的增繁。词语的增繁大致可以从两个方面来考虑：一是因表意不明晰、不准确而增繁；二是因分句之间的关系不明确而增繁。

　　关键词：词语；增加；表意；明确

　　讲究繁简适当，是为了提高语言的表达效果。繁简都有正反两方面的意思：正的方面，繁是繁丰，是繁而不冗；简是简洁，是简而不漏。这正如钱大昕所说："文有繁简，繁者不可减之使少，犹简者不可增之使多也。"（《与友人论文书》）反的方面，繁是啰唆，是词语多而无用；简是苟简，是词语少而意不明。

　　从正的方面而论，繁与简各有各的妙处，难以强分高下。这正如顾炎武在《日知录》中所说："辞在乎达，不论其繁与简也。"从反的方面来看，词语多而无用是啰唆，这时就应该删繁就简（简称"删简"）；词语少而意不明是苟简，这时就应该增简就繁（简称"增繁"）。这正如胡应麟在《少室山房笔丛》中所说的那样："简之胜繁，以简之得者论也；繁之胜简，以繁之得者论也。要各有攸当焉。繁之失者，遇简得者，则简胜；简之失者，遇繁得者，则繁胜。执是以论繁简，其庶几乎！"

　　综上所述，繁简的选择可以从两个方面来考虑：一方面是在表达同一个意思的时候，是用繁笔还是用简笔。这样就有一个选择的过程；另一方面是遇到词语多而无用或词语少而意不明的时候，就有一个增删的过程。繁简的选择，既包括词汇方面的选择，也包括句子方面的选择。

　　我们在写文章的时候，如果写得太简略而不能明白地传情达意，就应该考虑增加一些词语来使表意明确。这就是词语的增繁。词语的增繁大致可以从两个方面来考虑：一是因表意不明晰、不准确而增繁；二是因分句之间的关系不明确而增繁。下面分别展开论述。

一　因表意不明晰、不准确而增繁

因语言太简而造成的表意不明晰、不准确，主要表现在词不达意、合说不当、义有两歧和句式杂糅等方面，这时就需要增繁。下面分别举例来加以说明。

（一）因词不达意而增繁。例如：

（1-1）憎恶黑暗有如魔鬼。（阿累：《一面》，见《中国现代散文·下》，上海文艺出版社1979年版）

（1-2）憎恶黑暗有如憎恶魔鬼。（《一面》，见初级中学课本《语文》第2册）

（2-1）这么一研究，就发现天文学可是热闹，到处有星的爆发，一颗星象氢弹一样爆炸。（钱学森：《现代自然科学中的基础学科》，《人民日报》1977年12月9日）

（2-2）这么一研究，就发现天上可是热闹——到处有星的爆发，一颗星爆发象氢弹爆炸一样。（《现代自然科学中的基础学科》，见高级中学课本《语文》第2册）

例（1），原文中少用了一个"憎恶"，意思就成了"像魔鬼一样憎恶黑暗"。这显然与原意不合，因此改文在"魔鬼"之前增加了"憎恶"一词。例（2-1），"一颗星象氢弹一样爆炸"是什么意思？这实在令人费解。改文在"一颗星"后面增加"爆发"一词，就使得表意明确了。

（3-1）"什么？"小李被老同志这种淡漠的反应激怒了。（王愿坚：《普通劳动者》，见同名短篇小说集，人民文学出版社1978年版）

（3-2）"什么？"小李被老同志这种看来淡漠的反应激怒了。（《普通劳动者》，见初级中学课本《语文》第6册）

（4-1）"这都是为了我们……"那个担架员负罪地说，"我们十多副担架挤在一个小巷子里……"（茹志鹃：《百合花》，见同名短篇

小说集，人民文学出版社 1978 年版）

（4－2）那个担架员负罪似地说道……（《百合花》，见高级中学课本《语文》第 1 册）

例（3），小李把听来的有关红军长征时吃皮带的故事讲给林将军听，而吃过皮带的林将军则认为当时那样做是很自然的，丝毫没有什么特别之处，因此说："那样的环境嘛，不吃那个吃啥?"由于小李不知道这位老同志就是故事中的林将军，因而误以为这位老同志的反应是淡漠的。原文缺少必要的修饰语，说成"淡漠的反应"，语气过于肯定；改文添上"看来"一词就准确了。例（4），"负罪"，那是确确实实的有罪，而对通讯员的牺牲，担架员是没有责任的，可见原文表意不确切；"负罪似地"，这是一种主观感受，比较符合担架员当时的心情。因此有"似"与无"似"，其表达效果可不一样。

（5－1）这座桥约建成于公元二八二年，可能是记载最早的石拱桥。（茅以升：《中国石拱桥》，《人民日报》1962 年 3 月 4 日）

（5－2）《水经注》里提到的"旅人桥"，大约建成于公元二八二年，可能是有记载的最早的石拱桥了。（《中国石拱桥》，见初级中学课本《语文》第 3 册）

（6－1）当然旧知识分子的经历是复杂的……（黄宗英：《大雁情》，见《中国优秀报告文学选评》，复旦大学出版社 1982 年版）

（6－2）当然旧知识分子的经历可能是复杂的……（《大雁情》，见《中国优秀报告文学选评》，复旦大学出版社 1986 年版）

（7－1）朦胧中听见广播到奉节。（《长江三日》，见《刘白羽散文选》，人民文学出版社 1978 年版）

（7－2）朦胧中听见广播说，到了奉节。（《长江三峡》，见高级中学课本《语文》第 1 册）

（8－1）在劳动的过程里，很少人为了个人的什么去锱铢计较，倒是为集体做了些什么有意义的事情，才感到是真正的幸福。（吴伯箫：《记一辆纺车》，《人民文学》1961 年第 4 期）

（8－2）在劳动的过程里，很少有人为了个人的什么斤斤计较，倒是为集体做了些什么有意义的事情，才感到是真正的幸福。（《记

一辆纺车》，见初级中学课本《语文》第 4 册）

例（5），"旅人桥"不是"记载最早"的石拱桥，而是"有记载的最早"的石拱桥。例（6），旧知识分子的经历不一定都是复杂的。以上两例原文都因词语简略而使表达跟客观实际情况不相符合。

例（7），原文"广播到奉节"是什么意思？表意不明；改文换成"广播说，到了奉节"，增加了几个词语，表意就明确了。例（8），"很少人"与"很少有人"意思不一样：前者是说这种人很少，但是有；后者是说这种人几乎没有。二者的意思恰好相反。原文因词语简略而使得表达跟原意大相径庭。

（二）因合说不当而增繁。例如：

（9－1）工作的人员和印刷物都从井口进出。（茅盾：《梯俾利斯的地下印刷所》，见《散文选·二》，上海教育出版社 1979 年版）

（9－2）干这件工作的同志们就从那井口出入，印好的东西也从井里运出去。（《第比利斯的地下印刷所》，见初级中学课本《语文》第 1 册）

（10－1）就义时自若和响亮的口号声，使反动派丧魂落魄。（毛岸青、邵华：《我们爱韶山的红杜鹃》，《人民文学》1977 年第 9 期）

（10－2）她就义时从容自若的神态和响亮的口号声使反动派心惊胆战。（《我们爱韶山的红杜鹃》，见试用本初级中学课本《语文》第 5 册）

（11－1）在延安人的记忆里，主席永远穿一套总是洗得很干净的旧灰布制服，布鞋，灰布八角帽。（方纪：《挥手之间》，《人民文学》1961 年第 10 期）

（11－2）在延安人的记忆里，主席永远穿着干净的旧灰布制服、布鞋，戴着灰布八角帽。（《挥手之间》，见初级中学课本《语文》第 6 册）

例（9－1），人或动物具有"进出"这样的动作行为，而物品却不能产生这样的动作行为。例（10－1），"自若和响亮的口号声"是什么意思？可以说"响亮的口号声"，不能说"自若（或从容自若）的口号声"。例（11－1），衣服可以穿，鞋可以穿，帽子却不能穿。以上三例原文都是因合说而引起词语搭配不当，因此改文不得不通过增加词语并采取分说的方式来使表达准确。

（三）因义有两歧而增繁。例如：

（12－1）本互助组有两户，是他组长垫着。（柳青：《创业史》，中国青年出版社1960年版）

（12－2）本互助组有两户，是他这当组长的垫借的。（《梁生宝买稻种》，见初级中学课本《语文》第2册）

（13－1）我真悔没给他缝上再走。（茹志鹃：《百合花》，见同名短篇小说集，人民文学出版社1978年版）

（13－2）我真后悔没给他缝上就让他走。（《百合花》，见高级中学课本《语文》第1册）

（14－1）"让我进去吧！"她对医院的门卫说。

"不行，有外宾。"（茹志鹃：《离不开你》，见《中国优秀报告文学选评》，复旦大学出版社1982年版）

（14－2）……"不行，有外宾要来。"（《离不开你》，见高级中学课本《语文》第6册）

（15－1）唐先生写文章，我替你挨骂。（唐弢：《琐忆》，见《人民文学》1961年第9期）

（15－2）唐先生写文章，我替你在挨骂哩。（《琐忆》，见高级中学课本《语文》第2册）

例（12－1），"他组长"，是指"他的组长"，还是指"他这当组长的"？例（13－1），"再走"，是谁走了？是"我"还是"他"？例（14－1），"有外宾"，是说"里面有外宾"，还是"有外宾要来"？例（15－1）"我替你挨骂"，是指"我来替你挨骂"（未然），还是指"我在替你挨骂"（已然）？以上四例都是由于苟简而引起句子产生了歧义，改文通过增加一些词语才使得句子的表意变得明确起来。

（四）因句式杂糅而增繁。例如：

（16－1）传说有这么一个湖是古代一个不幸的哈萨克少女滴下

的眼泪。（碧野：《天山景物记》，见《现代游记选》，湖南人民出版社1980年版）

（16-2）传说有这么一个湖，湖水是古代一个不幸的哈萨克少女滴下的眼泪。（《天山景物记》，见高级中学课本《语文》第2册）

（17-1）她抱着一个用网兜兜着的有盖瓷缸，一个盐水瓶里，灌满了原汁鸡汤。（茹志鹃：《离不开你》，见《中国优秀报告文学选评》，复旦大学出版社1982年版）

（17-2）她抱着一个网兜兜着的有盖瓷缸，一个盐水瓶，瓶里灌满了原汁鸡汤。（《离不开你》，见高级中学课本《语文》第6册）

（18-1）我们爱韶山的杜鹃象烈火。（毛岸青、邵华：《我们爱韶山的红杜鹃》，《人民文学》1977年第9期）

（18-2）我们爱韶山的红杜鹃，韶山的杜鹃象烈火。（《我们爱韶山的红杜鹃》，见试用本初级中学课本《语文》第5册）

以上三例中的原文都因词语简略而造成句式杂糅，使得表意不明；改文通过增加适当的词语，把杂糅的句式改成两个句子（或两个分句），这样就使得表意明确了。

二　因分句之间的关系不明确而增繁

复句的各分句之间总是要表示一定的意义关系的：或为并列关系，或为递进关系，等等。各分句之间的意义关系往往是借助关联词语来表示的。因此，如果在各分句之间缺少必要的关联词语，就可能使得复句所表示的意义关系不明确，层次不清楚。如果遇到这种情况，就必须增加恰当的关联词语。例如：

（1-1）要问白洋淀有多少苇地？不知道，每年出多少苇子？不知道。（孙犁：《荷花淀》，见《白洋淀纪事》，中国青年出版社1978年版）

（1-2）要问白洋淀有多少苇地，不知道；每年出多少苇子，也不知道。（《荷花淀》，见高级中学课本《语文》第2册）

（2-1）直到日本投降，共产党来了，我当上民兵排长，斗船主，闹减租减息，轰轰烈烈干起来啦。（《海市》，见《杨朔散文选》，

人民文学出版社 1978 年版）

（2-2）直到日本投降，共产党来了，我才当上民兵排长，斗船主，闹减租减息，轰轰烈烈干起来啦。（《海市》，见高级中学课本《语文》第 3 册）

例（1），这是一个并列复句，改文在第二个分句中增加了一个"也"字，文意就显得比原文顺畅一些。例（2），这是一个多重复句，但由于原文缺少必要的关联词语，因此第一个层次该如何划开，就不是很清楚；改文在"我"后面添上"才"字，层次就清楚了：一、二分句同三、四、五、六分句之间构成并列关系。以上是并列复句因缺少必要的关联词语而增繁。

（3-1）每当我捧起它，不由得想起那件激动人心的往事……（《珍贵的衬衫 难忘的深情》，《北京日报》1977 年 1 月 22 日）

（3-2）每当我捧起它，就不由回想起那激动人心的往事。（《一件珍贵的衬衫》，见初级中学课本《语文》第 1 册）

（4-1）一螫，它自己耗尽生命，也活不久了。（《荔枝蜜》，见《杨朔散文选》，人民文学出版社 1978 年版）

（4-2）一螫，它自己就耗尽生命，也活不久了。（《荔枝蜜》，见初级中学课本《语文》第 2 册）

例（3），由于原文缺少必要的关联词语，因而语气不太顺畅，于是改文在第二个分句的开头增加了关联词语"就"。例（4），这是一个多重复句。原文缺少与"一"相搭配的关联词语，因而使得层次不太分明；改文在第二个分句里添上"就"字，让第一个分句跟后面两个分句构成第一层关系，即连贯关系，这样层次就清楚了。以上是连贯复句因缺少必要的关联词语而增繁。

（5-1）王文鼎行医以后，由于他不墨守成规，拘泥一格，虚心学习，破旧创新。（张寿康：《评改〈用辩证唯物论指导看病〉》，见《认真学点语文·中》，北京出版社 1983 年版）

（5-2）王文鼎行医以后，他不墨守成规，拘泥一格，而且虚心

学习，破旧创新。(张寿康：《评改〈用辩证唯物论指导看病〉》，见《认真学点语文·中》，北京出版社 1983 年版)

(6-1) 大家没有办法，带他一块去看病房。(周而复：《诺尔曼·白求恩断片》，见《中国现代散文选·七》，人民文学出版社 1983 年版)

(6-2) 大家没有办法，只好带他去看病房。(《截肢和输血》，见初级中学课本《语文》第 1 册)

例 (5)，原文"由于"跟后面的短语组成一个介宾短语，只能作状语，因此这句话给人语意未完的感觉；改文去掉"由于"，在"虚心学习"前面加上"而且"这一关联词，从而使整个句子构成一个递进复句。这是递进复句因缺少必要的关联词语而增繁。例 (6)，原文因缺少关联词语而使得分句之间的关系不太明确；改文加上"只好"一词，就使前后两个分句之间显示出因果关系。这是因果复句因缺少必要的关联词语而增繁。

(7-1) 车摇慢了，线抽快了，线会断头。(吴伯箫：《记一辆纺车》，《人民文学》1961 年第 4 期)

(7-2) 车摇慢了，线抽快了，线就会断头。(《记一辆纺车》，见初级中学课本《语文》第 4 册)

(8-1) 如果你顺着弯弯曲曲的涧流走，沿途汇入千百泉流就逐渐形成溪流，然后沿途再汇入涧流和溪流，就形成河流奔腾出天山。(碧野：《天山景物记》，见《现代游记选》)

(8-2) 如果你顺着弯弯曲曲的涧流走，就会看见沿途千百条泉流，逐渐形成溪流，再汇入许多涧流和溪流，就形成河流，奔腾出天山。(《天山景物记》，见高级中学课本《语文》第 2 册)

例 (7)，改文添上"就"字，从而使得复句的假设关系更为明显。例 (8)，这是一个多重复句。原文句首有"如果"，而句中表示第一个层次的位置上缺少与之搭配的关联词语，因而容易使人误解为最后一个分句中的"就"字是跟"如果"搭配使用的；改文在"沿途……"这一分句的前面加上"就会看见"等词语，这就清楚地显示出了第一个层次之所在。以上是假设复句因缺少必要的关联词语而增繁。

（9－1）是的，胜利来了。人们所盼望的，所流血争取的独立自由和平民主的生活，又要被蒋介石和美帝国主义所破坏！（方纪：《挥手之间》，《人民文学》1961 年第 10 期）

（9－2）是的，胜利来了，可是人们所盼望的经过流血争取的独立自由和平民主的生活又要为蒋介石和美帝国主义所破坏。（《挥手之间》，见初级中学课本《语文》第 6 册）

（10－1）虽然百废待兴，已经是万紫千红的局面。（徐迟：《地质之光》，见《人民文学》1977 年第 10 期）

（10－2）虽然百废待兴，但已经是万紫千红的局面。（《地质之光》，见初级中学课本《语文》第 6 册）

以上两例的改文分别添上关联词语“可是”“但”之后，复句的转折关系就更加明显了，表意也更准确了。这是转折复句因缺少必要的关联词语而增繁。

（原载郑州大学《语文知识》2002 年第 8 期）

词语的删简与表意明确

摘　要：我们在写文章的时候，如果语词多而无用就应该把它删除。这就是词语的删简。词语的删简大致可以从以下几个方面来考虑：一是各类词的删简；二是因重复而删简；三是因词语本身含有某种意义而删简；四是因误用词语而删简；五是因修辞方式不当而删简；六是因语境因素而删简。

关键词：词语；删除；表意；明确

我们在写文章的时候，如果语词多而无用就应该把它删除。据梁章钜《退庵随笔》载："闻欧阳文忠公作《醉翁亭记》，原稿起处有数十字，粘之卧内，到后来只得'环滁皆山也'五字，其平生为文都是如此，甚至有不存原稿一字者。"将数十字而改为五个字，足见其语言的简练。鲁迅先生也十分重视语言的简练，他曾在《答北斗杂志社问》一文中说："写完后至少看两遍，竭力将可有可无的字、句、段删去，毫不可惜。"这就是我们所说的删简。词语的删简大致可以从以下几个方面来考虑：一是各类词的删简；二是因重复而删简；三是因词语本身含有某种意义而删简；四是因误用词语而删简；五是因修辞方式不当而删简；六是因语境因素而删简。下面我们分别展开讨论。

一　各类词的删简

各类词中都有一些词在一定条件下可用可不用，本着经济的原则，将这些可有可无的词删去，这就是我们所说的各类词的删简。

（一）名词中有些时间名词、方位名词、处所名词在一定条件下可用可不用。例如：

（1-1）七点钟时，县人民委员会燕局长匆匆奔进会议室。（《为

了六十一个阶级弟兄》,《人民文学》1960 年第 4 期)

(1-2) 七点钟,县人民委员会的一位局长匆匆奔进会议室。(《为了六十一个阶级弟兄》,见高级中学课本《语文》第 1 册)

(2-1) 为什么本应是一个翠绿的植物园,如今竟是这般荒芜?(黄宗英:《大雁情》,见《中国优秀报告文学选评》,复旦大学出版社 1982 年版)

(2-2) 为什么本应是一个翠绿的植物园,竟是这般荒芜?(《大雁情》,见《中国优秀报告文学选评》,复旦大学出版社 1986 年版)

(3-1) 总司令把"大胜仗"三个字拉得长长的,而且加重了语气。这时,草地上的人群就象开了锅一样沸腾起来,暴雨般的掌声和欢呼声经久不息。(刘坚:《草地晚餐》,见《战争年代的朱德同志》,人民出版社 1977 年版)

(3-2) 总司令把"大胜仗"三个字拉得长长的,加重了语气。人群沸腾起来,掌声和欢呼声经久不息。(《草地晚餐》,见初级中学课本《语文》第 1 册)

(4-1) 当陈伊玲镇静地站在考试委员会里几位有名的声乐专家面前,唱完了冼星海的那支有名的"二月里来"……(何为:《第二次考试》,见《临窗集》,百花文艺出版社 1980 年版)

(4-2) 当陈伊玲镇静地站在考试委员会的几位声乐专家面前,唱完了冼星海的《二月里来》时……(《第二次考试》,见初级中学课本《语文》第 2 册)

例 (1) 至例 (3),原文中表示时间的名词"时""如今"和短语"这时",可用可不用,改文一律删去。例 (3) 和例 (4),原文中表示处所的短语"草地上"和表示方位的名词"里",删去之后也不影响文意的表达。

(二) 动词中有些表示存在、变化、判断、使令、能愿、趋向的词,以及个别表示动作、行为的词,在一定条件下可用可不用。例如:

(5-1) 石间有细流脉脉,如线如缕;林中有碧波闪闪,如锦如缎。(梁衡:《晋祠》,《光明日报》1982 年 4 月 14 日)

（5－2）石间细流脉脉，如线如缕；林中碧波闪闪，如锦如缎。（《晋祠》，见初级中学课本《语文》第 5 册）

（6－1）这老汉大约有六十多岁，胡须头发全都白了，但是精神却很好。（峻青：《秋色赋》，见同名散文集，人民文学出版社 1978 年版）

（6－2）这老汉大约六十多岁，胡须头发都白了，但是精神却很好。（《秋色赋》，见高级中学课本《语文》第 2 册）

（7－1）东面的第二幅浮雕，是描写 1851 年太平天国的"金田起义"。（周定舫：《人民英雄永垂不朽》，《人民日报》1958 年 4 月 23 日）

（7－2）东面的第二幅浮雕，描写一八五一年太平天国的"金田起义"。（《人民英雄永垂不朽》，见初级中学课本《语文》第 2 册）

（8－1）脚上象是有几千把刀在剜割着。（郑文光：《火刑》，《科学大众》1957 年 2 月号）

（8－2）脚上象有几千把刀在剜割着。（《火刑》，见高级中学课本《语文》第 1 册）

例（5－1），"有"是谓语，改文去掉"有"字，让"细流脉脉"由宾语而变成主语和谓语。例（6），数量短语可以作谓语，因此改文去掉"有"字，让"六十多岁"作谓语。例（7）和例（8），"是"有强调的作用，它后面还紧跟着动词时，这个"是"一般可省去。

（9－1）一只工蜂最多能活六个月。（《荔枝蜜》，见《杨朔散文选》，人民文学出版社 1978 年版）

（9－2）工蜂最多活六个月。（《荔枝蜜》，见初级中学课本《语文》第 2 册）

（10－1）人们如果要想从他的身上找到反封建的革命因素，那恐怕是不可能的。（马南村：《事事关心》，见《燕山夜话》，北京出版社 1979 年版）

（10－2）人们如果想从他的身上找到反封建的因素，那恐怕是不可能的。（《事事关心》，见初级中学课本《语文》第 5 册）

（11－1）我越过广场，踏着刚铺成的橘黄色花岗石石道，徐徐

走到纪念碑台阶前，从近处来仔细瞻仰纪念碑。（周定舫：《人民英雄永垂不朽》，《人民日报》1958 年 4 月 23 日）

（11-2）我越过广场，踏着橘黄色花岗石石道，徐徐走到纪念碑台阶前，从近处仔细瞻仰纪念碑。（《人民英雄永垂不朽》，见初级中学课本《语文》第 2 册）

（12-1）日出后的草原千里通明，这时最便于去发现蘑菇。（碧野：《天山景物记》，见《现代游记选》，湖南人民出版社 1980 年版）

（12-2）日出后的草原千里通明，这时最便于发现蘑菇。（《天山景物记》，见高级中学课本《语文》第 2 册）

（13-1）毛泽东同志率领秋收起义的队伍，在三湾进行改编后，于十一月初进入井冈山。（杜宣：《井冈山散记》，《人民文学》1961 年 7—8 月号）

（13-2）毛泽东同志率领秋收起义的队伍，在三湾改编后，于十一月初进入井冈山。（《井冈山散记》，见中等专业学校试用教材《语文》，高等教育出版社 1982 年版）

以上五例原文中表能愿的"能""要"，表趋向的"来""去"，表示动作行为的"进行"等，改文分别将它们删去之后，不仅不损原意，而且行文更简洁。

（三）数量词有时可以省简。例如：

（14-1）学务委员竟写了一封信来。（《饭》，见《叶圣陶短篇小说选集》，人民文学出版社 1954 年版）

（14-2）学务委员竟写了封信来。（《饭》，见《叶圣陶文选·一》，人民文学出版社 1958 年版）

（15-1）要说我那头驴，可是百里挑一。（杨朔：《雪浪花》原稿，见王钟林、王志彬《修辞与写作》，内蒙古教育出版社 1983 年版）

（15-2）提起我那驴，可是百里挑一。（《雪浪花》修改稿，见王钟林、王志彬《修辞与写作》，内蒙古教育出版社 1983 年版）

（16-1）大家没有办法，带他一块去看病房。（周而复：《诺尔曼·白求恩断片》，见《中国现代散文选·七》，人民文学出版社

1983 年版)

（16－2）大家没有办法，只好带他去看病房。(《截肢和输血》，见初级中学课本《语文》第 1 册)

（17－1）农村里不会有一个"闲人"存在的，包括孩子们在内。(郑振铎:《石湖》，《人民日报》1958 年 1 月 4 日)

（17－2）农村里是不会有闲人的，连孩子也不例外。(《石湖》，见试用本初级中学课本《语文》第 3 册)

以上四例原文中的数词"一"、量词"头"、数量短语"一块""一个"等，改文分别将它们删去，并且不影响文意的表达。

（四）代词有时也可以省简。例如:

（18－1）从九、十月大雪封山，到第二年四、五月冰消雪化，旱獭要整整在它们的洞穴里冬眠半年。(碧野:《天山景物记》，见《现代游记选》，湖南人民出版社 1980 年版)

（18－2）从九十月大雪封山，到第二年四五月冰消雪化，旱獭要整整在洞穴里冬眠半年。(《天山景物记》，见高级中学课本《语文》第 2 册)

（19－1）遍地桃树，年年桃花开时，就象那千万朵朝霞落到海岛上来。(《海市》，见《杨朔散文选》，人民文学出版社 1978 年版)

（19－2）遍地桃树，年年桃花开时，就象千万朵朝霞落到海岛上来。(《海市》，见高级中学课本《语文》第 3 册)

（20－1）人们都这样称赞说:"雷锋出差一千里，好事做了一火车。"(陈广生、崔家骏:《雷锋的故事》，解放军文艺出版社 1973 年版)

（20－2）人们都称赞说:"雷锋出差一千里，好事做了一火车。"(《人民的勤务员》，见初级中学课本《语文》第 1 册)

（21－1）一个姑娘听了奇怪地说:"浪花还会有牙，还会咬么?"(杨朔:《雪浪花》原稿，见王钟林、王志彬《修辞与写作》，内蒙古教育出版社 1983 年版)

（21－2）有个姑娘听了笑起来: "浪花也没有牙，还会咬?"

（《雪浪花》修改稿，见《修辞与写作》，内蒙古教育出版社 1983 年版）

以上原文中表人称的"它们"，表指示的"那""这样"，表疑问的"么"等代词，改文分别将它们删去，并且表达仍然清楚。

（五）副词中表示时间、频率和范围的词，在一定条件下可用可不用。例如：

（22－1）将军一按小李的肩膀站起来，随手把小李拉起来，接着便提高了声音喊道："同志们，走哇！"（王愿坚：《普通劳动者》，见同名短篇小说集，人民文学出版社 1978 年版）

（22－2）将军一按小李的肩膀站起来，随手拉起小李，提高了声音喊道："同志们，走哇！"（《普通劳动者》，见初级中学课本《语文》第 6 册）

（23－1）绑扎前验货师曾再三威胁说：绑扎不合格绝不发给证书。（柯岩：《船长》，见《中国优秀报告文学选评》，复旦大学出版社 1982 年版）

（23－2）绑扎前，验货师再三吓唬说：绑扎不合格决不发给证书。（《汉堡港的变奏》，见高级中学课本《语文》第 6 册）

（24－1）春天 4、5 月间禾苗出土时，也正值狂风肆虐时期。（竺可桢：《向沙漠进军》，《人民日报》1961 年 2 月 9 日）

（24－2）春天四五月间禾苗刚出土，正是狂风肆虐的时候。（《向沙漠进军》，见初级中学课本《语文》第 2 册）

（25－1）他的头总是侧着，一会儿偏左，一会儿又偏右。（《义儿》，见《叶圣陶短篇小说选集》，人民文学出版社 1954 年版）

（25－2）他的头总是侧着，一会儿偏左，一会儿偏右。（《义儿》，见《叶圣陶文集·一》，人民文学出版社 1958 年版）

（26－1）有一次攻开县城，把交不起租、完不起粮、关在监里的穷人全放出来。（《风物还是东兰好》，见《曹靖华散文选》，陕西人民出版社 1983 年版）

（26－2）有一次，革命队伍攻开县城，把交不起租、完不起粮、关在监里的穷人放出来。（《风物还是东兰好》，见《飞花集》，上海

文艺出版社 1978 年版)

（27－1）小小的鱼儿，还有顽健的小虾儿，都在眼前游来蹦去。（郑振铎：《石湖》，《人民日报》1958 年 1 月 4 日）

（27－2）水里小小的鱼儿，还有顽健的小虾儿，在眼前游来蹦去。（《石湖》，见试用本初级中学课本《语文》第 3 册）

例（22）和例（23）的改文分别删去了"接着""便""曾"等时间副词。例（24）和例（25）的改文分别删去了"也""又"等频率副词。例（26）和例（27）的改文分别删去了"全""都"等范围副词。以上例句，删与不删，意思相同，只是删去这些副词之后，行文更简洁一些。

（六）介词中表示处所、方向、时间、方式、方法、原因、目的、对象、关联的词，有时可用可不用。例如：

（28－1）心里想着，在延安修飞机场了，这就是说，咱们也要有飞机了，抗战形势要发生重大变化，胜利快来了。（方纪：《挥手之间》，《人民文学》1961 年第 10 期）

（28－2）心里想着，延安修飞机场了，咱们也要有飞机了……（《挥手之间》，见初级中学课本《语文》第 6 册）

（29－1）今年从 6 月下旬到 9 月初，六十多天时间里，四川连续下了六场暴雨。（马识途：《我们打了一个大胜仗》，《人民日报》1981 年 11 月 7 日）

（29－2）今年六月下旬到九月初，六十多天里，四川连续下了六场暴雨。（《我们打了一个大胜仗》，见高级中学课本《语文》第 4 册）

（30－1）碑身东西两侧上部，刻着以红星、松柏和旗帜组成的"光辉永照"的装饰花纹，象征着先烈们的革命精神万年长存，永远照耀着后代。（周定舫：《人民英雄永垂不朽》，《人民日报》1958 年 4 月 23 日）

（30－2）碑身东西两侧上部，刻着红星、松柏和旗帜组成的装饰花纹，象征着先烈们的革命精神万年长存。（《人民英雄永垂不朽》，见初级中学课本《语文》第 2 册）

（31－1）陈伊玲就为了协助里弄干部安置灾民，忙得整夜没有

睡，终于影响了嗓子。（何为：《第二次考试》，见《临窗集》，百花文艺出版社 1980 年版）

（31-2）陈伊玲协助里弄干部安置灾民，忙得整夜没睡，影响了嗓子。（《第二次考试》，见初级中学课本《语文》第 2 册）

（32-1）几十万年过去了，人类进入了阶级社会，一片片的土地象被带上了镣铐似的。（秦牧：《土地》，见《长河浪花集》，人民文学出版社 1978 年版）

（32-2）一百几十万年过去了，人类进入了阶级社会，一片片土地象带上了镣铐似的。（《土地》，见高级中学课本《语文》第 2 册）

（33-1）至于一般的花，大都初开时浓艳，后渐淡褪。（贾祖璋：《花儿为什么这样红》，《光明日报》1979 年 7 月 11 日）

（33-2）一般的花，大都初开时浓艳，后来渐渐褪色。（《花儿为什么这样红》，见初级中学课本《语文》第 5 册）

以上六例原文中的介词"在"（表处所）、"从"（表时间）、"以"（表方式）、"为了"（表目的）、"被"（表对象）、"至于"（表关联）等，可用可不用，改文分别将它们删去。

（七）连词在一定条件下也可以省简。例如：

（34-1）母亲说："让它荒芜着怪可惜，既然你们那么爱吃花生，就辟来做花生园罢。"（许地山：《落花生》，见《散文选·一》，上海教育出版社 1979 年版）

（34-2）母亲说："让它荒着怪可惜的，你们那么爱吃花生，就开辟出来种花生吧。"（《落花生》，见小学《语文》第 9 册）

（35-1）总司令把"大胜仗"三个字拉得长长的，而且加重了语气。（刘坚：《草地晚餐》，见《战争年代的朱德同志》，人民出版社 1977 年版）

（35-2）总司令把"大胜仗"三个字拉得长长的，加重了语气。（《草地晚餐》，见初级中学课本《语文》第 1 册）

（36-1）她抱歉地对大家笑笑，于是飘然走了。（何为：《第二次考试》，见《临窗集》，百花文艺出版社 1980 年版）

（36-2）她抱歉地对大家笑笑，飘然走了。（《第二次考试》，见初级中学课本《语文》第2册）

（37-1）敬爱的周总理虽然与我们永别了，但他的光辉形象如同高耸入云的秦岭雄峰，气贯长虹，永垂千古……（袁鹰：《一次难忘的航行》，《光明日报》1977年1月9日）

（37-2）敬爱的周总理与我们永别了。他的光辉形象如同高耸入云的秦岭雄峰，气贯长虹，永垂千古……（《一次难忘的航行》，见试用本初级中学课本《语文》第4册）

以上四例原文中的"既然""而且""于是""虽然""但"等连词在改文中被删去之后，语言更简洁了。

（八）助词没有抽象意义，只是附着在词、短语或句子上表示动态、结构关系或各种语气。在许多情况下，助词可用可不用。例如：

（38-1）主席的这个动作，给全体在场的人，以极其深刻的印象。（方纪：《挥手之间》，《人民文学》1961年第10期）

（38—2）主席这个动作给全体在场的人以极其深刻的印象。（《挥手之间》，见初级中学课本《语文》第6册）

（39-1）至今，对面那几个山头的标高他还依稀地记得起来。（王愿坚：《普通劳动者》，见同名短篇小说集，人民文学出版社1978年版）

（39-2）至今，对面那几个山头的标高，他还依稀记得。（《普通劳动者》，见初级中学课本《语文》第6册）

（40-1）空气传了声音来，我的耳又何以能听得见？（《一课》，见《叶圣陶短篇小说选集》，人民文学出版社1954年版）

（40-2）空气传了声音来，我的耳朵又何以能听见？（《一课》，见《叶圣陶文集·一》，人民文学出版社1958年版）

（41-1）至少眼前这个姑娘的某些具体情况是这张简单的表格上所看不到的。（何为：《第二次考试》，见《临窗集》，百花文艺出版社1980年版）

（41-2）至少眼前这个姑娘的某些具体情况，是这张简单的表格上看不到的。（《第二次考试》，见初级中学课本《语文》第

2 册）

（42-1）夏天太阳一西斜，漫山漫坡是一片黄花，散发着一股清爽的香味。（《海市》，见《杨朔散文选》，人民文学出版社1978年版）

（42-2）夏天太阳一西斜，漫山漫坡是一片黄花，散发一股清爽的香味。（《海市》，见高级中学课本《语文》第3册）

（43-1）去年，陶家夼在超额完成了国家的收购任务之后，把多余的一万多斤苹果分给了社员们。（峻青：《秋色赋》，见同名散文集，人民文学出版社1978年版）

（43-2）去年，陶家夼在超额完成了国家的收购任务之后，把多余的一万多斤苹果分给社员们。（《秋色赋》，见高级中学课本《语文》第3册）

（44-1）在我们看来很平凡的一块块的田野，实际上都有过极不平凡的经历。（秦牧：《土地》，见《长河浪花集》，人民文学出版社1978年版）

（44-2）看来很平凡的一块块田地，实际上都有极不平凡的经历。（《土地》，见高级中学课本《语文》第2册）

（45-1）它的干呢，通常是丈把高，象是加过人工似的，一丈以内，绝无旁枝。（《白杨礼赞》，见《茅盾文集·九》，人民文学出版社1961年版）

（45-2）它的干通常是丈把高，象是加过人工似的，一丈以内绝无旁枝。（《白杨礼赞》，见初级中学课本《语文》第3册）

（46-1）那粥可真稀，人影子都照得出来啦。（刘坚：《草地晚餐》，见《战争年代的朱德同志》，人民出版社1977年版）

（46-2）粥可真稀，人影子都照得出来。（《草地晚餐》，见初级中学课本《语文》第1册）

（47-1）我们无妨以此为例，举一反三，想一想怎样才能更好地加强我们的学习吧。（马南村：《从三到万》，见《燕山夜话》，北京出版社1979年版）

（47-2）我们无妨以此为例，举一反三，想一想怎样才能更好地加强我们的学习。（《从三到万》，见初级中学课本《语文》第3册）

（48－1）看样子他们对你和小俞并不怎么太注意。以后也许
能够被放出去。（杨沫：《青春之歌》，人民文学出版社 1979 年
版）

（48－2）看样子他们对你和小俞并不怎么太注意。以后也许能
够放出去。（《坚强的战士》，见初级中学课本《语文》第 5 册）

（49－1）乔尔丹诺·布鲁诺昏迷过去了，到晚上，他才给冷醒
过来。（郑文光：《火刑》，《科学大众》1957 年 2 月号）

（49－2）……到晚上，他才冷醒过来。（《火刑》，见高级中学课
本《语文》第 1 册）

（50－1）要是不立即行手术的话，这伤员在很短时间之内，一
定死亡。（周而复：《诺尔曼·白求恩断片》，见《中国现代散文选·
七》，人民文学出版社 1983 年版）

（50－2）要是不立即行手术，这伤员很快就会死亡。（《截肢和
输血》，见初级中学课本《语文》第 1 册）

以上例句原文中的"的""地""得""所"等结构助词，"着"
"了""过"等动态助词，"呢""啦""吧"等语气助词，以及"被"
"给""的话"等其他助词，在改文中都被删除了。

二　因重复而删简

我们所说的"因重复而删简"包括两个方面：一是因词语重复而删
简；二是因同义重复而删简。

在一句话或者一段话里重复使用同一个词语可能会造成词语重复和表
达啰唆、呆板，为了语言的简洁，最好删除那些重复使用而又多余的词
语。这就是因词语重复而删简。在表达某个意思时连用两个同义词而造成
语义重复，这时就应该考虑删除其中的一个词语。这就是因同义重复而
删简。

需要说明的是，我们这里所说的同义词是广义同义词，即凡是意义相
同的语词，不论其词性是否相同，也不论是词还是短语，都把它们叫作同
义词，而并非教科书中所说的同义词。下面分别举例说明。

（1－1）巫山十二峰，各峰有各峰的姿态。（《长江三日》，见

《刘白羽散文选》，人民文学出版社 1978 年版）

（1－2）巫山十二峰各有各的姿态。（《长江三峡》，见高级中学课本《语文》第 1 册）

（2－1）这原来是一条里外全新的新花被子。（茹志鹃：《百合花》，见同名短篇小说集，人民文学出版社 1978 年版）

（2－2）这原来是一条里外全新的花被子。（《百合花》，见高级中学课本《语文》第 1 册）

（3－1）在阴山南北麓发现了很多古城遗址，至少有二十几个古城遗址。（翦伯赞：《内蒙访古》，见《散文特写选》，人民文学出版社 1963 年版）

（3－2）在阴山南北麓发现了很多古城遗址，至少有二十几处。（《内蒙访古》，见高级中学课本《语文》第 3 册）

以上三例原文中"十二峰"的"峰"与两处"各峰"中的"峰"，"全新"的"新"与"新被子"的"新"，"古城遗址"与"古城遗址"，都是重复地使用了同一个词语。为了语言的简洁，改文分别删除了后面那个重复使用的词语。以上是因词语重复而删简。下面我们再来看看因同义重复而删简的情况：

（4－1）片面地只强调读书，而不关心政治；或者片面地只强调政治，而不努力读书，都是极端错误的。（马南村：《事事关心》，见《燕山夜话》，北京出版社 1979 年版）

（4－2）片面地强调读书，而不关心政治；或者片面地强调政治，而不努力读书，都是极端错误的。（《事事关心》，见初级中学课本《语文》第 5 册）

（5－1）山坡上、田野里，到处都是紧张秋收的人群。（峻青：《秋色赋》，见同名散文集，人民文学出版社 1978 年版）

（5－2）山坡上、田野里，到处是紧张秋收的人群。（《秋色赋》，见高级中学课本《语文》第 2 册）

（6－1）九十多户的山村，整个的都笼罩在绿色的葡萄架下。（峻青：《秋色赋》，见同名散文集，人民文学出版社 1978 年版）

（6－2）九十多户的山村，整个笼罩在绿色的葡萄架下。（《秋色

赋》，见高级中学课本《语文》第 2 册）

（7－1）处处都有丰饶的物品，处处都有奇丽的美景，你要我说我可真说不完。（碧野：《天山景物记》，见《现代游记选》，湖南人民出版社 1980 年版）

（7－2）处处有丰饶的物产，处处有奇丽的美景，你要我说可真说不完。（《天山景物记》，见高级中学课本《语文》第 3 册）

以上原文中的"片面"与"只"，"到处"与"都"，"整个"与"都"，"处处"与"都"等，都是表范围的同义词，不宜并列使用，因此改文分别删除了其中的一个。

（8－1）那个同志吃力地张开眼睛，习惯地挣扎了一下，似乎想坐起来，但却没有动得了。（王愿坚：《七根火柴》，见《人民文学》1958 年第 6 期）

（8－2）那个同志吃力地张开眼睛，挣扎了一下，似乎想坐起来，但没有动得了。（《七根火柴》，见初级中学课本《语文》第 4 册）

（9－1）大理花好。不过更好的却是洱海的一枝春。（《洱海一枝春》，见《曹靖华散文选》，陕西人民出版社 1983 年版）

（9－2）大理花好。可是更好的是洱海一枝春。（《洱海一枝春》，见《飞花集》，上海文艺出版社 1978 年版）

（10－1）那里，除和烟台西沙旺一样有着成片的苹果林以外，而更有特色的却是葡萄。（峻青：《秋色赋》，见同名散文集，人民文学出版社 1978 年版）

（10－2）……更有特色的却是葡萄。（《秋色赋》，见高级中学课本《语文》第 2 册）

（11－1）而后面的一排，则又闪烁着，滚动着涌了过来。（峻青：《海滨仲夏夜》，见《秋色赋》，人民文学出版社 1978 年版）

（11－2）而后面的一排，又闪烁着，滚动着，涌了过来。（《海滨仲夏夜》，见初级中学课本《语文》第 1 册）

以上原文中的"但（不过、可是）"与"却"，"而"与"却"，

"而"与"则"等，都是表转折的同义词，不宜重复使用，因此改文分别删除了其中的一个。

（12－1）在最初的时候，还没有血管钳子的发明，那时止血是用烙铁的。（周而复：《诺尔曼·白求恩断片》，见《中国现代散文选·七》，人民文学出版社1983年版）

（12－2）最初，还没有发明血管钳子，止血是用烙铁的。（《截肢和输血》，见初级中学课本《语文》第1册）

（13－1）就在这个湖边，传说中的少女的后代子孙们现在已在放牧着羊群。（碧野：《天山景物记》，见《现代游记选》，湖南人民出版社1980年版）

（13－2）就在这个湖边，传说中的少女的后代子孙们现在放牧着羊群。（《天山景物记》，见高级中学课本《语文》第2册）

例（12－1）中的"在最初的时候"与"那时"同义；例（13－1）中的"现在"与"已在"同义。这都是表时间词语的同义重复，改文分别删除了"那时"和"已在"。

（14－1）独自一个人笑眯眯地说："这好地场嘛！又雅静，又宽敞……"（柳青：《创业史》，中国青年出版社1960年版）

（14－2）独自笑眯眯地说："这好地方嘛，又清静，又宽敞。"（《梁生宝买稻种》，见初级中学课本《语文》第2册）

（15－1）成群的姑娘们正在把这驰名中外的香蕉苹果包装到雪白的木箱子里。（峻青：《秋色赋》，见同名散文集，人民文学出版社1978年版）

（15－2）成群的姑娘正在把这驰名中外的香蕉苹果包装到木箱子里。（《秋色赋》，见高级中学课本《语文》第2册）

（16－1）何况这是航海，是科学……稍有一点儿不实事求是，不科学，它就要惩罚你！（柯岩：《船长》，见《中国优秀报告文学选评》，复旦大学出版社1982年版）

（16－2）何况这是航海，是科学的事，有一点儿不实事求是，大海就要惩罚你。（《汉堡港的变奏》，见高级中学课本《语文》第

6 册)

（17-1）它们的数量很多，约占海洋植物总量的 95% 左右。
（童亮裳:《海洋与生命》,《科学实验》1977 年第 7 期）

（17-2）它们的数量很多——约占海洋植物总量的百分之九十
五。（《海洋与生命》, 见高级中学课本《语文》第 6 册）

例（14-1）中的"独自"与"一个人"在外延上完全重合；例
（15-1）中的"成群"是言数量之多，"们"是表复数，二者同义；例
（16-1）中的"稍有"与"一点儿"都是指数量少；例（17-1）中的
"约"与"左右"都是表约数的词语。这些都是表数量的同义词，不宜重
复使用，因此改文分别删除了其中的一个。

（18-1）城不大，风景却别致。特别是城北丹崖山峭壁上那座
凌空欲飞的蓬莱阁，更有气势。（《海市》, 见《杨朔散文选》, 人民
文学出版社 1978 年版）

（18-2）城不大，风景却别致。城北丹崖山峭壁上那座凌空欲
飞的蓬莱阁尤其有气势。（《海市》, 见高级中学课本《语文》第 3
册）

（19-1）特别是今日呼和浩特市北的蜈蚣坝，尤其是包头市北
大青山与乌拉山之间的缺口，城堡的遗址更多。（翦伯赞:《内蒙访
古》, 见《散文特写选》, 人民文学出版社 1963 年版）

（19-2）特别是今日呼和浩特市北的蜈蚣坝，包头市北大青山
与乌拉山之间的缺口，城堡的遗址更多。（《内蒙访古》, 见高级中学
课本《语文》第 3 册）

这两例原文中的"特别是"与"更（尤其、尤其是）"，都是表强调
的同义词，不宜重复使用，因此改文只保留了其中的一个。

（20-1）他觉得重要的是为什么造成她先后两次声音悬殊的根
本原因。（何为:《第二次考试》, 见《临窗集》, 百花文艺出版社
1980 年版）

（20-2）他觉得重要的，是应了解造成她声音前后悬殊的原因。

（《第二次考试》，见初级中学课本《语文》第2册）

（21-1）我们之所以应该重视教师的作用，其理由也就在此。（马南村：《从三到万》，见《燕山夜话》，北京出版社1979年版）

（21-2）我们应该重视教师的作用，其理由也就在此。（《从三到万》，见初级中学课本《语文》第4册）

以上两例原文中的"为什么"与"原因"，"之所以"与"理由"，都是表因果的同义词，不宜重复使用，因此改文分别删除了其中的一个。

（22-1）我们所有的土地，一个个的岛屿，一寸寸的土壤，都在英雄们的守卫和汗水灌溉之下，迅速地在改变面貌了。（秦牧：《土地》，见《长河浪花集》，人民文学出版社1978年版）

（22-2）我们的一个个岛屿，一寸寸土地，都在英雄们的守卫和汗水灌溉之下，在迅速地改变着面貌。（《土地》，见高级中学课本《语文》第2册）

（23-1）目前全国都在大力落实政策，陕西省也不例外。我现在发稿也许过时了吧？（黄宗英：《大雁情》，见《中国优秀报告文学选评》，复旦大学出版社1982年版）

（23-2）目前全国都在大力落实政策，我现在发稿也许过时了吧？（《大雁情》，见《中国优秀报告文学选评》，复旦大学出版社1986年版）

以上两例原文中的"所有的土地"与"一个个的岛屿，一寸寸的土地"，"全国"与"陕西省"，它们之间具有属种关系。当肯定了某个属概念时，无疑就肯定了这个属概念之下的种概念，因此不宜将具有属种关系的概念并列使用。

（24-1）开花时节，满野嘤嘤嗡嗡，忙得那蜜蜂忘记早晚，有时趁着月色还采花酿蜜。（《荔枝蜜》，见《杨朔散文选》，人民文学出版社1978年版）

（24-2）开花时节，那蜜蜂满野嘤嘤嗡嗡，忙得忘记早晚。（《荔枝蜜》，见初级中学课本《语文》第2册）

（25－1）他把腰眼贴在沙土上，被太阳晒得滚烫的沙土，烙得伤处热乎乎的，象敷个热水袋似的，十分舒服。（王愿坚：《普通劳动者》，见同名短篇小说集，人民文学出版社 1978 年版）

（25－2）他把腰眼贴在砂土上烙着，那砂土被太阳晒得滚烫，烫得伤处热乎乎的。十分舒服。（《普通劳动者》，见初级中学课本《语文》第 6 册）

（26－1）人们常常有这么一种体验：碰到热闹和奇特的场面，心里面就象被一根鹅羽撩拨着似的，有一种痒痒麻麻的感觉，总想把自己所看到和感受的一切形容出来。（秦牧：《花城》，见《长河浪花集》，人民文学出版社 1978 年版）

（26－2）……心里面就象被一根鹅羽撩拨着似的，总想把自己所看到和感受的一切形容出来。（《花城》，见高级中学课本《语文》第 4 册）

例（24－1），"忘记早晚"是概括说明，"有时趁着月色还采花酿蜜"是具体补充。例（25－1），"烙得伤处热乎乎的"是概括说明，"象敷个热水袋似的"是具体描写。例（26－1），"就象被一根鹅羽撩拨着似的"是抽象记述，"有一种痒痒麻麻的感觉"是形象说明。以上三组语词都构成概括与具体的同义关系，不宜并列使用，因此改文分别删除了其中的一个。

（27－1）父亲要岸青首先学好祖国的文字语言，不要求多。但要有毅力，坚持力。（毛岸青、邵华：《我们爱韶山的红杜鹃》，《人民文学》1977 年第 9 期）

（27－2）父亲教导岸青首先学好祖国的文字语言，要有毅力。（《我们爱韶山的红杜鹃》，见试用本初级中学课本《语文》第 5 册）

（28－1）一号工头吉亚特是个有几十年工龄的行家里手。（柯岩：《船长》，见《中国优秀报告文学选评》，复旦大学出版社 1982 年版）

（28－2）一号工头吉亚特是个有几十年工龄的行家。（《汉堡港的变奏》，见高级中学课本《语文》第 6 册）

（29－1）于是，诗的每一字，如同火炬一般，燃烧起来，刹那

间，整个前沿阵地，仿佛一片通明。（方纪：《挥手之间》，见《人民文学》1961 年第 10 期）

（29－2）词里的每一个字，如同火炬一般燃烧起来，整个前沿阵地一片通明。（《挥手之间》，见初级中学课本《语文》第 6 册）

（30－1）党正领导和率领着我们前进。（秦牧：《土地》，见《长河浪花集》，人民文学出版社 1978 年版）

（30－2）党正在领导着我们前进。（《土地》，见高级中学课本《语文》第 2 册）

（31－1）那宽厚肥大的荷叶下面，有一个人的脸，下半截身子长在水里。（孙犁：《荷花淀》，见《白洋淀纪事》，中国青年出版社1978 年版）

（31－2）那肥大的荷叶下面……（《荷花淀》，见高级中学课本《语文》第 2 册）

（32－1）一种认为两次考试可以看出陈伊玲的声音极不稳固，不扎实，很难造就。（何为：《第二次考试》，见《临窗集》，百花文艺出版社 1980 年版）

（32－2）一种认为陈伊玲的声音极不稳定，很难造就。（《第二次考试》，见初级中学课本《语文》第 2 册）

（33－1）夜里，冬天的山村，万籁俱寂，什么声音也没有，只听到那大雪不断降落的沙沙声和树木的枯枝被积雪压断了的咯吱声。（峻青：《瑞雪图》，见《秋色赋》，人民文学出版社 1978 年版）

（33－2）夜里，冬天的山村，万籁俱寂，只听到那大雪不断降落的沙沙声和树木的枯枝被积雪压断了的咯吱声。（《瑞雪图》，见试用本初级中学课本《语文》第 1 册）

（34－1）飞机场上人越来越多，一会儿就聚集了上千人。但是，谁也不讲话，沉默着。（方纪：《挥手之间》，《人民文学》1961 年第10 期）

（34－2）飞机场上人越来越多，一会儿就聚集了上千人。但是都沉默着。（《挥手之间》，见初级中学课本《语文》第 6 册）

语言中的同一个概念有时可以用不同的语词来表达；不同的概念之间在外延上有时具有同一关系。这两类语词也不宜并列使用，否则会造成语意重复。例（27－1）中的"毅力"与"坚持力"，例（28－1）中的"行家"与"里手"，例（29－1）中的"如同"与"仿佛"等，都是用不同的语词表达同一个概念，因此，改文分别删除了其中的一个。例（30－1）中的"领导"与"率领"，例（31－1）中的"宽"与"大"、"厚"与"肥"，例（32－1）中的"不稳固（稳定）"与"不扎实"，例（33－1）中的"万籁俱寂"与"什么声音也没有"，例（34－1）中的"谁也不讲话"与"都沉默着"等，都是在外延上构成同一关系的概念，因此，改文分别删除了其中的一个。

三 因词语本身含有某种意义而删简

有些词语本身就含有甲项意义，作者又用另一个表示甲项意义的词语来修饰或限制它，或与之并列使用，这样就势必造成语言的赘疣。遇到这种情况，我们必须删除其中的一个词语来使语言简洁。例如：

（1－1）蹋着城头上湿漉漉的朝露，抢占了制高点。（黄宗英：《大雁情》，见《中国优秀报告文学选评》，复旦大学出版社 1982 年版）

（1－2）蹋着城头上的朝露，我抢占了制高点。（《大雁情》，见《中国优秀报告文学选评》，复旦大学出版社 1986 年版）

（2－1）右面峰顶上一片白云象白银片样发亮了，但阳光还没有降临。（《长江三日》，见《刘白羽散文选》，人民文学出版社 1978 年版）

（2－2）右面峰顶上一片白云象银片样发亮了，但阳光还没有降临。（《长江三峡》，见高级中学课本《语文》第 1 册）

（3－1）你看，绛紫色的峰，衬托着这一团红雾，真美极了。就象那深谷之中向上发射出红色宝石的闪光，令人仿佛进入了神话世界。（《长江三日》，见《刘白羽散文选》，人民文学出版社 1978 年版）

（3－2）你看，绛紫色的山峰衬托着这一团红雾，真美极了，就象那深谷之中发射出红色宝石的闪光，令人仿佛进入了神话世界。（《长江三峡》，见高级中学课本《语文》第 1 册）

（4－1）那富于色彩的不断的山峦，象孔雀正在开屏，艳丽迷

人。(碧野：《天山景物记》，见《现代游记选》，湖南人民出版社1980年版)

(4-2)那富于色彩的连绵不断的山峦，象孔雀开屏，艳丽迷人。(《天山景物记》，见高级中学课本《语文》第2册)

(5-1)秋天，五百里成熟累累的苹果无人采。(碧野：《天山景物记》，见《现代游记选》，湖南人民出版社1980年版)

(5-2)秋天，五百里的累累的苹果无人采。(《天山景物记》，见高级中学课本《语文》第2册)

(6-1)满盈盈的湖水一直溢拍到脚边，却又温柔地退回去了。(郑振铎：《石湖》，《人民日报》1958年1月4日)

(6-2)盈盈的湖水一直荡漾到脚边，却又缓缓地退回去了。(《石湖》，见试用本初级中学课本《语文》第3册)

(7-1)其中任何一个部件有任何一点损坏和漏运，都要误工误时。损失严重。(柯岩：《船长》，见《中国优秀报告文学选评》，复旦大学出版社1982年版)

(7-2)任何一个部件有一点损坏或漏运，都要误工误时，损失严重。(《汉堡港的变奏》，见高级中学课本《语文》第6册)

(8-1)《毁灭》？我记得不知一本什么杂志上介绍过，说是一本好书。(阿累：《一面》，见《中国现代散文·下》，上海文艺出版社1979年版)

(8-2)《毁灭》？我记得一本什么杂志上介绍过，说是一本好书。(《一面》，见初级中学课本《语文》第2册)

(9-1)这时，远远前方，无数层峦叠嶂之上，迷蒙云雾之中，忽然出现一团红雾。(《长江三日》，见《刘白羽散文选》，人民文学出版社1978年版)

(9-2)这时，远远前方，层峦叠嶂之上，迷蒙云雾之中，忽然出现一团红雾。(《长江三峡》，见高级中学课本《语文》第1册)

以上例句原文中的名词"朝露"本来就是湿的，不必再用"湿漉漉"来修饰；"银片"本来就是白的，不必再用"白"来修饰；动词"发射"只能是向上发射，不必再用"向上"来修饰；"开屏"本身就含有"正在"之意，不必再用"正在"来修饰；形容词"累累"既含有"多"义又含有"成熟"义，不必再用"成熟"来修饰；"盈盈"本身就是"满"的意思，不必再用"满"来修饰；代词"任何"就已表示了范围，不必再用"其中"来限制；既然说"什么杂志"，当然就表明不知道该杂志的名称，不必再用"不知"来修饰；"层峦叠嶂"本身就含有数量很多的意思，不必再用"无数"来修饰。

以上原文修饰或限制不当，实属叠床架屋。改文分别删除这些修饰限制语，语言就变得简洁了。

（10-1）父亲一生和人民心连心，无时不想着人民的疾苦、灾情、冷暖。（毛岸青、邵华：《我们爱韶山的红杜鹃》，《人民文学》1977 年第 9 期）

（10-2）父亲一生和人民心连心，无时不想着人民的疾苦、冷暖。（《我们爱韶山的红杜鹃》，见试用本初级中学课本《语文》第 5 册）

（11-1）六月，并不是好时候，没有花，没有雪，没有春光，也没有秋意。（《西湖漫笔》，见《宗璞小说散文选》，人民出版社 1981 年版）

（11-2）六月，并不是好时候，没有春光，没有雪，也没有秋意。（《西湖漫笔》，见高级中学课本《语文》第 6 册）

（12-1）也许，它们在何时发绿长叶，何时含苞，何时开花，她们也没有留意过呢！（鲁光：《中国姑娘》，《当代》1981 年第 5 期）

（12-2）也许，它们何时发绿，何时含苞，何时开花，她们也没有留意过呢！（《灵丹妙药》，见《文选和写作·三》，人民教育出版社 1982 年版）

（13-1）听着总司令的话，我象服了一服兴奋剂，浑身上下增添了很大的力量。（刘坚：《草地晚餐》，见《战争年代的朱德同志》，人民出版社 1977 年版）

（13-2）听着总司令的话，我浑身增添了力量。（《战争年代的朱德同志》，见初级中学课本《语文》第 1 册）

以上例句原文中的"疾苦"自然包含着"灾情"，因此这两个词语不宜并列使用；"没有花"自然就无所谓"春光"，因此"没有花"与"没有春光"不宜并列使用；花卉"发绿"就意味着"长叶"，"长叶"自然会"发绿"，因此这两个词语不宜并列使用；"浑身"是指整个身体，不宜与"上下"并列使用。

四　因误用词语而删简

这里所说的误用词语包括两种情况：一是没有正确地理解某个词语的意义，而在文章中误用了该词，因而造成表意不明；二是没有正确地理解两个概念之间在外延上所具有的关系，而在文章中不恰当地并列使用这两个概念，因而造成逻辑上的混乱。对于上述两种情况，我们有时可以采取删除某个词语的方法来使表意明确。下面分别举例说明。

（一）因误用名词或动词而删简。例如：

（1-1）前年从太湖里的洞庭东山回到苏州时，曾经过石湖。（郑振铎：《石湖》，《人民日报》1958 年 1 月 4 日）

（1-2）前年从太湖的洞庭东山回苏州，路过石湖。（《石湖》，见试用本初级中学课本《语文》第 3 册）

（2-1）最奇的是海上偶然间出现的幻景，叫海市。（《海市》，见《杨朔散文选》，人民文学出版社 1978 年版）

（2-2）最奇的是海上偶然出现的幻景，叫海市。（《海市》，见高级中学课本《语文》第 3 册）

（3-1）如果下边错了，省里官僚主义，你调查清楚了，对我们也是个很大的鞭策。我们可以吸取教训，改进工作，你说好吗？（黄宗英：《大雁情》，见《中国优秀报告文学选评》，复旦大学出版社1982 年版）

（3-2）如果下边错了，省里官僚主义，你调查清楚了，我们可以吸取教训，改进工作。（《大雁情》，见《中国优秀报告文学选评》，复旦大学出版社 1986 年版）

例（1-1），由于多用了一个"里"字，就让人误以为"洞庭东山"是在太湖里，改文删除"里"字，表意就正确了。例（2-1），名词"间"不能跟"偶然"组合，没有"偶然间"这个说法，改文删除这多余的"间"字,让"偶然"单独成词,这就对了。例(3-1),"鞭策"本来指鞭打,比喻严格督促,激励进步。只有是积极的东西才能对人有鞭策作用,而消极的东西,例如错误或官僚主义,是不能产生鞭策作用的,因此改文删除了"对我们也是个很大的鞭策"这句话。

(二) 因误用副词而删简。例如:

(4-1) 有时,望着莽莽苍苍的大地,我骑着思想的野马奔驰到很远很远的地方,然后,才又收住缰绳,缓步回到眼前灿烂的现实中来。(秦牧:《土地》,见《长河浪花集》,人民文学出版社1978年版)

(4-2) ……然后,才收住缰绳,缓步回到眼前灿烂的现实中来。(《土地》,见高级中学课本《语文》第2册)

(5-1) 饱吸了鲜血的土地,仍然把一层层的白雪染成了红色。(峻青:《党员登记表》,见《黎明的河边》,人民文学出版社1978年版)

(5-2) 饱吸了鲜血的土地,把一层层的白雪染成了红色。(《党员登记表》,见高级中学课本《语文》第5册)

(6-1) 漫步苏堤,两边都是湖水,远水如烟,近水着了微雨,也泛起一层银灰的颜色。(《西湖漫笔》,见《宗璞小说散文选》,北京出版社1981年版)

(6-2) 漫步苏堤,两边都是湖水,远水如烟,近水着了微雨,泛起一层银灰的颜色。(《西湖漫笔》,见高级中学课本《语文》第6册)

例(4-1),"又"表示某个动作行为重复发生,"又收住缰绳",这就表明先前已发出过"收住缰绳"这一动作,然而实际情况并非如此。由此可见这里误用了"又"字,因此改文把"又"字删除了。例(5-1),"仍然"表示某种情况持续不变,然而"饱吸了鲜血的土地"在此之前并没有"把一层层的白雪染成红色"。由此可见这里误用了"仍然",因此改文把它删除了。例(6-1),"也"表示两事相同,这里说湖水"也泛起一层银灰的颜色",这就意味着还有某一事物也"泛起一层银灰的颜色",那么究竟是指什么事物呢?作者没有说,读者也就不得而知了。这里显然是误用了"也"字，因此改文删除了"也"字。

（7－1）我国古代的读书人，更早就重视循序渐进的学习方法。（马南村：《从三到万》，见《燕山夜话》，北京出版社 1979 年版）

（7－2）我国古代的读书人，早就重视循序渐进的学习方法。（《从三到万》，见初级中学课本《语文》第 4 册）

（8－1）火车走出居庸关，经过了一段崎岖的山路以后，自然便在我们面前敞开了一个广阔的原野。（翦伯赞：《内蒙访古》，见《散文特写选》，人民文学出版社 1963 年版）

（8－2）……便在我们面前敞开了一片广阔的原野。（《内蒙访古》，见高级中学课本《语文》第 3 册）

例（7－1），程度副词"更"表示程度增高，用于比较，然而这里的"古代的读书人"跟谁比较呢？可见"更"字使用不当，因此改文把它删除了。例（8－1），肯定副词"自然"表示理所当然，这里的"一片广阔的原野"并非是在"经过了一段崎岖的山路以后"自然会有的，可见"自然"使用不当，因此改文把它删除了。

（三）因误用连词而删简。例如：

（9－1）她在山里搭了个窝棚，但窝棚又被炸毁了。（魏巍：《谁是最可爱的人》，见《魏巍散文集》，花城文艺出版社 1983 年版）

（9－2）她在山里搭了个窝棚，窝棚又被炸毁了。（《谁是最可爱的人》，见初级中学课本《语文》第 5 册）

（10－1）两边地里的秋庄稼，却给雨水冲洗得青翠水绿，珠烁晶莹。（茹志鹃：《百合花》，见同名短篇小说集，人民文学出版社 1978 年版）

（10－2）两边地里的秋庄稼，给雨水冲洗得青翠水绿，珠烁晶莹。（《百合花》，见高级中学课本《语文》第 1 册）

（11－1）只有到了夏至后，发青的酥油草才把它们养得胖墩墩，圆滚滚。（碧野：《天山景物记》，见《现代游记选》，湖南人民出版社 1980 年版）

（11－2）到了夏至后，发青的酥油草把它们养得胖墩墩，圆滚

滚。(《天山景物记》,见高级中学课本《语文》第 2 册)

"但"和"却"都表示转折,引出跟上文相对立的意思。例 (9–1) 中的"但"与例 (10–1) 中的"却",它们所引出的下文并不与上文相对立,因此改文分别将它们删除。"只有……才"表示条件关系。例 (11–1) 中的两个小句之间并不存在条件关系,由此可见原文使用关联词语不当。改文删除"只有……才",让"到了夏至后"作时间状语,原文的复句变成了一个单句,这样表意就明确了。

(四) 因误用介词而删简。例如:

(12–1) 六月间,当我乘坐胶济列车经过昌潍大平原时,看到那金色的麦浪,象海洋似地荡漾在一望无际的大平原上。(峻青:《秋色赋》,见同名散文集,人民文学出版社 1978 年版)

(12–2) 六月间,我乘坐胶济列车经过昌潍大平原时,看到那金色的麦浪,象海洋似地荡漾在一望无际的大平原上。(《秋色赋》,见高级中学课本《语文》第 2 册)

(13–1) 在中、德两国工人的共同努力下,最后把一个大件的包装木箱锯掉了一个角,用四个铲车斜着铲了进去,稳稳当当地盖上了舱盖。(柯岩:《船长》,见《中国优秀报告文学选评》,复旦大学出版社 1982 年版)

(13–2) 中、德两国工人共同努力,最后把一个大件的包装木箱锯掉了一个角,用四个铲车斜着铲了进去,稳稳当当地盖上了舱盖。(《汉堡港的变奏》,见高级中学课本《语文》第 6 册)

(14–1) 对于我们所进行的空前伟大而艰巨的事业,不管在哪一条战线上,都需要有更多的、成千上万的雷锋。(魏巍:《路标》,见《人民文学》1963 年第 4 期)

(14–2) 我们所进行的空前伟大而艰巨的事业,不管在哪一条战线,都需要成千上万的雷锋。(《路标》,见高级中学课本《语文》第 1 册)

以上例句原文中分别误用了"当""在……下""对于"等介词,产生了介词结构淹没主语的语病,改文分别删除这些介词,语句就通顺了。

（五）　因有逻辑错误而删简。例如：

（15－1）"拆铺啦！起来。"穿着一身和时节不相称的考皮衫裤的男子，象生气似的叫喊。（夏衍：《包身工》，见《散文选·二》，上海教育出版社1979年版）

（15－2）一个穿着和时节不相称的拷绸衫裤的男子大声地呼喊："拆铺啦！起来！"（《包身工》，见高级中学课本《语文》第2册）

（16－1）广州去年有累万的家庭妇女和街坊居民投入了生产和其它的劳动队伍。（秦牧：《花城》，见《长河浪花集》，人民文学出版社1978年版）

（16－2）广州去年有累万的街坊居民投入了生产和其它的劳动队伍。（《花城》，见高级中学课本《语文》第4册）

例（15－1），定语是"一身"，而中心词只是"裤"，这是属种关系的概念配合不当，因此改文删除定语"一身"。例（16－1），"家庭妇女"与"街坊居民"之间构成交叉关系的概念，而具有交叉关系的概念一般不能并列使用，因此改文删除了其中的一个语词"家庭妇女"。

（17－1）"郑瑾同志"，道静拉住她瘦削柔软的小手，声音颤抖着。（杨沫：《青春之歌》，人民文学出版社1979年版）

（17－2）"郑瑾同志"，道静拉住她瘦削的手，声音颤抖着。（《坚强的战士》，见初级中学课本《语文》第5册）

（18－1）可是这全部复杂辗转的过程，却只用了八个多小时，这是多么惊人的高速度！（《为了六十一个阶级弟兄》，《人民文学》1960年第4期）

（18－2）可是这复杂辗转的全过程只用了七个多小时，这是多么惊人的高速度！（《为了六十一个阶级弟兄》，见高级中学课本《语文》第1册）

例（17－1），手瘦削则不可能柔软，手柔软则一定不瘦削。这两者之间具有对立关系，不能同真，因此改文删除其中的"柔软"一词。例（18－1），"却只用了八个多小时"，意思是本不该用这么长的时间而结果花了这么长，含有否定的意思；"只用了七个多小时"，意思是本应花更多的时间而结果没花这么多，含有肯定的意思。这两者之间不能同真，因此改文删除其中的"却"字。

（19－1）且看蓬莱阁上那许多前人刻石的诗词，多半都是题的海市蜃楼，认为那就是古代神话里流传的海上仙山。（《海市》，见《杨朔散文选》，人民文学出版社 1978 年版）

（19－2）且看蓬莱阁上那许多前人刻石的诗词，多半是题海市蜃楼的，认为那就是古代神话里的海上仙山。（《海市》，见高级中学课本《语文》第 3 册）

（20－1）因为这套设备极不规则，且又贵重，很多都是超长、超高、超重件。（柯岩：《船长》，见《中国优秀报告文学选评》，复旦大学出版社 1982 年版）

（20－2）因为这套设备贵重，而且极不规则，很多是超长、超高、超重件。（《汉堡港的变奏》，见高级中学课本《语文》第 6 册）

以上两例原文中的"多半是……""很多是……"是表示特称判断，"都是……"是表示全称判断。这两种判断形式不能糅合在一起，因此改文删除了原文中的"都"字。

五　因修辞方式不当而删简

恰当地运用修辞方式，可以使语言生动形象；如果使用不当，则会适得其反。当出现运用不当的情况时，有时我们可以用删除这个修辞方式的方法来使语言准确并且简洁。例如：

（1－1）因此，花市归来，象喝酒微醉似的，我拉拉扯扯写下这么一些话。（秦牧：《花城》，见《长河浪花集》，人民文学出版社 1978 年版）

（1－2）因此，花市归来，我拉拉扯扯写下这么一些话。（《花城》，见高级中学课本《语文》第 4 册）

（2－1）一声令下，百车齐鸣，别的不说，只那嗡嗡的响声就有点象飞机场上机群起飞，扬子江边船只拔锚。（吴伯箫：《记一辆纺

车》，《人民文学》1961 年第 4 期）

（2－2）一声令下，百车齐鸣，别的不说，只那嗡嗡的响声就有飞机场上机群起飞的架势。（《记一辆纺车》，见初级中学课本《语文》第 4 册）

我们知道，比喻的本体和喻体，必须是有相似点的两类事物。例（1－1），本体"我拉拉扯扯写下这么一些话"与喻体"象喝酒微醉似的"之间并没有相似点；例（2－1），本体"纺车嗡嗡的响声"与喻体"船只拔锚"之间也没有相似之处。可见这两个比喻都是不恰当的，因此改文分别把它们删除了。

（3－1）头发披散着，遮住了苍白得象黄纸一样的脸。（峻青：《党员登记表》，见《黎明的河边》，人民文学出版社 1978 年版）

（3－2）头发披散着，遮住了苍白的脸。（《党员登记表》，见高级中学课本《语文》第 5 册）

（4－1）我的脑子都想胀了，就强迫自己先翻翻植物学方面的书籍。我象学生一样认真地做阅读摘记。（黄宗英：《大雁情》，见《中国优秀报告文学选评》，复旦大学出版社 1982 年版）

（4－2）我强迫自己静下来翻阅植物学方面的书籍，并认真地做阅读摘记。（《大雁情》，见《中国优秀报告文学选评》，复旦大学出版社 1986 年版）

比喻要符合事理。例（3－1），"苍白得象黄纸一样的脸"究竟是什么样子？恐怕谁也说不清；例（4－1），"认真地做阅读摘记"是学生的特征吗？这也不合事理，因为任何一个读书之人都有可能做阅读摘记，并非只有学生才这样。因此改文分别删除了这两个不恰当的比喻。

（5－1）两个人坐在家里，对国家毫无贡献，却象条虫似的吃社会主义？（茹志鹃：《离不开你》，见《中国优秀报告文学选评》，复旦大学出版社 1982 年版）

（5－2）两个人坐在家里，对国家毫无贡献，却吃社会主义？（《离不开你》，见高级中学课本《语文》第 6 册）

比喻必须有爱憎感。原文用"象条虫似的"来比喻文章中所歌颂的对象耿玉亭夫妇，这是不恰当的，因此改文删除了这个比喻。

（6-1）你要是愿意试试，下了井口，用脚尖踩着那些窝儿，就象走梯子似的一步一步可以走到井底。（茅盾：《梯俾利斯地下印刷所》，见《散文选·二》，上海教育出版社 1979 年版）

（6-2）假如一个人用脚尖踩着窝儿，就能一步步走到井底。（《第比利斯地下印刷所》，见初级中学课本《语文》第 1 册）

（7）这有个讲究，叫四蹄踏雪，跑起来（好象一阵旋风），极好的马也追不上。（杨朔：《雪浪花》原稿和修改稿，见王钟林、王志彬《修辞与写作》，内蒙古教育出版社 1983 年版）

比喻一般是用具体的形象的事物来比喻一般的抽象的事物，用人们所熟知的事物来比喻陌生的事物，用浅显的道理来比喻高深的道理。如果事物本身就是形象的，是为人所熟知的，那么就不必再借比喻来"以浅喻浅"了。例（6），"用脚尖踩着窝儿，就能一步步地走到井底"，这句话浅显明白，无须像原文那样再用"就象走梯子似的"来比喻。例（7），说这头驴"跑起来，极好的马也追不上"，其速度之快，可想而知，不必像原稿那样再用"好象一阵旋风"来比喻。

（8-1）人们不知道怎样表达自己的心情，只是拼命地一齐挥手，象是机场上蓦地刮来一阵旋风。（方纪：《挥手之间》，《人民文学》1961 年 10 月号）

（8-2）人们不知道怎样表达自己的心情，只是拼命地挥手。（《挥手之间》，见初级中学课本《语文》第 6 册）

（9-1）四点半之后，当没有影子和线条的晨光胆怯地显现出来的时候。（夏衍：《包身工》，见《散文选·二》，上海教育出版社 1979 年版）

（9-2）四点半之后，当晨光初显的时候。（《包身工》，见高级中学课本《语文》第 2 册）

运用比喻要以浅喻深，因此运用比喻应该比不用比喻要好懂一些。以上两例原文却不是这样。这"挥手"怎么会"象是机场上蓦地刮来一阵旋风"呢？这实在难以想象出来；说"晨光"，人们一听就懂，而原文偏要说成"没有影子和线条的晨光"，这就令人费解了。可见这两例原文中的比喻没有起到"以浅喻深"的作用，反而有些"以深喻浅"了。因此改文分别删除了这两个比喻。

（10-1）一开春，小麦就长得很好，得到了可喜的收成。（峻青：《秋色赋》，见同名散文集，人民文学出版社 1978 年版）

（10-2）一开春，小麦就长得很好。（《秋色赋》，见高级中学课本《语文》第 2 册）

（11-1）它的每一滴水都映现了我们这个丰富多彩的时代，映现了我们开天辟地的创业豪情！（碧野：《人造海之歌》，《光明日报》1978 年 4 月 9 日）

（11-2）它的每一滴水都映现了我们这个丰富多彩的时代，映现了我们创业的豪情！（《人造海》，见《文选和写作·一》，人民教育出版社 1981 年版）

以上两例原文都运用了夸张的修辞方式，然而并不恰当。例（10-1），把尚未出现的情况"可喜的收成"说成"得到了"，这可能给人以浮夸的感觉；例（11-1），把人造海说成是"开天辟地"的创业豪情，未免吹得过分了。因此改文分别删除了这两个夸张。

（12-1）四点半之后，当没有影子和线条的晨光胆怯地显现出来的时候……（夏衍：《包身工》，见《散文选·二》，上海教育出版社 1979 年版）

（12-2）四点半之后，当晨光初显的时候……（《包身工》，见高级中学课本《语文》第 2 册）

（13-1）有的用断了齿的木梳梳掉执拗地粘在她们头发上的棉絮。（夏衍：《包身工》，见《散文选·二》，上海教育出版社 1979 年版）

（13-2）有的用断了齿的木梳梳掉紧贴在头发里的棉絮。（《包身工》，见高级中学课本《语文》第 2 册）

例（12-1）中用"胆怯"来形容"晨光"；例（13-1）中用"执拗"来形容"棉絮"，都是运用了拟人的修辞方式，然而并没有收到积极的修辞效果，改文把它们删除之后反而通俗些、流畅些。

六　因语境因素而删简

人们的交际活动总是在一定的语境中进行的。借助语境因素，人们在进行语言交际活动的时候，往往可以省去一些词语或句子，照样能够使听、读者获得足够的信息，从表达效果方面来看，也能够使语言简洁。例如：

（1-1）他倚着树杈半躺在那里，身子底下贮满了一汪浑浊的污水，看来他已经有很长时间没有挪动了。（王愿坚：《七根火柴》，《人民文学》1958 年第 6 期）

（1-2）他倚着树杈半躺在那里，身子底下一汪浑浊的污水，看来已经有很长时间没有挪动了。（《七根火柴》，见初级中学课本《语文》第 4 册）

（2-1）我笑着说："寻得见——你瞧，前面那不就是？"就朝远处一指，那儿透过淡淡的云雾，隐隐约约现出一带岛屿。（《海市》，见《杨朔散文选》，人民文学出版社 1978 年版）

（2-2）我笑着说："寻得见。——你瞧，那不就是？"我朝远处一指，那儿透过淡淡的云雾，隐隐约约现出一带岛屿。（《海市》，见高级中学课本《语文》第 3 册）

例（1-1）中后面一个"他"可以承前面的"他"而省；例（2-1）中的"前面"一词可以蒙后面的"朝远处一指"而省。这两例是因上下文意而删简。

（3-1）所以，你必须一口咬住是群众，是一个普通的失业青年。（杨沫：《青春之歌》，人民文学出版社 1979 年版）

（3-2）所以，你必须一口咬住是群众，是普通的失业青年。（《坚强的战士》，见初级中学课本《语文》第 5 册）

（4）休养所的窗口有个妇女探出脸问："剪子磨好没有？"

老泰山应声说:"(磨)好了。"(杨朔:《雪浪花》原稿和修改稿,见王钟林、王志彬《修辞与写作》,内蒙古教育出版社 1983 年版)

例(3-1),这是郑瑾对林道静所说的话,不必在"普通的失业青年"前面用"一个"来限制;例(4),作者考虑到老泰山是在回答那位妇女的问话,因此把原稿中的"磨"字删除了。这两例是因对话而删简。

(5-1)这时,他眼睛里露出一种亲切的微笑,向人们点了点头。(方纪:《挥手之间》,《人民文学》1961 年第 10 期)

(5-2)他脸上露出一种亲切的微笑,向人们点点头。(《挥手之间》,见初级中学课本《语文》第 6 册)

(6-1)我越过广场,踏着刚铺成的橘黄色花岗石石道,徐徐走到纪念碑台阶前,从近处来仔细瞻仰纪念碑。(周定舫:《人民英雄永垂不朽》,《人民日报》1958 年 4 月 23 日)

(6-2)我越过广场,踏着橘黄色花岗石石道,徐徐走到纪念碑台阶前,从近处瞻仰纪念碑。(《人民英雄永垂不朽》,见初级中学课本《语文》第 2 册)

以上两例原文中的"这时"和"刚铺成的",都可以因说写者所处的时间而删简。

(7-1)白大夫把手里的器械,扔在器械桌上。(周而复:《诺尔曼·白求恩断片》,见《中国现代散文选·七》,人民文学出版社 1983 年版)

(7-2)白大夫把手里的器械扔在桌子上。(《截肢和输血》,见初级中学课本《语文》第 1 册)

(8-1)他头枕着过行李的磅秤底盘,和衣睡下了。(柳青:《创业史》,中国青年出版社 1960 年版)

(8-2)他头枕着磅秤的底盘,和衣睡下。(《梁生宝买稻种》,见初级中学课本《语文》第 2 册)

例（7－1），这是在手术室里发生的事情，手术室里的桌子当然是用来放器械的，不必再点明是"器械"桌，因此改文删除了限制语"器械"；例（8－1），这是在车站行李房发生的事情，行李房的磅秤当然是用来过行李的，不必再点明是"过行李的"磅秤，因此改文删除了这一限制语。这两例是因事情发生的地点因素而删简。

（9－1）总司令……背上背着一个军笠和一个公文包，手中拄着一根棍子。（刘坚：《草地晚餐》，见《战争年代的朱德同志》，人民出版社 1977 年版）

（9－2）总司令……背着一个军笠和一个公文包，拄着一根棍子。（《草地晚餐》，见初级中学课本《语文》第 1 册）

（10－1）主席站在飞机舱口，取下头上的帽子，注视着送行的人们，象是安慰，象是鼓励。（方纪：《挥手之间》，见《人民文学》1961 年第 10 期）

（10－2）主席摘下帽子，注视着送行的人群，象是安慰，又象是鼓励。（《挥手之间》，见初级中学课本《语文》第 6 册）

（11－1）一九六一年夏天，雷锋奉命到加木斯执行任务。（陈广生、崔家骏：《雷锋的故事》，解放军文艺出版社 1973 年版）

（11－2）一九六一年夏天，雷锋到佳木斯执行任务。（《人民的勤务员》，见初级中学课本《语文》第 1 册）

以上三例原文中的"背着"自然是在"背上"，"拄着"当然是用"手"，"执行任务"必然是"奉命"而行。这些都是不言而喻的，因此改文分别删除了这些修饰语。这三例是因生活常识因素而删简。

从语言的修改谈语言的规范化

运用词语要求符合规范，因为只有符合规范的语言才容易被人理解，从而达到交际的目的；同时，语言的规范性，也是保持语言的纯洁性的重要手段。本文主要从语言修改的角度来谈语言的规范化问题。

（一）不能任意改换或增删固定短语中的成分。例如：

（1-1）五更半夜牲口正吃草。（李季：《王贵与李香香》，见《新诗选·三》，上海教育出版社1979年版）

（1-2）三更半夜牲口正吃草。（《王贵与李香香》，见高级中学课本《语文》第2册）

（2-1）那一望无边无际的密密层层的大荷叶，迎着阳光舒展开，就象钢墙铁壁一样。（孙犁：《荷花淀》，见《白洋淀纪事》，中国青年出版社1978年版）

（2-2）那一望无边挤得密密层层的大荷叶迎着阳光舒展开，就象铜墙铁壁一样。（《荷花淀》，见高级中学课本《语文》第2册）

（3-1）这种绿苔，给我的印象是坚忍不拔。（《西湖漫笔》，见《宗璞小说散文选》，人民出版社1981年版）

（3-2）这种绿苔，给我的印象是坚韧不拔。（《西湖漫笔》，见高级中学课本《语文》第6册）

（4-1）我知道太阳要从天边升起来了，便不转睛地望着那里。（《海上的日出》，见《巴金文集·八》，四川人民出版社1982年版）

（4-2）我知道太阳要从那天际升起来了，便目不转睛地望着那里。（《海上的日出》，见试用本初级中学课本《语文》第1册）

成语是一种固定短语，其结构紧密，不能任意更换或者增删其中的成分。以上例句原文中的"五更半夜""一望无边无际""坚忍不拔"和"不转睛"等违背了这一原则，因而是不规范的，于是改文分别换成了"三更半夜""一望无边""坚韧不拔"和"目不转睛"等成语。

　　值得注意的是，有时作者为了收到某种修辞效果而有意改换或增删固定短语中的成分。下面我们仅以鲁迅先生的作品为例来讨论这一问题。

　　（5）可惜他又有一样坏脾气，便是好喝懒做。（鲁迅：《孔乙己》）

　　（6）那是赵太爷的儿子进了秀才的时候，锣声镗镗的报到村里来，阿Q正喝了两碗黄酒，便手舞足蹈的说，这于他也很光彩，因为他和赵太爷原来是本家，细细的排起来他还比秀才长三辈呢。其时几个旁听的人倒也肃然的有些起敬了。（鲁迅：《阿Q正传》）

　　（7）但对面走来了静修庵里的小尼姑。阿Q便在平时，看见伊也一定要唾骂，而况在屈辱之后呢？他于是发生了回忆，又发生了敌忾了。（鲁迅：《阿Q正传》）

　　例（5），成语有"好吃懒做"而没有"好喝懒做"，作者在这里有意更换其中的一个成分，把"吃"改成"喝"，是为了突出孔乙己好喝酒的性格。如果照搬成语，就不能准确地揭示孔乙己的这一性格特征。例（6），"肃然起敬"是一个固定短语，它中间一般不能插入其他成分，作者有意在它中间增加一些词语而说成"肃然的有些起敬"。这是因为旁听的人对阿Q未必真的会"肃然起敬"，如果照搬成语"肃然起敬"，反倒会显得不准确、不真实。这样的改动，可以增加作品的幽默诙谐的意味。例（7），成语有"同仇敌忾"，但如果照搬，就不能准确地表情达意，因为阿Q与小尼姑是"仇敌"，他们怎么会"同仇敌忾"呢？于是作者巧妙地删除"同仇"二字，只用剩下的"敌忾"来形容阿Q对小尼姑的"仇视"。

　　（二）不应袭用已经淘汰了的旧名称。例如：

　　（8-1）他划第二根洋火，选定他睡觉的地方。（柳青：《创业史》，中国青年出版社1960年版）

　　（8-2）他划第二根火柴，选定睡觉的地方。（《梁生宝买稻种》，

见初级中学课本《语文》第 2 册)

（9-1）在这幅浮雕上，一群拿着大刀、梭镖、锄头、土炮起义的汉、僮族人民的儿女，正风起云涌地从山坡冲下来，革命的旌旗在迎风飘扬。(周定舫：《人民英雄永垂不朽》，《人民日报》1958 年 4 月 21 日)

（9-2）在这幅浮雕上，一群拿着大刀、梭镖、锄头、土炮起义的汉族壮族人民的儿女，正从山坡冲下来，革命的旌旗在迎风飘扬。(《人民英雄永垂不朽》，见初级中学课本《语文》第 2 册)

（10-1）它提出政治、经济、民族、男女四大平等的口号，严重地动摇了满清皇朝封建统治的基础。(《人民英雄永垂不朽》，《人民日报》1958 年 4 月 21 日)

（10-2）……严重地动摇了清朝封建统治的基础。(《人民英雄永垂不朽》，见初级中学课本《语文》第 2 册)

例（8-1），作者在写作《创业史》的时候，生活中还广泛地使用着"洋火"这一名称，然而现在，中国人靠用洋货的时代已经一去不复返了，因此那些带有"洋"字标记的名称如"洋油""洋火"等，都已换成了另外的词语来代替，因此改文用"火柴"来替换"洋火"。例（9）和例（10），历史上曾经遗留下来一些含有歧视少数民族的词语，如原文中的"僮族"和"满清皇朝"等。新中国成立以后，周总理曾指示不用"僮族""满清皇朝""满清帝国"等说法，因此两例改文分别换成了"壮族"和"清朝"。

（三）尽量使用通行的词语。例如：

（11-1）而在年宵花市中，经过花农和园艺师们的努力，更是人工夺了天工。(秦牧：《花城》，见《长河浪花集》，人民文学出版社 1978 年版)

（11-2）而在年宵花市中，经过花农和园艺师们的努力，更是巧夺天工。(《花城》，见高级中学课本《语文》第 4 册)

（12-1）她们或梳妆、洒扫、奏乐、歌舞，形态各异。人物形体丰满俊俏，面貌清秀圆润，眼神专注，衣纹流畅，匠心之巧，绝非一般。(梁衡：《晋祠》，《光明日报》1982 年 4 月 14 日)

（12－2）她们或梳妆，或洒扫，或奏乐，或歌舞，形态各异，形体丰满俊俏，面貌清秀圆润，眼神生动，衣纹流畅，真是巧夺天工。（《晋祠》，见初级中学课本《语文》第5册）

（13－1）一些爱在晨风中飞来飞去的有甲的小虫，不安的四方乱闯。（丁玲：《太阳照在桑乾河上》，湖南人民出版社1983年版）

（13－2）一些爱在晨风中飞来飞去的小甲虫便更不安地四方乱闯。（《果树园》，见试用本初级中学课本《语文》第5册）

（14－1）整个上午，郑瑾低低地教给他们唱一首监狱的歌子。（杨沫：《青春之歌》，人民文学出版社1979年版）

（14－2）整个上午，郑瑾低声地教给她们唱一首囚歌。（《坚强的战士》，见初级中学课本《语文》第5册）

例（11）和例（12），原文中的"人工夺了天工"和"匠心之巧，绝非一般"，实在都是"巧夺天工"的意思。例（13），原文中的"有甲的小虫"，就是"小甲虫"。例（14），原文中的"监狱的歌子"，当然是"囚歌"。改文换成通行的词语之后，不仅使语言规范，而且使语言更精练。

值得注意的是，作者有时故意放着通行的词语不用，偏要用另外的词语来表达，这主要是为了收到某种修辞效果。例如：

（15）这回，他倒弄懂了，回到家就把老八拉来，指着缝纫机吼嚷："快进城去买这'铁转转'！"（张峻：《老八码子》，《新港》1983年第3期）

（16）如果年景再好一点，过三年两载，也能像平原的农家那样，买个会唱歌的盒子，能放电影的机子，一家老小听听曲子，那是多么叫人醉心的日子呀。（季仲：《深山里的"鬼火"》，《人民文学》1984年第2期）

（17）有天，她居然带了个穿包屁股裤的小白脸来家里。（张宗式、蒋继锋：《夕唱》，《当代》1986年增刊第7期）

例（15），一位老农对"缝纫机"还不太熟悉，于是把它说成"铁转转"，倒不失形象生动。例（16），把"收音机"说成"会唱歌的盒子"，把"电视机"说成"能放电影的机子",表明说话人对这两样物品还比较陌生。例(17),放着"牛仔裤"不说,而偏要说成"包屁股裤",这反映了说话人对穿牛仔裤的人看不惯的态度。

(原载国家语委《语言文字报》1992 年 11 月 29 日)

论词语的求同与求异

摘　要：在一句话或一段话里，使用相同的词语来表示同样的意思，这就是词语的求同。在什么样的情况之下，我们应该运用词语的求同这种方法呢？主要体现在如下几个方面：（1）为了用词的准确而求同；（2）为了前后照应而求同；（3）为了文气贯通而求同；（4）为了突出或强调而求同；（5）为了刻画人物性格而求同；（6）为了运用某些修辞方式而求同。在一句话或一段话里，使用不同的词语来表示同样的意思，这就是词语的求异。在什么样的情况之下，我们应该运用词语的求异这种方法呢？主要体现在如下几个方面：（1）为了用词准确而求异；（2）为了避免重复而求异；（3）为了刻画人物性格而求异。

关键词：词语；求同；求异

在一句话或一段话里，当要重复表示同样的意思的时候，是使用相同的词语还是使用不同的词语来表示，这就必须进行选择。这种选择的方法就是词语的求同与求异。在一句话或一段话里，使用相同的词语来表示同样的意思，这就是词语的求同。在一句话或一段话里，使用不同的词语来表示同样的意思，这就是词语的求异。

一　词语的求同

俗话说"文贵避复"。既然如此，我们为什么还要提出"词语的求同"这一语言锤炼的方法呢？我们所说的求同，并不是简单的词语重复，而是为了求得某种修辞效果而运用的一种修辞方法。那么运用这种方法究竟可以收到怎样的修辞效果呢？或者说，在什么样的情况之下，我们应该运用词语的求同这种方法呢？下面我们来具体地加以分析研究。

（一）为了用词的准确而求同。例如：

（1-1）山峦时时变化着，一会山头上幻出一座宝塔，一会山洼里又现出一座城市。（《海市》，见《杨朔散文选》，人民文学出版社1978年版）

（1-2）山峦时时变化，一会儿山头现出一座宝塔，一会儿山洼里现出一座城市。（《海市》，见高级中学课本《语文》第3册）

（2-1）用几个团来攻打桐木岭哨口，攻打了七天七夜，都没有打下。（杜宣：《井冈山散记》，见《人民文学》1961年7、8月合刊）

（2-2）用几个团来攻打桐木岭哨口，攻了七天七夜，还是没有攻下。（《井冈山散记》，见中等专业学校试用教材《语文》，高等教育出版社1982年版）

例（1），原文中的"幻出"，表意不太明确，改文换成"现出"，不仅表意明确，而且跟下文的"现出"相同，这样就突出了"山峦时时变化"的特点。例（2），改文用"攻"来替换原文中的"打"，这样就与上文"攻了七天七夜"中的"攻"相同，使得语意顺畅而且用词也更准确："攻"比"打"的语意重，它既能够表现我军的顽强，又能够说明敌人的猖狂，从而突出了桐木岭哨口易守难攻的地形特点。

（二）为了前后照应而求同。例如：

（3-1）面对这样的党员，面对这样的党组织，群众评价说："还是共产党好！"（马识途：《我们打了个大胜仗》，《人民日报》1981年11月7日）

（3-2）……群众评论说："还是共产党好！"（《我们打了个大胜仗》，见高级中学课本《语文》第4册）

（4-1）吃荤也好，吃素也罢，反正都是靠植物而生活。（《食物从何处来》，《人民日报》1959年3月31日）

（4-2）吃荤也好，吃素也好，反正都是靠植物而生活。（《食物从何处来》，见初级中学课本《语文》第6册）

例（3），从表意的角度来看，无论是用"评价"还是用"评论"都是正确的，然而如果结合上文来看，就有了优劣之分。上文这样写道：
"我这里只想说说我们党的基层组织和普通党员，在灾难临头人民遭难时
是怎样行动，群众又是怎样评论他们的。"这里使用了"评论"一词，因
此为了求得前后照应，下文也宜用"评论"一词。例（4），"也好"与
"也罢"是同义词，只是"也好"所表示的语气比"也罢"要轻些。在
行文时要么连用"也好"，要么连用"也罢"，而不宜把"也好"与"也
罢"连在一起使用。

（三）为了文气贯通而求同。例如：

（5-1）有时候，因为事情耽误，观察忙不过来，他就请爱人陈
汲帮他留心听什么时候燕子叫了，也曾要女儿竺松为他留心观察北海
的冰什么时候初融，也曾让邻居家的孩子向他报告哪天杏花开了第一
朵。（白夜、柏生：《卓越的科学家竺可桢》，《人民日报》1978年3
月18日）

（5-2）遇到工作紧张或者外出，就让他爱人帮着留心燕子什么
时候飞来，也让他女儿帮着观察北海的冰什么时候初融，还让邻居的
孩子向他报告哪天杏花开了第一朵。（《卓越的科学家竺可桢》，见初
二《语文》课本）

（6）他们快要开拔到前方去，觉得最高的权威附灵在自己身上，
什么东西都不在眼里，只要高兴提起脚来踩，都可以踩做泥团踩做
粉。（叶圣陶：《潘先生在难中》）

例（5），原文中使用了"请""要""让"三个同义词，这是求异，
其结果便是使得各分句之间衔接得不太顺畅。改文在三个分句里都使用相
同的词语"让"，这是求同，这样一来，各分句之间的并列关系就更显豁
了，并且文气贯通。例（6），作者连用了三个"踩"字，语意顺畅，显
得很有气势。如果把后两个"踩"字分别换成"踏"和"压"，则不会
有这种效果。

（四）为了突出或强调而求同。例如：

（7）我们说的马克思主义，是要在群众生活群众斗争里实际发
生作用的活的马克思主义，不是口头上的马克思主义。把口头上的马

克思主义变成为实际生活里的马克思主义，就不会有宗派主义了。
（毛泽东：《在延安文艺座谈会上的讲话》）

　　（8）他总仍旧是偷。这一回，是自己发昏，竟偷到了举人家去了。他家的东西，偷得的么？（鲁迅：《孔乙己》）

　　例（7），"马克思主义"一词在这短短的一段话里就重复出现了五次，目的是要强调真正的马克思主义。例（8），"偷"字在相连的三句里被反复使用，其中第一个"偷"字，是概括说明孔乙己的表现；第二个"偷"字，是用事实来证明；第三个"偷"字，是说话人对孔乙己这种做法所作的评论。这三个"偷"字，突出地表现了孔乙己性格的一个方面，同时也为下文写他被毒打致残作了铺垫。

（五）为了刻画人物性格而求同。例如：

　　（9）"我真傻，真的。"祥林嫂抬起她没有神采的眼睛来，接着讲。"我单知道下雪的时候野兽在山坳里没有食吃，会到村里来；我不知道春天也会有。我一清早起来就开了门，拿小篮盛了一篮豆，叫我们的阿毛坐在门槛上剥豆去。他是很听话的，我的话句句听，他出去了……"
　　……
　　"我真傻，真的。"她说。"我单知道雪天是野兽在深山里没有食吃，会到村里来；我不知道春天也会有。我一大早起来就开了门，拿了小篮盛了一篮豆，叫我们的阿毛坐在门槛上剥豆去。他是很听话的孩子，我的话句句听；他就出去了。……"（鲁迅：《祝福》）
　　（10）"祥林嫂，你放着罢！我来摆。"四婶慌忙的说。她讪讪的缩了手，又去取烛台。
　　"祥林嫂，你放着罢，我来拿。"四婶又慌忙的说。
　　……
　　"你放着罢，祥林嫂！"四婶慌忙大声说。（鲁迅：《祝福》）

　　例（9），祥林嫂反复地对别人说狼吃阿毛的故事，并且几乎每次说得句句一样。作者以此来表现祥林嫂的极大痛苦和莫大悔恨，对儿子阿毛的无穷思念，以致到了疯痴的程度；同时也用来表现听者的麻木，以及作者对她悲惨遭遇的同情。例（10），祥林嫂在第一个丈夫死后，被夫家卖给了贺老六，并且生了一个儿子。后来贺老六死了，儿子阿毛也被狼吃掉了。这些不幸的遭遇使得祥林嫂痛苦不堪。在第二次到鲁四老爷家里帮佣时，她又遭受了更大的打击：信奉理学的鲁四老爷认为祥林嫂"败坏风俗"，因此决定"祭祀时候可用不着她沾手"，于是当祥林嫂在祭祀时"照旧去分配酒杯和筷"时，四婶慌忙说："祥林嫂，你放着罢，我来摆。"当祥林嫂"又去取烛台"之时，四婶又慌忙说："祥林嫂，你放着罢，我来拿。"——这无异于判处了祥林嫂精神上的死刑！后来，祥林嫂将一年辛勤操劳之所得在土地庙捐了一条门槛做"替身"，据说以此可以赎"前愆"。因此到了冬至的祭祖时节，"她便坦然的去拿酒杯和筷子"，可是四婶还是跟去年一样地慌忙大声说："你放着罢，祥林嫂！"——这分明是认为她还是有罪，于是祥林嫂用替身赎罪的幻想破灭了，在封建神权的压迫之下她的精神全面崩溃了。

（六）为了运用某些修辞方式而求同。例如：

（11）也许是因为拔何首乌毁了泥墙罢，也许是因为将砖头抛到间壁的梁家去了罢，也许是因为站在石井栏上跳下来罢……（鲁迅：《从百草园到三味书屋》）

（12）沉默呵，沉默！不在沉默中爆发，就在沉默中灭亡。（鲁迅：《记念刘和珍君》）

（13）声浪碰到群山，群山发出回响；声浪越过延河，河水演出伴奏。（吴伯箫：《歌声》）

（14）这是梅花，有红梅、白梅、绿梅，还有朱砂梅，一树一树的，每一树梅花都是一树诗。（杨朔：《茶花赋》）

例（11），在三个分句里连用三个"也许是因为"而构成排比句，这就点明了孩子天真的猜测，表现了作者对三味书屋的反感和对百草园的依恋之情。例（12），让"沉默呵，沉默"连续反复，从而为下文的"不在沉默中爆发，就在沉默中灭亡"蓄势，体现了作者在极度愤怒中的忍无可忍，表达了作者对革命的期待和呼唤。例（13），前一个分句的最末一个词"群山"和后一个分句中的第一个词"群山"相顶真；"延河"的"河"与河水的"河"相顶真。这样就显得气势连贯，读起来顺畅。例

（14），由"一树梅花"的"树"而拈连到"一树诗"，这就使得原本不符合常规搭配的"一树诗"变得顺理成章，并且增强了语言的生动性。

二　词语的求异

杨树达先生在《汉文言文修辞学》一书中说过："古人缀文，最忌复沓。刘勰之论练字也，戒同字相犯，是其事也。欲逃斯病，恒务变文。《左氏传》于同一篇中称举同一人者，名字号谥，错杂不恒，几于令人迷惑，斯为极变化之能事者矣。"词语的求异，主要就是为了避免语言上的重复，使得行文有所变化，当然也还有其他方面的原因。下面我们来具体地加以分析研究。

（一）为了用词准确而求异。例如：

（1-1）毛主席也笑了。他用柔和的眼睛看着他说，我们拥护你。（徐迟：《地质之光》，《人民文学》1977 年第 10 期）

（1-2）毛主席也笑了。他用柔和的眼光看着李四光说："我们支持你。"（《地质之光》，见初级中学课本《语文》第 6 册）

（2）但那只有（有）竖一支旗杆的庙宇的呢？（《鲁迅手稿选集续编》，文物出版社 1963 年版）

例（1），原文一句话里用两个"他"字，使得指代不太明确，因此改文把后一个"他"字改为"李四光"。例（2），原文作"只有有一支"，其中的"有"跟"只有"的"有"字重复，作者就把"有"改为"竖"。这样不仅避免了字面的重复，而且使得表意更形象。

（二）为了避免重复而求异。例如：

（3-1）船随山势左一弯，右一弯，每一曲，每一折，都向你展开一幅绝好的风景画。（《长江三日》，见《刘白羽散文选》，人民文学出版社 1978 年版）

（3-2）船随山势左一弯，右一转，每一曲，每一折，都向你展开一幅绝好的风景画。（《长江三峡》，见高级中学课本《语文》第 1 册）

（4-1）这排排串串的珍珠，叫天上银河失色，叫满湖碧水生

辉。(谢璞:《珍珠赋》,见《湖南散文选》,湖南人民出版社 1979 年版)

(4-2)这排排串串的珍珠,使天上银河失色,叫满湖碧水生辉。(《珍珠赋》,见《中国当代文学作品选讲》,广西人民出版社 1980 年版)

例(3),原文两次用"弯"字来描写船行驶的动作;例(4),原文两个分句里都用一个"叫"字。这些都显得有点重复单调,因此例(3)的改文把后一个"弯"改为"转",例(4)的改文把前一个"叫"换成"使"。这种避免词语重复的方法,在新闻报道中更是被广泛运用。例如:

(5)安丽梅获得女子 10 公里竞走冠军,冯英华夺得女子 100 米栏金牌,段秀泉获得男子 1500 米跑第一名,丛玉珍在女子铅球比赛中夺魁。(《羊城晚报》1987 年 7 月 25 日)

(6)在上午 7 点进行的女子 10 公里竞走中,安丽梅以 52 分 40 秒获冠军。下午冯英华以 13 秒 56 的成绩夺走女子 100 米栏桂冠。前亚洲纪录保持者丛玉珍在女子铅球的比赛中,以 18 米 17 的成绩获得金牌。年仅 20 岁的段秀泉在男子 1500 米的比赛中,以 3 分 45 秒 11 的成绩名列榜首。(《人民日报》1987 年 7 月 25 日)

以上两例都是报道第七届亚洲田径锦标赛第四天的比赛情况。两篇报道在语言表达方面都力求避免重复使用相同的词语。同样是报道中国队夺冠的战绩,例(5)分别用"获得冠军""夺得金牌""获得第一名""夺魁"等词语来表达。例(6)则分别用"获冠军""夺走桂冠""获得金牌""名列榜首"等词语来表述。这样就使语言显得生动活泼。

(三)为了刻画人物性格而求异。例如:

(7)孔乙己便涨红了脸,额上的青筋条条绽出,争辩道:"窃书不能算偷,窃书!……读书人的事,能算偷么?"(鲁迅:《孔乙己》)

(8)"老 Q,"赵太爷怯怯的迎着低声的叫。

"锵锵,"阿 Q 料不到他的名字会和"老"字联结起来,以为是一句别的话,与己无干,只是唱。"得,锵,锵令锵!"

"老 Q。"

"悔不该……"

"阿 Q!"秀才只得直呼其名了。

阿 Q 这才站住，歪着头问道，"什么?"

"老 Q……现在……"赵太爷却没有话，"现在……发财么?"

"发财? 自然。要什么就是什么……"

"阿……Q 哥，象我们这样的穷朋友是不要紧的……"赵白眼惴惴的说，似乎想探革命党的口风。(鲁迅:《阿 Q 正传》)

例 (7)，"窃"和"偷"是一对同义词，孔乙己却用求异的方法来为自己狡辩，好像使用了"窃"字就能够掩饰住自己"偷"的行为，从而表现了他迂腐、潦倒而死要面子的性格特点。如果作者让孔乙己这么说:"偷书不能算偷"，则绝无此表达效果。例 (8)，阿 Q 在赵太爷眼里原本是一钱不值的，甚至连姓赵的资格都没有:"阿 Q，你这浑小子! 你说我是你的本家么?""你怎么会姓赵! ——你哪里配姓赵!"然而当阿 Q 公开声明要造反的时候，赵太爷见了他则叫"老 Q"，赵白眼则叫他"阿 Q 哥"。这前后不同的称呼，就把得势便猖狂，失势就讨好的赵太爷、赵白眼之流的灵魂全盘托出，增强了语言的幽默感，具有极大的讽刺性。

论信息的选择

摘　要：信息的选择包括三个要素：第一，两个信息都是真的；第二，这两个信息中的主要信息是相同的；第三，被选择的次要信息不同，但是它们可以共存，只不过有时存在优劣之别。那么如何判断信息选择的优劣呢？最根本的标准是要依据交际的目的和交际的环境。符合交际目的和交际环境的选择，就是好的选择。本文根据这一标准和信息选择的三个要素，从信息选择的不同角度、信息选择的属种关系和信息选择的精确与模糊三个方面来具体讨论信息的选择问题。

关键词：信息；选择；标准；方法

信息是指接收者事先不知道的消息，可以分为语言信息（以语言符号作为载体的信息）和非语言信息（以直接作用于各种感官的自然物如声、光、电、味等为信源的信息）两类。我们在这里所要讨论的是语言信息的选择。

信息有正确与错误之分。我们所说的信息选择，是在两个或两个以上的真信息之间进行的。如果其中有一个是假信息，则不属于信息选择的范围，因为信息的选择只能有优劣之分，而没有真假之别。例如：

（1）第三十四届国际军事五项锦标赛经过五天紧张激烈的角逐，今天在奥地利维也纳新城降下帷幕。（《人民日报》1986 年 8 月 14 日）

（2）第十四届国际军事体育五项锦标赛经过五天紧张的争夺，今天在奥地利维也纳新城结束。（《光明日报》1986 年 8 月 14 日）

（3）经过六天的角逐，美国和苏联女篮同以八战全胜的成绩分

居小组首席。(《人民日报》1986 年 8 月 15 日)

（4）苏联队和美国队均以五战五胜夺得两个小组的第一名。（《文汇报》1986 年 8 月 15 日)

例（1）和例（2）报道的是同一届运动会的比赛情况，然而例（1）说是"第三十四届"，例（2）说是"第十四届"。到底是第几届？这两者所提供的信息肯定有一个是假的。后面两例也存在着这样的问题。到底是"八战全胜"还是"五战五胜"？这两者不能同时为真，必有一个是假信息。假信息无疑是应该被纠正的，因此这两组真假信息之间不存在选择的问题。

信息的选择，表现在语言形式上，或改换某些词语，或增删某些词语。然而并不是说凡是改换或增删某些词语的现象都是信息的选择。我们仍然以上面的例（1）与例（2）来加以说明："经过五天紧张激烈的角逐"与"经过五天紧张的争夺"；"今天在奥地利维也纳新城降下帷幕"与"今天在奥地利维也纳新城结束"等，一个说"角逐"，一个说"争夺"；一个说"降下帷幕"，一个说"结束"；一个说"紧张激烈"，一个说"紧张"。它们之间所提供的信息是相同的，没有增减任何信息，因此只能算是同义形式的选择，而不是信息的选择。

我们所说的信息的选择，它包括三个要素：第一，两个信息都是真的；第二，这两个信息中的主要信息是相同的。如果主要信息不同，所说的根本不是一回事，那么就不存在信息选择的问题；第三，被选择的次要信息不同，但是它们可以共存，只不过有时存在优劣之别。那么如何判断信息选择的优劣呢？最根本的标准是要依据交际的目的和交际的环境。符合交际目的和交际环境的选择，就是好的选择。下面我们根据这一标准和上述三个要素，从信息选择的不同角度、信息选择的属种关系和信息选择的精确与模糊三个方面来具体讨论信息的选择问题。

一　信息选择的不同角度

在主要信息相同的前提之下，由于信息选择的角度不同，因此人们所选择的次要信息可能完全不同。它们之间有时存在着优劣之分。下面我们按照不同的词类来具体地加以分析研究。

（一）名词之间信息表达角度的选择。例如：

（1－1）当年毛主席带领队伍下山去挑粮食，不就是用这样的扁担么？（袁鹰：《井冈山散记》，《人民文学》1961 年 1—2 月合刊）

（1－2）当年毛委员和朱军长带领队伍下山去挑粮食，不就是用这样的扁担么？（《井冈翠竹》，见初级中学课本《语文》第 4 册）

（2－1）车上跳下来周恩来同志、王若飞同志，后面跟了穿着整齐、身佩短剑的张治中将军。（方纪：《挥手之间》，见《散文特写选》，人民文学出版社 1963 年版）

（2－2）车上跳下周恩来同志和王若飞同志，后面跟着国民党的代表张治中将军。（《挥手之间》，见初级中学课本《语文》第 6 册）

例（1）的主要信息是毛泽东，次要信息是毛泽东的身份。毛泽东同志在井冈山的时候是中央委员；担任主席，那是以后的事。这里既然是说"当年"的事情，就应该从当年的角度来选择信息。因此改文用"毛委员"来替换原文中的"毛主席"，这才符合历史的真实性。例（2）的主要信息是说后面跟着张治中将军。在次要信息方面，原文从仪表的角度来给人信息：他"穿着整齐、身佩短剑"；改文从政治身份的角度来给人信息：他是"国民党的代表"。当时国共两党准备和谈，因此点明张治中将军的政治身份就显得更为恰当一些。

（二）动词之间信息表达角度的选择。例如：

（3－1）老人说，她儿子是个工人，出来好几年了，她第一次来抚顺，还不知道儿子住在什么地方呢。（陈广生、崔家骏：《雷锋的故事》，解放军文艺出版社 1973 年版）

（3－2）老人说，她儿子是个工人，出来好几年了，她是第一次去抚顺。（《人民的勤务员》，见初级中学课本《语文》第 1 册）

（4－1）可是，在您病中，我却没能给您喂过一次药，打过一次针。（陶斯亮：《一封没有发出的信》，《人民日报》1978 年 12 月 21 日）

（4－2）可是，在您病中，我却不能给您喂一次药打一次针。（《一封没有发出的信》，见试用本见高级中学课本《语文》第 2 册）

例（3），老人是在由沈阳开往抚顺的列车上说这番话的。既然还没有到抚顺，因此宜用"去"而不宜用"来"。例（4）的主要信息是：在陶铸同志患病期间，作为女儿和医生的陶斯亮没有给他喂一次药打一次针；次要信息是说明原因。原文中用"没能"来表述，这是从自身的角度来谈的。虽然这样能够陈述事实，但是不能叫人弄清问题的实质：是作者没有时间呢，还是长期在外地工作不能回来照顾父亲？抑或还有其他原因？改文换成"不能"，这是从客观的角度来谈的。这样既陈述了事实，又揭示出了造成这一情况的真正原因：是林彪、"四人帮"在迫害陶铸同志，因此作者想去照顾父亲却不能如愿。

（三）形容词之间信息表达角度的选择。例如：

（5-1）在一道一公尺多高的土崖下面，平躺着一列斗车。（王愿坚：《普通劳动者》，见同名短篇小说集，人民文学出版社 1978 年版）

（5-2）在一道一米多深的土洼下面，平躺着一列斗车。（《普通劳动者》，见初级中学课本《语文》第 6 册）

（6-1）周总理那十分熟悉的面影立即跃入了我的眼帘。（《珍贵的衬衫　难忘的深情》，《北京日报》1977 年 1 月 22 日）

（6-2）周总理那慈祥的面容立即跃入了我的眼帘。（《一件珍贵的衬衫》，见初级中学课本《语文》第 2 册）

例（5）的主要信息是土洼，次要信息是它的高度或深度。"深"是从上往下看而言的；"高"是由下往上看而言的。这里的说话人是站在土洼上面往下看，因此宜言"深"。例（6）的主要信息是周总理，次要信息一是作者与周总理的关系，二是周总理的品格。原文用"十分熟悉"，是就作者与周总理有认识关系的角度而言；改文用"慈祥"，是就周总理品格的角度而言，它既表现了周总理平易近人的品格，又蕴含着作者对周总理的崇敬之情，可见改文优于原文。

（四）代词之间信息表达角度的选择。例如：

（7-1）她忍着被污辱了的心情，一个一个的打量那些人的欢愉和对她的傲慢。（丁玲：《太阳照在桑乾河上》，湖南人民出版社 1983

年版)

（7-2）她忍着被侮辱了的心情，一个一个地打量着这些人的欢愉和对她的傲慢。（《果树园》，见试用本初级中学课本《语文》第5册）

（8-1）西藏和平解放后不久……这天夜里，我们躺在阿爸为我们收拾的"暖心铺"上，心情久久不能平静。（王宗仁：《夜明星》，见《珍珠集》）

（8-2）……那天夜里……（《夜明星》，见试用本初级中学课本《语文》第3册）

"那（那些）"是远指代词；"这（这些）"是近指代词。例（7）的主要信息是人，次要信息是那些人。原文选择"那些"，改文选择"这些"。人们正当着李子俊老婆的面摘果子，并且讽刺她，因此宜用近指代词"这些"。例（8），这里回忆的是西藏和平解放后不久的事情，时间过去很久了，宜用远指代词"那"。

（五）副词之间信息表达角度的选择。例如：

（9-1）囚徒，时代的囚徒！我们并不犯罪！（杨沫：《青春之歌》，人民文学出版社1979年版）

（9-2）囚徒，时代的囚徒！我们并没犯罪！（《坚强的战士》，见初级中学课本《语文》第5册）

（10-1）伊见眼前的人没一个不叫伊回去，心想这一番一定应该回去了。（《一生》，见《叶圣陶短篇小说选集》，人民文学出版社1954年版）

（10-2）……心想这一番必然应该回去了。（《一生》，见《叶圣陶文集·一》，人民文学出版社1958年版）

例（9），原文"并不犯罪"，这是从主观愿望方面来说的；改文"并没犯罪"，这是从客观事实方面来说的。没犯罪却被关进牢房，这就有力地揭露了国民党反动派对革命者的诬陷和迫害。例（10），原文"一定应该回去了"，这表明主观上认为"应该回去了"，然而事实上伊并不想回去；改文把"一定"换成"必然"，这就表明"应该回去了"乃是迫不得已，是不以伊的意志为转移的必然结果，从而准确地反映了伊的内心活动。

（六）不同词性之间信息表达角度的选择

以上我们是从具有相同词性的词语之间来探讨信息选择的不同角度。词性不同的词语之间同样也存在着信息选择的不同角度的问题。例如：

（11－1）在我工作的时候，我总是写了几十个字，就到院中去看看。（老舍：《养花》，见《现代散文选读》，山东教育出版社 1982 年版）

（11－2）我工作的时候，总是写一会儿就到院子里去看看。（《养花》，见小学《语文》第 10 册）

例（1）的主要信息是说工作了一段时间之后，作者就到院子里去看看。然而原文和改文所选择的次要信息是不同的：原文用表数量的短语"几十个字"，侧重于所写的字数不多；改文用副词"一会儿"，侧重于写字的时间很短。这两者可以同时为真，然而有优劣之分：原文强调写了"几十个字"就到院子里去看看，这未免太坐实了，不如改文从时间的角度来表达。

（七）信息选择角度的多样性

有时从不同的角度所选择的信息很难分出优劣来，这或许可以看出信息选择具有多样性的特点。例如：

（12－1）于是，在震耳的炮火声中，我们不禁高声朗诵起来——（方纪：《挥手之间》，见《散文特写选》，人民文学出版社 1963 年版）

（12－2）于是，在震耳的炮声中，我们不禁齐声朗诵起来：……（《挥手之间》，见初级中学课本《语文》第 6 册）

（13－1）举国人民，怀着真挚、深沉、无比哀痛的心，仰天倾诉："如可赎兮，人百其身！"（《永远怀念周恩来同志》，见《曹靖华散文选》，陕西人民出版社 1983 年版）

（13-2）举国人民，怀着真挚、深沉、无比哀痛的心，捶胸倾诉："如可赎兮，人百其身！"（《往事漫忆——怀周恩来同志》，见《飞花集》，上海文艺出版社 1978 年版）

例（12）的主要信息是"朗诵"，次要信息是指朗诵的方式：原文选择"高声"，强调声音的洪亮；改文选择"齐声"，强调声音的协调。这两者可以互补。例（13）的主要信息是"倾诉"，次要信息是指倾诉的方式：原文选择"仰天"，改文选择"捶胸"。这两种方式都可以表达出人们极其沉痛的心情。

信息选择的多样性并不只限于原文和改文，不同的作者在报道同一件事情的时候，往往会从不同的角度选择不同的信息。例如：

（14）中国小将董玉萍以 6036 分的成绩打破了她本人今年 6 月份创造的 5968 分的亚洲纪录，并获得这个项目的金牌。（《人民日报》1987 年 7 月 25 日）

（15）中国 24 岁的吉林姑娘董玉萍在今天结束的女子七项全能比赛中，以 6036 分的成绩把她本人保持的这个项目的亚洲纪录提高了 68 分，并为中国队夺得一枚金牌。（《羊城晚报》1987 年 7 月 25 日）

（16）时隔九年中苏重开边界谈判，钱其琛一行离京抵达莫斯科。（《人民日报》1987 年 2 月 9 日）

（17）中国政府代表团离京到莫斯科，时隔九年中苏恢复边界谈判。（《工人日报》1987 年 2 月 9 日）

例（14）和例（15）的主要信息都是报道董玉萍以 6036 分的成绩打破了由她本人创造的亚洲纪录。在次要信息方面，例（14）侧重于说明原记录的分数（5968 分）；例（15）侧重于说明把原记录提高了多少分（68 分）。这两者是可以换算的，知其一则必知其二，难以强分优劣。例（16）和例（17）的主要信息是中苏恢复边界谈判，在选择次要信息时，例（16）用"钱其琛一行"，强调中国政府代表团的首席代表是谁；例（17）用"中国政府代表团"，强调中方的谈判人员是以什么样的政治身份出席会议的。这两者皆无不可，也同样可以相互补充。

二　信息选择的属种关系

我们所说的信息选择的属种关系，并不等同于形式逻辑中的属种关系。我们知道，形式逻辑中的属种关系是从概念之间外延范围大小的方面来说的，也就是说，当 A 概念的外延包含了 B 概念的全部外延，或者 B 概念的全部外延包含于 A 概念的外延之中的时候，这两个概念之间就具有属种关系。信息的属种关系主要是着眼于概念之间在具体的语言环境中所显现出来的逻辑联系，即人们由某一已知的信息可以推知另一信息的必然存在。信息选择的属种关系可以从属种信息的选择和属种信息选择的多样性两个方面来考虑。

（一）属种信息的选择。例如：

（1-1）厢房里灯光亮着，它们齐向那里飞去。（《潘先生在难中》，见《叶圣陶短篇小说集》，人民文学出版社 1954 年版）

（1-2）厢房里灯光亮着，虫子齐飞了进来。（《潘先生在难中》，见《叶圣陶文集·一》，人民文学出版社 1958 年版）

（2-1）所有花生食品虽然没有了，然而父亲底话现在还印在我心版上。（许地山：《落花生》，见《散文选·一》，上海教育出版社 1979 年版）

（2-2）花生做的食品都吃完了，父亲的话却深深印在我的心上。（《落花生》，见小学《语文》第 9 册）

（3）云封高岫护将军，霆（落）击寒村戮下民。（《二十二年元旦》，见《鲁迅诗稿》，文物出版社 1976 年版）

例（1），改文虫子"齐飞了进来"是属信息，它包含了原文"齐向那里飞去"这一信息。由于作者的观察点是"厢房里"，因此以改文为优。例（2），改文"父亲的话却深深印在我的心上"是属信息，它包含了原文"现在"这一信息，并且强调的意味更浓，因此以改文为优。例（3），"霆落寒村"不一定"击寒村"，"霆击寒村"则包含着"霆落"的信息，并且指出了"霆落"的后果。

人们在谈到词语锤炼的艺术之时，往往喜欢以王安石的诗《夜泊瓜洲》："京口瓜洲一水间，钟山只隔数重山。春风又绿江南岸，明月何时照我还"为例。据洪迈《容斋随笔》载:"初云'又到江南岸',圈去'到'字,注曰'不好',改为'过'。复圈去,而改为'入'。旋又改为'满'。凡如是十许字,始定为'绿'。"为什么"绿"比"到""过""入""满"等更好呢?如果我们从信息之间的属种关系的角度来分析,就会发现使用"绿"字不仅包含了"到""过""入""满"等词语所具有的信息,显示出了春风来临的动态,而且还赋予了春风以造化的功能,形象而生动地表现出了春风给江南大地带来的春色和生机。

以上几例都是用属信息来替换种信息,下面我们再来看看用种信息来替换属信息的情况。

(4-1)屋子里虽然有十多个人,却没有一点声音,只是汽灯在嗡嗡地响着。(周而复:《诺尔曼·白求恩断片》,见《中国现代散文选·七》,人民文学出版社1983年版)

(4-2)手术室里虽然有十多个人,可是谁也没有讲话,只有明亮的汽灯在嘶嘶地响着。(《截肢和输血》,见初级中学课本《语文》第2册)

(5)(就在洪水包围中)洪水还没有退,党支部已经初步拟出了生产自救的方案。(朱德熙:《评改〈在洪水包围中战斗〉》,见《文章评改》,上海教育出版社1979年版)

(6)官僚主义造成财产严重损失各级审计机关应当重点查处。(《人民日报》1987年7月24日)

(7)官僚主义造成严重浪费审计机关应当重点查处。(《羊城晚报》1987年7月24日)

例(4),原文"没有一点声音",包含了种信息"谁也没有讲话"的信息,但是与下文"只有汽灯在嘶嘶地响着"相矛盾,因此改文取信息量小的概念。例(5),"在洪水包围中",意味着"洪水还没有退";然而"洪水还没有退",并不能必然说明是在"洪水包围中"。原文取信息量大的概念,可能使人误解为党支部是处在洪水包围中拟出生产自救方案的;改文的信息量小,但是表意明确,因此以改文为优。例(6)和例(7)都是根据新华社北京7月23日电而拟的一份标题。《人民日报》用"损失"一词,而《羊城晚报》用"浪费"一词。"损失"包含了浪费的信息，但是"浪费"在这篇文章里更切题，所指更明确，更能使读者一下子抓住文章的主要信息。

（二）属种信息选择的多样性

由上述分析可以得知，信息量大小的选择，其标准主要是依据交际的目的和交际的环境，因此，当两个概念之间具有属种关系，所包含的信息量具有大小之分的时候，只要是符合交际目的和交际环境的选择，都可以视为好的选择。例如：

（8-1）加拿大共产党员三百 CC 的血液静静地输到中国人民的八路军战士的身上。（周而复：《诺尔曼·白求恩断片》，见《中国现代散文选·七》，人民文学出版社 1983 年版）

（8-2）加拿大共产党员三百 CC 的血液静静地流到中国人民的八路军战士的身上。（《截肢和输血》，见初级中学课本《语文》第 2 册）

（9）今年年底以前连同武器装备一起撤回六个团。（《人民日报》1986 年 7 月 29 日）

（10）在 1986 年底以前，从阿富汗撤出六个团的军队及其全部装备。（《光明日报》1986 年 7 月 29 日）

（11）苏后贝加尔湖地区森林大火烧了一个多月至今尚未扑灭。（《人民日报》1987 年 5 月 14 日）

（12）苏联后贝加尔湖地区森林大火逾月至今越烧越烈。（《湖南日报》1987 年 5 月 14 日）

例（8），原文用"输"，改文用"流"。就输血的过程而言，血"流到"八路军战士的身上，也就包含了"输血"的意思，不过原文用"输"也未尝不可，实在难分优劣。例（9）和例（10）都是说苏联从阿富汗撤军的事情。《人民日报》用"撤回"，则"撤出"的信息已不言自明；《光明日报》用"撤出"，强调的是已离开阿富汗，这也是准确的。例（11）和例（12）都是说苏联后贝加尔湖发生森林大火的情况。一言"尚未扑灭"，一言"越烧越烈"。虽然后者包含了前者的信息，但是各有所侧重：前者侧重于"扑"而未灭，后者侧重于"烧"而愈烈。

三　信息选择的精确与模糊

虽然报道的是同一件事情，但是由于作者所选用的词语不同，因此给人们的信息就可能有的精确一些，有的模糊一些。例如：

（1）8月5日晚，成都发生一起歹徒持枪凶杀案，青年司机廖志兰、民警苏蓉贵、青工周道民、工人杜青林等在群众的配合下，临危不惧当场将歹徒抓获。（《中国青年报》1987年8月7日）

（2）8月5日晚，成都街头谱写了一曲警民协力生擒持枪杀人犯的正气歌。（《人民日报》1987年8月8日）

（3）8月5日晚，在成都闹市区锦江宾馆门前，徒手群众和交通民警奋不顾身擒获一名持枪行凶杀人的歹徒。（《湖南日报》1987年8月7日）

以上三篇报道说的都是同一件事情，然而就事情发生的地点而言，这三篇报道所提供的信息则存在着精确与模糊之分。《中国青年报》用"成都"；《人民日报》用"成都街头"，后者缩小了地点范围，给人的信息要精确一些；《湖南日报》用"成都闹市区锦江宾馆门前"，事情发生的地点范围进一步缩小，给人的信息更精确。这种地点范围大小的选择，在新闻报道中俯拾即是，例如：

（4）由中国人大常委会副委员长朱学范任主席的中国医学基金会，今天下午在人民大会堂成立。（《人民日报》1987年9月6日）

（5）中国医学基金会于9月5日在北京成立。（《光明日报》1987年9月6日）

例（4）用范围小的概念"人民大会堂"，例（5）用范围大的概念"北京"。这两者都是可以的。人们很难作出这样的硬性规定：在什么情况之下该使用范围大的概念或范围小的概念。不过，我们也发现这样一种现象：在新闻报道中，大多数的情况是：在标题中往往使用范围大的概念，而在正文里则使用范围小的概念。例如：

（6）全军英模代表会议在京隆重开幕

本报北京 7 月 27 日讯　记者罗同松、张砚报道：中国人民解放军英雄模范代表会议今日上午在人民大会堂隆重举行。（《人民日报》1987 年 7 月 28 日）

信息的精确与模糊，还大量表现在整数与零数之间的选择上。例如：

（7）截至 1986 年底，我国民航共有航线 288 条，航线距离506354 公里。（《光明日报》1987 年 2 月 7 日）

（8）截至去年年底，民航共有航线 288 条，航线距离五十多万公里。（《人民日报》1987 年 2 月 7 日）

例（7），"506354 公里"是精确语言，给人的信息也精确；例（8），"五十多万公里"是模糊语言，给人的信息是模糊的。一般说来，在表数方面只要主要信息是精确的，次要信息模糊一点是允许的。然而像例（8）这样在四位数上模糊，模糊度也太大了。在新闻报道中，更常见的情况是：在标题中往往使用模糊数字，而在正文中改用精确数字。例如：

（9）甘肃撤销一千八百多个临时机构

甘肃省、地、县三级党政领导机关，最近清理撤销各类临时机构1808 个。（《人民日报》1987 年 8 月 5 日）

在报道体育比赛的结果时，记者往往也面临着精确与模糊的选择。例如：

（10）最后，中国队以15∶12 赢了第一局。在第二、三局的比赛中，中国队加强了拦网和快球，以15∶5、15∶4 轻松地再下两局。（《人民日报》1987 年 7 月 12 日）

（11）中国女队在身高和技术上都占有绝对优势，除第一局比分稍接近外，其余两局比分都较悬殊。（《羊城晚报》1987 年 7 月 12日）

　　这两例都是报道中国大学生女排跟中国台北女排的比赛情况，其主要信息是相同的，即中国女排以 3 比 0 战胜了中国台北女排，然而在次要信息方面两者有所不同：《人民日报》列出了三局的比分，给人以精确信息；《羊城晚报》使用"比分稍接近""比分都较悬殊"等语词来表示三局的比赛结果，给人以模糊信息。

四　语法修辞研究

浅谈词语语序移动的修辞效果

摘　要：从通常位置的角度来看，同一句子成分可以前后移位。这种移位，一般不会造成意义上的多大变化，然而修辞效果往往不同。不论是主语、定语、状语、补语的移动，还是联合短语中词语的换位，都能产生不同的修辞效果。

关键词：语序；移动；修辞效果

我们这里所说的词语语序的移动，主要是从通常位置的角度来说的，即同一句子成分可前可后，但并非变位句。那么，是把这个成分放在甲处还是移到乙处？这就有一个选择的过程。这种选择的结果一般不会造成意义上的多大变化，然而修辞效果往往不同。如果因语序的调整而使意义发生了根本性的变化，则不在本文的讨论范围。例如，"屡战屡败"换成"屡败屡战"，前者是一个常败将军的形象，后者是一个失败而不气馁、敢于浴血奋战者的形象。两者的意义已经发生了根本性的变化。下面我们主要讨论主语的移动、定语的移动、状语的移动、补语的移动，以及联合短语中词语的换位等，看看这种移动会带来怎样的修辞效果。

（一）主语的移动。例如：

（1-1）除了监督筹备特种外科医院外，他每天都要给十个以上伤员行手术。（周而复：《诺尔曼·白求恩断片》，见《中国现代散文选·七》，人民文学出版社 1983 年版）

（1-2）他每天除了监督筹备特种外科医院，还要给十个以上的伤员做手术。（《截肢和输血》，见初级中学课本《语文》第 1 册）

（2-1）越到晚年，父亲越繁忙。（毛岸青、邵华：《我们爱韶山的红杜鹃》，《人民文学》1977 年第 9 期）

（2-2）父亲晚年，越加繁忙。（《我们爱韶山的红杜鹃》，见试用本初级中学课本《语文》第 5 册）

例（1），两个分句共用一个主语"他"。原文中"他"放在后面一个分句里，这是主语蒙后省；改文中"他"移到句首，这是主语承前省。例（2），原文中运用了越 A 越 B 句式。如果 A 和 B 的主语相同，那么主语一般应放在句首，因此改文把主语"父亲"移到句首，同时删除了"越到"。

（3-1）我连那一轮皎洁的月亮，也憎恶起来了。（茹志鹃：《百合花》，见同名短篇小说集，人民文学出版社 1978 年版）

（3-2）连那一轮皎洁的月亮，我也憎恶起来了。（《百合花》，见高级中学课本《语文》第 1 册）

（4-1）当她救起第九个球时，倒在地上起不来了。（鲁光：《中国姑娘》，《当代》1981 年第 5 期）

（4-2）当救起第九个球时，她倒在地上起不来了。（《灵丹妙药》，见《文选和写作·三》，人民教育出版社 1982 年版）

例（3），"连……"作状语时，一般应在主语之前，并且有语音停顿，因此改文把"我"从句首移到"连……"后面。例（4），原文中"她……"与介词"当"组成介词短语，使得整个句子没有了主语，因此改文把"她"从介词短语里抽出来而移到"倒"前面作主语，这样结构就完整了。

（二）定语的移动。例如：

（5-1）巴掌大的一块块牛骨头，让沸腾的水卷起来又按下去。（刘坚：《草地晚餐》，见《战争年代的朱德同志》，人民出版社 1977 年版）

（5-2）一块块巴掌大的牛骨头，被沸腾的水卷起来又按下去。（《草地晚餐》，见初级中学课本《语文》第 1 册）

（6-1）见到湖心有一个小岛，岛上还残留着东倒西歪的许多太湖石。（郑振铎：《石湖》，《人民日报》1958 年 11 月 4 日）

（6-2）见到湖心有一个小岛，岛上还残留着许多东倒西歪的太湖石。（《石湖》，见试用本初级中学课本《语文》第3册）

例（5），"巴掌大"和"一块块"都是"牛骨头"的定语。原文中把"巴掌大"放在"一块块"之前，这不符合一般的表达习惯。应该是先说数量"一块块"，后说形状"巴掌大"。因此改文将这两个定语调换了顺序。例（6），"东倒西歪"和"许多"都是"太湖石"的定语。原文跟例（5）的原文一样颠倒了顺序，因此改文先说太湖石的数量"许多"，再说它的形状"东倒西歪"。

（7-1）左首是一间很小的独立的披屋。（茅盾：《梯俾利斯的地下印刷所》，见《散文选·二》，上海教育出版社1979年版）

（7-2）左边是一间独立的小屋。（茅盾：《第比利斯的地下印刷所》，见初级中学课本《语文》第1册）

（8-1）可这全部复杂辗转的过程，却只用了八个多小时，这是多么惊人的高速度！（《为了六十一个阶级弟兄》，《人民文学》1960年第4期）

（8-2）可是这复杂辗转的全过程，只用了七个多小时，这是多么惊人的高速度！（《为了六十一个阶级弟兄》，见高级中学课本《语文》第1册）

例（7），"一间"、"很小（小）"、"独立"等都是"披屋（屋）"的定语。原文中把"很小"放在"独立"之前而成为"很小的独立的披屋"。这不符合一般的表达习惯。因此改文把这两个定语调换了顺序。例（8），"全部（全）"和"复杂辗转"都是"过程"的定语。原文"全部"在前，而改文"全"在后。让"全"跟"过程"结合成"全过程"，然后再用"辗转复杂"来修饰"全过程"，这样显然更妥当一些。

以上定语的移动有一个共同的特点，即它们都是同一个中心语的不同定语之间位置的移动。下面我们再来看看相同词语作不同中心语的定语的情况。

（9-1）我们中国有句农谚："不行春风，难得秋雨。"这句话，不只是一种气候上的规律，也是人类生活中的一种哲理。（峻青：
《秋色赋》，见同名散文集，人民文学出版社 1978 年版）

（9-2）我们中国有句农谚："不行春风，难得秋雨。"这句话，
不只说出了气候上的一条规律，也是人类生活中的一条哲理。（《秋
色赋》，见高级中学课本《语文》第 2 册）

（10-1）草原是这样无边的平展，就象风平浪静的海洋。（碧
野：《天山景物记》，见《现代游记选》，湖南人民出版社 1980 年版）

（10-2）无边的草原是这样平展，就象风平浪静的海洋。（《天
山景物记》，见高级中学课本《语文》第 2 册）

（11-1）埃及、巴比伦和希腊的古代灿烂文明都是在这里生长
和发达的。（竺可桢：《向沙漠进军》，见《人民日报》1961 年 2 月 9
日）

（11-2）古代埃及、巴比伦和希腊的文明都是在这里产生和发
展起来的。（《向沙漠进军》，初级中学课本《语文》第 3 册）

例（9），"不行春风，难得秋雨"所概括出来的是气候上的"一种
（一条）"规律，而不是"一种气候"的规律。可见改文比原文准确。例
（10），"无边"在原文中作"平展"的定语，在改文中作"草原"的定
语。"无边的平展"强调的是"平展"的广度，"无边的草原"强调的是
草原的广度。前者在表达上显得有点生硬，且不符合作者的原意。例
（11），"古代"在原文中作"文明"的定语，在改文中作"埃及、巴比
伦和希腊"的定语。这三个国家都以文明古国著称于世，因此"古代"
用在国名之前为准确。

（三）状语的移动。例如：

（12-1）太阳好象负着重荷似的一步一步、慢慢地努力上升。
（《海上的日出》，见《巴金文集》，四川人民出版社 1982 年版）

（12-2）太阳象负着什么重荷似的，慢慢的，一步一步地，努
力向上升起来。（《海上的日出》，见初级中学课本《语文》第 1 册）

（13-1）这时，机舱里突然传来了小杨眉的哭声，原来正巧她
的座位上没有伞包，她不知如何是好，急得哭了。（《一次难忘的航
行》，《光明日报》1977 年 1 月 9 日）

（13-2）这时，突然听到小杨眉的哭声，原来她的座位上正巧没有伞包，急得哭了。（《一次难忘的航行》，见试用本初级中学课本《语文》第 4 册）

例（12），"一步一步"和"慢慢"都是"升"的状语。原文中说"一步一步"地"慢慢地上升"，重心落在"慢慢"上；改文把这两个状语互换位置，就成了"慢慢"地"一步一步地上升"，重心落在"一步一步"上，表明虽然太阳是慢慢地上升，却是一步一步地上升，这就突出表现了太阳初升时的艰难与顽强。可见改文优于原文。例（13），"正巧"和"她的座位上"都是"没有"的状语。原文中"正巧"在前，改文中"正巧"在后。"正巧"作状语时，一般应紧跟着谓语中心语，因此改文比原文符合规范。

（14-1）叫他把村里民兵快带到区上去集合。（管桦：《小英雄雨来》，中国少年儿童出版社 1979 年版）

（14-2）叫他赶快把村里民兵带到区上去集合。（《小英雄雨来》，见小学《语文》第 10 册）

（15-1）大连有个姓鲍的，先把钢从日本厂子里偷出来，藏到一家商店里。（《海市》，见《杨朔散文选》，人民文学出版社 1978 年版）

（15-2）大连有个姓鲍的，先从日本厂子里把钢偷出来，藏到一家商店里。（《海市》，见高级中学课本《语文》第 3 册）

例（14），"把村里民兵"和"快（赶快）"都是"带"的状语。原文中"快"在把字短语之后，改文中"赶快"在把字短语之前。一般来说，把字句要求将其他作状语的词语放在"把"的前面，因此改文比原文符合规范。例（15），"把钢"和"从日本厂子里"都是"偷"的状语。原文中把字短语在前，改文中把字短语在后。跟上例同样的道理，改文优于原文。

以上状语的移动有一个共同的特点，即它们都是同一个中心语的不同状语之间位置的移动。下面我们再来看看相同词语作不同的中心语的状语的情况。

（16-1）吃完饭，他笑着燃起一袋烟，说："我是给主人家送粮食来了。"（彭荆风：《驿路梨花》，《光明日报》1977 年 11 月 27 日）

（16-2）吃完饭，他燃起一袋旱烟笑着说："我是给主人家送粮食来的。"（《驿路梨花》，见初级中学课本《语文》第 2 册）

（17-1）当你尽情策马在这千里草原上驰骋的时候，处处都可看见千百成群肥壮的羊群，马群和牛群。（碧野：《天山景物记》，见《现代游记选》，湖南人民出版社 1980 年版）

（17-2）当你策马在这千里草原上尽情驰骋的时候，处处可见成千上百的羊群、马群和牛群。（《天山景物记》，见高级中学课本《语文》第 2 册）

（18-1）而且有人已经计划在沟里建立酿酒厂。（碧野：《天山景物记》，见《现代游记选》，湖南人民出版社 1980 年版）

（18-2）而且已经有人计划在沟里建立酿酒厂。（《天山景物记》，见高级中学课本《语文》第 2 册）

例（16），"笑着"在原文中作"燃起"的状语，在改文中作"说"的状语。让"笑"伴随着"说"更符合人们表情的习惯。例（17），"尽情"在原文中作"策马"的状语，在改文中作"驰骋"的状语。原文强调"策马"时的心情，改文强调"驰骋"时的心情。"尽情策马"，似乎让人感觉到骑马人老是在不断地策马，想策马就策马。这恐怕不大妥当。例（18），"已经"在原文中作"计划"的状语，在改文中作"有人"的状语。原文强调"计划"的开始，改文强调制订这种计划的人的出现。

（四）补语的移动。例如：

（19-1）顶撞一下他，向他发一顿火，他并不计较。（鲁光：《中国姑娘》，《当代》1981 年第 5 期）

（19-2）顶撞他一下，向他发一顿火，他并不计较。（《灵丹妙药》，见《文选和写作·三》，人民教育出版社 1982 年版）

例（19），"顶撞一下他"的结构是"述语+补语+宾语"，"顶撞他一下"的结构是"述语+宾语+补语"。原文中的补语在宾语之前，改文中的补语在宾语之后。一般来说，动量词作补语时应放在指人的宾语之后。可见改文优于原文。

(五) 联合短语中词语的换位。例如:

(20-1) 这儿山上山下, 高坡低洼, 满眼葱绿苍翠, 遍是柞树、槐树、杨树、松树、还有无数冬青、葡萄以及 桃、杏、梨、苹果等多种果木花树。(《海市》, 见《杨朔散文选》, 人民文学出版社 1978 年版)

(20-2) 这儿山上山下, 高坡低洼, 满眼葱绿苍翠, 到处是柞树、槐树、杨树、松树、冬青, 还有桃、杏、梨、苹果、葡萄等多种果树。(《海市》, 见高级中学课本《语文》第 3 册)

(21-1) 不论高山、深谷, 不论草原、湖泊, 不论森林、溪流, 处处都有丰饶的物品, 处处都有奇丽的美景。(碧野:《天山景物记》, 见《现代游记选》, 湖南人民出版社 1980 年版)

(21-2) 不论高山、深谷, 不论草原、森林, 不论溪流、湖泊, 处处都有丰饶的物产, 处处都有奇丽的美景。(《天山景物记》, 见高级中学课本《语文》第 3 册)

例 (20), "葡萄" 在原文中跟 "柞树" 等并举, 在改文中移到 "苹果" 之后。这是因为 "柞树" 等是非果木, 而 "葡萄" 是果木, 理当跟 "桃" 等并举。例 (21), 原文中 "草原" 与 "湖泊" 并举, "森林" 与 "溪流" 并举; 改文中 "草原" 与 "森林" 并举, "湖泊" 与 "溪流" 并举。这同样是从事物所属类别的角度来调整语序的。

(22-1) 这时雪后初晴, 琼枝玉树, 掩映如画。(白夜、柏生:《卓越的科学家竺可桢》, 见《人民日报》1978 年 3 月 18 日)

(22-2) 雪后初晴, 玉树琼枝, 掩映如画。(《卓越的科学家竺可桢》, 见初级中学课本《语文》第 2 册)

(23-1) 我想象他披着一件白羊裘, 毡巾覆首, 毡裳, 毡履。(《电火光中》, 见《女神》, 上海泰东书局 1921 年版)

(23-2) 我想象他披着一件白羊裘, 毡巾覆首, 毡履, 毡裳。(《电火光中》, 见《沫若诗集》, 上海创造社 1929 年版)

(23-3) 我想象他披着一件白羊裘, 毡履, 毡裳, 毡巾覆首。

（《电火光中》，见《郭沫若全集·一》，人民文学出版社 1982 年版）

例（22），原文作"琼枝玉树"，改文换成"玉树琼枝"。这是因为人们观察事物的角度，一般是由下而上，先看树干，再看树枝，况且"玉树琼枝"比"琼枝玉树"更符合人们的表达习惯。例（23），原文中写人的装束（毡巾覆首，毡裳，毡履）是由上而下；改文换成先上（毡巾覆首）后下（毡履）再中间（毡裳），次序变得混乱；第三次改为由下而上地描写人的装束，这就符合人们观察事物的一般规律了。

（24 - 1）强到光线射不出来被吸住了。（钱学森：《现代自然科学中的基础学科》，《人民日报》1977 年 12 月 9 日）

（24 - 2）强到光线被吸引住射不出来。（《现代自然科学中的基础学科》，见高级中学课本《语文》第 2 册）

（25 - 1）我亲眼看见三个同志抱在一起停下来，想暖和一下，但他们再也没有站起来。（江耀辉：《"红军鞋"》，见《伟大的长征》，湖南人民出版社 1977 年版）

（25 - 2）我亲眼看见三个同志坐下来抱在一起，想暖和一下，但他们再也没有站起来。（《"红军鞋"》，见初级中学课本《语文》第 1 册）

例（24），"被吸引住"和"射不出来"都是"光线"的谓语，但它们之间有因果关系：前者是因，后者是果。原文中先果后因，顺序颠倒，不妥，因此改文换成先因后果。例（25），"停下来（坐下来）"和"抱在一起"都是"三个同志"的谓语，但它们之间有时间上的先后关系：先停下来（或坐下来）再抱在一起。原文中颠倒了先后顺序，以改文为优。

（26 - 1）纺线，劳动量并不太小，纺久了会胳膊疼腰酸。（吴伯箫：《记一辆纺车》，《人民文学》1964 年第 4 期）

（26 - 2）纺线，劳动量并不太小，纺久了会腰酸胳膊疼。（《记一辆纺车》，见初级中学课本《语文》第 4 册）

（27 - 1）一个结实而矮的日本中年人——内山老板走了过来。

（阿累：《一面》，见《中国现代散文·下》，上海文艺出版社 1979 年版）

(27-2) 一个矮小而结实的日本中年人——内山老板走了过来。（阿累：《一面》，见初级中学课本《语文》第 2 册）

例（26），"胳膊疼"和"腰酸"这两个短语并列时，从意义方面来说，随便哪个在前在后都是一样的，但是从语音方面来说，把音节少的放在前面，音节多的放在后面，这样读起来就上口一些，听起来就顺耳一些，因此改文把"腰酸"放在"胳膊疼"的前面。例（27），同样的道理，"结实"是双音节词，"矮"是单音节词。"结实而矮"没有"矮而结实"顺口。值得注意的是，改文把"矮"改为双音节词"矮小"，这样"结实"与"矮小"之间就不存在音节多少的问题了。那么为什么改文不改为"结实而矮小"而要换成"矮小而结实"呢？这就得从意义方面来分析了："而"字连接并列的形容词表示转折时，前后两部分的意思相反，后一部分往往是强调的重点。"结实而矮小"，意思是虽然结实，但是矮小。强调的是"矮小"，带有瞧不起的意味；"矮小而结实"，意思是虽然矮小，但是结实。强调的是结实，含有肯定的意味。

（原载《长沙电力学院学报》2001 年第 4 期）

论同一词语作不同成分的选择

摘　要：同一词语作不同的成分指的是：在相同的语言环境中，所选用的词语基本上相同或相当，但让它在句子里所充当的成分不同，并且这个词语在作不同的成分时所表达的意义基本上是相同的，只是在修辞效果方面有所不同。这就要求我们对同一词语作不同成分进行选择。这种选择主要包括状语与补语的选择、宾语与状语的选择、状语与谓语的选择、主语与宾语的选择、主语与状语的选择、定语与谓语的选择、主语与补语的选择、谓语与补语的选择、主语与定语的选择、述语与宾语的选择、定语与状语的选择、定语与宾语的选择、定语与补语的选择等。

关键词：词语；句子成分；选择

同一词语作不同的成分指的是：在相同的语言环境中，所选用的词语基本上相同或相当，但让它在句子里所充当的成分不同，并且这个词语在作不同的成分时所表达的意义基本上是相同的，只是在修辞效果方面有所不同。既然不同的词语在句子中可以充当不同的成分，并且所表达的意义基本相同，那么在具体的语言环境中，是选用该词语充当甲成分还是乙成分，这就要求我们进行选择。这就是我们所说的"同一词语作不同成分的选择"。这种选择主要包括状语与补语的选择、宾语与状语的选择、状语与谓语的选择、主语与宾语的选择、主语与状语的选择、定语与谓语的选择、主语与补语的选择、谓语与补语的选择、主语与定语的选择、述语与宾语的选择、定语与状语的选择、定语与宾语的选择、定语与补语的选择等。

（一）同一词语作状语与补语的选择。例如：

（1）士长一：你是怎样把它捉着的？

乙：我跟着这血迹追去。追出了城，看着他在桥边坐着，紧紧按着他带伤的一只手。（郭沫若：《棠棣之花》，重庆作家书屋 1942 年版）

（2）我们的心脏，好象些鲜红的金鱼，在水晶瓶里跳跃！（《女神之再生》，见《郭沫若全集·一》，人民文学出版社 1982 年版）

例（1），"在桥边"作状语，而在《塔》《三个叛逆的女性》《甘愿做炮灰》等集子里都作补语。"在桥边坐着"与"坐在桥边"似乎难分高下。例（2），"在水晶瓶里"作状语，而在《沫若诗集》《沫若全集》里都作补语。"跳跃在水晶瓶里"明显不如"在水晶瓶跳跃"顺口，同时前者文言味太浓，而后者符合现代汉语的表达习惯。

以上是同一词语由补语改为状语的情况；下面我们再来看看由状语改为补语的情况。

（3-1）这小姑娘把炉前的小凳子让我坐了，她自己就蹲在我旁边，不住地打量我。（冰心：《小橘灯》，见同名散文集，人民文学出版社 1978 年版）

（3-2）这小姑娘让我坐在炉前的小凳子上，她自己就蹲在我旁边，不住地打量我。（《小橘灯》，见初级中学课本《语文》第 3 册）

（4-1）战士们哪肯放松一步？脚跟脚撺上去！直奔"老虎团"团长的指挥所杀去！（谢雪畴：《"老虎团"的结局》，《人民文学》1961 年第 12 期）

（4-2）我们的战士脚跟脚，撺上去，杀向"老虎团"团长的指挥所。（《"老虎团"的结局》，见高级中学课本《语文》第 3 册）

例（3），原文中"把炉前的小凳子"作状语，强调对"小凳子"的处置；改文"在炉前的小凳子上"作补语，侧重于对"我"的招待，并且跟下句保持结构上的一致："坐在炉前的小凳子上"和"蹲在我旁边"都是述补短语。可见改文优于原文。例（4），原文"直奔'老虎团'团长的指挥所杀去"是状中短语，其中的"直奔'老虎团'团长的指挥所"作状语；改文"杀向'老虎团'团长的指挥所"是述补短语，其中的"向'老虎团'团长的指挥所"作补语。改文比原文更能突出"杀"的气势。

（二）同一词语作宾语与状语的选择。例如：

（5-1）住一宿都要几角钱——有的要五角，有的要四角，睡大炕也要两角。他舍不得花这两角钱！（柳青：《创业史》，中国青年出版社 1960 年版）

（5-2）住一宿都要几角钱——有的要五角，有的要四角，睡大炕也要两角。他连这两角钱也舍不得花。（《梁生宝买稻种》，见初级中学课本《语文》第 2 册）

（6-1）她悲痛老赵的被捕，她又觉得这种情况太突然，太奇怪。（峻青：《党员登记表》，见《黎明的河边》，人民文学出版社 1978 年版）

（6-2）她为老赵的被捕而悲痛，又觉得这种情况太突然，太奇怪。（《党员登记表》，见高级中学课本《语文》第 4 册）

例（5），"这两角钱"在原文中作宾语，在改文中与"连"组成介宾短语作状语。改文强调的语气更重。例（6），"老赵的被捕"在原文中作宾语，侧重于"她悲痛的"是什么；在改文中与"为"组成介宾短语作状语，侧重于"她"为什么而悲痛。"悲痛"一词一般不能带宾语，因此以改文为优。

以上是同一词语由宾语改为状语的情况；下面我们再来看看由状语改为宾语的情况。

（7-1）总司令喝完碗里的粥，将碗举起来向病号说：我已经吃了，同志们快吃吧！（刘坚：《草地晚餐》，见《战争年代的朱德同志》，人民出版社 1977 年版）

（7-2）总司令喝完碗里的粥，举起碗来向着病号说：我已经吃了，同志们快吃吧！（《草地晚餐》，见初级中学课本《语文》第 1 册）

（8-1）将军一按小李的肩膀站起来，随手把小李拉起来，接着便提高了声音喊道："同志们，走哇！"（王愿坚：《普通劳动者》，见同名短篇小说集，人民文学出版社 1978 年版）

（8-2）将军一按小李的肩膀站起来，随手拉起小李，提高了声音喊道："同志们，走哇！"（《普通劳动者》，见初级中学课本《语文》第6册）

例（7），"碗"（连同"将"一起）在原文中作状语，在改文中作宾语。"喝完粥"与"举起碗"都是述宾短语，结构一致，读起来比"喝完粥"与"将碗举起"要顺口一些。例（8），"小李"（连同"把"）在原文中作状语，在改文中作宾语。原文含有对小李如何处置的意思，改文侧重于将军的动作本身。

（三）同一词语作状语与谓语的选择。例如：

（9）直到拂晓前，才到达楼梓庄。（朱德熙：《评改〈在洪水包围中战斗〉》，见《文章评讲》，商务印书馆1980年版）

例（9），"拂晓"（直到拂晓前）作状语，强调到达楼梓庄的时间很迟。朱德熙先生把这句改为"到楼梓庄的时候，天已拂晓"。其中"拂晓"成了谓语，它侧重于说明到达时的时间。

以上是同一词语由状语改为谓语的情况，下面我们再来看看由谓语改为状语的情况。

（10-1）对着顾部长："这是谁负责的？"（周而复：《诺尔曼·白求恩断片》，见《中国现代散文选·七》，人民文学出版社1983年版）

（10-2）对顾部长说："这是谁负责的？"（《截肢和输血》，见初级中学课本《语文》第1册）

（11-1）她理直气壮地："那当然！凭什么撤掉杨树选种课题？没道理嘛！"（黄宗英：《大雁情》，见《中国优秀报告文学选评》，复旦大学出版社1982年版）

（11-2）她理直气壮地说："当然！凭什么撤掉杨树选种课题？"（《大雁情》，复旦大学出版社1986年版）

例（10）和例（11），"对着顾部长"和"理直气壮地"本来应该作状语，由于原文在它们的后面都省略了"说"字而变成了谓语。这样的用法不符合语法规范，因此改文让它们都成为"说"的状语。

（四）同一词语作主语与宾语的选择。例如：

（12－1）隧道尽处为一门，进了门，一架印刷机就跃进你的眼帘。（茅盾：《梯俾利斯的地下印刷所》，见《散文选·二》，上海教育出版社 1979 年版）

（12－2）弯着腰走过这条隧道，就看见一道门。进了门，第一眼就看见一架印刷机。（《第比利斯的地下印刷所》，见初级中学课本《语文》第 1 册）

（13－1）许晓轩同志是狱中党组织的负责人，就是他和其他几个负责人，指示陈然不许写"刊头"，坚持写仿宋字。（罗广斌等：（《在烈火中永生》，中国青年出版社 1964 年版）

（13－2）许晓轩同志是狱中党组织的负责人，指示陈然不许写"刊头"，要坚持写仿宋字的，就是他和其他几位同志。（《挺进报》，见初级中学课本《语文》第 2 册）

例（12），"一架印刷机"在原文中作主语，改文把它放到宾语的位置，从而让几个分句共用一个主语，语意连贯。例（13），"他和其他几位负责人"在原文中作主语，在改文中作宾语。原文侧重于说明"他和其他几位负责人"做了什么；改文侧重于说明"指示陈然不许写'刊头'，要坚持写仿宋字"的人是谁。上文已经交代过：《挺进报》第一期出版之后，陈然很快就得到了党组织的通知。通知里严肃地批评了他，并且指示说：第一，刊头立即取消，不许再写《挺进报》、期数和出版日期；第二，必须坚持写仿宋字，以免被敌人发现笔迹。然而没有点明这是谁下的通知、作的指示。这样也就给读者留下了一个悬念。随着宣灏的被毒打，"许晓轩挺身站出来，承认那张纸条是他写的"。这时作者才点明给陈然下指示的是谁，照应了上文，解除了读者的悬念。可见改文优于原文。

以上是同一词语由主语改为宾语的情况；下面我们再来看看由宾语改为主语的情况。

（14－1）最难堪的，自然是妻儿远离，而且不通消息，而且似

乎有永远难通的朕兆。(《潘先生在难中》,见《叶圣陶短篇小说选集》,人民文学出版社1954年版)

(14-2)最难堪的,自然是妻儿远离,而且消息不通,而且似乎有永远难通的朕兆。(《潘先生在难中》,见《叶圣陶文集·一》,人民文学出版社1958年版)

原文中"消息"作宾语,"不通消息"可能有两种原因:一是妻子没有写信给他,因此不通消息;二是妻子写了信给他,但因战乱而无法送到,因此不通消息。改为把"消息"放到宾的位置,"消息不通"表意很明确:因战乱造成交通阻隔,因此不通消息。这就突出了客观情况所造成的结局。

(五)同一词语作主语与状语的选择。例如:

(15-1)十点半到牛口,江浪汹涌,把船推到浪头上,摇摆着前进。(《长江三日》,见《刘白羽散文选》,人民文学出版社1978年版)

(15-2)十点半到牛口,江浪汹涌,船在浪头上摇摆着前进。(《长江三峡》,见高级中学课本《语文》第1册)

(16-1)在厂方,她们叫做"试验工"或者"养成工"。(夏衍:《包身工》,见《散文选·二》,上海教育出版社1979年版)

(16-2)厂方把她们叫做"试验工"和"养成工"。(《包身工》,见高级中学课本《语文》第2册)

例(15),"船"(连同"把")在原文中作状语,侧重于江浪对船的处置;在改文中"船"作主语,说明"船"怎么样。前一分句说明"江浪"怎么样,后一分句说明"船"怎么样,结构完整。可见改文优于原文。例(16),"厂方"(连同"在")在原文中作状语,侧重于表示对象的范围:包身工在什么地方叫做"试验工"和"养成工";改文中把"厂方"改为主语,意在说明是谁把她们叫做"试验工"和"养成工"的。

以上是同一词语由状语改为主语的情况;下面我们再来看看由主语改为状语的情况。

(17-1)毛主席下山去了,红军北上抗日去了,井冈山的人,

井冈上的茅竹，同样地坚贞不屈。（袁鹰：《井冈山散记》，《人民文学》1961 年 1—2 月合刊）

　　（17-2）毛主席下山去了，红军北上抗日去了，井冈山的茅竹，同井冈山的人一样坚贞不屈。（《井冈翠竹》，见初级中学课本《语文》第 4 册）

　　例（17），"井冈山的人"和"井冈山的茅竹"在原文中共同作主语；改文中只保留了"井冈山的茅竹"作主语，而把"井冈山的人"（连同"一样"）改为状语，意在突出强调井冈山的茅竹。这与该文的题旨相符合。

　　（六）同一词语作定语与谓语的选择。例如：

　　（18-1）极目远眺，江山万里，变成一个粉妆玉砌的世界。（峻青：《瑞雪图》，见《秋色赋》，人民文学出版社 1978 年版）

　　（18-2）极目远眺，万里江山变成了一个粉妆玉砌的世界。（《瑞雪图》，见试初级中学课本《语文》第 1 册）

　　（19-1）便衣队的匪徒们在大风雪中紧缩着脖子从她的面前走过，似乎没注意她的样子。（峻青：《党员登记表》，见《黎明的河边》，人民文学出版社 1978 年版）

　　（19-2）在大风雪中紧缩着脖子的匪徒们，似乎没有注意她的样子。（《党员登记表》，见高级中学课本《语文》第 4 册）

　　例（18），"万里"在原文中作谓语。这样一来，在"极目远眺"之后是两个分句；改文把"万里"作定语，这样原文中的两个分句"江山万里，变成一个粉妆玉砌的世界"就变成了一个句子，即"万里江山变成了一个粉妆玉砌的世界"，结构紧凑。例（19），"在大风雪中紧缩着脖子"在原文中作谓语，在改文中作定语。原文"匪徒们在大风雪中紧缩着脖子从她的面前走过"是一个连动句，有强调匪徒们"紧缩着脖子"这一动作行为的意味，改文侧重于说明"紧缩着脖子的匪徒们"怎么样。

　　以上是同一词语由谓语改为定语的情况；下面我们再来看由定语改为谓语的情况。

（20－1）正说着，门被推开了。一个须眉花白，手里提着一杆明火枪，肩上扛着一袋米的瑶族老人站在门前。（彭荆风：《驿路梨花》，《光明日报》1977 年 11 月 27 日）

（20－2）正说着，门被推开了。一个须眉花白的老人站在门前，手里提着一杆明火枪，肩上扛着一袋米。（《驿路梨花》，见初级中学课本《语文》第 2 册）

（21－1）歌子很长，郑瑾虚弱的身体只能教给她们这开头和最后的几段。（杨沫：《青春之歌》，人民文学出版社 1979 年版）

（21－2）这歌很长，郑瑾身体虚弱，只能教给她们这开头和最后的几段。（《坚强的战士》，见初级中学课本《语文》第 5 册）

例（20），原文中"瑶族老人"之前有三个短语作定语，使得限制语太长。改文把其中的两个定语短语"手里提着一杆明火枪，肩上扛着一袋米"改为谓语。这样一来，原文中的一个长句就化作了三个短句，让人读起来朗朗上口。例（21），"虚弱"在原文中作定语，在改文中作谓语（小谓语）。原文"郑瑾虚弱的身体"是主语部分，中心语是"身体"，全句的主干就成了"身体教给几段"。身体是不能教歌的。改文把"虚弱"放在谓语（小谓语）的位置，让原文由一个长句变成两个短句，后一个句子的主语（郑瑾）承前省略，这样文意就通顺了。

（七）同一词语作主语与补语的选择。例如：

（22－1）在沉没人造海的古行宫里，骄树巨柏依然挺立水中，昔日鸟栖，现在却是鱼游树梢了。（碧野：《人造海之歌》，《光明日报》1978 年 4 月 9 日）

（22－2）在沉没人造海的古行宫里，骄树巨柏依然挺立水中，昔日鸟栖，现在树梢却是任凭鱼游了。（《人造海》，见《文选和写作·一》，人民教育出版社 1981 年版）

（23－1）一条清澈的小溪围绕在村前，高大的原始樟木林成为村后的翡翠屏障。（杜宣：《井冈山散记》，见《人民文学》1961 年 7—8 月合刊）

（23－2）村前是一条清澈的小溪，高大的原始樟木林成为村后的翡翠屏障。（《井冈山散记》，见中等专业学校试用教材《语文》，

高等教育出版社 1982 年版)

例（22），"树梢"在原文中作补语，在改文中作主语。改文在结构上比原文对称一些：骄树巨柏，挺立水中；昔日鸟栖，现在任凭鱼游。例（23），"村前"在原文中作补语，在改文中作主语。原文陈述的对象是"小溪"，改文陈述的对象是"村前"。这个句子的后一个分句的重点是描写"村后"的特点，这样一来，前一个分句写"村前"，后一个分句写"村后"，两者相互映衬。可见改文优于原文。

（八）同一词语作谓语与补语的选择。例如：

（24－1）（梁生宝）高兴得满脸笑容，走进一家小饭铺里。（柳青：《创业史》，中国青年出版社 1960 年版）

（24－2）（梁生宝）满脸笑容，走进一家小饭铺。（《梁生宝买稻种》，见初级中学课本《语文》第 2 册）

（25－1）启碇续行，我到休息室里来。（《长江三日》，见《刘白羽散文选》，人民文学出版社 1978 年版）

（25－2）启碇续行，我来到休息室里。（《长江三峡》，见高级中学课本《语文》第 1 册）

例（24），"满脸笑容"在原文中作补语，在改文中作谓语，改文比原文简洁。例（25），"来"在原文中作补语，在改文中作谓语，两者所表达的意思相同。

（九）同一词语作主语与定语的选择。例如：

（26－1）有的人怕谈缺点和错误，也许是从维护我们的事业出发吧，他们认为一谈就会影响我们所从事的事业的伟大，影响我们所做的工作的正确。（陶铸：《太阳的光辉》，见《理想·情操·精神生活》，中国青年出版社 1979 年版）

（26－2）有的人怕谈缺点和错误，也许是从维护我们的事业出发吧，他们认为一谈缺点和错误，我们所从事的事业就不伟大了，我们所做的工作就没有成绩了。（《太阳的光辉》，见初级中学课本《语文》第 6 册）

（27－1）海渐近，天渐低，在海洋的远方和蓝天结壤。（童裳亮：《海洋与生命》，《科学实验》1977 年第 7 期）

（27－2）海渐近，天渐低，海洋在远方和蓝天相结。（《海洋与生命》，见高级中学课本《语文》第 6 册）

例（26），"我们所从事的事业"和"我们所做的工作"在原文中都是作定语。"就会影响我们所从事的事业的伟大，影响我们所做的工作的正确"这种说法让人听起来有点别扭。改文把它们改为主语，整个句子就顺畅了。例（27），"在海洋的远方和蓝天接壤"，主语是什么？原文中"海洋"作定语，整个句子让介词结构淹没了主语。改文把"海洋"改为主语，结构就完整了。

以上是同一词语由定语改为主语的情况；下面我们再来看看由主语改为定语的情况。

（28－1）其余几枚呢，潘先生重重包裹着，藏在贴身小衫的一个口袋里。（《潘先生在难中》，见《叶圣陶短篇小说选集》，人民文学出版社 1954 年版）

（28－2）其余几个呢，重重包裹着，藏在潘先生贴身小衫的一个口袋里。（《潘先生在难中》，见《叶圣陶文集·一》，人民文学出版社 1958 年版）

例（28），"潘先生"在原文中作主语，在改文中作定语。原文说明潘先生是怎样处理那其余几枚徽章的；改文强调那其余几枚徽章在什么地方。句子的开头询问的是"其余几枚呢"，改文正好与之相照应，可见改文优于原文。

（十）同一词语作述语与宾语的选择。例如：

（29－1）在最初的时候，还没有血管钳子的发明，那时止血是用烙铁的。（周而复：《诺尔曼·白求恩断片》，见《中国现代散文选·七》，人民文学出版社 1983 年版）

（29－2）最初，还没有发明血管钳子，止血是用烙铁的。（《截肢和输血》，见初级中学课本《语文》第 1 册）

（30-1）特别是，资本主义经济的发展，对天气预报提出了迫切的要求。（《黑海风暴和天气预报的产生》，见韩树英主编《通俗哲学》，中国青年出版社1982年版）

（30-2）特别是，资本主义经济的发展，迫切要求预报气象的变化。（《黑海风暴和天气预报的产生》，见高级中学课本《语文》第6册）

例（29），"发明"在原文中作宾语，在改文中作谓语。改文"还没有发明血管钳子"比原文"还没有血管钳子的发明"更符合汉语的表达习惯。例（30），"迫切的要求"在原文中作宾语，在改文中作谓语。把"迫切要求"放在谓语的位置更能引人注目。

以上是同一词语由宾语改为谓语的情况；下面我们再来看看由谓语改为宾语的情况。

（31-1）所以瀑布全部落空，上狭下宽，大约高十丈。（叶圣陶：《记金华的两个岩洞》，见《中学现代散文分析》，山东人民出版社1980年版）

（31-2）所以瀑布全部悬空，上狭下宽，大约有十丈高。（《记金华的两个岩洞》，见《小记十篇》，百花文艺出版社1958年版）

例（31），"高"在原文中作谓语，在改文中作宾语。两者难分优劣。

（十一）同一词语作定语与状语的选择。例如：

（32-1）机智、勇敢的革命者，战胜了敌人，保全了自己和党组织。（罗广斌等：《在烈火中永生》，中国青年出版社1964年版）

（32-2）革命者以无比的机智战胜了敌人，保全了党组织。（《挺进报》，见初级中学课本《语文》第2册）

（33-1）其次，有线电报的普遍使用，为气象情报迅速传递提供了客观可能。（《黑海风暴和天气预报的产生》，见韩树英主编《通俗哲学》，中国青年出版社1982年版）

（33-2）其次，有线电报的普遍使用，为气象情报的迅速传递从客观上提供了可能条件。（《黑海风暴和天气预报的产生》，见高级

中学课本《语文》第6册)

例（32），"机智"和"无比的机智"相当。前者作定语，后者作状语（连同"以"一起）。原文"机智、勇敢的革命者"，侧重于说明革命者是怎样的人；改文"以无比的机智"，侧重于说明革命者是怎样战胜敌人和保全党组织的。这里应侧重于动作行为的方式，以后者为优。例（33），"客观"在原文中作定语，在改文中作状语（连同"从……上"一起）。"可能"不能作"提供"的宾语，因此"客观"就不宜作"可能"的定语。改文让它作"提供"的状语，表示动作行为的范围，这样更恰当一些。

（十二）同一词语作定语与宾语的选择。例如：

（34－1）这时候要分辨出哪里是水，哪里是天，倒也不容易，因为我只看见一片灿烂的亮光。（《海上日出》，见《巴金文集·八》，四川人民出版社1982年版）

（34－2）这时候，人要分辨出何处是水，何处是天很不容易，因为只能够看见光亮的一片。（《海上日出》，见试用本初级中学课本《语文》第1册）

（35－1）根本的基础学科，就是研究物质运动基本规律的物理，加上数学工具。（钱学森：《现代自然科学的基础学科》，见《人民日报》1977年12月9日）

（35－2）根本的基础学科，就是研究物质运动基本规律的物理，加上作科学技术工具的数学。（《现代自然科学的基础学科》，见高级中学课本《语文》第2册）

例（34），"一片"在原文中作定语，在改文中作宾语。二者皆通顺，只是述宾短语的主干部分"看见一片"比"看见亮光"更能显示出海天相接的壮阔。例（35），"数学"在原文中作定语，在改文中作宾语。二者皆通顺。如果从结构形式方面来看，则改文优于原文，这是因为：原文两个分句中的宾语部分"研究物质运动基本规律的物理"和"数学工具"的结构分别是"属性（定语）＋学科（中心语）"和"学科（定语）＋属性（中心语）"；而改文中这两个宾语部分的结构都是"属性（定语）+学科（中心语）"，具有结构上的对称美。

（十三）同一词语作定语与补语的选择。例如：

（36-1）树上的果子结得密密层层，已经熟透了的落在地上了。（丁玲：《太阳照在桑乾河上》，湖南人民出版社1983年版）

（36-2）树上结得密密层层的果子，已经有熟透了的落在地上了。（《果树园》，见试初级中学课本《语文》第5册）

（37-1）许晓宣从息烽到白公馆，经历炼狱十年，早已将生死置之度外了。（罗广斌等：《在烈火中永生》，中国青年出版社1964年版）

（37-2）许晓宣从息烽到白公馆，十年炼狱，早已把生死置之度外。（《挺进报》，见初级中学课本《语文》第2册）

例（36），"密密层层"在原文中作"结"的补语，在改文中作"果子"的定语。原文是由两个分句组成的复句，改文成了一个单句。例（37），"十年"在原文中作"补语"，在改文中作定语。改文强调时间的意味更强。

论常位句与变位句的选择

　　摘　要: 常位句与变位句是由同一成分在句子中所处位置的变换
而造成的, 它们共同处于一个既相互依赖又相互对立的统一体之中,
离开了常位句就无所谓变位句, 反之亦然。尽管常位句与变位句所表
达的基本意义是相同的, 然而它们的修辞效果会有细微差别。

　　关键词: 常位句; 变位句; 选择

　　句子成分在句子中都有一定位置。现代汉语的句子成分一般是主语在
前, 谓语在后; 述语在前, 宾语在后; 定语在前, 中心语在后; 状语在
前, 谓语在后。按照这种成分位置排列的句子, 我们称为“常位句”。然
而有时由于修辞的需要, 人们在不改变句子基本意义的前提之下, 往往把
某一成分提前或者挪后。这种不按照成分正常位置排列的句子, 我们称为
“变位句”。常位句与变位句是由同一成分在句子中所处位置的变换所造
成的, 它们共同处于一个既相互依赖又相互对立的统一体之中, 离开了常
位句就无所谓变位句, 反之亦然。变位句有三个特点: 第一, 成分的位置
发生了变化, 即提前或者挪后, 但基本意义没变; 第二, 成分不变, 即某
一句子成分不会因位置的变化而变化成别的成分; 第三, 变化了的成分之
间往往有语音停顿。尽管常位句与变位句所表达的基本意义是相同的, 然
而它们的修辞效果会有细微差别。下面我们来具体分析几组常位句与变位
句之间修辞效果的差异。

　　(一) 主语与谓语的变位。例如:

　　(1) 水生笑了一下。女人看出他笑得不象平常, “怎么了, 你?”
(孙犁:《荷花淀》)

　　(2) 车夫毫不理会, ——或者并没有听到, ——却放下车子,

扶那老女人慢慢起来，挽着臂膊立定，问伊说：

"你怎么啦?" (鲁迅:《一件小事》)

例 (1) 的谓语"怎么了"移到主语前面，生动地表现了水生妻子的惊讶，语气急切。如果换成常位句，语气就会舒缓一些。如例 (2)，"你怎么啦?"车夫那平缓的询问语气中流露出对那跌倒的女人的关心。这里如果也换成变位句"怎么了，你?"则表明车夫在呵斥那女人，这无疑会有损车夫的形象。可见常位句与变位句各有各的作用。

(3) 水生追回那个纸盒子，一只手高高举起，一只手用力拍打着水，好使自己不沉下去。对着荷花淀吆喝：

"出来吧，你们!" (孙犁:《荷花淀》)

(4) 老秦舀了一碗汤面条，毕恭毕敬双手捧给老扬同志道："吃吧，先生! 到咱这穷人家吃不上什么好的，喝口汤吧!" (赵树理:《老扬同志》)

例 (3) 的谓语"出来吧"移到主语"你们"前面，语气急切，表现了水生对来探望的妇女们的不满。例 (4)，先说"吃吧"，是为了突出谓语，然后补出主语"先生"，表明老秦对老扬同志的尊敬。

(二) 述语与宾语的变位。例如：

(5) "雷峰夕照"的真景我也见过，并不见佳，我认为。 (鲁迅:《论雷峰塔的倒掉》)

(6) 现在是什么时候，你们不知道么? (叶圣陶:《多收了三五斗》)

(7) "也许有罢，——我想。"我于是吞吞吐吐的说。 (鲁迅:《祝福》)

(8) "我真傻，真的，"她说。"我单知道雪天是野兽在深山里没食吃，会到村里来；我不知道春天也会有的。" (鲁迅:《祝福》)

古代汉语里宾语前置的现象比较普遍，而现代汉语里则比较少见。现代汉语里宾语前置大致有两种情况：一是放在主语前面，即置于句首；二是放在述语前面。

我们先看宾语放在主语前面，即置于句首的情况：当述语动词是"说""想""认为""知道"等词语时，它们的宾语有时可放在主语前面：例（5），"并不见佳"是"认为"的宾语；例（6），"现在是什么时候"是"知道"的宾语；例（7），"也许有罢"是"想"的宾语；"也许有罢，——我想"又是"说"的宾语。为了强调，这些宾语都放到了主语前面，其修辞效果表现在：例（5），作者强调"并不见佳"，突出地表现出了作者对雷峰塔的厌恶。例（6），米行先生强调"现在是什么时候"，言下之意是要表明他压价压得应该，压得合理，同时还有嗤笑农民不懂行情的意味。例（7）和例（8），把"想""说"等动词的宾语放在前面，这在文学作品中比较普遍。作者强调"也许有罢"，是为了表现"我"对祥林嫂的同情而不想对灵魂的有无作出肯定的回答；把"我真傻，真的"放到句首，突出了祥林嫂极大的痛苦和悔恨。

下面再看宾语放在述语前面的情况。

（9）"那么，也就有地狱了？"

"阿！地狱？"我很吃惊，只得支梧着，"地狱？——论理，就该也有。——然而也未必，……谁来管这等事。……"（鲁迅：《祝福》）

（10）新媳妇哭了一天一夜，头也不梳，脸也不洗，饭也不吃，躺在炕上，谁也叫不起来。（赵树理：《小二黑结婚》）

例（9），"地狱？——论理，就该也有"中的宾语"地狱"提到了前面，表明祥林嫂所提的问题使"我"感到突然，于是"我"脱口而出"地狱"二字。这样也就很自然地引出下文"我"含糊其辞的回答。例（10），"头""脸""饭"分别是"梳""洗""吃"的宾语。这里将宾语提到述语前面，起到了强调的作用。

（三）定语与中心语的变位。例如：

（11）她年底就生了一个孩子，男的，新年就两岁了。（鲁迅：《祝福》）

（12）她一手提着竹篮，内中一个破碗，空的。　　（鲁迅：

《祝福》)

例（11），定语"男的"移到中心语"孩子"后面，起到了强调作用：按照卫老婆子的意思，祥林嫂"她算是交了好运了"；然而作者的意思则是要为下文写祥林嫂的不幸埋下伏笔：阿毛被狼吃了，使她在遭受丧夫的痛苦之后又遭丧子之痛；按照封建礼教，妇女嫁夫从夫，夫丧从子。有了这男孩，祥林嫂还不至于落到没有栖身之处的境地；失去了这男孩，于是"大伯来收屋，又赶她。她真是走投无路了"。可见这"男的"跟祥林嫂的命运是紧密联系在一起的，因此作者要把它移到中心语的后面来加以强调。例（12），如果把"内中一个破碗，空的"换成常位句，就是"内中一个空的破碗"。作者为了强调"空的"而把它移到中心语"破碗"的后面。这样也符合人们观察的顺序：先看到的是竹篮，再看到的是里面的破碗。这破碗里盛了食物没有？走近一看，原来是空的。这就跟鲁镇在准备着的"祝福"的年终大典形成鲜明的对照，也表明变成了乞丐的祥林嫂已经连一点吃的东西也找不到了，没有任何人来同情她，她已走到末路了。可见其遭遇之惨！

(13) 他们应该有新的生活，为我们所未经生活过的。(鲁迅：《故乡》)

(14) 荷塘四面，长着许多树，蓊蓊郁郁的。(朱自清：《荷塘月色》)

例（13），如果这句换成常位句则是"他们应该有新的为我们所未经生活过的生活"。这样一来，定语未免太长，不容易显示出重点。变位句把"为我们所未经生活过的"移到中心语"生活"的后面，既可以起到补充作用，说明是什么样的"新的生活"；又可以强调后置定语，进一步否定"我"所不愿意的那三种生活：不愿意他们"都如我的辛苦辗转而生活，也不愿意他们都如闰土的辛苦麻木而生活，也不愿意都如别人的辛苦恣睢而生活"。例（14），把定语"蓊蓊郁郁"移到中心语"树"的后面，这就突出了荷塘四面阴森的环境，渲染了气氛。

（四）主语与状语的变位。例如：

(15-1) 人类自从有历史以来就同沙漠作斗争。(竺可桢：《向

沙漠进军》,《人民日报》1961 年 2 月 9 日)

（15-2）有史以来,人类就同沙漠不断地斗争。（《向沙漠进军》,见初级中学课本《语文》第 3 册)

（16-1）他在修道院一直呆到二十二岁,也成了一个僧侣。（郑文光:《火刑》,《科学大众》1957 年 2 月号)

（16-2）在修道院一直呆到二十二岁,他也成了一个僧侣。（《火刑》,见高级中学课本《语文》第 3 册)

以上两例原文中的状语都在主语和谓语之间,是常位句。改文为了突出状语而把它们移到了各句的主语之前。例（15）的改文强调了人类同沙漠不断斗争的历史之悠久。例（16）的改文强调了布鲁诺成为僧侣的因素:环境因素（在修道院）和时间因素（呆到二十二岁）。

（五）状语和与谓语的变位。例如:

（17）如果我能够,我要写下我的悔恨和悲哀,为子君,为自己。（鲁迅:《伤逝》)

（18）然而现在呢,只有寂静和空虚依旧,子君却决不再来了,而且永远永远地!（鲁迅:《伤逝》)

状语后置,可以起到强调和补充的作用。例（17）中的状语“为子君,为自己”移到述宾短语“写下我的悔恨和悲哀”之后,意在强调“写”的动机和目的,同时也决定了下文所要叙写的主要对象:子君和“我”。例（18）中的状语“永远永远地”置于句末,充分表现出了“我”的沉郁和悲哀的感情。

（19）这里就不说我喜欢的那首唱遍世界的歌《东方红》了。那是标志着全国人民对伟大领袖衷心爱戴的歌,又是人民群众自己创作的歌。谁不喜欢呢? 从心里,从灵魂深处。（吴伯箫:《歌声》)

（20）我们必须拔出敌人的刀刃,从自己的血管。（田间:《给战斗者》)

例（19）,状语“从心里,从灵魂深处”移到句末之后,着重表现了人们对《东方红》的感情之深，强调了"喜欢"的程度。例（20），先说"拔出敌人的刀刃"，接着补充"拔出"的处所："从自己的血管"，强烈地表现了革命者跟敌人血战到底的英雄气概，同时又增强了诗歌的韵律美。

值得注意的是，我们在这里运用大量的语言材料来说明变位句的修辞作用，这并不意味着所有的常位句都可以换成变位句，或者说所有变位句的修辞效果都比常位句要好。常位句与常位句各有各的好处，各有各的效果，关键在于运用得是否恰当。下面我们举一些不应该把常位句换成变位句的例子来加以说明。

（21－1）但是他想到了重要的事情，为此而来的，也就耐着。（《饭》，见《叶圣陶短篇小说选集》，人民文学出版社1954年版）

（21－2）但是他想到了为此而来的重要的事情，也就耐着。（《饭》，见《叶圣陶文集·一》，人民文学出版社1958年版）

（22－1）是可以把影响遗传的讯息挂在高分子化合物叫去氧核糖核酸的某一段上传下去。（钱学森：《现代自然科学中的基础科学》，《人民日报》1977年2月9日）

（22－2）就是可以把影响遗传的信息，挂在一种叫去氧核糖核酸的高分子化合物的某一段上传下去。（《现代自然科学中的基础科学》，见高级中学课本《语文》第2册）

例（21），原文是变位句，把定语"为此而来的"移到了中心语后面。然而这句的逻辑重音应该是在"重要的"上面，而不是在"为此而来的"上面，因此改文把变位句换成了常位句。例（22），原文中的"高分子化合物叫去氧核糖核酸"是变位句，改文"叫去氧核糖核酸的高分子化合物"是常位句。原文读起来让人觉得有点别扭，不太符合汉语的表达习惯，因此还是换成常位句顺口一些。

（23－1）过年的时候，一向我们各地的花样可多啦……（秦牧：《花城》，见《长河浪花集》，人民文学出版社1978年版）

（23－2）过年的时候，我们各地的花样一向可多啦……（《花城》，见高级中学课本《语文》第4册）

（24-1）对于穷人说来，除了当兵以外，修道院几乎是唯一的出路了。（郑文光：《火刑》，《科学大众》1957 年 2 月号）

（24-2）修道院，对于穷人说来，除了当兵以外，几乎是唯一的出路了。（《火刑》，见高级中学课本《语文》第 1 册）

（25-1）前方将士为国家民族打仗，可以流血牺牲，难道我们在后方的工作人员取出一点血液补充他们，有什么不应该的呢？（周而复：《诺而曼·白求恩断片》，见《中国现代散文选·七》，人民文学出版社 1983 年版）

（25-2）前方将士为国家民族打仗，可以流血牺牲；我们在后方的工作人员取出一点血液补充他们，难道有什么不应该吗？（《截肢和输血》，见初级中学课本《语文》第 1 册）

例（23-1），副词"一向"作状语时只能是放在主语后面和谓语前面，而不能移到主语前面，因此改文把"一向"放回到通常的位置。这说明并不是所有的状语都可以移到主语前面的。例（24），原文把状语"对于穷人说来，除了当兵以外"移到句首，是变位句；改文把这两个状语放回到主语和谓语之间，是常位句。这里所要强调的应该是主语"修道院"，而不是状语，因此原文运用变位句的效果不及常位句。例（25），副词"难道"作状语时既可以放在谓语之前，也可以放在主语之前，然而这例原文中把"难道"的位置移到主语之前并不是很恰当，这是因为：第一，主语部分"我们在后方的工作人员取出一点血液补充他们"太长，容易减弱反问的语气；第二，把"难道"放回到通常的位置，上下两个分句之间的结构会显得更匀称：前一个分句说"前方将士"怎么样，后一个分句说"我们在后方的工作人员"怎么样。两相对照，再用"难道"来表示反问，这样反问的语气就会更强。当然，"难道"作状语时放在主语前面所产生的修辞效果，并不是都比放在谓语前面要差一些。让我们再来看下面的一组例句。

（26-1）他的儿子难道不可以叫"孔夫子"吗？（郭沫若：《棠棣之花》，新书局 1938 年版）

（26-2）难道他的儿子便不可以叫"孔夫子"吗？（《棠棣之花》，见《郭沫若文集·三》，人民文学出版社 1957 年版）

原文是常位句，改文是变位句。改文的反问语气更强些。

（27－1）三个女郎谦让着，为了一个座位。（巴金：《雨》，良友书局 1936 年版）

（27－2）三个女郎为了一个座位谦让着。（《雨》，见《巴金文集·三》，四川人民出版社 1982 年版）

（28－1）几家灯烛辉煌的店铺夹杂在黑漆大门的公馆中间，点缀着这寂寞的街道，散布了一些温暖与光明，在这寒冷的冬日的傍晚。（巴金：《家》，开明书局 1933 年版）

（28－2）几家灯烛辉煌的店铺夹杂在黑漆大门的公馆中间，点缀了这条寂寞的街道，在这寒冷的冬日的傍晚，多少散布了一点温暖与光明。（《家》，人民文学出版社 1979 年版）

汉语里状语的位置通常是在主语之后和谓语之前，英语里状语的位置通常则是在句末。如果不是非强调这个状语不可，我们最好还是把它放在通常的位置，这样会更符合汉民族的语法习惯，去掉"欧化"意味，人们读起来也会感到自然一些。例（27）的改文用常位句"为了一个座位谦让着"来替代原文中的变位句"谦让着，为了一个座位"；例（28）的改文也用常位句"在这寒冷的冬日的傍晚，多少散布了一点温暖与光明"来替代原文中的变位句"散布了一些温暖与光明，在这寒冷的冬日的傍晚"。这或许都是出于上面的原因。以上分析说明：当变位句不能起到积极的修辞作用时，则应换成常位句。

（原载《衡阳师范学院学报》2001 年第 5 期）

论单句同义手段的选择及其修辞效果

摘　要：根据不同的标准，单句可以分为陈述句、疑问句、祈使句和感叹句；又可以分为肯定句和否定句；主动句和被动句；特殊句式和一般句式。不同的句式往往可以表达相同的意义，只是在修辞效果方面存在着某些差异。因此人们为了准确、生动地表达思想，往往注意选择恰当的句式。下面我们根据不同标准所划分出的不同的句式，来探讨如何精心地选择句式的问题。

关键词：单句；同义手段；修辞效果

句子可以分为单句和复句两大类。根据不同的标准，单句可以分为陈述句、疑问句、祈使句和感叹句；又可以分为肯定句和否定句；主动句和被动句；特殊句式和一般句式。不同的句式往往可以表达相同的意义，只是在修辞效果方面存在着某些差异。因此人们为了准确、生动地表达思想，往往注意选择恰当的句式。下面我们根据不同标准所划分出的不同的句式，来探讨如何精心地选择句式的问题。

一　陈述句、疑问句、祈使句、感叹句的选择

疑问句与陈述句、陈述句与祈使句、疑问句与祈使句、疑问句与感叹句、祈使句与感叹句、不同类型的疑问句之间，有时可以相互转换，因此都存在着如何选择的问题，下面分别进行探讨。

（一）疑问句与陈述句的选择。例如：

（1-1）祖冲之批判地接受前一代的科学遗产，利用其中一切有用的东西，……敢于怀疑古人的陈腐学说，敢于推翻前人的错误结论，他的这种高尚品质，不正是古往今来一切杰出科学家所共有的品

质吗！（《祖冲之》，见《中国古代科学家》）

（1-2）他能批判地接受前人的科学遗产，利用其中一切有用的东西，敢于怀疑古人的陈腐学说，敢于推翻前人的错误结论，表现了古今杰出的科学家所共有的刻苦钻研，坚持真理的精神。（《祖冲之》，见初级中学课本《语文》第5册）

（2-1）可是刘抗同志为什么还是不提她去过山区的事？（黄宗英：《大雁情》，见《中国优秀报告文学选评》，复旦大学出版社1982年版）

（2-2）可是刘抗同志还是没有提她去过山区的事。（《大雁情》，见《中国优秀报告文学选评》，复旦大学出版社1986年版）

（3-1）是什么引起了这骚动呢？台风吗？惊涛骇浪吗？都不是。（柯岩：《船长》，见《中国优秀报告文学选评》，复旦大学出版社1982年版）

（3-2）是什么引起了这骚动呢？不是惊涛骇浪，更不是台风。（《汉堡港的变奏》，见高级中学课本《语文》第6册）

（4-1）竺可桢到公园去，常常不是抱着游人的心情来观赏景物，而是以一个物候学家的身份来观察物候。（白夜、柏生：《卓越的科学家竺可桢》，《人民日报》1978年3月18日）

（4-2）竺可桢走北海公园，单是为了观赏景物吗？不是。他是来观察物候，作科学研究的。（《卓越的科学家竺可桢》，见初级中学课本《语文》第2册）

例（1），原文是反问句，改文是陈述句。反问句是有感而发，无疑而问，目的在于强调。可这里并没有人怀疑祖冲之的高贵品质，不必强调，用陈述句即可。例（2），原文是特指问句，改文是陈述句。原文侧重于询问原因，带有主观感情色彩；改文侧重于对事实的客观陈述。例（3），原文用设问句来表示否定；改文用表否定的陈述句来表示否定。改文否定的意味更浓一些。例（4），原文用一个并列分句来陈述；改文用一个反诘问句和一个表肯定的陈述句构成，加强了语气和句子的节奏感。

（二）陈述句与祈使句的选择。例如：

（5-1）我们不妨把目光投向无穷无尽的宇宙。（郑文光：《宇宙

里有些什么》，见《飞出地球去》，中国青年出版社 1957 年版)

（5－2）让我们把目光投向无穷无尽的宇宙。(《宇宙里有些什么》，见初级中学课本《语文》第 3 册)

原文是陈述句，表示可以这样做，没有什么妨碍；改文是祈使句，表示请求这样做。

（三）疑问句与祈使句的选择。例如：

（6－1）老颛，快让我来支配于你！(《女神之再生》，见《沫若诗集》，上海创造社 1928 年版)

（6－2）老颛，你是否还想保存你的老命？(《女神之再生》，见《郭沫若全集·一》，人民文学出版社 1982 年版)

原文是祈使句，表示命令；改文是疑问句，表达了要老颛投降的意思。

（四）疑问句与感叹句的选择。例如：

（7）甲：(忽向右翼指去) 喂，你看！那儿不是来了两个人吗？今天送豆饭的人可来得真早！(郭沫若：《棠棣之花》，重庆作家书屋 1942 年版)

"今天送豆饭的人可来得真早！"是感叹句；《聂荌》(上海光华书局 1925 年版) 作"今天送豆饭的人不是来得很早吗？"是反问句，它含有反驳的意味，与此时的情境不合。

（五）祈使句与感叹句的选择。例如：

（8－1）请不要小视这些枯燥的数字。(马识途：《我们打了一个大胜仗》，《人民日报》1981 年 11 月 7 日)

（8－2）这是多么怵目惊心的数字啊！(《我们打了一个大胜仗》，见高级中学课本《语文》第 4 册)

原文是祈使句，改文是感叹句。它们都表示强调，但改文多了一层赞扬的意味。

（六）不同类型的疑问句的选择。例如：

（9-1）我想："这不是一座古老的园林的遗迹么？"（郑振铎：《石湖》，《人民日报》1958 年 1 月 4 日）

（9-2）我想："这大概是一座古老的园林的遗迹吧？"（《石湖》，见试用本初级中学课本《语文》第 3 册）

（10）如果人们都照这样下去，如何能提高我们的工作效率，我们国家的四化大业不是渺茫了吗？（张寿康：《评改〈用辩证唯物论指导看病〉》，见《认真学点语文·中》，北京出版社 1983 年版）

（11）士长一：那么我再问你：聂政为什么要刺杀我们的国王和丞相呢？

春：（又稍稍振作起来）你们还不知道国王和丞相的罪恶吗？（《棠棣之花》，重庆作家书屋 1942 年版）

（12-1）不忍卒读的伤心人语哟！读了这句话的人有没有不流眼泪的么？（《胜利的死》，见《沫若诗集》，上海创造社 1928 年版）

（12-2）不忍卒读的伤心人语哟！读了这句话的人有不流眼泪的吗？（《胜利的死》，见《郭沫若全集·一》，人民文学出版社 1982 年版）

例（9），原文是反问句，语气肯定；改文是揣测问句，肯定的意味减弱了。在没有确凿证据的情况下，还是使用揣测问句妥当一些。例（10），这里运用了两个反问句，但是结构不一样。张寿康先生评改说："为了加强语气，把话说得更有力一些，不如把后面的两句改成同样格式的反问句：'我们的工作效率怎么能提高呢？我们国家的四化大业又怎么能迅速完成呢？'"例（11），《聂荧》（上海光华书局 1925 年版）作"你们晓得不晓得国王和丞相的罪呢？"这是正反问句，语气舒缓；改文是反问句，语气较强，激愤之情溢于言表。例（12），原文是正反问句，侧重于询问"不流眼泪的"有没有；改文是反问句，意在强调人人都会流眼泪。

二　肯定句与否定句的选择

（1-1）白杨树实在不是平凡的，我赞美白杨树！（《白杨礼赞》，

见《茅盾文集·九》，人民文学出版社1961年版）

（1－2）白杨树实在是不平凡的，我赞美白杨树！（《白杨礼赞》，见初级中学课本《语文》第5册）

（2）张得贵，真好汉，跟着恒元舌头转；恒元说个长，得贵说不短；恒元说个方，得贵说不圆。（赵树理：《李有才板话》）

一般来说，肯定句语气较重，否定句语气委婉。例（1），原文是否定句，改文是肯定句。改文所表达的语气重于原文。例（2），"恒元说个长"是肯定句，"得贵说不短"是否定句；"恒元说个方"是肯定句，"得贵说不圆"是否定句。恒元说话用肯定句，直截了当，表现出了他财大气粗的神气；得贵说话用否定句，语气委婉，表现出了他曲意奉承的性格。两相对照，使得作品极具幽默和讽刺性。

当然，同样是使用肯定句或者否定句，它们之间有时存在着程度的差别。例如：

（3－1）那么，消息的来源，秘密孔道，楼下党组织全部可能暴露，牺牲的不止是陈然，会牵连到更多的同志！（罗广斌等：《在烈火中永生》，中国青年出版社1964年版）

（3－2）如果他站出来，消息来源，秘密孔道，楼下党组织，就会全部暴露，牺牲太大了。（《挺进报》，见初级中学课本《语文》第2册）

（4－1）要是他不垫，嘿，就根本没有可能全组实现换稻种的计划。（柳青：《创业史》，中国青年出版社1960年版）

（4－2）要是他不垫，就不能实现全组换稻种的计划。（《梁生宝买稻种》，见初级中学课本《语文》第2册）

例（3），原文"全部可能暴露"和改文"就会全部暴露"都表示肯定，但是原文用了修饰语"可能"，就减弱了肯定的意味，说明陈然对后果的严重性的认识还不是很深刻；改文删除"可能"，语气斩钉截铁，表明陈然对后果的严重性有着深刻的认识。例（4），原文"就根本没有可能……"和"就不能……"都是否定句。原文用了修饰语"根本"，增强了否定语气，这让人觉得梁生宝似乎有些"居功自傲"的意味；改文删除"根本"，否定的意味就减弱了，让人觉得这只是在陈述一个事实。

如果肯定句和否定句同时使用，就会使语意更显豁，表意更周密，语气更强烈。例如：

（5）我是来工作的，不是来休息的。（周而复：《截肢和输血》，见初级中学课本《语文》第 1 册）

（6）这是 40 年乃至几千年未曾有过的奇勋。这是好得很。完全没有什么"糟"，完全不是什么"糟得很"。（毛泽东：《湖南农民运动考察报告》）

以上两例都从肯定和否定两个方面来断定某一事物，语气坚定，鲜明地表达了说写者的思想。如果使用双重否定句，那么它所表示的语气比肯定句的语气会更强烈。例如：

（7）庚子年（一九〇〇）前后，四川连年旱灾，很多的农民饥饿、破产，不得不成群结队地去"吃大户"。（朱德：《母亲的回忆》）

（8）无数革命先烈为了人民的利益牺牲了他们的生命，使我们每一个活着的人想起他们就难过。难道我们还有什么个人利益不能牺牲，还有什么错误不能抛弃吗？（毛泽东：《批评与自我批评》）

（9）从前线回来的人说到白求恩，没有一个不佩服，没有一个不为他的精神所感动。（毛泽东：《纪念白求恩》）

（10）谁不记得井冈山的青青翠竹呢？（袁鹰：《井冈翠竹》）

例（7），这是连用了两个否定词"不……不……"所构成的双重否定句。例（8），这是由一个表反问语气的副词"难道"加上一个否定副词"不"所构成的双重否定句。例（9），这是由一个表示否定意义的动词"没有"加上一个否定词"不"所构成的双重否定句。例（10），这是由一个疑问代词"谁"和一个否定词"不"所构成的双重否定句。以上四个双重否定句比与之相应的肯定句所表达的语气更强烈，含有不容置疑的意味。

需要指出的是，并不是所有的双重否定句所表达的肯定语气都比肯定句要强。例如：

（11）我要讲的，是共产党员的修养问题。现在来讲讲这个问题，对于党的建设和巩固，不是没有益处的。（刘少奇：《论共产党员的修养》）

"不是没有益处的"，这是双重否定句，如果换成肯定句则是"是有益处的"。很显然，前者的语气委婉，后者的语气强一些。

值得注意的是，如果不是非特别强调不可，还是不用双重否定句为好；在运用双重否定句时，还要特别注意不要把意思表达反了。例如：

（12-1）我怀着好奇的心情独个儿仰卧在小船里，遵照人家的嘱咐，自以为从后脑到肩背，到臀部，到脚跟，没有一处不贴着船底了。（叶圣陶：《记金华的两个岩洞》，见《中学现代散文分析》，山东人民出版社1980年版）

（12-2）我怀着好奇的心情独个儿仰卧在小船里，遵照人家的嘱咐，自以为从后脑到肩背，到臀部，到脚跟，全部贴着船底了。（《记金华的两个岩洞》，见《小记十篇》，百花文艺出版社1958年版）

（13-1）虽然这些都是事实，但谁个曾怀疑人类可以不需要太阳呢？（陶铸：《太阳的光辉》，见《理想·情操·精神生活》，中国青年出版社1979年版）

（13-2）虽然这些都是事实，但谁个曾怀疑人类需要太阳呢？（《太阳的光辉》，见初级中学课本《语文》第6册）

例（12），原文中的"没有一处不贴着船底了"是双重否定句，改文中的"全部贴着船底了"是肯定句。改文比原文干脆。例（13），原文"谁个曾怀疑人类可以不需要太阳呢"，先由疑问代词"谁"加上具有否定意味的动词"怀疑"构成双重否定，即肯定；再加上一个否定词"不"，这又构成了否定。这显然违背了作者的原意，因此改文删除了"不"字。

为了使语气更强烈，有时候我们还可以将肯定句和否定句交互使用，即先肯定，后否定，再肯定。这样还可以构成意义的递进。例如：

（14）这个价钱实在太低了，我们做梦也想不到。去年的粜价是七块半，今年的米价又卖到十三块，不，你先生说，十五块也卖过。我们想，今年总要比七块半多一点吧。谁知道只有五块！（叶圣陶：《多收了三五斗》）

（15）这不是一张普通的纸，而是一份表，一份关系到她生命转折关系到她前途命运的表！这是她梦寐以求，不，是她做梦也不敢想的表——一份工农兵入大学推荐表！（黎千驹：《柔情似水》）

例（14），先肯定"去年的粜价是七块半，今年的米价又卖到十三块"，紧接着又用"不"来否定，然后再肯定"十五块也卖过"，从而突出说明五块这个价钱实在是太低了。例（15），先肯定"这是她梦寐以求"的表，紧接着又加以否定，然后再肯定这"是她做梦也不敢想的表"，从而突出地表明，这份表对她来说实在是来得太突然太出人意料，强调了这份表在她人生征途中的分量。这就为下文刻画人物的复杂心理作了铺垫。

当然，这种"肯定—否定—再肯定"的句式并不是处处能够产生积极的修辞效果。例如：

（16-1）你永远那么青翠，永远那么挺拔，风吹雨打，从不改色，刀砍火烧，从不低头。这正是井冈山人，不，是整个中国革命人民的革命气节和革命精神！（袁鹰：《井冈山散记》，《人民文学》1961年1—2月合刊）

（16-2）你永远那么青翠，永远那么挺拔，风吹雨打，从不改色，刀砍火烧，永不低头——这正是英雄的井冈山人，也是亿万中国人民的革命气节和革命精神！（《井冈翠竹》，见初级中学课本《语文》第4册）

原文"这正是井冈山人，不，是整个中国革命人民的革命气节和革命精神"，运用了"肯定—否定—再肯定"的句式，然而并不恰当，因为"井冈山人"与"中国人民"之间并不存在递进关系。改文把它换成一个联合复句，先突出种概念"井冈山人"，再扩大到整个属概念"中国人民"，这样就使表达准确了。

三 主动句与被动句的选择

在动词谓语句中，主语是施动者，叫主动句；主语是受动者，叫被动句。同一个意思，有时可以用主动句来表达，有时也可以用被动句来表达。一般来说，如果要强调施动者，即以施动者作为陈述对象，就应该选择主动句；如果要强调受动者，即以受动者作为陈述对象，就应该选择被动句。例如：

（1-1）特别诱人的是牧场的黄昏，周围的雪峰被落日映红，象云霞那么灿烂。（碧野：《天山景物记》，见《现代游记选》，湖南人民出版社1980年版）

（1-2）特别诱人的是牧场的黄昏，落日映红周围的雪峰，象云霞那么灿烂。（《天山景物记》，见高级中学课本《语文》第2册）

（2-1）我回到汉中，立即被卷入反对中国法西斯统治的斗争旋涡中。（《永远怀念周恩来同志》，见《曹靖华散文选》，陕西人民出版社1983年版）

（2-2）我回到汉中，立即卷入反国民党法西斯统治的斗争旋涡中。（《往事漫忆——怀周恩来同志》，见《飞花集》，上海文艺出版社1978年版）

（3-1）许晓轩慢慢地翻着，最后，终于被他找到了那条消息。（罗广斌等：《在烈火中永生》，中国青年出版社1964年版）

（3-2）许晓轩慢慢地翻着，果然找到了纸条上那个消息。（《挺进报》，见初级中学课本《语文》第2册）

（4-1）不一会儿，渔民都救上军舰，渔船也拖回去。（《海市》，见《杨朔散文选》，人民文学出版社1978年版）

（4-2）不一会儿，渔民都上了军舰，渔船也由军舰拖回去。（《海市》，见高级中学课本《语文》第3册）

例（1），原文"周围的雪峰被落日映红"是被动句，强调的是受动者"周围的雪峰"；改文换成主动句，强调的是施动者"落日"。牧场黄昏之所以壮观，主要是有落日的映照。可见应该以"落日"作为陈述的对象。例（2），原文"立即被卷入反对中国法西斯统治的斗争旋涡中"

是被动句，改文换成主动句。原文含有被迫卷入的意味，改文具有积极参与的性质，更能够体现作者的觉悟和大无畏的革命精神。例（3），原文"终于被他找到了那条消息"是被动句。那么这个句子的主语是谁？如果主语是承前省，它的主语就应是"许晓轩"，这个句子也就成了"许晓轩终于被他找到了那条消息"。这显然不通；如果主语是"那条消息"，这个句子就成了"那条消息终于被他找到了那条消息"，后面作宾语的"那条消息"就显得多余了。改文把它换成主动句，这样，前一个分句的主语是"许晓轩"，后一个分句的主语承前省，从而使语意连贯。例（4），原文"渔民都救上军舰"是意念上的被动句。根据上文可知，虽然渔船被打坏了，但是还没有翻沉，渔民都还在船上，他们能够从"渔船"走上"军舰"。原文使用被动句，就可能使读者产生误解，以为渔民都翻落到海里了，所以要人"救上军舰"。改文把它换成主动句之后，既符合事实，又消除了歧义。

　　以上是把被动句改为主动句的情况；下面我们再来看看由主动句改为被动句的情况。

　　（5-1）宋朝末年，元军攻入南宋都城临安，南宋将领文天祥组织武装力量坚决抵抗。（《谈骨气》，见《吴晗杂文选》，人民文学出版社1979年版）

　　（5-2）南宋末年，首都临安被元军攻入，丞相文天祥组织武装力量坚决抵抗。（《谈骨气》，见初级中学课本《语文》第2册）

　　（6-1）蜂房般的格子铺里的人们已经在蠕动了。（夏衍：《包身工》，见《散文选·二》，上海教育出版社1979年版）

　　（6-2）睡在拥挤的工房里的人们已经被人吆喝着起身了。（《包身工》，见高级中学课本《语文》第2册）

　　（7）王文鼎带头组织学生会，正准备反对袁世凯搞复辟时，学校就勒令他退了学。（张寿康：《评改〈用辩证唯物论指导看病〉》，见《认真学点语文·中》，北京出版社1983年版）

　　例（5），"元军攻入南宋都城临安"是主动句。整个句子先以"元军"作为陈述对象，接着又以"南宋将领文天祥"作为陈述对象，使得语意不太连贯。改文换成被动句，整个句子先说都城怎么样，再说丞相怎么样，两个分句都是从南宋这一方来陈述情况的，句子就显得顺畅一些。例（6），原文是主动句，含有人们"自觉"起身的意味；改文换成被动句，表明人们的起身是被迫的，这样更能够揭露出老板对包身工的残酷压榨。例（7），张寿康先生评改说："这句的主语是王文鼎，后面又突然换了主语'学校'，所以文气不顺。改成'就被学校勒令退了学'，这样不致另起一个头儿，文气就比较贯通了。"

在一定的条件之下，被动句可以省去"被"字或施动者。例如：

（8-1）所有的疲劳、酷热全被忘记了。（王愿坚：《普通劳动者》，见同名短篇小说集，人民文学出版社1978年版）

（8-2）所有的疲劳、酷热全都忘记了。（《普通劳动者》，见初级中学课本《语文》第6册）

（9-1）干旱的雷州半岛被开出了一条比苏彝士运河还要长的运河。（秦牧：《土地》，见《长河浪花集》，人民文学出版社1978年版）

（9-2）干旱的雷州半岛开出了一条比苏伊士运河还要长的运河。（《土地》，见高级中学课本《语文》第2册）

（10-1）飞机也象被冻僵了似的失去了生命的活力，沉甸甸地向下坠落。（《一次难忘的航行》，《光明日报》1977年1月9日）

（10-2）飞机也象冻僵了似的失去了生命的活力，沉甸甸地向下坠落。（《一次难忘的航行》，见试用本初级中学课本《语文》第4册）

（11-1）黑妮是一个刚刚被解放了的囚徒。（丁玲：《太阳照在桑乾河上》，湖南人民出版社1983年版）

（11-2）黑妮是一个刚刚解放了的囚徒。（《果树园》，见试用本初级中学课本《语文》第5册）

以上四例原文中都没有引进施动者（也不必引进），但都使用了"被"字。其实，当主语和动词谓语的受动关系十分明显时，往往可以删除"被"字，因此四例改文中都把"被"字删除了，这样也使得行文更简洁。

用不用"被"字，引不引进施动者，有时还跟所要表达的感情因素相关联。例如：

（12-1）他又悲又喜，杜善人牵去的他的毛驴又回来了，这使他欢喜。（周立波：《暴风骤雨》，上海文艺出版社1981年版）

（12-2）他又悲又喜，被杜善人牵去的毛驴又回来了，这使他欢喜。（《分马》，见初级中学课本《语文》第2册）

（13）不者，若属皆且为所虏！（《史记·项羽本纪》）

（14）唉！竖子不足与谋！夺项王天下者，必沛公也。吾属今为之虏矣！（《史记·项羽本纪》）

例（12），原文"杜善人牵去的他的毛驴又回来了"是意念上的被动句，在形式上则为主动句；改文添上"被"字，使这句话成为被动句。原文对他的遭遇纯属客观的叙述，改文突出了对他"被杜善人牵去毛驴"的遭遇的同情。例（13）和例（14），"若属皆且为所虏"和"吾属今为之虏矣"都是被动句。前者是范增要项庄杀沛公时所说的话，当时时间紧迫，不容多说，能够省略的词语则尽量省略，因此没有引进施动者；后者是在沛公脱身之后范增的自叹。此前已用一个判断句点明"夺项王天下者，必沛公也"，这里又引进施动者"之"，反复申说，从而表明自己判断之准，忧虑之深。

四　特殊句式之间的选择

在汉语的单句中，有几种比较特殊的句式，即把字句、被字句、连动句、兼语句等，它们之间有时可以相互转换，也可以换成一般句式，并且所表达的基本意义不变。下面我们分别展开讨论。

（一）把字句与被动句的选择。例如：

（1-1）也许雨来被鬼子扔在河里冲走了！（管桦：《小英雄雨来》，中国少年儿童出版社1979年版）

（1-2）也许鬼子把雨来扔在河里冲走了！（《小英雄雨来》，见小学《语文》第10册）

（2-1）我正被这迷网紧罩着，沉入幻景时，一阵姑娘的欢歌，从田间猛然腾起。（《前沿风光无限好》，见《曹靖华散文选》，陕西

人民出版社 1983 年版)

（2－2）这迷网把我紧罩着，沉入幻景时，一阵姑娘的欢歌，从田间猛然腾起。(《前沿风光无限好》，见《飞花集》，上海文艺出版社 1978 年版)

谓语中心前有介词"把"的句子叫把字句。它是强调对受动对象的处置、影响及其结果。把字句也是主动句，只是它跟一般主动句在结构上和一些表达上存在不同之处，因此我们把它从"主动句和被动句的选择"这一小节中抽出来，放在这里来讨论。

被动句是受事作主语，用介词"被"引进施事的句式。常见的形式是"受事＋被（施事）＋动词"。在结构上它主要有以下几个特点：谓语动词必须是及物动词，后面需要有别的词语，一般要求带"着、了、过"或表示结果、情态、趋向的补语，有的要求带宾语；有的谓语动词本身含有结果意义，例如，"说服、理解、拒绝、接受"等，并且前面有状语时，这时动词后面就可以没有其他词语，例如，"他的观点很难被大家接受"；"被"字后面有时可以不出现施事。

被动句和把字句在结构上和语义上有着密切的关系，它们之间往往可以相互转换。例（1），原文是被动句，改文是把字句。原文强调的是受动者"雨来"怎么样；改文强调的是施动者"鬼子"是如何处置雨来的。例（2），原文"我正被这迷网紧罩着"是被动句，改文换成了把字句。原文中的两个分句共用同一个主语"我"，语气连贯；改文中的后一个分句缺主语，或者说是暗换了主语，反倒不如原文好。

以上是被动句改为把字句的情况；下面我们再来看看由把字句改为被动句的情况。

（3－1）"地下印刷所"被破获后，沙皇的宪警把上面的正屋和披屋都放火烧了。(茅盾：《梯俾利斯的地下印刷所》，见《散文选·二》，上海教育出版社 1979 年版)

（3－2）那两间正屋和一间小屋，当时被宪警们放火烧了。(《第比利斯的地下印刷所》，见初级中学课本《语文》第 1 册)

（4－1）瞧，那一棵棵枝叶茂盛的果树上，累累的果实把树枝都压弯了，有的树枝竟然被苹果压断了，而大多数树枝不得不用木杆撑

住。(峻青:《秋色赋》,见同名散文集,人民文学出版社 1978 年版)

　　(4-2) 瞧,那一棵棵枝叶茂盛的果树上,果实累累,树枝都被压弯了,有的树枝竟然被压断了,大多数树枝不得不用木杆撑住。(《秋色赋》,见高级中学课本《语文》第 2 册)

例 (3),原文"沙皇的宪警把上面的正屋和披屋都放火烧了"是把字句,它重在说明"宪警"对"正屋和披屋"是如何处置的;改文换成被动句,重在表现"正屋和小屋"的不幸遭遇,带有感情色彩。例 (4),原文"累累的果实把树枝都压弯了"是把字句,它后面的两个分句的主语都是树枝,为了求得句法结构的一致和语意的连贯,因此改文换成了被动句。

(二) 把字句与兼语句的选择。例如:

　　(5-1) 有一种人就善于把不大的权,发挥出最大的威力来,这也是一技。(茹志鹃:《离不开你》,见《中国优秀报告文学选评》,复旦大学出版社 1982 年版)

　　(5-2) 有一种人就善于使不大的权发挥出最大的威力来,这也是一技。(《离不开你》,见高级中学课本《语文》第 6 册)

原文是把字句,改文是兼语句,二者所表示的意义相同。

五　特殊句式与一般句式的选择

把字句、被字句、连动句、兼语句等特殊句式,它们可以换成一般句式,并且所表达的基本意义不变。下面我们分别展开讨论。

(一) 把字句与一般句式的选择。例如:

　　(1-1) 检查治疗结束后,这位工作人员用电话请来我们车间的支部书记和我们班的班长,请他们同我一起到交通队去谈谈情况。(《珍贵的衬衫　难忘的深情》,《北京日报》1977 年 1 月 22 日)

　　(1-2) 检查和治疗结束后,这位工作人员打电话把我们车间的支部书记和我们班的班长请来,让他们同我们一起到交通队去谈谈情况。(《一件珍贵的衬衫》,见初级中学课本《语文》第 2 册)

　　(2-1) 小猪倌叫道："老爷子加小心，别光顾说话，看掉下来
屁股摔两瓣。"（周立波:《暴风骤雨》，上海文艺出版社 1981 年版）

　　(2-2) 小猪倌叫道："老爷子加小心，别光顾说话，——看掉
下来把屁股摔两半！"（《分马》，见初级中学课本《语文》第 2 册）

　　(3-1) 红砖罐头的盖子——那扇铁门一推开，就象放鸡鸭一般
地无秩序地冲出一大群没有锁链的奴隶。（夏衍:《包身工》，见《散
文选·二》，上海教育出版社 1979 年版）

　　(3-2) 红砖罐头的盖子——那扇铁门一推开，带工老板就好象
赶鸡鸭一般把一大群没有锁链的奴隶赶出来。（《包身工》，见高级中
学课本《语文》第 1 册）

　　(4-1) 领头的名叫刘志丹，红旗插在半天上。（李季:《王贵与
李香香》，见《新诗选·三》，上海教育出版社 1979 年版）

　　(4-2) 领头的名叫刘志丹，把红旗举到半天上。（《王贵与李香
香》，见高级中学课本《语文》第 2 册）

　　例 (1)，原文"这位工作人员用电话请来我们车间的支部书记和我
们班的班长"是一般句式，改文换成了把字句。虽然原文说得通，但是
动词"请来"的受动对象是一个比较复杂的联合短语，总比不上改文用
把字句顺畅。例 (2)，原文"看掉下来屁股摔两瓣"是一般句式，改文
换成了把字句。原文中"屁股"是主语，侧重于陈述"屁股"怎么样；
改文中"把屁股"组成介宾短语，侧重于"摔"的结果。例 (3)，原文
"就象放鸡鸭一般地无秩序地冲出一大群没有锁链的奴隶"是一般句式，
改文换成了把字句。原文让人觉得包身工们是在争先恐后地去工厂；改文
强调带工老板对包身工的处置，说明带工老板在逼迫包身工们去上工。例
(4)，原文"红旗插在半天上"是一般句式，改文"把红旗举到半天上"
是把字句。原文中的两个分句有着各自的主语，改文中后一个分句的主语
是承结了上一分句的宾语"刘志丹"，语意比原文顺畅一些。

　　以上是把一般句式换成把字句的情况；下面我们再来看看由把字句换
成一般句式的情况。

　　(5-1) "地下印刷所"的人们听到这警铃，就把机器停止。（茅
盾:《梯俾利斯的地下印刷所》，见《散文选·二》，上海教育出版社

1979 年版）

（5-2）地下印刷所的人听到铃声，立刻停了机器。（《第比利斯的地下印刷所》，见初级中学课本《语文》第 1 册）

（6-1）他把从古到 6 世纪止长时期里所保存的观测记录和有关文献，几乎全部搜罗来作参考。（《祖冲之》，见《中国古代科学家》）

（6-2）他很注意搜集自古以来的观测记录和有关文献。（《祖冲之》，见初级中学课本《语文》第 5 册）

一般来说，把字句里的动词，它的前后总应该要有别的词语：可以在动词前面加状语，例如，"把手一挥"，可以在动词后面加补语，例如，"把他吓得发抖"，可以在动词后面加宾语，例如，"把读书当做人生的一件乐事"，可以把动词重叠起来使用，例如，"把房子打扫打扫"，最起码也得在动词后面加助词，例如，"把饭吃了"；而不能是单个的动词，尤其不能是单音节的动词，例如，我们常说"读书"，而不说"把书读"。当然韵文可以不受此限制，例如，"杜甫川唱来柳林铺笑，红旗飘飘把手招"（贺敬之：《回延安》）。例（5），原文"就把机器停止"是把字句，改文"立刻停了机器"是一般句式。根据把字句的上述规则，可知原文中的"把机器停止"是不符合规范的，因此改文换成了一般句式。例（6），原文是把字句，但是"把"字的宾语太复杂了，因此改文换成了一般句式。

（二）兼语句与一般句式的选择。例如：

（7-1）果子落在地上了，下边的人争着去拾，有的人拾到了就往口中塞，旁边的人必然大喊道："你犯了规则呵，说不准吃的呀，这果子已经是穷人们自己的呀。"（丁玲：《太阳照在桑乾河上》，湖南人民出版社 1983 年版）

（7-2）果子落在地上了，下边的人便争着去拾，有的人就往口里塞，而旁边必然有人大喊道："你犯了规啦，说不准吃的呀，这果子已经是穷人们自己的啦！"（《果树园》，见试用本初级中学课本《语文》第 5 册）

（8-1）海水碧蓝碧蓝的，蓝得人心醉。（《海市》，见《杨朔散

文选》，人民文学出版社 1978 年版)

　　(8-2) 海水碧蓝碧蓝的，蓝得使人心醉。(《海市》，见高级中学课本《语文》第 3 册)

　　兼语句是用兼语短语充当谓语的主谓句，其特点是：它的谓语由一个述宾短语套接一个主谓短语而成，述宾短语中的动词通常是使令性的，如"叫、让、派、使、请、命令、禁止、任命、号召、选举"等；有时也可以是表示存在的"有"；兼语短语中的宾语兼作后面主谓短语的主语。例 (7)，原文"旁边的人必然大喊道……"是一般句式，改文"而旁边必然有人大喊道……"是兼语句。原文是说凡是旁边的人都会大喊，恐怕未必如此；改文是说旁边的人有的会大喊，这符合情理，因此表意更准确。例 (8)，"蓝得人心醉"是一般句式，改文"蓝得使人心醉"是兼语句，它更能突出蓝的结果。

　　以上是把一般句式改为兼语句的情况；下面我们再来看看由兼语句改为一般句式的情况。

　　(9-1) 忽然一阵冷风吹来，浓云象从平地上冒出来似的，刹时把天遮得严严的，接着，就有一场暴雨，夹杂着栗子般大的冰雹，不分点的倾泻下来。(王愿坚：《七根火柴》，《人民文学》1958 年第 6 期)

　　(9-2) 忽然一阵冷风吹来，浓云象从平地上冒出来似的，刹时把天遮得严严的，接着，暴雨夹杂着栗子般大的冰雹，不分点的倾泻下来。(《七根火柴》，见初级中学课本《语文》第 4 册)

　　(10-1) 现在不妨让我们走进海市的人家里去看看。(《海市》，见《杨朔散文选》，人民文学出版社 1978 年版)

　　(10-2) 现在我们不妨走进海市的人家去看看。(《海市》，见高级中学课本《语文》第 2 册)

　　例 (9)，原文"就有一场暴雨，夹杂着栗子般大的冰雹，不分点的倾泻下来"是兼语句；改文"暴雨夹杂着栗子般大的冰雹，不分点的倾泻下来"是一般句式。上面一个分句的主语是"浓云"，这个分句的主语宜为"暴雨"，这样结构就显得对称一些，因此以改文为优。例 (10)，原文是兼语句，缺少主语，改文删除"让"，并且把"不妨"移到"我们"后面，使句子变成了一般句式。

（三）连动句与一般动词谓语句的选择。例如：

（11－1）他把腰眼贴在沙土上。（王愿坚：《普通劳动者》，见同名短篇小说集，人民文学出版社1978年版）

（11－2）他把腰眼贴在沙土上烙着。（《普通劳动者》，见初级中学课本《语文》第6册）

（12－1）而徽章这东西不很大，恐怕偶尔遗失了，不如多拿几个备在那里。（《潘先生在难中》，见《叶圣陶短篇小说选集》，人民文学出版社1954年版）

（12－2）而徽章这东西太小巧，恐怕偶尔遗失了，不如多备几个在那里。（《潘先生在难中》，见《叶圣陶文集·一》，人民文学出版社1958年版）

连动句是用连动短语充当谓语的主谓句，其特点是：谓语由两个或两个以上的动词或动词短语连接而成，这些动词和述宾短语之间通常有先后、目的、结果、方式、手段等关系。例（11），原文是一般动词谓语句，改文增加了"烙着"而使句子变成了连动句。"烙着"是"贴在沙土上"的目的，改文在表意上比原文显得完整一些。例（12），原文"不如多拿几个备在那里"是连动句，"备在那里"是"多拿几个"的目的；改文删除动词"拿"，而使句子变成一般动词谓语句，所表达的意思没有改变，语言却更简洁了。

（原载《怀化师专学报》2001年第6期）

论句子成分的增繁与删简

　　摘　要：当句子成分残缺而造成表意不明时，这时我们就应当增加某些成分。这就是句子成分的增繁。当句子成分多余而造成语言啰唆时，这时我们就应当删除某些成分。这就是成分的删简。具体而言，当主语残缺而造成表意不明时，这时我们就应当增加主语。当主语多余而造成语言啰唆时，这时我们就应当删除主语。在现代汉语里，谓语一般是不可少的。如果因缺少谓语而使得表意不明，我们就应该增加恰当的谓语。谓语的删简最常见的是因语境（如对话）而省略。除此之外，还有因搭配不当而删除谓语。有些句子由于缺少必要的宾语而使得句子成分搭配不当、表意不明。遇到这种情况，我们就应该增加恰当的宾语。宾语的删简主要有以下情形：宾语可以根据语境而省略，可以因述宾搭配不当或者为了行文的简洁而删除宾语部分的中心词。有些句子由于缺少必要的补语而使得语意欠完整。遇到这种情况，我们就应当增加恰当的补语。补语的删简主要有以下情形：或者因补语不恰当而删简，或者是为了语言的简洁而删简。有些句子由于缺少必要的修饰限制语而使得表意不准确。遇到这种情况，我们就应该增加恰当的修饰限制语。如果修饰限制不当，则会影响语言的表达效果。遇到这种情况，我们就应该删除那些不恰当的修饰限制语。

　　关键词：句子；成分；增加；删除

　　当句子成分残缺而造成表意不明时，这时我们就应当增加某些成分。这就是句子成分的增繁。当句子成分多余而造成语言啰唆时，这时我们就应当删除某些成分。这就是成分的删简。

一　主语的增繁与删简

当主语残缺而造成表意不明时，这时我们就应当增加主语。这就是主语的增繁；当主语多余而造成语言啰唆时，这时我们就应当删除主语。这就是主语的删简。

（一）主语的增繁。例如：

（1-1）进了弄堂，蓦地不由吃了一惊。（何为：《第二次考试》，见《临窗集》，百花文艺出版社 1980 年版）

（1-2）他进了弄堂，不由得吃了一惊。（《第二次考试》，见初级中学课本《语文》第 2 册）

（2-1）只见前边两面悬崖绝壁，中间一条狭狭的江面，已进入瞿塘狭了。（《长江三日》，见《刘白羽散文选》，人民文学出版社 1978 年版）

（2-2）只见前边两面悬崖绝壁，中间一条狭狭的江面，船已进入瞿塘狭了。（《长江三峡》，见高级中学课本《语文》第 1 册）

以上两例原文都缺少主语。前一例的主语是指谁？后一例的主语是指什么？令人费解。改文分别添上"他""船"等词语作主语，表意就明确了。

（3-1）我倒劝你去看看这真实的海市，比起那飘渺的幻景还要新奇，还要有意思得多呢。（《海市》，见《杨朔散文选》，人民文学出版社 1978 年版）

（3-2）我倒劝你去看看那真实的海市，它比起那飘渺的幻景还要新奇，还要有意思得多呢。（《海市》，见高级中学课本《语文》第 3 册）

（4-1）（贝利）带球能连续过人，射门善踢曲线球，飘忽不定，使守门员难以捉摸。（《黑海风暴和天气预报的产生》，见韩树英主编《通俗哲学》，中国青年出版社 1982 年版）

（4-2）（贝利）带球能连续过人，射门善踢曲线球，他踢出的球飘忽不定，使守门员难以捉摸。（《黑海风暴和天气预报的产生》，

见高级中学课本《语文》第6册）

以上两例原文中后一分句的主语与前一分句的主语已经发生了变化，作者误以为是同一个主语而采取了主语承前省的方法，使得后一分句的主语残缺，造成表达不准确。例（3-1），前一分句的主语是"我"，后一分句的主语已转换，作者误以为是同一主语而使得后一分句主语残缺；改文补上主语"它"，表达就准确了。例（4-1），前一分句的主语是"贝利"，后一分句"飘忽不定"的主语已转换，作者误以为是同一主语而使得后一分句主语残缺；改文补上主语"他踢出的球"，表达就准确了。

（5-1）但在洞庭湖，却是近几年开始的。（谢璞：《珍珠赋》，见《湖南散文选》，湖南人民出版社1979年版）

（5-2）但在洞庭湖产珍珠，却是近几年的事。（《珍珠赋》，见《中国当代文学作品选讲》，广西人民出版社1980年版）

（6-1）而现在，将这种关系转移到人和人的中间，便连这一点施与也已经不存在了！（夏衍：《包身工》，见《散文选·二》，上海教育出版社1979年版）

（6-2）……便连这一点施与的温情也已经不存在了！（《包身工》，见高级中学课本《语文》第2册）

以上两例原文中的主语部分不完整，即缺少中心词，因而使得表达不准确。例（5-1），什么是"近几年开始的"？由于缺少主语，或者说主语部分残缺，因而表意不明；改文于"在洞庭湖"之后加上"产珍珠"，让"在洞庭湖产珍珠"作句子的主语，表意就明确了。例（6-1），后一分句的主语残缺，改文在"施与"之后加上"温情"，这样主语部分就完整了。

（7-1）园林处有一个计划，要把整个湖区修整一番，成为一座公园。（郑振铎：《石湖》，《人民日报》1958年1月4日）

（7-2）园林处有一个计划，要把整个湖区修整一番，使它成为一座公园。（《石湖》，见试初级中学课本《语文》第3册）

（8-1）英雄们终于唱着凯歌，欢送着亲手砍下的那 三十万根毛竹，沿着亲手修成的、满山旋绕的滑道，一路欢唱着飞奔下山去了。（袁鹰：《井冈山散记》，《人民文学》1961年第1—2期合刊）

（8-2）英雄们终于唱着凯歌，欢送着亲手砍下的那三十万根毛竹，让它们沿着亲手修成的、满山旋绕的滑道，一路欢唱着飞下山去了。（《井冈翠竹》，见初级中学课本《语文》第4册）

以上两例原文中的后一分句缺主语。例（7-1）中后一分句的谓语"成为"和例（8-1）中后一分句的谓语"沿着"，都是前一分句的主语使它发出的动作行为，可见这两个分句都缺少兼语；改文分别加上"使它"和"让它们"，就使得成分完整，表意明确。

（二）主语的删简。例如：

（9-1）这是中国自古以来，第一座最大的纪念碑。它从地面到碑顶高达三十七点九四公尺。（周定舫：《人民英雄永垂不朽》，《人民日报》1958年4月23日）

（9-2）这是中国自古以来最大的一座纪念碑，从地面到碑顶高达三十七点九四公尺。（《人民英雄永垂不朽》，见初级中学课本《语文》第2册）

（10-1）包身工都是新从乡下出来，而且她们大半都是老板的乡邻。（夏衍：《包身工》，见《散文选·二》，上海教育出版社1979年版）

（10-2）包身工都是新从乡下出来，而且大半都是老板的乡邻。（《包身工》，见高级中学课本《语文》第2册）

以上两例原文中后一句的主语可以承前省，因此改文简洁一些。

（11-1）一条从山谷的深处流经村庄前面的小河，小河的两岸和上空，也长满了葡萄。（峻青：《秋色赋》，见同名散文集，人民文学出版社1978年版）

（11-2）流经村前的一条小河，两岸长满了葡萄。（《秋色赋》，见高级中学课本《语文》第2册）

（12—1）这青年人对自己的责任的理解虽然还不十分完整，但是将军从他身上分明地觉察到：老一代战士们经历的那艰难困苦的生活，那艰苦奋斗的光荣传统，已经作为一种宝贵的精神财富被新的一代接受下来了。（王愿坚：《普通劳动者》，见同名短篇小说集，人民文学出版社 1978 年版）

　　（12－2）这青年人对自己的责任的理解虽然还不十分完整，但是将军从他身上分明地觉察到：老一代战士们那艰苦奋斗的光荣传统，已经作为一种宝贵的精神财富被新的一代接受下来了。（《普通劳动者》，见初级中学课本《语文》第 6 册）

例（11－1），"两岸和上空"是联合短语作主语，但是"小河的上空"怎么"长满葡萄"呢？可见这个联合短语中有一个成分不能与后面的谓语搭配，因此改文删除了联合主语中不能与谓语搭配的那一成分。例（12－1），"老一代战士们经历的那艰难困苦的生活"和"那艰苦奋斗的光荣传统"是联合短语作主语，但是不能说"老一代战士们经历的那艰难困苦的生活"是"一种宝贵的精神财富"，这是主谓宾搭配不当，因此改文删除了联合主语中不能与谓语部分搭配的那一成分。

　　（13－1）请求你们千万别写我。我的处境很为难，请你们能谅解。（黄宗英：《大雁情》，见《中国优秀报告文学选评》，复旦大学出版社 1982 年版）

　　（13－2）请求你们千万别写我。我的处境很为难，望能谅解。（《大雁情》，见《中国优秀报告文学选评》，复旦大学出版社 1986 年版）

原文中的兼语"你们"可以根据对话时的语境而省略，因此改文把它删除了。

二　谓语的增繁与删简

（一）谓语的增繁

谓语表示主语"怎么样"或者"是什么"，它是用来陈述主语的。如果没有谓语，就没有关于这个主语的信息，句子也就难以成立。因此在现代汉语里，谓语一般是不可少的。如果因缺少谓语而使得表意不明，我们就应该增加恰当的谓语。这就是谓语的增繁。例如：

（1-1）我相信，正象苏州——洞庭东山之间的公路一般，勤劳勇敢的苏州市的人民一定会把石湖公园建筑得异常漂亮，引人入胜。（郑振铎：《石湖》，《人民日报》1958年1月4日）

（1-2）我相信，正象修建苏州到洞庭东山之间的路一样，勤劳勇敢的苏州市的人民一定会把石湖公园建设得异常漂亮，引人入胜。（《石湖》，见试初级中学课本《语文》第3册）

（2-1）我们是这许多年的摸索，摸索着接近我们的目的。（徐迟：《地质之光》，《人民文学》1977年第10期）

（2-2）我们是经过这许多年的摸索，到现在才只是接近我们的目的。（《地质之光》，见初级中学课本《语文》第6册）

例（1-1），"正象苏州——洞庭东山之间的公路一般"这句话缺谓语，以致上下文不能衔接，因此改文增加"修建"一词来作谓语。例（2-1），"我们是摸索"，这是主谓宾搭配不当。改文把"是"作语气词使用，增加"经过"一词来作谓语，使全句的主干成为"我们经过摸索"，这就通顺了。这两例是因缺少谓语使得句子不通顺而增繁。

（3-1）在他脚下，一锅子热腾腾的油。（郑文光：《火刑》，《科学大众》1957年第2期）

（3-2）在他脚下，有一锅子热腾腾的油。（《火刑》，见高级中学课本《语文》第1册）

（4-1）她们一窝蜂地挤拢来，每人盛了一碗，就四散地蹲伏或者站立在路上和门口。（夏衍：《包身工》，见《散文选·二》，上海教育出版社1979年版）

（4-2）她们一窝蜂地挤拢来，每人盛了一碗，就四散地蹲伏或者站立在路上和门口吃。（《包身工》，见高级中学课本《语文》第2册）

例（3-1），"一锅子热腾腾的油"怎么样？没有了下文；例（4-1），她们"就四散地蹲伏或者站立在路上和门口"干什么？同样不得而知。究其原因，都是缺少谓语所致。因此改文分别增加了"有"和"吃"等词语作谓语，句意就完整了。这两例是因缺少谓语使得句意不完整而增繁。

（二）谓语的删简

谓语的删简，最常见的是因语境（如对话）而省略。除此之外，还有以下几种情况。例如：

（5-1）我走进这个城后首先就嗅着、呼吸着而且满意着这种空气。（《我歌唱延安》，见《何其芳选集·一》）

（5-2）我走进这个城后首先就嗅着、呼吸着这种空气。（《我歌唱延安》，见高级中学课本《语文》第6册）

（6-1）我焦急，我慨叹的是听不到、看不见园主人在粉碎"四人帮"以后大打翻身仗的激情和壮志。（黄宗英：《大雁情》，见《中国优秀报告文学选评》，复旦大学出版社1982年版）

（6-2）我焦急，我慨叹的是看不见园主人在粉碎"四人帮"以后大打翻身仗的激情和斗志。（《大雁情》，见《中国优秀报告文学选评》，复旦大学出版社1986年版）

例（5-1），"嗅着、呼吸着、满意着"是联合短语作谓语，但是其中的"满意"是不及物动词，不能带宾语，因此说"嗅着空气"和"呼吸着空气"都是正确的，但是说"满意着空气"就不恰当了。例（6-1），"听不到、看不见"是联合短语作谓语，它们的宾语是"激情和壮志"。然而，即使有激情和壮志，人们也只能看到，而无法听到。为了使动宾搭配得当，因此两例改文分别删除了联合短语中的与宾语搭配不当的那个动词谓语。

（7-1）茅竹年年长，为的是向敌人示威：井冈山是压不倒、杀不尽、烧不光的。（袁鹰：《井冈山散记》，《人民文学》1961年第1—2期合刊）

（7-2）茅竹年年长，为的是向敌人示威：井冈山是压不倒、烧不光的。（《井冈翠竹》，见初级中学课本《语文》第4册）

（8-1）有一个青年妇女却不动手，鬓角上插着枝野花，立在凉树凉影里，倚着锄，在做什么呢？（《海市》，见《杨朔散文选》，人民文学出版社 1978 年版）

（8-2）有一个青年妇女，鬓角插着一枝野花，倚着锄站在槐树荫里。她在做什么呢？（《海市》，见高级中学课本《语文》第 3 册）

例（7-1），"压不倒、杀不尽、烧不光"是联合短语作谓语，它们共同对主语"井冈山"进行陈述。说"井冈山压不倒"、"井冈山烧不光"都是正确的，但是不能说"井冈山杀不尽"，这是谓语对主语陈述不当，因此改文删除了这个对主语陈述不当的谓语。例（8-1），"有一个青年妇女却不动手"这句话在语法结构方面没有错误，然而在语意表达方面，谓语"却不动手"对主语"妇女"的陈述是不恰当的，它容易使人产生误解，以为这个妇女是在偷懒，其实她"是在听公社扩音器里播出全国小麦大丰收的好消息"。为了使主谓搭配得当，因此改文删除了这个对主语陈述不当的谓语。

三　宾语的增繁与删简

（一）宾语的增繁

有些句子由于缺少必要的宾语而使得句子成分搭配不当、表意不明。遇到这种情况，我们就应该增加恰当的宾语。这就是宾语的增繁。例如：

（1-1）乡亲们亲切地接待我们，向我们描述着妈妈的生前。（毛岸青、邵华：《我们爱韶山的红杜鹃》，《人民文学》1977 年第 9 期）

（1-2）乡亲们亲切地接待我们，向我们描述妈妈生前的革命实践。（《我们爱韶山的红杜鹃》，见试用本初级中学课本《语文》第 5 册）

（2-1）为了把您搞臭，江青和陈伯达等人无中生有地在社会上散布您是叛徒，然后又伪造民意，加害于您。（陶斯亮《一封终于发出的信》，《人民日报》1978 年 12 月 21 日）

（2-2）为了把您搞臭，江青和陈伯达等人无中生有地在社会上散布您是叛徒的谣言，然后又伪造民意，加害于您。（《一封终于发出的信》，见试用本见高级中学课本《语文》第 2 册）

以上两例原文中的"描述妈妈的生前"和"散布您是叛徒"两句，都是谓语与宾语搭配不当。造成这种搭配不当的原因是作者把定语当成了宾语，使得句子缺少宾语。因此改文分别增加"革命实践"和"谣言"作宾语而形成"描述革命实践"和"散布谣言"等述宾关系。

（3-1）我们的时代、我们的社会，是树立崇高理想和实现崇高理想的最好社会。（陶铸：《崇高的理想》，见《理想·情操·精神生活》，中国青年出版社 1979 年版）

（3-2）我们的时代、我们的社会，是树立崇高理想和实现崇高理想的最好时代和社会。（《崇高的理想》，见高级中学课本《语文》第 2 册）

原文的主语是由"我们的时代、我们的社会"这一联合短语充当的，宾语却只提到"社会"而遗漏了"时代"，这样就跟主语缺乏照应，因此改文增加"时代"一词，让"时代和社会"这一短语作宾语。

（二）宾语的删简

宾语的删简主要有以下情形：宾语可以根据语境而省略，可以因述宾搭配不当或者为了行文的简洁而删除宾语部分的中心词。例如：

（4-1）山岭上披着一层绒毯似的厚雪，天空还在落着雪。（周而复：《诺而曼·白求恩断片》，见《中国现代散文选·七》，人民文学出版社 1983 年版）

（4-2）山岭蒙上一层绒毯似的厚雪，天空还在下着。（《截肢和输雪》，见初级中学课本《语文》第 1 册）

（5-1）我一下子就站到了杨树前头，我大喊大叫：为什么要锯杨树树种？谁敢锯这杨树树种，就先锯了我！（黄宗英：《大雁情》，见《中国优秀报告文学选评》，复旦大学出版社 1982 年版）

（5-2）我一下子就站到了杨树前头，我大喊大叫：为什么要锯杨树树种？谁敢锯，就先锯了我！（《大雁情》，见《中国优秀报告文学选评》，复旦大学出版社 1986 年版）

例（4-1），后一句中的宾语"雪"可以承前省略。例（5-1），"谁敢锯这杨树树种"中的宾语部分也可以承前省略，并且显得语气急促，对表现人物那怒不可遏的神情和保护树种的精神可起到积极的作用。

（6-1）明知敌人要杀他，却毫不退却，在被害以前还大声疾呼，痛斥国民党的特务恐怖。（《谈骨气》，见《吴晗杂文选》，人民文学出版社1979年版）

（6-2）明知敌人要杀他，在被害前几分钟还大声疾呼，痛斥国民党特务。（《谈骨气》，见初级中学课本《语文》第2册）

（7-1）桌子上摆着座钟、盖碗、大花瓶一类陈设。（《海市》，见《杨朔散文选》，人民文学出版社1978年版）

（7-2）桌子上摆着座钟和花瓶。（《海市》，见高级中学课本《语文》第3册）

例（6-1），可以说"制造恐怖"，但没有"痛斥恐怖"的说法，因此改文删除了宾语部分的中心词"恐怖"，而让"恐怖"的定语"国民党特务"作宾语。"痛斥特务"，这样述宾搭配就恰当了。例（7-1），"陈设"是动词，不能作"摆着"的宾语，因此改文删除宾语部分的中心词"一类陈设"，而让"陈设"的定语"座钟和花瓶"作宾语。

（8-1）每回割蜜，给它们留一点点糖，够它们吃的就行了。（《荔枝蜜》，见《杨朔散文选》，人民文学出版社1978年版）

（8-2）每回割蜜，留一点点，够它们吃的就行了。（《荔枝蜜》，见初级中学课本《语文》第2册）

（9-1）这个战士叫李守明，是通讯班的，才二十一岁，是一九五五年参军的老战士。（王愿坚：《普通劳动者》，见同名短篇小说集，人民文学出版社1978年版）

（9-2）这个战士叫李守明，是通讯班的，才二十一岁，是一九五五年参军的。（《普通劳动者》，见初级中学课本《语文》第6册）

以上两例原文中的述宾搭配是恰当的，然而改文为了语言的简洁而分别删除了原文中宾语部分的中心词，并且保持文意不变。

四 补语的增繁与删简

(一) 补语的增繁

有些句子由于缺少必要的补语而使得语意欠完整。遇到这种情况，我们就应当增加恰当的补语。这就是补语的增繁。例如：

（1-1）脚下象踩着风，一直往后院跑。(管桦：《小英雄雨来》，中国少年儿童出版社1979年版)

（1-2）脚下象踩着风，一直往后院跑去。(《小英雄雨来》，见小学《语文》第10册)

（2-1）这个连虽然伤亡很大，但他们却打死了三百多敌人，特别是，使我们的部队主力赶上，聚歼了敌人。(《谁是最可爱的人》，见《魏巍散文集》，花城文艺出版社1983年版)

（2-2）这个连虽然伤亡很大，但他们却打死了三百多敌人，更重要的，他们使得我们部队的主力赶上来，聚歼了敌人。(《谁是最可爱的人》，见初级中学课本《语文》第5册)

以上两例原文中缺补语，语意似欠完整，因此改文分别增加了表趋向的补语"去"和"来"。

(二) 补语的删简

补语的删简主要有以下情形：或者因补语不恰当而删简，或者是为了语言的简洁而删简。例如：

（3-1）这个城市刚刚受到过一次今年最严重的台风的袭击。(何为：《第二次考试》，见《临窗集》，百花文艺出版社1980年版)

（3-2）这个城市刚刚受到一次严重的台风袭击。(《第二次考试》，见初级中学课本《语文》第2册)

（4-1）他自己家也要常常把南瓜当饭吃一天。(茅盾：《春蚕》，见《短篇小说选·二》，上海教育出版社1979年版)

（4-2）他自己家也要常常把南瓜当饭吃。(《春蚕》，见高级中

学课本《语文》第 6 册)

例（3-1），"刚刚受到台风袭击"表明这种袭击刚刚发生，不宜用表完成时的"过"，因此改文删除了"过"。例（4-1），"常常把南瓜当饭吃一天"中的补语"一天"是什么意思？如果是指"只吃一天"，那么就与上文的"常常"相矛盾；如果是指"一天吃三餐"，那恐怕未必如此。改文删除补语"一天"，表意就明确了。

（5-1）雨来从口袋里掏出课本来。（管桦：《小英雄雨来》，中国少年儿童出版社 1979 年版）

（5-2）雨来从口袋里掏出课本。（《小英雄雨来》，见小学《语文》第 10 册)

（6-1）邻家的墙倒了下来，菊秧被砸死者约三十多种，一百多棵！（老舍：《养花》，见《现代散文选读》，山东教育出版社 1982 年版）

（6-2）邻家的墙倒了，菊秧被砸死三十多种，一百多棵！（《养花》，见小学《语文》第 10 册)

（7-1）至今，对面那几个山头的标高他还依稀地记得起来。（王愿坚：《普通劳动者》，见同名短篇小说集，人民文学出版社 1978 年版）

（7-2）至今，对面那几个山头的标高，他还依稀地记得。（《普通劳动者》，见初级中学课本《语文》第 6 册)

以上三例原文中的补语"来""下来""起来"等并没有用错，然而改文还是分别把它们删除了，这主要是为了使语言更简洁。

五　修饰限制成分的增繁与删简

定语是修饰限制主语或宾语的句子成分，状语是修饰限制谓语的句子成分。虽然这两者修饰限制的对象不同，然而它们又有相同的方面：它们都是用来修饰限制中心词的，都可以从时间、处所、数量、范围、程度等方面来对中心词加以限制或修饰。因此我们把定语和状语合称为修饰限制成分，并且把它们放在一起来讨论增繁与删简的问题。

（一） 修饰限制成分的增繁

有些句子由于缺少必要的修饰限制语而使得表意不准确。遇到这种情况，我们就应该增加恰当的修饰限制语。这就是修饰限制成分的增繁。例如：

> （1-1）渔民常说："情愿南山当驴，不愿下海捕鱼——你想这捕鱼的人，一年到头飘在海上，说声变天，大风大浪，有一百个命也得送进去。"（《海市》，见《杨朔散文选》，人民文学出版社 1978 年版）
>
> （1-2）那时候渔民常说："情愿南山当驴，不愿下海捕鱼——你想这捕鱼的人，一年到头飘在海上，说声变天，大风大浪，有一百个命也得送进去。"（《海市》，见高级中学课本《语文》第 3 册）
>
> （2-1）请设法空运……空运!!（《为了六十一个阶级弟兄》，《人民文学》1960 年第 4 期）
>
> （2-2）请马上设法空运……空运!（《为了六十一个阶级弟兄》，见高级中学课本《语文》第 1 册）

例（1），改文增加了状语"那时候"，明确了时间概念，即是指旧社会的情形，这样表意就准确了。例（2），改文增加了状语"马上"，强调了时间的紧迫性。以上是因缺少必要的表时间的修饰限制成分而增繁。

> （3-1）这是杨树浦福临路东洋纱厂的工房。（夏衍：《包身工》，见《散文选·二》，上海教育出版社 1979 年版）
>
> （3-2）这是上海杨树浦福临路东洋纱厂的工房。（《包身工》，见高级中学课本《语文》第 2 册）
>
> （4）在上海，"吃外国火腿"虽然还不是"有面子"，却也不算怎么"丢脸"了。然而比起被一个本国的下等人所踢来，又仿佛近于"有面子"。（《说"面子"》，见《鲁迅手稿三编》，文物出版社 1973 年版）

例（3-1），"杨树浦福临路"是在哪个省市？这对于上海人来说，也许不会有多大的问题；但是当《包身工》这篇文章被选入中学教材时，这对于全国大多数的中学生来说，恐怕不一定会知道。因此改文增加了定语"上海"。例（4），改文增加了定语"本国的"，这就增强了文章的讽刺性和战斗力。以上是因缺少必要的表处所的修饰限制成分而增繁。

（5－1）密密的塔松象撑天的巨伞。（碧野：《天山景物记》，见《现代游记选》，湖南人民出版社 1980 年版）

（5－2）密密的塔松象无数撑天的巨伞。（《天山景物记》，见高级中学课本《语文》第 2 册）

（6）倘是上午，里面的几间洋房也还可以坐坐的。但到傍晚，有一间的地板便常不免要咚咚咚地响得震天。（《藤野先生》，见《鲁迅手稿选集》，文物出版社 1962 年版）

例（5），改文增加了定语"无数"来说明数量之多。例（6），改文增加了定语"有一间的"使所指就更明确。以上是因缺少必要的表数量的修饰限制成分而增繁。

（7－1）石槽太重，做活的扛到山里，就扛不动了，便挖个坑埋好。（《海市》，见《杨朔散文选》，人民文学出版社 1978 年版）

（7－2）石槽太重，做活的扛到山里，就扛不动了，便挖个坑把它埋好。（《海市》，见高级中学课本《语文》第 3 册）

（8－1）这样，早晨五点钟由打杂的或者老板自己送进工厂。（夏衍：《包身工》，见《散文选·二》，上海教育出版社 1979 年版）

（8－2）这样，早晨五点钟由打杂的或者老板自己把她们送进工厂。（《包身工》，见高级中学课本《语文》第 2 册）

例（7），原文中没有"把它"；例（8），原文中没有"把她们"。虽然读者可以猜测到"埋"和"送"的对象，但是仍不如改文表意清楚。以上是因缺少必要的表对象的修饰限制成分而增繁。

（9－1）屋子里虽然有十多个人，却没有一点声音，只是汽灯在嗡嗡地响着。（周而复：《诺尔曼·白求恩断片》，见《中国现代散

文选·七》，人民文学出版社 1983 年版)

　　(9-2) 屋子里虽然有十多个人，可是谁也没有讲话，只有明亮的汽灯在嘶嘶地响着。(《截肢和输血》，见初级中学课本《语文》第1 册)

　　(10) 奇形怪状的礁石自然逃不出她们好奇的眼睛。(杨朔:《雪浪花》原稿和修改稿，见王钟林、王志彬《修辞与写作》，内蒙古教育出版社 1983 年版)

　　例 (9)，改文增加了定语"明亮"，这对描写手术室是必要的。例 (10)，改文增加了定语"好奇"，这就突出了姑娘们天真活泼的性格。以上是因缺少必要的表属性的修饰限制成分而增繁。

　　(11-1) 骗子从中得了好处去，还要在旁边暗暗地好笑。(《抗争》，见《叶圣陶短篇小说选集》，人民文学出版社 1954 年版)

　　(11-2) 骗子从中得了好处去，还要闪在旁边暗暗地好笑。(《抗争》，见《叶圣陶文集·二》，人民文学出版社 1958 年版)

　　(12) 还有一种是自己连名字也并不抛头露面，只用匿名或由"朋友"给敌人以批评。(《五论"文人相轻"——明术》，见《鲁迅手稿三编》，文物出版社 1973 年版)

　　例 (11)，改文增加了状语"闪"，就更好地描摹了骗子那得意的神情。例 (12)，原文"自己并不抛头露面"，改文增加"连名字也"等状语;原文"给敌人以批评"，改文增加"只用匿名或由'朋友'"等状语，这样就进一步地揭露了"批评者"的卑劣手段。以上是因缺少必要的表方式的修饰限制成分而增繁。

　　(13-1) 一共有七根火柴，他却数了很长时间。(王愿坚:《七根火柴》，《人民文学》1958 年第 6 期)

　　(13-2) 一共只有七根火柴，他却数了很长时间。(《七根火柴》，见初级中学课本《语文》第 4 册)

　　(14-1) 病菌突破作物的第一道防线以后，也不一定能使植物发病。(《农作物抗病品种的培育》，《科学大众》1964 年第 3 期)

（14－2）病菌突破作物的第一道防线以后，也不一定都能使植物发病。（《农作物抗病品种的培育》，见高级中学课本《语文》第 3 册）

例（13），改文增加"只"作状语来表示火柴的数量，这就与"数了很长时间"形成强烈的对照，从而准确地描写了无名战士处于垂危状态时的情状，同时也表现出了他对集体的热爱。例（14），改文增加"都"作状语来表示总括，表意更准确。以上是因缺少必要的表范围的修饰限制成分而增繁。

（15）可惜我那时太不用功，有时也很任性。（《藤野先生》，见《鲁迅手稿选集》，文物出版社 1962 年版）

（16）但倘若对这两点先加警戒，那么他的大著作《昆虫记》十卷，读起来也还是一部很有趣，也很有益的书。（《名人和名言》，见《鲁迅手稿三编》，文物出版社 1973 年版）

例（15），改文增加了状语"太"，从而把作者内心的悔恨表现得更强烈。例（16），改文增加了状语"很"，也就加深了对《昆虫记》的赞扬。以上是因缺少必要的表程度的修饰限制成分而增繁。

（17－1）不过也有过一个时期，我很想见见鲁迅先生。（唐弢：《琐忆》，《人民文学》1961 年第 9 期）

（17－2）不过也曾有过一个时期，的确很想见见鲁迅先生。（《琐忆》，见高级中学课本《语文》第 3 册）

（18）我以为倘十分努力，大概也还能够博采口语，来改革我的文章。（《写在〈坟〉后面》，见《鲁迅手稿三编》，文物出版社 1973 年版）

例（17），改文增加了状语"的确"，加强了肯定语气，从而表现了作者当时迫切的心情。例（18），改文增加了状语"大概"来表示推测语气，这样就体现了作者的谦逊。以上是因缺少必要的表语气的修饰限制成分而增繁。

（二）限制和修饰成分的删简

通过以上分析我们已经知道，正确地运用修饰限制语，可以使表意更明晰、更准确、更周密，但是，如果修饰限制不当，则会影响语言的表达效果。遇到这种情况，我们就应该删除那些不恰当的修饰限制语。这就是修饰限制成分的删简。例如：

（19－1）原来枪没响以前，雨来就趁鬼子不防备，冷不防扎到河里去。（管桦：《小英雄雨来》，中国少年儿童出版社 1979 年版）

（19－2）原来枪响以前，雨来就趁鬼子不防备，一头扎到河里去。（《小英雄雨来》，见小学《语文》第 10 册）

（20－1）早在春节到来之前一个月，你在郊外已经可以到处见到树上挂着一串串鲜艳的花果了。（秦牧：《花城》，见《长河浪花集》，人民文学出版社 1978 年版）

（20－2）早在春节之前一个月，你在郊外已经可以到处见到树上挂着一串串鲜艳的花果了。（《花城》，见高级中学课本《语文》第 4 册）

（21－1）这儿有的是二十世纪的烂熟的技术、机械、制度。（夏衍：《包身工》，见《散文选·二》，上海教育出版社 1979 年版）

（21－2）这儿有的是二十世纪的技术、机械、体制。（《包身工》，见高级中学课本《语文》第 1 册）

例（19－1），"枪没响以前"是指什么时候？它跟"枪响以前"应该有区别。例（20－1），"春节到来之前"的一个月是指什么时候？它跟"春节之前"的一个月应该不一样。例（21－1），什么叫"烂熟的"技术、机械、制度？这些修饰限制成分实在让人难以理解，因此改文分别把它们删除了。以上是因修饰限制成分令人费解而删简。

（22－1）在国际共产主义运动中坚持一条马列主义路线……（毛岸青、邵华：《我们爱韶山的红杜鹃》，《人民文学》1977 年第 9 期）

（22－2）在国际共产主义运动中坚持马列主义路线……（《我们爱韶山的红杜鹃》，见试用本初级中学课本《语文》第 5 册）

（23－1）现在回过头来看，当初对秦官属的批判是否过头？那样的冲击是否过头？（黄宗英：《大雁情》，见《中国优秀报告文学选评》，复旦大学出版社1982年版）

（23－2）现在回过头来看，当初对秦官属的批判是否过头？冲击是否过头？（《大雁情》，见《中国优秀报告文学选评》，复旦大学出版社1986年版）

例（22－1），在"马列主义路线"前面加上限制语"一条"，这是否暗示存在几条马列主义路线？为了表意明确，改文删除了这个定语。例（23－1），说"那样的"冲击是否过头，那么是否还存在"这样的"冲击呢？为了表意明确，改文删除了这个定语。以上是因修饰限制成分容易引起读者误解而删简。

（24－1）一边人声咯咯罗罗，一边在谈话间歇的时候听菜畦里昆虫的鸣声。（吴伯箫：《菜园小记》，见《北极星》，人民文学出版社1978年版）

（24－2）一边人声咯咯罗罗，一边在听菜畦里昆虫的鸣声。（《菜园小记》，见初级中学课本《语文》第6册）

（25－1）他们新的更强壮的生命，是党给予的，是同志们用阶级友爱救活的。（《为了六十一个阶级弟兄》，《人民文学》1960年第4期）

（25－2）他们新的生命，是党给予的，是同志们用阶级友爱救活的。（《为了六十一个阶级弟兄》，见高级中学课本《语文》第1册）

例（24－1），人们未必要"在谈话间歇的时候"才听菜畦里昆虫的鸣声；改文删除了"听"的状语，让"人声咯咯罗罗"与"在听菜畦里昆虫的鸣声"这两种动作行为同时进行，倒是更符合客观实际些。例（25－1），民工从死里逃生，确实是获得了新的生命，但是要说他们的生命比中毒之前"更强壮"，则未免言过其实了，因此改文删除了"更强壮"这一定语。以上是因修饰限制成分不符合客观实际而删简。

（26－1）我立刻对这位同乡，越加亲热起来。（茹志鹃：《百合花》，见同名短篇小说集，人民文学出版社 1978 年版）

（26－2）我立刻对这位同乡亲热起来。（《百合花》，见高级中学课本《语文》第 1 册）

（27－1）一个上了年纪的担架员，大概把我当医生了，一把抓住我的膀子说："大夫，你可无论如何要想办法治好这位同志呀！"（茹志鹃：《百合花》，见同名短篇小说集，人民文学出版社 1978 年版）

（27－2）一个上了年纪的担架员把我当医生了，一把抓住我的膀子说："大夫，你可无论如何要想办法治好这位同志呀！"（《百合花》，见高级中学课本《语文》第 1 册）

例（26－1），"我"对这位同乡原来不但不亲热，甚至还是陌生的，因此这里不宜使用表程度加深的副词"越加"，于是改文删除了"越加"。例（27－1），根据文意可知，那个担架员确实是把"我"当医生了，因此这里的"大概"一词用得不准确，改文把它删除。以上是因修饰限制成分不准确而删简。

（28－1）无数先烈为人民的利益牺牲了他们的生命，才换来无产阶级的红色江山。（毛岸青、邵华：《我们爱韶山的红杜鹃》，见《人民文学》1977 年第 9 期）

（28－2）无数先烈为人民的利益牺牲了生命，才换来无产阶级的红色江山。（《我们爱韶山的红杜鹃》，见试用本初级中学课本《语文》第 5 册）

（29－1）晚来的风雪，这时候更加狂暴了。（峻青：《党员登记表》，见《黎明的河边》，人民文学出版社 1978 年版）

（29－2）晚来的风雪更加狂暴了。（《党员登记表》，见高级中学课本《语文》第 5 册）

以上两例原文中的定语"他们"和状语"这时候"都可以因语境因素而删简，因此改文分别删除了它们。

论现代汉语活用的类别及其修辞效果

摘　要：每一个词都有固定的形式、语法功能和词汇意义，唯有如此，人们的语言交际活动才得以正常进行；然而在特定的语言环境里，人们有时为了达到某种特殊的修辞效果而临时改变某个词语的形式、语法功能或词汇意义，这就是词语的活用。本文试图比较全面地探讨现代汉语活用的类别及其修辞效果。

关键词：活用；类别；修辞效果

每一个词都有固定的形式、语法功能和词汇意义，唯有如此，人们的语言交际活动才得以正常进行；然而在特定的语言环境里，人们有时为了达到某种特殊的修辞效果而临时改变某个词语的形式、语法功能或词汇意义，这就是词语的活用。本文试图比较全面地探讨现代汉语活用的类别及其修辞效果。

一　词语形式的活用及其修辞效果

词语有固定的形式：语音形式和结构形式。它们是词义的载体。一定的意义总是通过一定的语音形式或结构形式来表现的。语音形式或结构形式不同，其意义也就会有所不同，但是在特定的语言环境里，人们有时故意改变词语的形式而保留词语的原意，以达到某种特殊的修辞效果。这就是词语形式的活用。词语形式活用的方式主要有运用节缩来改变词形和运用飞白来改变词形。

（一）运用节缩来改变词形。例如：

（1）先生最初这几天对我很严厉，后来却好起来了，不过给我读的书渐渐加多，对课也渐渐地加上字去，从三言到五言，终于到七

言。(鲁迅:《从百草园到三味书屋》)

　　(2) 惜秦皇汉武,略输文采;唐宗宋祖,稍逊风骚。(毛泽东:《沁园春·雪》)

　　例 (1),"三言""五言""七言",分别是"三言诗""五言诗""七言诗"的节缩。例 (2),"秦皇汉武""唐宗宋祖",分别是"秦始皇、汉武帝""唐太宗、宋太祖"的节缩。

　　根据词的形、音、义三者之间的关系,"三言"这一语音形式和结构形式并不表示"三言诗"的意义,而"唐宗"这一语音形式和结构形式也同样不表示"唐太宗"的意义,但是在这些特定的语言环境里,读者可以明白它们分别是"三言诗"和"唐太宗"的节缩。运用节缩这一修辞方式来改变词形,可以收到语言简洁、音节和谐、结构整齐的效果。

(二) 运用飞白来改变词形。例如:

　　(3) 秀才便有一块银桃子挂在大襟上了;未庄人都惊服,说这柿油党的顶子,抵得一个翰林。(鲁迅:《阿 Q 正传》)

　　(4) 娘子:还能不填上吗? 老太太,对于面儿上的事您太不积极了!

　　大妈:什么鸡极鸭极的,反正我得沉住气,不多捧场,不多招事。(老舍:《龙须沟》)

　　例 (3),"柿油党"是"自由党"的谐音。鲁迅在《阿 Q 正传的成因》一文里解释说:"'柿油党'……原是'自由党',乡下人不能懂,便讹成他们能懂的'柿油党'了。"例 (4),大妈把"积极"故意理解为"鸡极",作者借以表现大妈思想的不积极。这两例词语形式的活用都是运用了飞白的修辞方式。所谓飞白,就是明知别人把一个词读错或写错了,却有意照录下来。这样就势必临时改变词语的形式。运用飞白这一修辞方式可以逼真地刻画人物,产生幽默或讽刺的效果。

二　词语语法功能的活用及其修辞效果

　　从词的语法功能来看,每一个词都固定地属于某一词类,词与词之间有着固定的搭配关系,然而人们在使用词的时候,有时为了提高语言的表达效果而临时改变词语的所属类别或搭配关系。这就是词语语法功能的活用。下面我们来具体地加以分析研究。

（一）词类的活用。例如：

（1）可是"友邦人士"一惊诧，我们的国府就怕了，"长此以往，国将不国"了，好象失去了东三省，党国倒愈象一个国，失去了东三省谁也不响，党国倒愈象一个国，失了东三省只有几个学生上几篇"呈文"，党国倒愈象一个国，可以博得"友邦人士"的夸奖，永远"国"下去一样。（鲁迅：《"友邦惊诧"论》）

（2）吃了么？好了么？老栓，就是运气了你！你运气，要不是我信息灵……（鲁迅：《药》）

例（1），名词"国"前面有副词"不"修饰则活用为动词；"国"后面带补语"下去"也活用为动词。这两处活用，使语言简洁，增强了讽刺性。例（2），"运气"是名词，这里的前一个"运气"带了宾语"你"，后一个"运气"单独处在谓语的位置，都活用为动词。这两处活用，生动地描绘出了刽子手康大叔那种自鸣得意、"居功"自傲的嘴脸。

（3）两岸的豆麦和河底的水草所发散出来的清香，夹杂在水气中扑面吹来；月色便朦胧在这水气里。（鲁迅：《社戏》）

（4）最惹眼的是屹立在庄外临河的空地上的一座戏台，模糊在远处的月夜中，和空间几乎分不出界限。（鲁迅：《社戏》）

例（3）中的"模糊"和例（4）中的"朦胧"都是形容词带宾语活用为动词。形容词活用为动词之后，既保留了形容词的属性，又能给人一种运动或变化的感觉，使语言生动。

（二）词语搭配关系的活用。例如：

（5）油蛉在这里低唱，蟋蟀们在这里弹琴。（鲁迅：《从百草园到三味书屋》）

（6）大的圆脸上长着两条细眼和漆黑的细胡须。（鲁迅：《离婚》）

(7) 可惜他有一种坏脾气，便是好喝懒做。坐不到几天，便连人和书籍纸张笔砚一齐失踪，如是几次，叫他抄书的人也没有了。（鲁迅：《孔乙己》）

例（5），"们"是后缀，一般用在代词和指人的名词之后，表示复数。这里用在动物"蟋蟀"后面，改变了"们"的搭配功能，从而表达了作者对这些小动物的喜爱之情和对百草园的怀念。例（6），"眼睛"一般只能跟"只""个""双""对"等量词搭配，而这里作者有意用"条"来修饰"眼睛"，改变了"条"的搭配功能，从而传神地描绘了七大人的嘴脸：眼睛长得细，是"细眼"，再用"条"来修饰"细眼"，这样就使人仿佛看到七大人那狭长的眼睛，从而引起人们对他的憎恶。例（7），"和"作为连词，一般是连接类别相同或结构相近的并列成分。"人"与"书籍纸张笔砚"属于不同类别，中间一般不能用"和"来连接。这里却改变"和"的连接作用，从而更好地说明了孔乙己"好喝懒做"的特点，具有极强的讽刺性。

(8) 一切都象刚睡醒的样子，欣欣然张开了眼。山朗润起来了，水涨起来了，太阳的脸红起来了。（朱自清：《绿》）

(9) 我到了自家的房外，我的母亲早已迎着出来了，接着便飞出了八岁的宏儿。（鲁迅：《故乡》）

例（8），"睡醒""张开了眼"原本是人或动物的动作行为，这里用于植物，生动地描绘了春天来时的景象。"脸红"是人的表情，这里用于太阳，形象地描绘了太阳的鲜艳。例（9），人是不会飞的，这里把动物的动作行为用于人身上，生动地表现了宏儿在迎接"我"时动作的迅速与欢快的心情。以上两例都运用了比拟的修辞方式（即根据想象把物当成人来写，或把人当成物来写，或把甲事物当成乙事物来写）来改变词语的搭配关系。

(10) 蜜蜂是在酿蜜，又是在酿造生活，不是为自己，而是为人类酿造最甜的生活。（杨朔：《荔枝蜜》）

(11) 这架飞机该有多大的重量啊！它载着解放区人民的心，载

着全国人民的希望，载着我们国家的命运！（方纪：《挥手之间》）

例（10），"酿造"与"生活"本来是不能搭配的，由于作者先用"酿蜜"引导，这两者就变得可以搭配了。例（11），"心""希望""命运"都不能受"载"支配，由于这里承接上文"飞机"可以载物的意思（这里省略了），也就使得这些词语可以受"载"支配了。以上两例都运用了拈连的修辞方式（即甲乙两事物连说时，把本来用于甲事物的词语顺势巧妙地用于乙事物）来改变词语的搭配关系。

（12）傍晚时候，上灯了，一点点黄晕的光，烘托出一片安静而和平的夜。（朱自清：《春》）

（13）延安升起了大火，这灾难的火光映红了半边天。（杜鹏程：《保卫延安》）

例（12），夜本身无所谓"和平"，这是把人的感受移到"夜"上了。例（13），"灾难"不能限制"火光"，这里是把形容人的感受的词语"灾难"移到了"火光"上。以上两例都运用了移就的修辞方式（即故意把人对甲事物的感受，如感觉、视觉、听觉、嗅觉、触觉等用于乙事物）来改变词语的搭配关系。

值得注意的是，如果某个词语临时改变了它所属的类别或结构关系之后，并不能提高语言的表达效果，那么我们就不应该把它当作语法功能的活用看待，而只能作词语使用不当来处理。例如：

（14-1）高空的白云和四周的雪峰清晰地倒影水中，把湖山天影融为晶莹的一体。（碧野：《天山景物记》，见《现代游记选》，湖南人民出版社1980年版）

（14-2）高空的白云和四周的雪峰清晰地倒映水中，把湖光山色天影融为晶莹的一体。（《天山景物记》，见高级中学课本《语文》第2册）

（15）顾八奶奶（很自负地）：所以我顶悲剧，顶痛苦，顶热烈，顶没法子办。（曹禺：《日出》）

例（14），原文中的"倒影"是名词，它不能带宾语。说"倒影水中"并不比说"倒映水中"要好一些，它不能起到积极的修辞作用，因此改文用动词"倒映"来替换它。例（15），"悲剧"是名词，不能受程度副词修饰，因此"顶悲剧"属搭配不当。作者有意让顾八奶奶说出这样不合语法的话，以此来表现她的惺惺作态和俗不可耐。

三　词语意义的活用及其修辞效果

语言是语音和语义的结合体，词语作为记录语言的符号，是具有固定的读音和意义的。然而人们在运用语言的时候，有时为了提高语言表达效果而故意临时赋予某个词语以某种意义，或使某个词语临时失去意义。这就是词语意义的活用。词语意义活用的方式主要有运用借代来临时赋予某个词义，运用反语来临时赋予某个词义，运用衬字来临时去掉词义。

（一）运用借代来临时赋予某个词义。例如：

（1）红眼睛原知道她家里只有一个老娘，可是没有料到她竟会那么穷，榨不出一点油水。（鲁迅：《药》）

（2）先生，给现洋钱，袁世凯，不行么？（叶圣陶：《多收了三五斗》）

例（1），"红眼睛"临时指管牢的红眼睛阿义。例（2），民国初年铸成的银圆上面有袁世凯的头像，因此这里用"袁世凯"来临时指银圆。以上两例都运用了借代的修辞方式（即不直接说出要说的人或事物，而是用同它有密切关系的人或事物来代替）来临时赋予某个词语以某种意义。

（二）运用反语来临时赋予某个词义。例如：

（3）有几个"慈祥"的老板到菜场去收集一些菜叶，用盐一浸，这就是她们难得的佳肴。（夏衍：《包身工》）

（4）这种"文明的惩罚"，有时会叫你继续两小时以上。（《包身工》）

例（3），"慈祥"实际上是指"狠心"。例（4），"文明"实际上是指"野蛮"。以上两例都运用了反语的修辞方式（即说反话，或反话正说，或正话反说）来临时赋予某个词语以某种意义。

（三）运用衬字来临时去掉词义。例如：

（5）捏一个你来捏一个我，捏的就象活人托。（李季：《王贵与李香香》）

（6）手把手儿教会了我，母亲打发我们过黄河。（贺敬之：《回延安》）

上面两例中的"来"和"儿"都不再具有词汇意义，只是起着调整音节、增强节奏感的作用。这是运用了衬字的修辞方式（即为了保持一定的音顿和节奏而增添的字）来使某个词语临时失去意义。

（原载《湖南城市学院学报》2003 年第 1 期）

五　模糊语言理论研究

模糊语言研究大有可为

　　摘　要：模糊语言本身就是一个取之不尽、用之不竭的宝藏，有些领域尚有待发掘，有些领域虽已被发掘，但仍有待进一步深入，模糊语言与许多学科有着千丝万缕的联系，值得我们去逐一探索。由此可见，模糊语言研究大有可为，也是学者们可以大显身手的领域。模糊语言研究可以从四个大的方面着手：一是研究模糊语言的基本理论；二是建构模糊语言学及其分支学科体系；三是研究模糊语言的应用价值；四是探讨模糊语言的研究方法。

　　关键词：模糊语言；基本理论；学科体系；应用价值；研究方法

　　查德于 1965 年所发表的《模糊集》论文，标志着模糊理论的诞生，随后诱发了与模糊理论有关的一系列学科的出现，例如，模糊数学、模糊逻辑、模糊语言学等。中国学者引进模糊学理论始于 1976 年，潘雪海、张锦文先生在《计算机应用与应用数学》1976 年第 9 期发表了《弗齐 (Fuzzy) 集合论》一文；伍铁平先生在《外国语》杂志 1979 年第 4 期发表了《模糊语言初探》一文。这标志着模糊语言研究在中国的起步。

　　在模糊理论诞生之前，语言学者对语言的模糊性认识不足，我们仅从一个方面就可以得到证明：任何一部语言学理论著作在论及词义的特点时都只谈词义的概括性和民族性，从未涉及词义的模糊性；而自 20 世纪 80 年代以后，几乎任何一部语言学理论著作在论及词义的特点时都加入了词义的模糊性之说。如今语言具有模糊性已成为共识，"模糊语言"已成为语言学者的研究对象，有关模糊语言研究的论著层出不穷，模糊语言研究取得了丰硕的成果。

　　模糊语言本身就是一个取之不尽、用之不竭的宝藏，有些领域尚有待发掘，有些领域虽已被发掘，但仍有待进一步深入，模糊语言与许多学科有着千丝万缕的联系，值得我们去逐一探索。由此可见，模糊语言研究大有可为，也是学者们可以大显身手的领域。笔者以为模糊语言研究可以从四个大的方面着手：一是研究模糊语言的基本理论；二是建构模糊语言学及其分支学科体系；三是研究模糊语言的应用价值；四是探讨模糊语言的研究方法。

一 研究模糊语言的基本理论

不少学者对模糊与明晰（或精确）、模糊性与明晰性、语言的模糊性、模糊语言、模糊言语、模糊限制语、模糊语句、隶属度和隶属函数、语言变量和语言值等基本概念进行了界定，对语言模糊性的根源、模糊语言研究的对象与范围、模糊语言的基本特征等进行了研究，对模糊语言进行了描写与分析，对明晰语言与模糊语言的相互转化进行了探讨，伍铁平先生所发表的有关模糊语言研究的系列论文，对上述基本理论几乎都进行了阐释。然而在模糊语言的基本理论研究方面，学术界还存在着一些争论，有些问题尚有待深入研究。

二 建构模糊语言学及其分支学科体系

语言是以语音为物质外壳，以词汇为建筑材料，以语法为结构规律而构成的体系。既然语音、词汇和语法的精确性是语言的自然属性，那么同语言的精确性相对立的一面，必然有语言的模糊性存在。精确性与模糊性共同处在语言这一矛盾的统一体中，构成语言的两种既相互对立又相互联系的属性。既然我们所说的语言的精确性是就语言的三要素而言，那么我们所说的语言的模糊性自然也应该从语音、词汇和语法三方面来看。只有这样，才能全面而深入地研究语言中复杂的模糊现象，从而正确地运用模糊语言来传情达意，交流思想。但是，我们注意到模糊理论的创始人查德是从语言中的概念入手来研究模糊性的。查德所说的语言的模糊性，实际上是指概念外延边界的不明晰性，而概念又是通过词语来表达的，因此人们通常所说的模糊语言，只是就表达模糊概念的词语而言。因此，模糊语言便有了广狭之分：狭义的模糊语言是指那些表达了事物类属边界或性质状态方面的亦此亦彼性（或者说中介过渡性）的词语，这样一来，模糊语言学的研究对象也就只指那些表达模糊概念的词语；广义的模糊语言还包括了具有亦此亦彼性的语音和语法方面的现象，即模糊语音和模糊语法，这样一来，模糊词语（语义）、模糊语音和模糊语法都是模糊语言学的研究对象。因此可以这么界定模糊语言学的学科性质：模糊语言学是一门主要运用模糊集理论与现代语言学的基本原理和方法，以语言各要素的模糊性为主要对象的具有交叉性、综合性的边缘科学。① 目前国内已出版"模糊语言学"方面的著作有：孙连仲、高炜《模糊语言学》（陕西人民出版社 1990 年版），黎千驹《实用模糊语言学》（广西师范大学出版社 1996 年版），陈治安、文旭、刘家荣《模糊语言学概论》（西南师范大学出版社 1997 年版），伍铁平《模糊语言学》（上海外语教育出版社 1999 年版）。

关于模糊语言学的研究对象有三种不同的观点：有人认为模糊语言学的研究对象只限于具有模糊性的词语，也就是说模糊语言学的研究对象是模糊词语或模糊语义；有人认为模糊语言学的研究对象还包括模糊语法；有人认为模糊语义、模糊语法和模糊语音都是模糊语言学的研究对象。即使是持相同观点的人，在界定什么是模糊语言（包括模糊语义、模糊语法和模糊语音）及其研究范围的时候，仍然存在着较大分歧。

关于模糊语言学的分支学科体系研究，笔者以为，如果我们将模糊语言学的研究对象——语言各要素的模糊性情况进行分门别类的研究，那么就有了模糊语言学的各个分支学科，如模糊语义学（或者叫做狭义的模糊语言学）、模糊语音学、模糊语法学等。如果我们将模糊语言运用于日常生活当中和写作当中来提高语言的表达效果，那么就有了模糊语言学的另一个分支学科，即模糊修辞学。下面分别作简要阐释。

（一）模糊语音学

探讨语音的模糊性最好是运用查德的模糊集合理论和方法，从音位的角度来对自然语言中语音的模糊性的表现特征进行考察分析，因为音位是一个语音系统中能够区别意义的最小语音单位。如果我们发现两类或两个音位之间在其边界具有中间过渡区域，表现出"亦此亦彼"性，那么就可以认为这两类或两个音位之间具有模糊性。语音的模糊性特征主要体现在以下三个方面：（1）辅音和元音之间过渡区域的存在，导致了语音的模糊性。（2）辅音之间或元音之间的边界不明导致了语音的模糊性。

---

① 黎千驹：《模糊语义学导论》，社会科学文献出版社 2007 年版，第 60—61 页。

（3）音位之间的对立中和导致了语音的模糊性。①

对模糊语音的研究，尚未将它建立成模糊语言学的一个分支学科"模糊语音学"，甚至一些模糊语言学著作没有将其纳入研究范围，孙连仲、高炜《模糊语言学》和伍铁平《模糊语言学》皆未涉及模糊语音。如今不少学者已将模糊语音作为模糊语言学中的一个研究对象，发表了一些有关模糊语音方面的学术论文，例如，谷伶《简论语音的模糊性》（《华南师范大学学报》1999 年第 3 期），叶德明、王晓星《计算机语音模糊模式识别》（《模糊系统与数学》1992 年第 2 期），赵忠德、于艳波《音系中的模糊性研究》（《外语与外语教学》2011 年第 4 期），陈波《论英语语音的模糊性》（《重庆科技学院学报》2008 年第 7 期），杜莎莎《论汉语语音的模糊性》（《语文学刊》2011 年第 1 期）等，黎千驹《实用模糊语言学》和陈治安、文旭、刘家荣《模糊语言学概论》皆设有"模糊语音"专章；但相对于模糊语义和模糊语法研究来说，模糊语音研究还是显得比较薄弱。

（二）模糊语法学

要构建模糊语法学，首先得弄清汉语语法模糊性主要体现在哪些方面，然后再研究如何解决这些问题。愚以为，汉语语法的模糊性主要体现在各级语法单位之间的模糊性、词类的模糊性和句法的模糊性（句子与句子之间的模糊性、句子成分之间的模糊性）三个方面。

（1）各级语法单位之间的模糊性。目前的语法学著作一般将语法单位分为五级，即语素、词、短语、句子、句群。这五级语法单位在其中心无疑是明晰的，然而在其边缘却并不存在截然的分界，我们经常可以遇到各种"中间状态"。语法学界时常为某个语言片段是语素还是词，是词还是短语争论不休，也时常为某几个句子是复句还是句群争论不休。

（2）词类的模糊性。汉语词类的模糊性主要表现在四个方面：第一，实词与虚词之间的模糊性：在实词和虚词的适用对象方面，副词、叹词、拟声词等的归类问题至今难以有一个公认的结论。这固然是由于汉语缺少发达的形态变化而使得语法学家各持各的分类标准所致，但也是汉语词类本身的模糊性在理论语法中的必然反映。有些词是处于边缘状态的，可此

---

① 黎千驹：《语音的模糊性研究》，《唐山师范学院学报》2005 年第 1 期。

可彼，亦此亦彼。虽然分类时把它们归入实词或虚词，但它们实中有虚，或者虚中有实。第二，各类实词之间的模糊性：名词和动词的划界问题、名词和形容词的划界问题、动词和形容词的划界问题一直困扰着语法学界，到目前为止还没有谁能将它们之间的界限截然分清，也没有哪一种划界的标准对内具有普遍性，对外具有排他性。第三，各类虚词之间的模糊性：虚词与虚词之间也存在着划界问题，例如，副词和连词、介词和连词之间皆具有模糊性。现在的介词和连词的划分法来自西方语法，这种划分法是否完全符合汉语的实际，有人已表示怀疑。第四，各类实词与各类虚词之间的模糊性：上文谈到"实词与虚词之间的模糊性"，主要是就这两大词类之间如何划界的问题来讨论某类词是应划归于实词还是应划归于虚词；这里所说的"各类实词与各类虚词之间的模糊性"，主要是讨论某个词是应划归于某一实词词类还是应划归于某一虚词词类的问题。例如动词和介词之间，动词和副词，连词之间，形容词和副词之间，名词和副词之间皆具有模糊性。

（3）句子与句子之间的模糊性。句子与句子之间的模糊性体现在许多方面，例如单句与复句之间、单句各句式之间、复句各分句之间，在其边缘并不存在截然的分界，我们经常可以遇到各种"中间状态"。语法学界时常为某个句子是单句还是复句，某个单句是连动句还是一般单句，是兼语句还是连动句，是兼语句还是主谓短语作宾语，某个复句的各分句之间的关系如何划界，某个多重复句的层次如何分析等问题争论不休。

（4）句子成分之间的模糊性。一般认为句子有六大成分：主语、谓语、宾语、补语、定语、状语。且不说这六大成分是否在同一层次，单就它们之间的外延来看，往往是纠缠不清的，没有截然的分界。例如主语和宾语之间、主语和状语之间、宾语和状语之间、宾语和补语之间等，都存在划界问题。

通过对汉语语法模糊性的分析和研究，我们认为，汉语语法研究起码应该注重两个方面的问题。

第一，要根据汉语的实际来研究汉语语法，而不能根据西方语法"先入为主"地设定汉语的词类和句子成分也跟西方语法大致相似。这就要求我们花大气力来弄清汉语语法事实和汉语语法的本质特征，从而探寻出汉语语法事实的规律。第二，要把模糊学理论引入语法研究中来。长期以来，我们的语法研究者，很少有人结合模糊学来研究汉语语法，总希望自己能够得出精确的结论，却往往事与愿违。因此，我们希望研究汉语语法的学者关注汉语语法模糊性的事实，以便对汉语语法作更科学、更切合汉语语法实际的研究。①

对模糊语法的研究，尚未将它建立成模糊语言学的一个分支学科"模糊语法学"，甚至一些模糊语言学著作也没有将其纳入研究范围，孙连仲、高炜《模糊语言学》和伍铁平《模糊语言学》皆未涉及模糊语法。如今不少学者已将模糊语法作为模糊语言学中的一个研究对象，发表了不少有关模糊语法方面的学术论文，例如，周猷裁《汉语语法模糊性刍议》（《复旦学报》1992 年第 5 期）、陈新仁《试论语法结构的模糊性》（《解放军外语学院学报》1993 年第 5 期）、梅立崇《模糊理论与汉语语法研究》（《语文研究》1993 年第 1 期）、张德继《汉语语法单位的模糊性》（《河北师院学报》1997 年第 3 期）、史厚敏《简论英语语法的模糊性》（《殷都学刊》1998 年第 4 期）等，黎千驹《实用模糊语言学》和陈治安、文旭、刘家荣《模糊语言学概论》皆设有"模糊语法"专章；并且出版了三部专著：王逢鑫《英语模糊语法》（外文出版社 2001 年版）、张红深《英语模糊语法学》（武汉大学出版社 2010 年版）、袁毓林《汉语词类的认知研究和模糊划分》（上海教育出版社 2010 年版）。如果我们能够对以上所摆出的语法的模糊性现象逐个进行专题研究，进而撰写出一部《汉语模糊语法学》，这样便可以建立起模糊语法学了。

（三）模糊语义学

传统语义学是以词义为研究对象的，因此传统语义学也可以叫做词义学。模糊语义学也是以词义为对象，但它并不包括传统语义学涉及的所有问题，而只是涉及词义中具有模糊性的那些对象，即模糊词义。

从词义的构成来看，词义是由理性意义和色彩意义（感情色彩和语体色彩）构成的。模糊语义学并非像语义学那样对词义的理性意义和色彩意义进行全面的研究，而只是研究那些具有模糊性的理性意义和色彩意义。从词义的单位来看，词义主要可分为义位和义素。义位是语言中由义素构成的最小的语义单位，义素是对词的义位进行分析之后所得到的词的语义特征，是义位的组成成分。有的义位具有明晰性，有的义位具有模糊

---

① 黎千驹：《论现代汉语语法单位及词类的模糊性》，《云梦学刊》2005 年第 1 期。

性，义素亦然。模糊语义学所要研究的对象，是那些具有模糊性的义位和义素，也包括义丛（由义位组合而成的语义单位，即通常所说的短语的意义）的模糊性。值得注意的是，现代语义学不仅研究词义，而且还研究句子的意义。因此那些具有模糊性的句义也是模糊语义学的对象。总而言之，模糊语义学的对象是模糊语义，即模糊词义和模糊句义。

模糊语义学已成为一门独立的学科，它是一门主要运用模糊集理论与现代语义学的基本原理和方法，以模糊语义（模糊词义和模糊句义）为研究对象，具有交叉性和综合性的边缘科学。它既是语义学的分支学科，也是模糊语言学的分支学科。目前国内已发表了大量的模糊语义研究方面的论文，已出版"模糊语义学"方面的著作有：张乔《模糊语义学》（中国社会科学出版社 1998 年版），陈维振、吴世雄《范畴与模糊语义研究》（福建人民出版社 2002 年版），吴振国《汉语模糊语义研究》（华中师范大学出版社 2003 年版），黎千驹《模糊语义学导论》（社会科学文献出版社 2007 年版）。

（四）模糊修辞学

模糊修辞是在言语交际活动中说写者精心地选择模糊语言材料来表达意旨、交流思想，以提高语言表达效果的一种言语交际活动。因此，模糊修辞学的研究对象就是指那些与提高语言的表达效果有关的模糊语言材料，或者说是为了提高语言的表达效果而对模糊语言材料进行加工的现象。模糊修辞学已成为一门独立的学科，它是研究在言语交际活动中如何精心地选择模糊语言材料来表达意旨、交流思想，以提高语言表达效果的方法、原则和规律的一门科学，它是修辞学的分支学科，也是模糊语言学的分支学科。[①] 目前国内已发表许多模糊修辞研究方面的论文，其中南京大学王希杰教授的论文《模糊理论和修辞学》被编辑到中学语文课本高中第六册，这对模糊理论和模糊修辞的普及有着重要的意义。已出版"模糊修辞学"方面的著作有：蒋有经《模糊修辞浅说》（光明日报出版社 1991 年版）、黎千驹《模糊修辞学导论》（光明日报出版社 2006 年版）、韩庆铃《模糊修辞论》（山东文艺出版社 2006 年版）等。

---

① 黎千驹：《模糊修辞学导论》，光明日报出版社 2006 年版，第 3 页。

三　研究模糊语言的应用价值

模糊语言的研究成果对某些相关学科必将产生较大的影响，国内学者非常重视模糊语言的应用价值研究，许多学者把模糊语言的研究成果分别应用于辞典学、词汇学、词源学、术语学、翻译学、语体学、语用学、广告学、新闻学、旅游学、信息学、中医学、哲学、逻辑、法学、美学、文艺学、社会学、决策学、管理学、思维学、心理学、教育学、人工智能等相关学科研究领域，取得了不少成绩。我们要继续深入开展模糊语言的应用价值研究，把模糊语言与相关学科紧密结合起来，把模糊语言的研究成果运用于相关学科研究之中。例如，把模糊语言与语用学相结合，来研究模糊语用的表达效果；把模糊语言与媒体语言学相结合，来研究广告、新闻和网络中模糊语言的利弊；把模糊语言与美学相结合，来研究美学的模糊性；把模糊语言与文艺学相结合，来研究文艺的模糊性；把模糊语言与法学相结合，来研究法学的模糊性；把模糊语言与思维学相结合，来研究模糊思维；把模糊语言与哲学相结合，来研究哲学的模糊性；把模糊语言与逻辑相结合，来研究模糊逻辑；把模糊语言与心理学相结合，来研究模糊心理；把模糊语言与决策学相结合，来研究模糊决策；把模糊语言与信息学相结合，来研究模糊信息；把模糊语言与谈判相结合，来研究谈判中的模糊策略；把模糊语言与教学法相结合，来研究模糊教学法；等等。只有这样，才能充分彰显模糊语言的应用价值，同时也能够促进相关学科的发展，甚至催生某门新兴交叉学科的诞生。目前国内所发表的模糊语言研究论文当中，模糊语言应用价值研究方面的论文占有相当大的比例；上文所举孙连仲、高炜《模糊语言学》，黎千驹《实用模糊语言学》，陈治安、文旭、刘家荣《模糊语言学概论》，伍铁平《模糊语言学》等著作皆设有模糊语言应用研究专章；并且已出版几部学术著作，例如，孙连仲、高炜《模糊语言与文学创作》（陕西人民出版社 1991 年版），孙连仲、南纵线《模糊社会语言学》（东方出版社 2001 年版），孙连仲、彭志启《新思维》（即模糊思维）（三秦出版社 2002 年版），邵璐《文学中的模糊语言与翻译》（商务印书馆 2011 年版）等。

四　探讨模糊语言的研究方法

一门学科的建立与研究方法密切相关，学科的进步与发展有时也要依靠新的方法来解决，因此，研究模糊语言一定要有科学的方法。一种方法之所以被称为"科学方法"，那是由于它能够如实地反映事物的本来面目，能够按照事物自身的发展演变规律去分析和解决问题。研究方法具有多样性，因此，我们应该从不同的角度、运用不同的方法来进行模糊语言研究。

从整体方法上看，实行宏观研究与微观分析相结合、定性研究与定量描述相结合、一般规律研究与特殊规律研究相结合、静态研究与动态研究相结合的方法。这种方法我们称为"整体贯通法"。从具体方法上看，我们应该注重模糊语言学的"交叉性和综合性的边缘科学"属性，融合各相关学科（诸如模糊学、语言学、语音学、语义学、词汇学、语法学、修辞学、语用学、术语学、语体学、辞典学、翻译学、文艺学、写作学、文化学、社会学、认知学、心理学、哲学、美学、逻辑学、思维学、信息学、计算机科学等）的理论、方法和成果，来对模糊语言展开多学科、多角度、多方位的交叉性和综合性研究。这种方法我们称为"学科渗透法"。例如：

（1）运用模糊学中的"模糊集合"与"隶属度"理论并结合计算机科学来对模糊语言作定量研究。所谓"集合"是现代数学中最基本的概念，它指的是具有某种本质属性的对象的全体。每个集合一般都是由若干同类个体所组成，属于同一集合的个体都叫做集合的元素。从形式逻辑的角度来看，集合相当于概念的内涵，而元素相当于概念的外延。传统集合论的基础是传统的二值逻辑。根据传统的二值逻辑，一个概念的内涵与外延都必须是明确的，某个概念或者某个命题要么属于某一集合（用 1 表示），要么不属于某一集合（用 0 表示），二者不能同时为假，其中必有一真。实践证明，根据传统的二值逻辑可以刻画精确语义的界限，而不能用来刻画模糊语义的界限，因为精确语义的界限是"非此即彼"的，而模糊语义的界限是"亦此亦彼"的。查德看出了二值逻辑的缺陷，他根据语言中的模糊现象而在普通集合论的基础上创建了模糊集理论。对那些既不绝对属于某一集合（1）又不绝对属于另一集合（0）的成分，查德认为可以用隶属度（grade of membership）的方法在 [0，1] 区间上取值，即用 [0，1] 中的实数值表示某些元素在某种程度上属于某一集合。模糊集合中的每个元素都有一个隶属度与之相对应。

查德在《定量模糊语义学》一文中提出了用"隶属度"来对模糊语

言进行计量的方法。所谓隶属（belong to）是刻画元素与集合、事物与类别之间关系的概念。隶属度是刻画这种属于程度大小的概念，即表示论域中的某个元素隶属于某个集合的程度；或者说，隶属度表示论域中的某个元素在多大程度上具有属于某个集合的资格。既然隶属度表示在同一集合中不同的元素隶属于该集合的不同程度，那么这些隶属度不同的元素实际上就是一个变量，于是人们就用变量 x 来表示这些元素，隶属度必将随着变量 x 的变化而变化，这样就形成了一个关于变量 x 的函数。人们称为隶属函数。这样一来，模糊语义便可以用隶属度的方法来定量化。

　　为了将模糊语义定量化的方法更加完善，不少学者在查德的隶属度的基础上进行了深入研究。例如，石安石先生在查德的隶属度的基础上提出了"模糊度"（grade of vagueness）的概念，还提出了计算模糊度的方法①；周志远先生对石安石先生的语义模糊度的计算方法提出异议，认为有必要重新探索关于语义模糊度的计算方法②；周海中提出用模糊集合论和图论的方法解释自然语言的模糊语义现象。他关于模糊语义变量所作出的一个科学假设，被国际学术界命名为"周氏假设"。③ 总之，关于模糊集合的定量描述问题，的确取得了可喜的进展，但仍然有待于作进一步的研究，以使之更完善、更科学。

　　（2）运用认知语言学中的原型范畴理论来研究模糊语言。维特根斯坦认为，范畴是对客观事物本质属性的概括反映，因此，同一范畴内的各个成员都有着相近的本质属性，然而范畴的成员之间没有一项共同的特性，每个成员与其他一个或者几个成员拥有一项或者几项共同的特性，不同成员之间的相似性是交叉的，并非完全重合。成员之间的关系如同一个家族中的不同成员，它们在某个方面表现出相似性，但并不完全相同。这种现象叫做"家族相似性"。根据家族相似性，各个成员属于该范畴的程度是不同的，有的成员拥有较多的共同特性，这就是典型成员；有的成员只拥有较少的共同特性，这就是非典型成员。通过分析同一范畴中不同成员的"家族相似性"，并据此区分该范畴中的典型成员与非典型成员，人们便可探寻出非典型成员的模糊性。范畴理论也可以用来揭示相邻范畴之

---

① 石安石：《模糊语义及其模糊度》，《中国语文》1988 年第 1 期。

② 周志远：《也谈语义模糊度》，《中国语文》1990 年第 2 期。

③ 《谁说小人物不能干大事》，《科技日报》1987 年 10 月 3 日；《周海中其人其事》，《现代人报》1994 年 7 月。

间的模糊性。陈维振、吴世雄先生运用原型范畴理论来研究模糊语义①,袁毓林先生运用原型范畴理论来研究汉语词类的模糊划分②,皆取得了重要的成果。

（3）运用语义学中的"语义场"理论来研究模糊语言。语义场是指在词义上具有某种关联的词集合在一起并且互相规定、互相制约、互相作用而形成的一个聚合体,是义位形成的系统。不同的语义场之间义位的性质是不相同的,义位之间的结构关系也是不相同的。这就使得我们可以将语义场划分为不同的类型,然后根据不同类型的语义场来考察分析语义的模糊性情况。例如,同义关系义场中义位的模糊性、并列关系义场中义位的模糊性、对立关系义场中义位的模糊性、矛盾关系义场中义位的模糊性、序列关系义场中义位的模糊性等。

我们认为,在同义关系义场中,具有相等语义的两个义位之间和具有不同语体色彩的两个义位之间,一般是明晰的。近义词两个义位之间语义的模糊性主要体现在"理性意义基本相同,但存在细微差别"和"感情色彩不同"这两类同义词上。在并列关系义场中,各义位之间的语义一般是明晰的。然而在并列关系义场中,由于某些客观对象之间界限的不明晰性,也就使得并列关系义场出现一定的模糊性。两个具有对立关系的义位构成二元对立的两极义场。在这两个对立的义位之间,存在着明显的过渡区域。在对立的两极,它们的义位是明晰的,但是在它们之间的交界区域就呈现出一定的模糊性。同时,两极义场之间的分界也往往是处于不断变化之中的,这也使得语义具有一定的模糊性。从"非此即彼"这个意义上看,矛盾关系义场中的两个义位之间的语义是明晰的。但是也有例外:如果人们在对客观对象进行归类时所持的标准模糊,那么具有矛盾关系的这两个义位之间也可能具有模糊性。在序列关系义场中,各义位之间的语义一般是明晰的。然而由于某些客观对象之间界限的不明晰性,也就使得序列关系义场出现一定的模糊性。③吴振国先生《模糊语义研究》中设有"模糊语义的聚合"专章,黎千驹《模糊语义学导论》中设有"语义场的类型与语义的模糊性"专章。

---

① 陈维振、吴世雄:《范畴与模糊语义研究》,福建人民出版社2002年版。
② 袁毓林:《汉语词类的认知研究和模糊划分》,上海教育出版社2010年版。
③ 黎千驹:《论语义场的类型与语义的模糊性》,《陕西理工学院学报》2006年第2期。

（4）运用语义学中的义素分析法来研究模糊语言。义素分析法是将同属一个语义场的一些词放在一起，从意义上对这些词的义位进行对比分析，找出它们所包含的义素。如果同一语义场内的几个义位之间的区别义素具有模糊性，那么这几个义位的语义无疑也具有模糊性。这种具有模糊性的区别义素，我们称为"模糊义素"。通过对比分析出不同义位之间的模糊义素，我们也就可以发现这几个义位的模糊性之所在。这样我们就不会再笼统地说它们是模糊语言了。

"义素分析法"的成果也可以运用于联想义的模糊性研究。我们知道，义位是由理性义和色彩义构成的。然而人们在运用语言的时候，有时所使用的意义既非词义的理性义，也非词义的色彩义，而是对语义进行联想而产生的联想义。所谓语义联想，是指在言语交际中，对某个客观对象的一般性特征即那些处于被抑制的、潜伏状态中的义素进行联想的过程。所谓联想义，是指在言语交际中，通过对某个客观对象的一般性特征即那些处于被抑制的、潜伏状态中的义素进行联想而凸显出来的，但尚未成为义位的理性义的言语意义。[①]

（5）运用语言学中的"组合"理论来研究模糊语言。例如，义位的超常组合，可以从词语的语义特征和语法特征两个方面来分析。在语义方面超常组合的叫语义超常组合；在语法方面超常组合的叫语法超常组合。

我们认为，语义超常组合主要是通过运用修辞手段来实现的。语义超常组合之后，在修辞上具有凝练含蓄和新颖别致的显著特点。语义超常组合也可以通过改变词义的感情色彩来实现。有些词语的感情色彩义并不模糊，或表示中性，或表示褒义，或表示贬义，各有自己的一类搭配对象。然而在言语中，为了收到某种积极的修辞效果而临时改变了某个色彩词语的搭配对象，从而使得该词语的感情色彩发生偏移而变得模糊起来。某种特定的语义组合环境也可以使原本显得荒谬或不合情理的两个义位的组合显得合情合理。这几种义位超常组合往往会使这些组合的语义具有模糊性。

语法超常组合主要是通过改变词的语法功能和改变词与词之间的搭配关系来实现的。这种语法超常组合，必然使得词语的语法功能产生偏移，从而使得词类之间的界限变得模糊起来，同时往往使得意义也变得模糊

---

① 黎千驹：《论义素分析法与语义的模糊性》，《湖南文理学院学报》2005 年第 5 期。

起来。

由于某种原因或出于某种表达效果的需要，有时句与句、段与段之间既缺乏结构上的联系，又缺乏意义上的联系，呈现一种混沌的、非逻辑的无序状态，从而在语言结构上形成一种集语义超常组合与语法超常组合于一身的双重超常组合。这样的双重超常组合无疑具有极大的模糊性。吴振国先生《模糊语义研究》中设有"模糊语义的组合"专章，黎千驹《模糊语义学导论》中设有"义位的超常组合与语义的模糊性"专章。

（6）结合社会学、文化学、比较语言学来研究模糊语言。由于各民族的生活环境、文化心理的不同，以及价值观念等方面的差异，因此各民族在认知客观事物方面很可能产生较大的差异性。这种对于客观事物认知上的差异性，必然会通过语言表现出来。因此语言成分便自然会有所不同，并深深打上民族的烙印。语言又是文化的载体，一个时代、一个社会、一个民族的文化，必然反映到语言中来。当不同的民族通过语言来表现出各自对于客观事物认知上的差异性时，这就往往会导致语言的模糊性。语言的模糊性在不同语言中既有相同的一面，也有相异的一面；也就是说，既有共性，也有差异性。开展语言模糊性的比较研究，可以发现不同语言之间模糊性的共同性与差异性，同时也可以发现民族文化对语言模糊性所产生的巨大影响。黎千驹《模糊语义学导论》中皆设有"语义模糊性与民族文化差异"专章，学者们也发表了不少这方面的研究论文，例如，李济生先生《论词义的民族性与模糊性》（《外语研究》1995 年第1 期），刘佐艳先生《试论语义的模糊性与民族文化研究的理论依据》（《外语学刊》2002 年第 4 期），肖晓亮撰写的硕士学位论文《英汉词义模糊性对比研究》（2009）等。

（7）研究语文辞典中模糊词语的释义方法。辞典的释义要求准确而精练，那么怎样才能使释义准确呢？从某个角度来看，语文辞典所收的词语基本上可以分为两大类：明晰词语和模糊词语。对于明晰词语，人们可以运用明晰语言来揭示其本质特征，从而达到释义的准确；对于模糊词语，如果用模糊语言来解释，照样能收到释义准确之功效，如果用明晰语言去解释，有时反而会显得不准确。例如：

文盲：不识字的成年人。（《现代汉语词典》）

科盲：不具备科学常识的成年人。（《现代汉语词典补编》）

我们曾经对这两条词语的释义作了这样的评析："不识字"是明晰语

言，如果"不识字"的成年人是"文盲"，那么认识十几个字的成年人还算不算"文盲"？他们是否属于"扫盲"的对象？根据有关规定，成年人要认识 1500 个左右的字才能算是"脱盲"。可见"文盲"不仅包括"不识字"的成年人，也包括那些"识字不多"的成年人。"科盲"也是模糊概念，"不具备科学常识"的成年人固然是"科盲"，只懂得一点点科学常识的成年人算不算"科盲"？其实，在人们的生活中所说的"科盲"，往往包括那些对科学常识知之不多的成年人。可见这两个词条都是用明晰语言来解释模糊概念，但表达得并不十分准确。相应来看，《现代汉语词典补编》对"法盲"的解释，就比对"文盲"和"科盲"的解释要准确得多。《补编》："法盲，缺乏法律知识的人。"这里用的解释语是模糊语言"缺乏"，而没有用明晰语言"不具备"。① 令人高兴的是，《现代汉语词典》2002 年增补本对"科盲"的释义已改为："指缺乏科学常识的成年人。"由此可见，运用模糊语言来解释词义，有时比运用明晰语言更为准确；有时运用一些模糊释义的方法来解释模糊词语，往往会收到更好的效果。我们归纳出了解释模糊词语的八种方法，即模糊种差法、定量法、形象描写法、比喻法、对比法、否定法、比较法、模糊义素法。②

（8）运用语用学理论来研究模糊语言在语言交际中的功用。语用学是研究在语言运用过程中，交际的双方如何根据特定的语境来恰当地表达与准确地理解话语意义及其基本原则的科学。一般来说，语用学所研究的内容主要包括语境、指示词语、会话含义、预设、言语行为、会话结构等。我们可以运用语用学中的"语境"理论、"得体原则"与"合作原则"来探讨模糊语言的语用功能。

语境是人们运用语言进行交际的言语环境。内容包括上下文语境、情景语境和社会背景语境。一般来说，模糊语言在一定的语境中往往可以消除或者降低其模糊度，但是，如果说写者所利用的语言环境比较隐蔽，使听读者难以寻找；或听读者受到自身知识水平、生活阅历、心理状态等限制而难以察觉，那么听读者对语境就会缺乏足够的了解，也就很难理解说写者的意图，从而使得语言具有一定的模糊性。

得体原则是指说写者与听读者总是处在一定的关系之中，如果说写者

---

① 黎千驹：《实用模糊语言学》，广西师范大学出版社 1996 年版，第 210 页。
② 黎千驹：《论模糊词语的释义方法》，《辞书研究》2007 年第 6 期。

能注意到听读者这一对象去选词择句，这就叫得体。在语言交际活动当中遵循得体原则，交际双方往往运用模糊语言来表情达意。在遵循得体原则的基础上，如果从维系人际关系的角度来看模糊语义的语用功能，那么，模糊语言在语言交际活动当中具有亲和功能、满足功能和调节功能。如果从语言表达效果的角度来看模糊语言的语用功能，那么，模糊语言在语言交际活动当中具有含蓄功能、委婉功能和幽默功能。[①]

　　格赖斯认为，合作原则是指"在参与交谈时，要使你说的话符合你所参与的交谈的公认的目的或方向"。在语言交际活动当中，交际的双方有时因某种原因而可能有意违反合作原则，这时交际双方往往运用模糊语言来表情达意；即使遵循合作原则，也可以运用模糊语言来表情达意。根据合作原则，如果从语言表达效果的角度来看模糊语言的语用功能，那么，模糊语义在语言交际活动当中具有适应性功能、灵活性功能和生动性功能。

　　然而，任何方法都不可能是万能的，它或多或少会具有一定的局限性，上述模糊语言研究方法也必然会存在着一定的局限性；任何研究方法也都有一个认识的不断深化问题；研究方法又具有多样性和灵活性，大到一门学科的研究方法，小到解决某个具体问题的方法，都不是唯一的。不同的方法可以解决同样的一个问题，我们可以根据实际需要来选择或综合运用上述研究方法，当然也还可以另辟蹊径寻找更为恰当的研究方法。总之，研究方法是以解决问题为宗旨的。

（原载黎千驹主编《模糊语言研究》（第 1 辑），
中国社会科学出版社 2014 年版）

---

① 黎千驹：《论得体原则与模糊语义的语用功能》，《修辞学习》2006 年第 3 期。

中国模糊语言学的研究现状及其发展趋势

摘　要：中国模糊语言学研究所取得的成绩主要体现在四个方面：一是出版和发表了一批具有高质量的学术论著；二是注重模糊语言学的基本理论研究；三是注重模糊语言学的应用研究；四是开始了模糊语言学的学科体系建设。模糊语言学学科建设当中自然还存在着不少问题，其中最主要的问题体现在四个方面：一是缺乏对模糊语言学基础理论的深入探讨；二是缺乏系统性；三是研究方法的简单化；四是没有建立学术交流的平台。今后的模糊语言学研究，我们应该朝着如下几个方面努力：加强队伍建设，继续深入地开展理论研究，注重应用研究，注重研究方法的科学性与不断更新，搭建学术交流的平台。

关键词：中国；模糊语言学；现状；趋势

中国学者从事模糊语言学研究已达 30 年。30 年来中国模糊语言学研究取得了哪些成绩？还存在着哪些问题？今后的模糊语言学研究该怎样进行？本文试图从这三个方面进行探讨。

一　中国模糊语言学研究所取得的成绩

中国模糊语言学研究所取得的成绩主要体现在四个方面：一是出版和发表了一批具有高质量的学术论著；二是注重模糊语言学的基本理论研究；三是注重模糊语言学的应用研究；四是开始了模糊语言学的学科体系建设。

（一）出版和发表了一批具有高质量的学术论著

我们知道，伍铁平先生在《外国语》1979 年第 4 期发表的《模糊语言初探》，标志着我国学者研究模糊语言的开端，随后国内许多学者开始关注这门新兴的边缘学科。据网上"中国期刊全文数据库"显示：从1980年1月到2008年3月，论文题目中含有"模糊语言"的有559篇，含有"模糊修辞"的有67篇，含有"模糊性"的有1065篇，其中以伍铁平先生的成就最为突出。伍先生发表了一系列模糊语言研究论文，内容涉及模糊语言的基本理论，模糊语言和词汇学、词典学、词源学、修辞学和语用学等相关学科之间的关系，他以丰硕的研究成果奠定了他在国内模糊语言学界的领先地位。另外，南京大学王希杰教授的论文《模糊理论和修辞学》被编辑到中学语文课本高中第六册，这对模糊理论的普及有着重要的意义。

目前国内出版了十余部模糊语言学学术著作，这些著作或以"模糊语言"命名，或以"模糊语义"命名，或以"模糊修辞"命名，主要有：孙连仲、高炜《模糊语言学》（陕西人民出版社1990年版），《模糊语言与文学创作》（陕西人民出版社1991年版），孙连仲、南纵线《模糊社会语言学》（东方出版社2001年版），蒋有经《模糊修辞浅说》（光明日报出版社1991年版），黎千驹《实用模糊语言学》（广西师范大学出版社1996年版）、《模糊修辞学导论》（光明日报出版社2006年版）、《模糊语义学导论》（社会科学文献出版社2007年版），陈治安、文旭、刘家荣《模糊语言学概论》（西南师范大学出版社1997年版），张乔《模糊语义学》（中国社会科学出版社1998年版），伍铁平《模糊语言学》（上海外语教育出版社1999年版），陈维振、吴世雄《范畴与模糊语义研究》（福建人民出版社2002年版），吴振国《汉语模糊语义研究》（华中师范大学出版社2003年版），韩庆铃《模糊修辞论》（山东文艺出版社2006年版）等，此外，陈原《社会语言学》（学林出版社1983年版）设立了"语言的模糊性与模糊语言"专章，李晓明《模糊性：人类认识之谜》（人民出版社1985年版）专门探讨了"模糊性"问题，苗东升《模糊学导引》（中国人民大学出版社1987年版）设立了"模糊语言"专章，鲁苓《语言 言语 交往》（社会科学文献出版社2004年版）设立了"语言模糊性"专章。

（二）注重模糊语言学的基本理论研究

不少学者对"模糊性""语言的模糊性""模糊语言"等基本概念的

界定，对语言模糊性根源的探讨，对模糊语言基本特征的研究，对模糊语言所作的描写与分析，对精确语言与模糊语言的相互转化的探讨，对隶属度和隶属函数、语言变量和语言值的研究，对模糊语言学的对象、性质和任务的阐释等，都提出了一些有价值的理论和观点。

（三）注重模糊语言学的应用研究

可以说，中国学者从一开始就注重模糊语言学的应用研究，例如，在模糊语言的修辞功能研究，模糊辞格研究，模糊语言的语用功能研究，模糊语言与社会交际研究，模糊语言与文章写作研究，模糊语言与文学创作研究，模糊语言与辞典学、词汇学、词源学、术语学、翻译学、语体学、文艺学、美学、法学、思维学、人工智能等相关学科研究方面，都取得了不少成绩。

（四）开始了模糊语言学的学科体系建设

在模糊语言学的学科体系建设方面，不少学者进行了积极探索。例如，伍铁平先生的《模糊语言学》，虽然该书具有论文集性质，但是每篇论文皆有各自的侧重点，这些论文汇编起来也就涉及了模糊语言学的方方面面。在编辑出版时，作者把这些论文分为三编：第一编"模糊语言通论"；第二编"模糊语言与词汇学、词典学、词源学"；第三编"模糊语言和修辞学、语用学"。由此可见，该书从模糊语言基本理论和应用研究两个方面初步建构了模糊语言学的学科体系。黎千驹先生的《实用模糊语言学》《模糊修辞学导论》《模糊语义学导论》三部专著，在明确模糊语言学、模糊语义学和模糊修辞学的学科性质及对象的基础之上，进一步研究了这些学科的任务，从而分别建构了这些学科的体系。其中《实用模糊语言学》主要是从模糊语言的基本原理、语言各要素（词汇、语音、语法）的模糊性情况、模糊修辞和模糊语言与其他有关学科的相互联系以及它对这些学科可能产生的影响四个方面来建构模糊语言学的学科体系。《模糊语义学导论》主要是从"模糊语义学基本原理研究""模糊语义学的研究方法""模糊语义学应用价值研究"三个方面来建构模糊语义学的学科体系。《模糊修辞学导论》主要是从模糊修辞学的基本理论、消极模糊修辞（模糊词汇修辞和模糊语法修辞）和模糊辞格修辞三个方面来建构模糊修辞学的学科体系。

众所周知，任何学科的体系都是具有多元性的，对该门学科研究对象和性质的认识不同，所形成的体系也就自然会不同。以模糊语言学为例，认为语音不具有模糊性的学者，他在建构模糊语言学的体系时就不会将模糊语音纳入其中；认为语法不具有模糊性的学者，他在建构模糊语言学的体系时就不会将模糊语法纳入其中。即使在对象和性质方面认识相同的专家学者，但由于其研究方法不同，也可能形成不同的体系。但无论体系是怎样不同，它都必须具有科学性这一基本特征，都必须是建立在某一核心理论的基础之上，都应该具有个性特征，即这种体系是属于"某一家"的。一部分人可能会认同这"某一家"的体系，另一部分人则可能另起炉灶建构另一种体系，例如，孙连仲、高炜先生的《模糊语言学》，陈治安、文旭、刘家荣先生的《模糊语言学概论》，蒋有经先生的《模糊修辞浅说》，张乔先生的《模糊语义学》，吴振国先生的《汉语模糊语义研究》等，皆具有各自的体系与特色。也只有这样，模糊语言学这门学科才能够在争鸣中走向成熟和繁荣。

二 中国模糊语言学研究所存在的问题

模糊语言学毕竟是一门新兴的边缘科学，我国学者从事模糊语言学研究也不过30年的历史，因此，在模糊语言学学科建设当中自然还存在着不少问题，其中最主要的问题体现在四个方面：一是缺乏对模糊语言学基础理论的深入探讨；二是缺乏系统性；三是研究方法的简单化；四是没有建立学术交流的平台。

在模糊语言学基础理论方面所存在的问题，主要体现在模糊语言学是一门具有什么性质的科学？它的对象是什么？运用模糊语言有何规律可循？模糊修辞的基本原则是什么？这些问题皆尚待人们深入研究。

在系统性方面所存在的问题，主要体现两个方面：一是作为学科建设而言，模糊语言学的学科体系该如何建构？可否形成一个能够被人们大致认可的学科体系，并在此基础之上形成一部"模糊语言学"通用教材？这是尚待人们继续探讨和深入研究的问题；二是作为研究者而言，研究模糊语言学都应该有个切入点的问题，并由该切入点而形成系统的研究，例如，陈维振、吴世雄先生试图从认知语言学的范畴理论入手揭示模糊语义的认知特点，因此他们围绕这个切入点发表了系列论文，并在此基础之上出版了《范畴与模糊语义研究》专著。吴振国先生于1997年在邢福义先生的指导下攻读博士学位,他把"汉语模糊语义研究"作为他的博士学位论文选题,并于 2000 年 5 月通过了博士论文答辩。毕业之后,他又花了三年的时间对博士论文进行修改充实,最终出版了《汉语模糊语义研究》。该书对汉语的模糊语义问题进行了比较全面、系统和深入的分析和探讨,基本上建立了一个汉语模糊语义学的系统理论框架。然而也有不少学者研究模糊语言,或是兴之所至而偶尔为之一两篇,或是缺乏明确的目标而"打一枪换一个地方"。

在研究方法方面所存在的问题,主要体现在研究模糊语言及其表达效果的论文,大多限于"模糊语言举例 ‡ 修辞效果分析"这样一种就事论事式的简单化模式,并且这种就事论事式的简单化模式几乎成了人们研究模糊语言及其表达效果的主要方法。

关于在建立学术交流平台方面所存在的问题,我们不妨从"学科产生的时间"和"发展状况"两个方面来将语用学和模糊语言学这两门学科进行简单的对比。

(一) 从语用学与模糊语言学产生的时间来看

先看语用学产生的时间。1938 年,美国哲学家莫里斯(Charles William Morris)出版了《符号理论基础》一书,认为符号学包括句法学(syntactics)、语义学(semantics)和语用学(pragmatics)。首次提出了"语用学"这一术语。此后,英国哲学家奥斯汀(1955)和美国语言哲学家塞尔(1969)提出了"言语行为理论",美国语言哲学家格赖斯(1975)提出会话含义理论,这些皆为语用学成为一门新学科创立了基本理论;1977 年,在荷兰阿姆斯特丹出版了《语用学杂志》,这标志着语用学作为一门独立的新学科的正式诞生。该杂志在创刊号的社论《语言学和语用学》中指出:"语言的语用学,粗略地较宽泛地说,就是研究语言运用的科学。"随后语用学得到进一步的完善与发展:1986 年成立了国际语用学学会,陆续出版了数种语用学材料,例如,列文森(Stephen C. Levinson)的《语用学》(1983)、利奇(Geoffrey N. Leech)的《语用学原则》(1983)、梅(Mey, J.)的《语用学概论》(1993)、托马斯(Thomas, J.)的《言语交际中的意义:语用学概论》(1995)、余尔(Yule, G.)的《语用学》(1996)等。

再看模糊语言学产生的时间。英国哲学家贝特兰·罗素(Bertrand

Russll）于 1923 年在《大洋洲心理学和哲学杂志》第 1 卷上发表了《论模糊性》（*Vagueness*）的论文，他断定"整个语言或多或少是模糊的"，例如，他认为颜色构成一个连续体，因此我们很难判断有些色彩是否属于红色（red）。他认为"秃头"（bald）也是模糊概念，并由此产生了著名的"秃头悖论"。美国科内尔大学哲学教授布莱克（M. Black）于 1937年在《科学的哲学》第 4 期上发表了《论模糊性》的论文，指出词的模糊性是指词的运用的"限定范围和对这个范围的界限缺乏明确的规定"，并且提出了一种"模糊度剖面图"的方法来对模糊词语进行形式化处理。1949 年他出版了专著《语言和哲学》，其中第二章的标题就是"模糊"。查德于 1965 年发表了《模糊集》，查德不仅注意到了语言的模糊现象，并且还能够透过现象看本质，提出了"模糊集"理论，将模糊理论形式化、数学化，建立了一个描述和处理模糊性的概念和技术的框架。这就为语言模糊性的研究形成一个理论化的科学体系提供了理论基石。因此说查德的《模糊集》标志着模糊理论的正式诞生。查德的模糊集理论一诞生，就立刻引起了社会的广泛关注，并且很快引发了不少新兴边缘学科，如模糊数学、模糊逻辑学、模糊思维学、模糊心理学、模糊美学、模糊语言学等。综上所述，语用学和模糊语言学都是 20 世纪 70 年代兴起的一门新学科。

（二）从语用学与模糊语言学在中国的发展状况来看

1979 年，许国璋先生翻译并发表了奥斯汀的《论言有所为》，这标志着中国学者研究语用学的开端。1979 年，伍铁平先生发表了《模糊语言初探》，这标志着中国学者研究模糊语言学的开端。由此可见，中国的语用学与模糊语言学研究处在同一条起跑线上。然而随着时间的推移，语用学获得了快速发展的势头，而模糊语言学则步履蹒跚。导致这种状况的一个重要原因就是学术交流平台的有无。例如，2003 年 12 月，成立了"中国语用学研究会"，并且在此之前已召开七届全国语用学研讨会，截至2007 年，已召开第十届全国语用学研讨会暨中国语用学研究会第四届年会；第十一届全国语用学研讨会暨中国语用学研究会第五届年会于 2009年在武汉大学召开。模糊语言学方面在 2008 年以前既没有成立研究会，也没有召开过专门的学术研讨会，从事模糊语言学研究的学者基本上是处于一种散兵游勇、各自为战的状态。由此可见，没有建立学术交流的平台，成为了制约模糊语言学学科建设与发展的瓶颈。

三　中国模糊语言学的发展趋势

模糊语言学学科能否发展壮大，能否迎来繁荣的局面，主要取决于以下几个因素：是否具有一支较强的研究队伍，理论研究是否具有深度，在实践上是否管用，研究方法是否科学，学术交流平台是否建立等。因此，今后的模糊语言学研究，我们应该朝着以下几个方面努力。

（一）加强队伍建设

任何一门学科的建设、发展和繁荣，首要的因素是需要有一支相对稳定的、老中青相结合的、具有战斗力的学术队伍。相对稳定的学术队伍，是模糊语言学科发展壮大的基础。虽然全国已有数百上千人发表过模糊语言研究方面的论文，但是其中有相当多的人是属于"业余爱好"，往往是写上一两篇就"退隐江湖"了。老中青相结合的学术队伍，是模糊语言学科实施可持续发展战略的关键。今天的老中年学者有不少是模糊语言学研究的骨干力量，他们为中国的模糊语言学科建设做出了不可磨灭的贡献；而今天的青年学者，或许就是明天中国模糊语言学研究的中坚力量！具有一支战斗力强的学术队伍，是模糊语言学科发展壮大的重要标志。这就要求我们每个研究者都要具有"咬定青山不放松，任尔东西南北风"的定力和"衣带渐宽终不悔，为伊消得人憔悴"的执着，集中精力从事模糊语言研究，努力产生出一大批具有影响力的学术成果。

（二）继续深入开展理论研究

理论研究既是模糊语言学研究的重要内容，也是引领模糊语言学研究走上健康、快速和深入发展之路的必要条件。模糊语言学理论研究重要成果的取得，也是模糊语言学步入繁荣局面的重要标志之一。据悉湖北省高校人文社科重点研究基地"湖北师范学院语言学研究中心"已组织全国有关专家学者计划编写一套"模糊语言学丛书"，希望能够从不同的角度和不同的方面来对模糊语言学的理论问题展开比较深入的研究。

（三）注重应用研究

我们要继续深入开展模糊语言学的应用价值研究，把模糊语言学与相关学科紧密结合起来，把模糊语言学的研究成果运用于相关学科研究之中，例如，把模糊语言学与语义学相结合，来研究语义的模糊性；把模糊语言学与语法学相结合，来研究语法的模糊性；把模糊语言学与语音学相结合，来研究语音的模糊性；把模糊语言学与辞典学相结合，来研究模糊词语的释义方法；把模糊语言学与修辞学相结合，来研究模糊修辞的表达效果；把模糊语言学与语用学相结合，来研究模糊语用的表达效果；把模糊语言学与广告学相结合，来研究模糊广告的利弊；把模糊语言学与新闻学相结合，来研究模糊新闻的利弊；把模糊语言学与文艺学相结合，来研究模糊文艺；把模糊语言学与美学相结合，来研究模糊美学；把模糊语言学与法学相结合，来研究法学的模糊性；把模糊语言学与思维学相结合，来研究模糊思维；把模糊语言学与哲学相结合，来研究模糊哲学；把模糊语言学与逻辑相结合，来研究模糊逻辑；把模糊语言学与心理学相结合，来研究模糊心理；把模糊语言学与决策学相结合，来研究模糊决策；把模糊语言学与信息学相结合，来研究模糊信息；把模糊语言学与谈判相结合，来研究谈判中的模糊策略；把模糊语言学与教学法相结合，来研究模糊教学法；等等。只有这样，才能充分彰显模糊语言学的实用性价值，同时也能够促进相关学科的发展，甚至催生某门新兴交叉学科的诞生。

（四）注重研究方法的科学性与不断更新

一门学科的建立与研究方法密切相关，学科的进步与发展有时也要依靠新的方法来解决，因此，模糊语言学要想成为独立的学科并走向成熟，也跟其他学科一样，要有科学的研究方法。一种方法之所以被称为"科学方法"，那是由于它能够如实地反映事物的本来面目，能够按照事物自身的发展演变规律去分析和解决问题。

研究方法具有多样性，因此，我们应该从不同的角度、运用不同的方法来进行模糊语言学研究。例如，我们可以运用查德的"模糊集"理论作指导，因为模糊语言学是在查德的"模糊集"理论诱发之下诞生的新兴科学；同时还可以运用现代语言学和现代语义学的基本原理、方法和成果来研究模糊语言，因为模糊语言学是语言学的分支学科。既要进行宏观的研究，也要进行微观的分析；既要进行定性的研究，也要进行定量的描述；既要研究导致语言模糊性的一般规律，也要研究导致语言模糊性的特殊规律。这样也就使得我们的研究方法具有多角度、多层次的特点，从而形成了一个方法论系统：可以运用相关学科的理论、方法和成果来研究模糊语言，因为模糊语言学也是一门具有交叉性和综合性的边缘科学，因此，我们必须注重模糊语言学的"交叉性和综合性的边缘科学"属性，融合各相关学科的理论、方法和成果，来对模糊语言展开全面而深入的研究，强调不同学科之间的渗透，把模糊学、语言学、语义学、语用学、修辞学、文艺学、写作学、文化学、社会学、心理学、哲学、美学、信息学、思维科学、计算机科学等进行综合交叉研究。横看成岭侧成峰，只有从不同的角度、不同的层次并且运用多种多样的方法来研究模糊语言学，才能更加全面地、深刻地认识语言的模糊性，这样的研究方法才会更具科学性与实用性。

然而，任何方法都不可能是万能的，它或多或少会具有一定的局限性，就像西方现代语言学和我国现代语言学中的各种研究方法都有其局限性那样，上述研究方法也必然会存在着一定的局限性；同时任何研究方法也都有一个认识的不断深化问题；方法又具有多样性和灵活性，大到一门学科的研究方法，小到解决某个具体问题的方法，都不是唯一的。不同的方法可以解决同样的一个问题，我们可以根据实际需要来选择或综合运用上述研究方法，当然也还可以另辟蹊径寻找更为恰当的研究方法。总之，研究方法是以解决问题为宗旨的。

（五）搭建学术交流的平台

这是促进学科建设的有效途径，也是检验一门学科是否繁荣的重要标志。湖北师范学院语言学研究中心从被批准为湖北省高校人文社科重点研究基地之日起，就把搭建中国模糊语言学术交流平台视为己任。我们希望在这个学术交流平台上，有一个全国性的学术团体或者学术组织机构，有一个进行学术交流的场所，有一种发表模糊语言学论文的专门刊物，能够出版一套有关模糊语言学研究的丛书，能够凝聚一支具有战斗力的研究队伍。我们姑且把这样的美好愿景也叫做"五个一工程"。这"五个一工程"正在逐步实施。例如，2008年11月，湖北师范学院语言学研究中心发起并成功主办了"首届中国模糊语言学术研讨会"，来自复旦大学、南京大学、苏州大学、北京第二外国语学院、武汉大学、华中师范大学、华中科技大学、中南民族大学、湖北大学、西南大学、西安交通大学、暨南大学、深圳大学、湖南师范大学、湘潭大学、河南师范大学、天津师范大学、新疆师范大学等 50 余所高校的 80 余位代表出席了会议。这就为全国研究模糊语言学的学者搭建了一个学术交流的平台，使大家能够有机会聚集在一起，共商模糊语言学学科建设与发展的大计，共同交流研究的心得体会，相互取长补短和增进友谊。同时该次会议也受到了新闻媒体的关注。《光明日报》于 2008 年 11 月 13 日以《专家探讨中国模糊语言》为题发表了会议新闻，接着又于 11 月 28 日以《模糊语言研究要注重更新方法》为题发表了会议"观点新闻"。2009 年 11 月湖北师范学院语言学研究中心又成功主办了"第二届中国模糊语言学术研讨会"，并产生了积极影响。湖北师范学院语言学研究中心还创办了国内第一个模糊语言研究的刊物《模糊语言研究》集刊，并希望它能够成为未来的"中国模糊语言研究会"的会刊，以便为各位学术同人发表模糊语言学研究成果提供一个阵地，同时也为人们了解模糊语言学研究的最新成果提供一个窗口。

　　综上所述，中国模糊语言学研究已经走过了 30 年的历程，我们既要看到我们所取得的成绩，也要正视所存在的问题，更要把握它的发展趋势并满怀豪情地去开创未来。

（原载曾毅平主编《修辞学论文集》（第 13 集），

黑龙江人民出版社 2011 年版）

模糊语言与模糊言语

模糊是指事物类属边界或性质状态不明晰，模糊性是人们认识中关于事物类属边界或性质状态方面的不明晰性、亦此亦彼性、非此非彼性，也就是中介过渡性。模糊语言有广义与狭义之分。狭义的模糊语言是指那些表达了事物类属边界或性质状态方面的亦此亦彼性、非此非彼性，即中介过渡性的词语。广义的模糊语言不仅包括那些表达了事物类属边界或性质状态方面的亦此亦彼性、非此非彼性，即中介过渡性的词语，还包括具有亦此亦彼性、非此非彼性，即中介过渡性的语音方面和语法方面的现象，即模糊语音和模糊语法。本文所探讨的"模糊语言"是就狭义的模糊语言而言。研究模糊语言，首先必须弄清楚模糊语言所研究的范围。鉴于学术界在关于模糊语言研究范围方面所存在的分歧，因此我们觉得有必要澄清在这方面的某些模糊认识。

一 词义的概括性、笼统性与模糊语言的区别

我们知道，词义是人们对客观事物或现象通过词的语音形式所作的抽象的、概括的反映。概括性是词义的基本性质之一。例如，"书"这个词是指"装订成册的著作"，它反映的是所有书的抽象了的共同本质，而舍弃了开本（如 16 开本、32 开本等）、样式（如平装本、精装本等）、内容（如政治书、文学书等）等具体的区别。可见在语言中只有一般的东西，在言语里才有具体的语义。这种现象，有人认为是语言模糊性的体现。例如：

有人认为"吃饭"是模糊语言，因为"吃饭"包括了吃早饭、吃中饭和吃晚饭。

有人认为在名词中，大多外延是模糊的。例如，"桌子"就有"方桌""圆桌""长桌""办公桌""餐桌""书桌""课桌""杉木桌""松

木桌""杂木桌"等。

有人认为某个词语在不同语言中所概括的程度有高低之分,概括程度高的词语是模糊语言。例如,汉语里的旁系亲属称谓词伯父、叔父、姑父、舅父、姨父等词语的意义,英语里只用 uncle 一个词表示,法语里只用 oncle 表示。汉语里的伯母、婶母、姑母、舅母、姨母等词语的意义,英语里只用 aunt 一个词表示,法语里只用 tante 表示。汉语里的侄子、外甥等词语的意义,英语里只用 nephew 一个词表示,法语里只用 neveu 表示。汉语里的侄女、外甥女等词语的意义,英语里只用 niece 一个词表示,法语里只用 nièce 表示。汉语里的堂兄、堂弟、表兄、表弟、堂姐、堂妹、表姐、表妹等词语的意义,英语里只用 cousin 表示,法语里分别用 cousin 表示堂兄、堂弟、表兄、表弟等男性,用 cousine 表示堂姐、堂妹、表姐、表妹等女性。于是有人便把英语里的 uncle 和法语里的 oncle,英语里的 aunt 和法语里的 tante,英语里的 nephew 和法语里的 neveu,英语里的 niece 和法语里的 nièce,英语里的 cousin 和法语里的 cousin 和 cousine 等看作模糊语言,因为它们所概括的程度比汉语相应的词语要高。

我们认为,词义的概括性、笼统性不属于模糊语言。这是因为:

第一,所谓词义的概括性,就是对客观事物进行分类,把具有共同特点的事物归纳在一起,给它一个名称,使它与另一类事物区别开来。列宁说,"感觉表明实在,思想和词表明一般的东西","任何词(言语)都已经是在概括"。[①] 概括性是词义最重要的特点。如果词义的概括性就是语言的模糊性,那么几乎所有表示概念的词语都是模糊语言了!这显然是不符合语言的客观实际的。

第二,模糊语言的本质特征是概念外延的边界不明,在 A 与非 A 之间有一个明显的"交界"的区域,人们很难在这两者之间划分出一条截然的界限。这里的"吃饭"与"非吃饭"之间、"桌子"与"非桌子"之间、"uncle"与"非 uncle"之间并不存在界限不清的问题。其实,"吃饭"只是舍弃了吃早饭、中饭、晚饭等具体区别而抽象为吃饭,这里只是说得笼统而不具体。"桌子"与"方桌""圆桌"等构成的是属种关系,属概念"桌子"是对种概念"方桌""圆桌"等的概括,而"方桌"

① 列宁:《黑格尔〈哲学史讲演录〉一书摘要》,见《哲学笔记》,人民出版社 1963 年版,第 303 页。

"圆桌"等是"桌子"所涉及的对象,这里也只是概括的程度不同而已。那么为什么有人会觉得概括程度高的词语譬如"桌子""吃饭"等具有模糊性,而概括程度低的词语譬如"方桌"与"圆桌"、"吃中饭"与"吃晚饭"等则具有明晰性呢?美国语言学家萨丕尔说过这样的话:"一个典型的语言成分标明一个概念。但是并不能由此引申说,语言的使用永远或主要的是概念的。日常生活中,我们并不怎么关心概念,反而更关心具体的东西和特殊的关系。"① 这或许可以回答类似的问题。

第三,词义具有民族性。这是由语言的性质所决定的。我们知道,语言是一种社会现象,语言的产生、发展是与一定社会的产生发展密切相关的。语言成分都是语音和语义的结合体,什么样的语音跟什么样的语义结合而构成语言成分,取决于约定俗成的社会习惯。不同民族的社会习惯是不相同的,因此语言成分便自然会有所不同,并深深打上民族的烙印。语言又是文化的载体,一个时代、一种社会、一个民族的文化,必然反映到语言中来。萨丕尔指出:"言语这人类活动,从一个社会集体到另一个社会集体,它的差别是无限度可说的,因为它纯然是一个集体的历史遗产,是长期相沿的社会习惯的产物。……言语是一种非本能的、获得的、'文化的'功能。"② 因此不同民族的语言,它所映现的民族文化是有区别的。这些都使得词义具有民族性的特点。词义的民族性,主要表现在两个方面:一是不同语言中某个词的意义所概括的范围有大小之分;二是不同语言中某个词的意义所附加的感情色彩有所不同。例如,上文所举汉语里的旁系亲属称谓词伯父、叔父、姑父、舅父、姨父等词语的意义,英语里只用 uncle 一个词表示,法语里只用 oncle 表示,这既是词义的概括性也是词义的民族性的体现。汉民族自古以来就有着明血缘、重宗法的传统,因此对亲属关系有着极为严格的多层次的规定。

下面再以一些实际用例来进一步探讨词义概括性与模糊性的区别。

(1) 经科学家研究,人类是由类人猿进化来的。类人猿是一种类似于人的猿类,经过千百万年的劳动过程,演变、进化、发展成为现代人。(初中课本《中国历史》第 1 册)

---

① [美]爱德华·萨丕尔:《语言论》,陆卓元译,商务印书馆 1983 年版,第 12 页。
② 同上书,第 4 页。

（2）人：能制造工具并使用工具进行劳动的高等动物。(《现代汉语词典》)

例（1），如果从"人"的本质属性来看，"人"具有概括性：是指"能制造工具并使用工具进行劳动的高等动物"；从人类进化的角度来看，"人"具有模糊性："类人猿是一种类似于人的猿类"，那么人们要问：类人猿从何时开始就不再是类人猿而发展成为人的？"学术界早已公认，人是由类人猿发展而来的，但究竟是由哪种类人猿演化而来，因为什么机制使类人猿向人的方向转化，是什么地方最具备从猿转化为人的客观条件，从而出现了最早的人类，则一直是学术界研究的课题而至今没有取得一致的结论。……分子人类学的研究表明，人类不是从某一种古猿直接演化而来，而应是从某种人猿超科不断分化的结果。"① 也就是说，在类人猿和人之间很难划出一条截然的界限。

例（2），就现在的"人"来说，应该不再存在与类人猿如何划界的问题了，人就是人，而不是类人猿，泾渭分明。因此，我们现在所说的"人"只存在概括性，而不存在模糊性，"人"既不存在与类人猿划界的问题，也不存在与"非人"划界的问题。由此我们再来评判下面的说法是否正确。

问："你找谁?"答："我找人。"有人说："我找人"中的"人"就是模糊语言，因为他没有说清楚要找的人是男人还是女人，叫什么名字等。其实这里所说的"人"并不模糊，"我找人"找的肯定是人，只有当人们无法区分"人"与"非人"的时候，"人"才具有模糊性。至于没有说清楚要找的人是男人还是女人，叫什么名字等，这只是没有说具体而已。这实际上是把词义的概括性当作了模糊性，而误认为只有"具体所指"才不模糊。我们认为，如果这也叫做"模糊"的话，那只能叫做"模糊言语"。

二 词的多义性与模糊语言的区别

每一个词在刚产生的时候都是单义的，然而由于客观事物是不断发展变化的，语言中有限的词远远不能满足表达客观事物的需要，人们又不能

---

① 白寿彝总主编：《中国通史》第 2 卷，上海人民出版社 1994 年版，第 8—9 页。

无限制地制造新词，于是只好用原有的一些词来表示跟原义有关联的其他一些事物。这样就产生了词的多义现象。有人把这种词的多义性称为模糊语言。

在讨论词的多义性属不属于模糊语言的问题之前，我们首先要解决这样的问题：语言的模糊性究竟是怎样形成的？如果是词的多义性导致了语言的模糊性，那么，多义词是否都是模糊语言？单义词是不是呢？下面让我们从《现代汉语词典》B 音节里举几个例子。

（1）邦：国。

（2）白²：（字音或字形）错误。

（3）惫：极端疲乏。

（4）焙：用微火烘（药材、食品、烟叶、茶叶等）。

（5）罢：1 停止。2 免去；解除。3 完毕。

（6）薄：1 扁平物上下两面之间的距离小（跟"厚"相对）。2（感情）冷淡；不深。3 不浓；淡。4 不肥沃。

（7）半：1 二分之一。2 在……中间。3 比喻很少。4 不完全。

实际情况是：有些单义词是模糊的，例如，"惫"和"焙"；有些单义词是明晰的，例如，"邦"和"白²"；有些多义词的所有义项都是明晰的，例如，"罢"的三个义项；有些多义词的所有义项都是模糊的，例如，"薄"的四个义项；也有些多义词的某个或某些义项是明晰的，而另外一个或某些义项则是模糊的，例如，"半"的第 1 义项是明晰的，第 234 义项是模糊的。像这样复杂的情况，用词的多义性又怎能说明语言的模糊性呢？况且多义词是就"词"而言，而模糊语言则是就"义项"（或义位）而言。由此可见，不能把词的多义性笼统地说成模糊语言。

下面再以一些实际用例来进一步探讨词的多义性与模糊性的区别。

（8-1）大家争相告我，说村里一些年轻后生们，听说我亲自来参加这个现场会，特别高兴。（马烽：《结婚现场会》，见《1980 年全国优秀短篇小说评选获奖作品集》）

（8-2）大家争着告诉我……（《结婚现场会》，见高中《语文》课本第 6 册）

（9-1）手术在悄悄进行着，只听见低微的锯骨的嘶喳嘶喳的音响。（周而复：《诺尔曼·白求恩片段》，见《中国现代散文选·七》）

（9-2）手术在静悄悄进行着，只听见低微的锯骨声。（《截肢和输血》，见初中《语文》课本第 1 册）

（10-1）同行老余是在边地生活过多年的人。（彭荆风：《驿路梨花》，《光明日报》1977 年 11 月 27 日）

（10-2）同行老余是在边境地区生活过多年的人。（《驿路梨花》，见初中《语文》课本第 2 册）

以上三例中的原文都运用了多义词而使得表意不明晰。例（8-1）中的"告"，有"告诉"义和"检举；控诉"义。这里的"告我"，容易使读者误解为"检举我"，因此改文换成了"告诉我"。例（9-1）中的"悄悄"，既可以指"没有声音或声音很低"，也可以指"（行动）不让人知道"。这里究竟是指哪一种意义，并不是很明确，因此改文换成了"静悄悄"。例（10-1），"边地"既可以指"边境地区"，也可以指"边远地区"。老余是在"边境地区"还是在"边远地区"生活过多年的人？原文令人费解。改文换成"边境地区"，表达也就明确了。

三 歧义与模糊语言的区别

有人认为："义可歧解"是模糊词语的主要表现情形之一。我们认为，所谓歧义，它是指一个语言结构有两种或两种以上的解释，它是人们运用语言的结果，属于句子方面的言语现象，它往往给语言表达造成消极的效果，然而在一定的语言环境里，歧义又大多是可以消除的。语言的模糊性是语言的自然属性，属于语义方面的语言现象，它不是人们运用语言的结果，也是不可以消除的。因此歧义也不属于模糊语言。

下面再以一些实际用例来进一步探讨歧义与模糊性的区别。

（1-1）"让我们进去吧！"她对医院的门卫说。
"不行，有外宾。"（茹志鹃：《离不开你》，见《中国优秀报告文学选评》）

（1-2）"让我进去吧！"她对医院的门卫说。

"不行，有外宾要来。"（《离不开你》，见高中《语文》课本第6册）

（2）每年蝴蝶会的时间总是十分短暂并且时有变化的。（吕叔湘：《评改〈澜沧江边的蝴蝶会〉》，见《文章评讲》）

例（1），原文中的"有外宾"，是有外宾在里面，还是有外宾要来？义有两歧，令人不能明白其所指。例（2），吕叔湘先生评改说："'时有变化'的意思不明白，是时间的长短每年不同呢？还是日期的早晚每年不同？"以上两例原文中的"有外宾"和"时有变化"并不是模糊语言，而是因歧义而造成的言语模糊，令人不知所云。

四　词义的交叉与模糊语言的区别

词义的交叉，即形式逻辑中所说的概念间的交叉关系。它是指 A 与 B 两个概念的外延有一部分重合，即 A 中有 B，但不全是 B；B 中有 A，但不全是 A。例如，"青年"和"教师"就是一组具有交叉关系的概念。青年中有教师，但不全是教师；教师中有青年，但不全是青年。交叉关系的概念在外延上是相容的，因此我们可以说某人既是青年又是教师。具有模糊性的词语却不是这样。它是指 A 与 B 两个概念的外延的边缘没有明确的界限。例如，"少年—青年—中年—老年"，这些词语具有模糊性，是因为在少年和青年、青年和中年、中年和老年等概念之间缺乏绝对分明的界限：到底要多大岁数才不是少年而是青年？要多大岁数才不是青年而是中年？要多大岁数才不是中年而是老年？这实在是难以截然划界的。但是它们在外延上并不存在交叉关系，我们不能说某人既是少年又是青年。另外，概念之间的交叉关系是根据不同的标准划分出来的，例如，根据年龄标准可以把人划分为青年，根据职业标准可以把人划分为教师；而在模糊边界两边的词语必须根据同一标准划分出来，例如，"青年"和"中年"都是根据年龄标准划分出来的。由此可见，词义的交叉不属于模糊语言。

五　语义双关、婉曲、含糊其辞与模糊语言的区别

在运用语言进行交际的过程中，说写者出于某种需要而不直接地、明确地表达自己的思想，或语义双关，或婉曲其义，或含糊其辞。例如：

（1）夜正长，路也正长，我不如忘却，不说的好罢。（鲁迅：

《为了忘却的记念》)

（2）近者奉辞伐罪，旌麾南指，刘琮束手。今治水军八十万众，方与将军会猎于吴。（《资治通鉴·赤壁之战》）

（3）王元泽数岁时，客有以一獐一鹿同器以献，问元泽："何者是獐，何者是鹿？"元泽实未识，良久对曰："獐边者是鹿，鹿边者是獐。"客大奇之。（冯梦龙：《古今谭概·王元泽》）

有人认为例（1）中的"夜"和"路"是模糊语言，但它们不是就"夜"与"傍晚"和"黎明"之间的界限不明，"路"与"非路"之间的界限不明而言，而是认为它们的模糊性质在于运用"这些具有模糊性质的语言，巧妙地道出了言外之意，唱出了弦外之音"。

有人认为例（2）中的"会猎"是"用模糊语言表情达意"，"语意含蓄透出力量"。

有人认为例（3）中王元泽的回答"是含糊其辞的，因为他没有确切指明哪头是獐，哪头是鹿。然而妙也就妙在这'含糊其辞'上"，这是"妙用模糊语言"收到的"奇妙的表达效果"。

我们知道，所谓语义双关，是利用词的多义现象来构成表里两层意思。说写者的重点和本意并不是在字面上的那层意思，而是在骨子里的那层意思。例（1）中的"夜"表面上是指黑夜，实际上是指反动统治的黑暗局面。"路"表面上是指脚下的路，实际上是指革命征途。这表里两层意思是兼容的，尽管它有所侧重。而模糊语言并不具有兼容性。例如，"夜晚"与"黎明"在外延上缺乏明晰的界限，比如5点吧，它是隶属于夜晚还是隶属于黎明，这很难确定，但是有一点可以肯定：假如22点完全在"夜晚"这个范围之内，其隶属度为1，假如8点完全不在"夜晚"这个范围之内，其隶属度为0，那么5点的隶属度越接近1，则其隶属于"夜晚"的程度就越高，反之则其隶属于"夜晚"的程度就越低。我们并不能因此而断定"5点"具有"夜晚"和"黎明"两个含义，也不能说"5点"既是"夜晚"又是"黎明"，更分不出什么表层语义和深层语义来。由此可见，语义双关不属于模糊语言。

所谓婉曲，是指不直接说出本意，而是用委婉曲折的话来暗示或代替本意。例（2）中的"会猎"，曹操并非真的要与孙权会猎，而是借"会猎"一词来暗示"交战"。这两个词在特定的语境里构成了同义词，可以互相代替。而模糊语言却不是因代替了别的词语而具有模糊语义的。例如：

  （4）"祥林嫂？怎么了？"我又赶紧的问。
  "老了。"
  "死了？"（鲁迅：《祝福》）

  "老了"的模糊性在于它与"非老了"之间缺乏明确的界限，即多大岁数才算"老了"？而不在于它代替了"死"才具有模糊性。此外，委婉曲折的话与未直接说出来的话之间构成同义关系，因此当听说祥林嫂"老了"时，"我"就马上意识到她"死了"；当孙权把曹操的来信"以示群下"时，群臣"莫不响震失色。"——他们确切地知道，曹操并非要与他们"会猎"，而是要与他们"交战"了。而模糊语言的 A 与非 A 之间永远不能构成同义关系。例如，"高"和"矮"、"胖"和"瘦"、"春"和"夏"等，它们之间怎么也构不成同义关系。由此可见，婉曲不属于模糊语言。

  所谓含糊其辞，是指表达不清楚，叫人不知所云。例（3）中的"獐边者是鹿，鹿边者是獐"，到底何者是獐，何者是鹿？王元泽还是没有说明白，因为他本来就分不清，当然也就道不明。对于他的这种回答，"客大奇之"的原因并不是王元泽巧妙地运用了模糊语言，而是因为他小小年纪居然还能利用关系判断中的对称关系来掩饰自己的无知。如果是一个成年人也用同样的话来回答，恐怕客不会"大奇之"，倒有可能"大鄙之"了。下面再以一个实际用例来进一步探讨含糊其辞与模糊性的区别。

  （5）讲师们那些饱含丰富知识的语言，像是引着你同文章作者
  一同走完了他这篇文章的创作路程。（朱德熙：《评改〈向朋友介绍
  "语文学习讲座"的一封信〉》，见《文章评改》）

  朱德熙先生评改说："什么叫'饱含丰富知识的语言'？什么叫'文章的创作路程'？'创作路程'如何走法？作者'走完了'他的'创作路程'又是什么意思？而且不但作者自己'走'，还要教师'引着'学生跟作者'一同'去'走'，这岂不是叫人越想越模糊？"

至于模糊语言，虽然外延的边缘不清晰，但是它的中心十分明确，因而表意是清楚的，无论是说写者还是听读者都可以明白其含义。由此可见，含糊其辞与模糊语言真有点风马牛不相及。

六　跳脱与模糊语言的区别

所谓跳脱，是指人们在说话时由于某种原因而有时会中途断了语路，造成结构形式上的残缺、语言表达上的不全。例如：

（1）宝玉！宝玉！你好……（曹雪芹：《红楼梦》）
（2）"可恶！然而……"四叔说。（鲁迅：《祝福》）

有人认为："黛玉临死时说的'宝玉！宝玉！你好……'因为她的断气而没有了下文，其真实含义是怨恨，是绝望，抑或是祝福？很难有定论。不仅小说中的人们说不清楚，就是今天的读者阅读的时候，也难免会有各种不同的理解而补进不同的联想意义。"这是由于"语义模糊而引起的歧义"。

有人认为：例（2）这段话"极省简，含蓄：什么'可恶'？'然而'又怎样？""这是鲁迅作品中模糊语言的又一构成方式。"

我们认为，虽然上面两个例句的确有些"模糊"，叫人感到一时不好理解，但是它们又绝不是模糊语言。这是因为：第一，这类模糊现象是由于语义的不全、说半截话造成的；而模糊语言的模糊性是由表达模糊概念的词语在外延上的边界不明造成的。第二，跳脱在表现形式上总是支离破碎的句子，书面上使用破折号或删节号；而模糊语言在表现形式上是有明确的词或短语，它与标点符号无关。第三，跳脱是因内涵不确定而显得模糊。跳脱中省略了的意思究竟是什么？有时是说不清、补不出的，如"宝玉！宝玉！你好……"；有时是基本上补得出、说得清的，但不补出、不说清则更含蓄，如"可恶"，是指抢人这种行为不合礼教，并且还"闹得沸反盈天的"，因而四叔认为可恶！"然而……"省略的是上文四叔已经说过的话："即是她的婆婆要她回去，那有什么话可说呢。"而模糊语言是因为外延边界不明而模糊，而其内涵一般是明确的。由此可见，跳脱不属于模糊语言。

综上所述，根据查德的模糊集理论以及我们在上文对"模糊性"与

"模糊语言"所作的界说,上述"词义的概括性""词的多义性""歧义""词义的交叉""语义双关""婉曲""含糊其辞""跳脱"等语言现象,尽管它们在所指上的确有"模糊"的地方,但是仍不能称为模糊语言,它们当然也就不属于模糊语言研究的范围。石安石先生指出:"目前在研究工作中有一种扩充地盘的倾向。例如,讲歧义时,笼统也是歧义,模糊也是歧义;讲模糊时,笼统也是模糊,多义、歧义也是模糊。每个科学概念,都有自己专门的领域,还是明确分工为好。"① 那么,又该怎样看待语言中所呈现出的这类"模糊"现象呢?我们认为不妨称为"模糊言语"。

人们不禁要问:"模糊语言"跟"模糊言语"有什么区别呢?我们认为这主要体现在以下三个方面。

第一,语言是由词汇和语法构成的系统,模糊语言自然属于词汇系统的一部分,是词汇学和语义学研究的对象,人们对它着眼于静态的语言分析;模糊言语是在语言的使用过程中运用了某些表意不明确的词语或句子而产生的现象,它是语用学和修辞学研究的对象,人们对它着眼于动态的说写分析。当然,当我们运用模糊语言来表达思想,提高表达效果的时候,模糊语言也就存在于模糊言语之中了,它自然也就成了语用学和修辞学研究的对象,因此又有了"模糊修辞学"。

第二,模糊语言只限于概念外延的边界不明确,在 A 与非 A 之间存在着一个不明确的交界区域;模糊言语则包括在表意上存在着不清晰的、能给人以模糊感的所有的言语现象。例如,双关的深层语义,一词多义所造成的歧义,婉曲中没有直接说出来的本意,跳脱中省略了的意思等。

第三,模糊语言的表义是单一的,例如"高"就是"高",只是在多少米才算高这一点上是模糊的,但其中心是明确的。模糊言语的表义是非单一的,它可以有多种解释,并且这多种解释之间或相互排斥,只有一个是符合说写者本意的;或为相容关系,几个意义或全部意义可以同时并存。

(原载《郴州师专学报》1989 年第 2 期)

---

① 石安石:《模糊语义及其模糊度》,《中国语文》1988 年第 1 期。

语音的模糊性研究

摘　要: 探讨语音模糊性的有无及其模糊性特征, 应该也必须紧紧扣住自然语言中语音的基本属性来考察, 同时在考察方法上, 最好从音位的角度来进行考察分析, 因为音位是一个语音系统中能够区别意义的最小语音单位。如果我们发现两类或两个音位之间在其边界具有中间过渡区域, 表现出"亦此亦彼"性, 那么就可以认为这两类或两个音位之间具有模糊性。这主要体现在如下三个方面: 第一, 辅音和元音之间过渡区域的存在, 导致了语音的模糊性; 第二, 元音之间的边界不明导致了语音的模糊性; 第三, 音位之间的对立中和导致了语音的模糊性。

关键词: 语音; 音位; 模糊性

有人认为, 模糊是自然语言的重要属性, 主要是表现在语义方面, 跟语音和语法是没有什么关系的。这实际上是牵涉模糊语言学的研究对象问题。关于模糊语言学的研究对象有三种不同的观点: 有人认为模糊语言学的研究对象只限于具有模糊性的词语, 也就是说模糊语言学的研究对象是模糊词语或模糊语义; 有人认为模糊语言学的研究对象还包括模糊语法; 有人认为模糊词语、模糊语法和模糊语音都是模糊语言学的研究对象。

我们认为, 语言是以语音为物质外壳, 以词汇为建筑材料, 以语法为结构规律而构成的体系。既然语音、词汇和语法的精确性是语言的自然属性, 那么同语言的精确性相对立的一面, 必然有语言的模糊性存在。精确性与模糊性共同处在语言这一矛盾的统一体中, 构成语言的两种既相互对立又相互联系的属性。既然我们所说的语言的精确性是就语言的三要素而言, 那么我们所说的语言的模糊性自然也应该从语音、词汇和语法三方面来看。只有这样, 才能全面而深入地研究语言中复杂的模糊现象, 从而正确地运用模糊语言来传情达意，交流思想。但是，我们注意到模糊理论的创始人查德是从语言中的概念入手来研究模糊性的。查德所说的语言的模糊性，实际上是指概念外延的边界的不明晰性，而概念又是通过词语来表达的，因此人们通常所说的模糊语言，只是就表达模糊概念的词语而言。因此，模糊语言便有了广狭之分：狭义的模糊语言是指那些表达了事物类属边界或性质状态方面的亦此亦彼性（或者说中介过渡性）的词语。这样一来，模糊语言学的研究对象也就只指那些表达模糊概念的词语；广义的模糊语言还包括了具有亦此亦彼性的语音和语法方面的现象，即模糊语音和模糊语法，这样一来，模糊词语、模糊语音和模糊语法都是模糊语言学的研究对象。根据广义的模糊语言，如果我们将模糊语言学的研究对象——语言各要素的模糊性情况进行分门别类的研究，那么就有了模糊语言学的各个分支学科，如模糊语义学（或者叫做狭义的模糊语言学）、模糊语音学、模糊语法学等。如果我们将模糊语言（指狭义的模糊语言）运用于日常生活当中和写作当中来提高语言的表达效果，那么就有了模糊语言学的另一个分支学科，即模糊修辞学。

　　当然，即使是肯定语音具有模糊性的人，在界定什么是模糊语音的时候，仍然存在着分歧。有人认为，语音具有模糊性，表现在发音器官功能和听觉器官功能的不稳定上，表现在同音现象和语流音变现象上。

　　我们认为，要论语音模糊性的有无，一是在观察点上，我们应该也必须紧紧扣住自然语言中语音的基本属性来考察，至于"发音器官功能和听觉器官功能的不稳定"现象，不属于自然语言中语音的基本属性，"语流音变"是人们使用语言的结果，也不属于自然语言中语音的基本属性；二是在考察方法上，同时我们最好是运用查德的模糊集合理论和方法，从音位的角度来对自然语言中语音的模糊性的表现特征进行考察分析，因为音位是一个语音系统中能够区别意义的最小语音单位。如果我们发现两类或两个音位之间在其边界具有中间过渡区域，表现出"亦此亦彼"性，那么就可以认为这两类或两个音位之间具有模糊性。根据这一认识，我们拟从以下三个方面来讨论语音的模糊性特征。

　　第一，辅音和元音之间过渡区域的存在，导致了语音的模糊性。一般认为音位可以分为两大类：辅音音位和元音音位。气流在口腔或咽头受阻碍而形成的音叫辅音；气流振动声带，在口腔、咽头不受阻碍而形成的音叫元音。由此可见，辅音与元音最主要的区别就在于发音时气流在通过咽头、口腔、鼻腔的过程中，是否受到某部位的阻碍。但是有一些音，例如，普通话中"衣"[ji]、"乌"[wu]、"鱼"[ɥy]里的开头音[j]、[w]、[ɥ]，究竟是辅音还是元音？说它们是元音吧，但在发这些音时，气流在通过发音器官形成阻碍时稍微有一些摩擦；说它们是辅音吧，但在发这些音时，气流所受到的阻碍最小。由此看来这里并不能做出"非此即彼"的归类，因为它们是介于辅音和元音之间的音，于是有人称为"半元音"，有人称为"半辅音"。这样，半元音或半辅音的存在，便打破了辅音和元音之间泾渭分明的界限，使语音呈现出模糊性特征。

第二，辅音之间或元音之间的边界不明导致了语音的模糊性。这里我们仅以元音为例。不同的元音是由口腔的不同形状决定的。口腔的形状决定于舌位的高低、舌位的前后和圆唇不圆唇。根据这三个条件，语音学上规定了八个标准元音，并且通常用一个四边形的元音舌位图来把元音的舌位和唇形表示出来。例如，[i]是前高不圆唇元音，[e]是前半高不圆唇元音。然而王士元先生指出："元音舌位图虽然是我们早就熟悉的，但舌位的高低前后其实是一个相当模糊的概念。比如根据 X 光照相画出来的元音舌位图，元音[i]仔细看来并不见得就一定可以算是一个前高元音。又何况不同的人发音，舌位会有很大差别，就是同一个人在很短时间里发出几个相同的音，舌位也不会完全相同。"① 正因为舌位的高低、前后以及唇形的圆展是一个相当模糊的概念，所以在语音教学时，教师往往难以用一个十分精确的标准而需用模糊语言来教学生发音。例如，教汉语普通话舌面单元音[o]的发音时，教师通常是这样讲述发音要领的：发音时，口半闭，舌位半高，舌头后缩，唇拢圆。也往往用类似下面的语言来纠正发音：口腔再闭一点，舌位再高一点，舌头再往后缩一点，双唇再拢圆一点。

元音的模糊性还表现在相邻的两个元音之间存在着"亦此亦彼"的过渡现象，它们之间难以划出一条泾渭分明的界限，其原因正如王士元先生所说："元音是一种连续现象，不是分立现象。比如从[i]到[e]之间，就有无数过渡的元音，因为发音时舌头从[i]到[e]是连续的。"② 音位是语音类型单位，它是一个语音系统中能够区别意义的最小语音类型

① 王士元：《实验语音学讲座》，见《语言学论丛》第 11 辑，商务印书馆 1983 年版。
② 同上。

单位，每个音位通常包含着若干彼此之间没有区别意义作用但发音特点相似的音素。例如，普通话语音系统中的［a］音位，包含［a］［A］［ɑ］等音素，其中［a］是前低不圆唇元音，［A］是央低不圆唇元音，而［ɑ］是后低不圆唇元音，由此可见，元音［a］音位本身就是一个模糊集合。

　　第三，音位之间的对立中和导致了语音的模糊性。众所周知，音位学的核心是对立和互补。如果某种语言的语音差异可以造成意义的不同，这样的语音差异就是音位对立，构成这种差异的语音特征叫做"区别特征"。根据对立，我们可以判断哪些语音不能归纳为同一个音位。互补指的是音位变体的分布情况。不同音位的条件变体各有自己的分布条件，绝不出现在相同的位置上，因而它们的分布状况是互相补充的，这叫做"互补分布"。根据互补，我们可以判断哪些语音可以归纳为同一个音位（特殊情况除外）。但是，"有时两个对立的音位在某个位置上会合而为一，发生'对立中和'的现象。例如，俄语里的塞音、擦音在元音之前是清浊对立的，但在词尾位置这类音位就失去了清浊对立"。[①] 这种"对立中和"的现象也体现在元音音位和声调音位上。例如，王士元先生认为，和传统语音学比较，区别性特征理论有许多进步的地方。它可以很简单、很容易地表达出：（1）自然类；（2）中立化；（3）标记成分。他在谈到音位的中立化时说："美国英语有十二个单元音，三个复元音，元音系统相当丰富。但是，并不是在任何环境下整套元音都有区别功能，在b—t 的环境里，许多元音都有区别功能（如 beat［bit］bit［bIt］, bet［bet］, boot［but］，等等）。但在—r 的前面，许多元音的区别就被中立化了，通常是一对一对地中立化了。比如［i］和［I］，在许多词里都有区别功能（如 peat 和 pit, beat 和 bit, lead 和 led，等等），但是在—r 的前面就没有区别功能。元音的区别功能在—r 前面差不多减少了一半。再举两个例子：普通话的四声在很多情况下都有区别功能，但有时也有中立化的现象。比如在上声前，阳平和上声的区别功能就被中立化了。在上声前，只有三个不同的声调，不可能有四个，因为上声前面的上声是要变阳平的。"[②]

---

① 王理嘉：《音系学基础》，语文出版社 1991 年版，第 90 页。

② 王士元：《实验语音学讲座》，《语言学论丛》第 11 辑，商务印书馆 1983 年版。

恩格斯指出："辩证法不知道什么绝对分明的和固定不变的界限，不知道无条件的普遍有效的'非此即彼'，它使固定的形而上学的差异互相过渡，除了'非此即彼'，又在适当的地方承认'亦此亦彼'，并且使对立互为中介。"① 上述语音的模糊性特征可以说是对恩格斯这一论断的最好注脚。

研究语音的模糊性有何意义呢？主要体现在以下两个方面。

（一）有助于自然科学的研究与发展

传统的人工智能在处理信息方面显现了无比巨大的优越性，但是它在好几个方面都显露出极大的局限性。比如在处理信息方面，计算机可以模拟人类的逻辑思维，但是不能模拟人类的模糊思维。传统的人工智能并不能将所有的问题都形式化，例如，对模糊语言的理解就是如此。而对模糊语言理解的局限性，就使得传统的人工智能难以摆脱困境。研究模糊系统的印度工学院电子学和电讯工程系的拉米希·贾安指出："人类的大脑具有一种执行不精确指令的能力。在我们日常生活中大部分指令是不精确的，但是我们在完成各种相当复杂的任务时并没有遇到任何困难。目前我还不能指望机器完成任何相当复杂的任务，这是因为大部分问题不能精确地用公式表达出来……如果我们在机器中输入一种能力，使它能跟随不精确的行动过程，我们就可以期望机器完成这种任务。"② 而要使机器完成这种任务，就有待于人们对模糊语言进行深入的研究，因为"模糊语言的概念是模糊集合理论中最重要的发展之一。我们注重语言方法的原因一方面是为了研究模糊调节器，一方面是因为非模糊的语言方法已在计算机科学和模式识别方面取得成功的应用；但最重要的是人类语言表达主客观模糊性的能力特别引人注目，或许从研究模糊语言入手，就能把握住主客观的模糊性，找出处理这些模糊性的方法"。③ 人工智能这种在处理信息方面的局限性也表现在对语音的处理上。人工智能不仅"要对复杂或未完善系统（尤其是人文系统）的分析与决策过程建立一种语言分析的数学模式，让日常生活中的自然语言能够直接转化为机器所能接受的算法语

---

① 恩格斯：《自然辩证法》，见《马克思恩格斯选集》第 3 卷，第 535 页。
② 转引自伍铁平《模糊理论的诞生及其意义（下）》，《百科知识》1987 年第 2 期。
③ 查德：《模糊集合、语言变量及模糊逻辑》，科学出版社 1983 年版。

言"。① 同时还要让计算机能够发出高度仿真的语言，并且能够识别任何人的语言。这里面就有对模糊语音的识别问题。由此可见，模糊语言研究有助于自然科学的研究与发展。

（二）有助于提高对语音自身的研究

以往的语音研究，人们往往忽略了语音的模糊性。这就在不同程度上制约了语音研究工作的进一步深入。随着人工智能、机器人学研究的深入发展，它们亟待着模糊语言能够直接转化为机器所能接受的算法语言，也亟待着模糊语音能够被计算机听懂与说出。这就要求人们对模糊语音作深入的研究，同时这也会反过来提高人们对自然语言中语音模糊性的认识。

（原载《唐山师院学报》2005 年第 1 期）

---

① 汪培庄：《模糊集合论及其应用》，上海科学技术出版社 1983 年版。

汉语语法模糊性研究

摘　要： 汉语语法的模糊性主要体现在各级语法单位之间的模糊性、词类的模糊性和句法的模糊性三个方面。语法单位分为语素、词、短语、句子、句群等五级。这五级语法单位在其边缘存在大量的"中间状态"，语法学界经常为某个语言片段是语素还是词，是词还是短语等争论不休；词的语法分类问题也长期困扰着语法学界，某类词是实词还是虚词，某个词是名词还是动词等，不同的语法研究者往往会有不同的归类，分歧便由此产生。句法的模糊性主要体现在句子与句子之间的模糊性和句子成分之间的模糊性两个方面。句子与句子之间的模糊性体现在许多方面，例如，单句与复句之间、单句各句式之间、复句各分句之间，在其边缘并不存在截然的分界，我们经常可以遇到各种"中间状态"。一般认为句子有六大成分：主语、谓语、宾语、补语、定语、状语。从它们之间的外延来看，往往是纠缠不清的，没有截然的分界。如主语和宾语之间、主语和状语之间、宾语和状语之间、宾语和补语之间等，都存在划界问题。

关键词： 语法单位；词类；句法；模糊性

每一种自然语言都有一定的语言的组合法则，人们只有按照一定的组合法则把语法单位组合起来，才能构成语言，才能表达和交流思想。语言中的这种组合法则就是语法。人们对于自然语言中的组合法则进行研究所形成的科学，就是语法学，或叫理论语法，亦简称语法。语法单位包括词法和句法两大部分，它们是一个极其复杂的交叉网络，并且处在变动之中。一方面，语法学家的语法理论都是从许许多多的词和语句里概括出来的，它具有抽象性，能适用于所有按照这样格式构成的词或句子；另一方面，任何语法理论都难以穷尽自然语言中的结构法则，都难以完全准确地符合自然语言的实际，同时每一位语法学家由于各自的知识修养、对语言规则的认识、研究的目的与方法等有所不同，因此对自然语言中结构法则的研究归纳也就不一样。这些都势必使语法具有一定的模糊性。例如，目前语法学界将语法单位一般分为四级，即语素、词、短语、句子。《中学教学语法系统提要》（以下简称"提要"）分为五级，即在"句子"之后再加上"句群"这一级。这四级或五级单位之间并没有截然的界限。各级语法单位内部又可以根据不同的语法特点而分成若干大小不同的类别，例如，词可以分为实词与虚词，实词又可以分为名词、动词、形容词等等；虚词又可以分为介词、连词、助词等等；短语可以分为名词短语、动词短语、形容词短语等等；句子可以分为单句和复句，单句和复句内部又可以分为若干类。然而在实词与虚词之间，实词的各若干类别之间，虚词的各若干类别之间，短语的各若干类别之间，单句和复句的各若干类别之间，皆不存在一条截然分明的界限。吕叔湘先生早就指出："由于汉语缺少发达的形态，许多语法现象就是渐变而不是顿变，在语法分析上就容易遇到各种'中间状态'。词和非词（比词小的，比词大的）的界限，词类的界限，各种句子成分的界限，划分起来都难于处处'一刀切'。这是客观事实，无法排除，也不必掩盖。但是这不等于说一切都是浑然一体，前后左右全然分不清，正如高纬度地方不像赤道地方昼和夜的交替在顷刻之间，而是黎明和黄昏都比较长，但是不能就此说那里没有昼和夜的分别。"① 吕先生在这里既指出了汉语语法具有模糊性的一面，又提醒人们不可因此而忽视汉语语法所具有的精确性的一面。我们所要探讨的是现代汉语语法模糊性的一面。

汉语语法的模糊性主要体现在各级语法单位之间的模糊性、词类的模糊性和句法的模糊性（句子与句子之间的模糊性、句子成分之间的模糊性）三个方面。

一　各级语法单位之间的模糊性

《中学教学语法系统提要》将语法单位分为五级，即语素、词、短语、句子、句群。这五级语法单位在其中心无疑是明晰的，然而在其边缘却并不存在截然的分界，我们经常可以遇到各种"中间状态"。语法学界

---

① 吕叔湘：《汉语语法分析问题》，商务印书馆 1979 年版。

时常为某个语言片段是语素还是词，是词还是短语争论不休；也时常为某几个句子是复句还是句群争论不休。下面分别揭示汉语各级语法单位之间模糊性的事实。

（一）语素与词之间的模糊性

什么是词？王力先生在《中国现代语法》里认为词是"意义的单位"；在《语法学习》里认为词是"语言的最小意义单位"；在《中国语法纲要》里认为词是"简单的意义的单位"。吕叔湘先生在《语法修辞讲话》里认为词是"意义的单位"；又在《语法学习》里认为词是"语言的最小的独立运用的单位"。王力先生认为吕先生的"这个定义是基本上相同的。这是较好的定义，但这不是完善的定义……因为所谓'最小'，所谓'单位'，它们本身在这里就是一种相当模糊的概念，本身还需要再下定义，所以不是完善的……"①

《暂拟系统》里没有提及"语素"这一语法单位。吕叔湘先生提出："最小的语法单位是语素，语素可以定义为'最小的语音语义结合体'。"②《中学教学语法系统提要》增加了"语素"的教学内容，并采用了这一定义，而将词解释为"词是由语素组成的"。语素和词虽然是两级语法单位，但是判断某一语言片段是语素还是词，有时并不是那么容易的事情。这主要表现在判断某一语言片段是自由语素还是半自由语素的问题上：如果判断它是自由语素，那么它便可以单独构成一个词；如果判断它不是自由语素而只是半自由语素，那么它便不可以单独构成一个词。例如《汉语语法分析问题》里举了这样一些例子："楼房、大楼、前楼、后楼"中的"楼"一般不单用，是半自由语素，但"三号楼"中的"楼"可以单用，是词；"氧气"中的"氧"一般不单用，是半自由语素，但在化学里可以单用，是词；"老虎"中的"虎"一般不单用，是半自由语素，但在成语里可以单用，是词；"云"说话不单用，但在文章里可以单用。吕先生认为，如果无条件地承认"楼""氧""虎""云"等也是能单用的语素，是一般的词，那么"就抹杀了一个重要的事实：这些语素在一般场合是不能单用的"。如果我们从模糊学的角度来看，这恰恰体现了语素

---

① 王力：《词和仂语的界限问题》，《中国语文》1953 年 9 月号。

② 吕叔湘：《汉语语法分析问题》，商务印书馆 1979 年版。

与词之间的模糊性：这些特殊的用例表明这些语言片段并非是完全地属于或者完全地不属于语素或者词。

语素与词之间界限的模糊性还表现在某个语言片段由"词"到"语素"是渐变的。现代汉语里的半自由语素大多是由古代汉语的单音节词逐渐转变而成的，换句话说，随着语言的发展演变，古代汉语里的一些单音节词逐渐转变成了现代汉语合成词的语素。例如，民、牧、基、语、言、迹、虑、丰等等，在古代汉语里都是单音节词，它们在现代汉语里一般不再单独成词或是作为构成合成词的一个语素。如果要问这些词是什么时候转化成语素而不再是一个词的，那么这恐怕很难准确地回答，因为这种转化只是"渐变"而不是"顿变"的。

（二）词与短语之间的模糊性

吕叔湘先生指出："词的定义很难下，一般说它是'最小的自由活动的语言片段'，这仍然不十分明确。因为什么算是'自由活动'还有待于说明。最好是用具体事例来给词划界。词在两头都有划界问题：一头是如何区别单独成词的语素和单独不成词的语素；另一头是如何决定什么样的语素组合只是一个词，什么样的语素组合构成一个短语。"① 王力先生早在 20 世纪 50 年代就明确指出词和短语之间没有绝对的界限："在单词和仂语之间，有所谓'复合词'的存在。在汉语里，典型的复合词是'火车'和'铁路'等。它们不是纯粹的单词，因为'火'和'车'、'铁'和'路'都是有独立运用的可能的；它们也不是仂语，因为'火车'不单纯是烧火的车，'铁路'不单纯是铁造的路。复合词似乎是词和仂语的'缓冲地带'。但是，复合词在原则上应该是词之一种，它不应该是和词及仂语鼎足而三的东西。复合词实际上只是单词中的一种特殊的结构，它并不能使词和仂语的界限更清楚；相反地，有了它，更模糊了二者之间的界限。""汉语的形态变化比较少，咱们很难从形态上辨别词和仂语的界限。"② 例如，"羊毛""驼毛""鸭蛋""鸡蛋"等语言片段是词还是短语，曾经就有过激烈的争论。有人根据"语素组合能不能单用，这个组合的成分能不能单用"的标准来判断，"驼"和"鸭"不能单用，因此

---

①　吕叔湘：《汉语语法分析问题》，商务印书馆 1979 年版。

②　王力：《词和仂语的界限问题》，《中国语文》1953 年 9 月号。

"驼毛"和"鸭蛋"是词,"羊"和"鸡"、"毛"和"蛋"都能单用,因此"羊毛"和"鸡蛋"是短语;有人认为把"羊毛"和"鸡蛋"说成短语而把"驼毛"和"鸭蛋"说成词,是非常可笑的,因为单纯用有没有不单用的成分来决定一个组合是词还是短语,显然行不通。[1]"吃饭""走路""说话"等语言片段是词还是短语,曾经也有过激烈的争论。有人认为这些都是词,因为(1)它们表示一个意思;(2)宾语没有具体的意思,似乎已与动词合而为一。有人认为这种看法是忽略了在用这些词组造句时的语法上的特点,因此一定要把这种词组说成是词,是有牵强的地方,并且还有连语法都讲不通的可能。[2]由上述争论我们可以得出一个结论:词和短语之间存在着"中间地带"。正因为如此,语法学家才可能为某个语言片段的归类而踌躇或争论;同时又不得不根据某种标准对某个语言片段作出"非此即彼"的选择,尽管这种选择本身就具有勉为其难的性质。

(三) 句子与句群之间的模糊性

句子是用词和词组构成的、能够表达完整意思的语言单位。每个句子都有一定的语调,表示陈述、疑问、祈使或感叹的语气,因此根据语调,句子可以分为陈述句、疑问句、祈使句和感叹句。根据语法结构,句子可以分为单句与复句两大类。在连续说话时,句子和句子中间有一个较大的停顿。在书面上每个句子的末尾用句号、问号或叹号。句群是前后衔接连贯的一组句子。一个句群有一个明晰的中心意思。

句子中的复句与句群之间存在着许多相同点:它们都是两个或两个以上的句子组合而成的,并且组合的方式也是相同的;复句中分句与分句之间的关系跟句群中句与句之间的关系也是一致的。有些复句和句群在使用上是可此可彼的。在一定的语言环境下,根据表达的需要,有些复句和句群可以互换。当然,句群与复句毕竟不是同一级语法单位,它们之间是有区别的,其主要区别是:句群的构成单位是句子,复句的构成单位是分句。因此,复句中的分句之间一般用逗号、分号或冒号;句群中的句与句之间一般用句号、问号或叹号。句群和复句都可以使用关联词语,但关联

---

[1] 吕叔湘:《汉语语法分析问题》,商务印书馆1979年版。

[2] 钟梫:《谈怎样分别词和短语》,《中国语文》1953年9月号。

词语的使用情况不同。复句的分句间可以使用成对的关联词语，如"不但……而且"、"虽然……但是"等等；句群中的句子之间一般不使用成对的关联词语，关联词语一般只出现在有逻辑关系的后续句的前头。

正因为句群与复句有着不同之处，所以它们才能够处于不同的语言单位层级；又正因为句群与复句有着不少相同之处，所以"句群和复句的界限不是绝对的……特别是在口语中，要分辨出复句和句群来，有的是不容易的"。①

二　词类的模糊性

《中学教学语法系统提要》将词类分为实词和虚词两大类，其中实词包括名词、动词、形容词、数词、量词、代词六类；虚词包括副词、介词、连词、助词、叹词、拟声词六类。然而汉语的词类存在着大量的模糊现象，实词与虚词之间，各类实词之间，各类虚词之间，各类实词与各类虚词之间，在其边缘却并不存在截然的分界，我们经常可以遇到各种"中间状态"。语法学界时常为某类词是实词还是虚词，为某个词是名词还是动词或形容词争论不休；为某个词是副词还是连词、是介词还是连词争论不休；为某个词是动词还是介词、是动词还是副词或连词、是形容词还是副词、是名词还是副词争论不休。下面分别揭示汉语词类模糊性的事实。

汉语词类的模糊性主要表现在四个方面：实词与虚词之间的模糊性、各类实词之间的模糊性、各类虚词之间的模糊性、各类实词与各类虚词之间的模糊性。

（一）实词与虚词之间的模糊性

早在汉代，人们就有了实词与虚词的概念，然而由于人们所用的区分虚实的标准不同，因而虚词和实词适用的范围也就不一样。之所以有不同的区分标准，这主要是由于汉语没有严格意义的形态变化所造成的。在印欧语系语言里，词类的划分可以用词汇意义、形态变化、语法功能来作为标准。这三者之中，形态变化又是最关键的，于是有些语法学家干脆就只提形态变化这一条标准。汉语缺少发达的形态变化，因此划分词类就只剩

---

① 黄伯荣、廖序东主编：《现代汉语》下册（增订版），高等教育出版社 1991 年版。

下意义和功能这两个标准了。在这两个标准当中，是偏重词的意义标准还是偏重词的功能标准？或者是只依据词的语法功能？重点的不同，标准的不同，划分出的实词与虚词的子项也就不尽相同。例如，在谈到汉语里的实词和虚词时，不少语法著作都强调"实词都有实在意义""虚词不表示实在的意义"。似乎这"有无实在的意义"便成了划分虚实的重要标准。《暂拟系统》认为"词类是词根据词汇·语法范畴的分类。具体些说，就是词类根据词的意义和词的语法特点来划分的"。这似乎是采取词的意义和词的语法特点并重的标准，然而在其划分词类的具体实践当中，人们不难发现它是偏重词的意义标准的。《暂拟系统》把词分为11类，其中实词包括名词、动词、形容词、数词、量词、代词六类；虚词包括副词、介词、连词、助词、叹词五类。《提要》将《暂拟系统》中划分词类的标准"词汇·语法范畴""改从更浅易、更具体些的说法，就是，划分词类主要依据词的语法功能，兼顾词汇意义"。① 但是《提要》除了在虚词中增加了一类"拟声词"之外，其余11类词的虚实的归类，仍与《暂拟系统》相同。由此看来，《提要》划分虚词与实词的标准与《暂拟系统》实际上是一致的。

陈望道先生认为："文法上词分虚实必须从组织上着眼，即从功能上区分。依照功能观点，实词是在组织上能够独立自主的，也就是说它能够单独做句子成分的，可以称为'自立词'；虚词是在组织上不能独立自主的，必须依附实词才能成一节次的，可以称为'他依词'。"因此，他认为"汉语里的名词、代词（合称体词），动词、形容词、断词、衡词（合称用词），数词、指词（合称点词）、副词，都能单独做句子成分，都是实词；介词、连词、助词都不能单独做句子成分，都是虚词。至于感词，它能穿插于句子之中，独立时可以成句；但一般又不能做除穿插语之外的句子成分。着眼于第一点，可说它与实词相同，着眼于第二点，可说它与虚词相仿；所以，可将感词放在实词虚词之外"。② 黄伯荣、廖序东先生主编的《现代汉语》（增订版）也认为："划分词类的标准是词的语法特征，主要是词的语法功能。"因此，"根据各类词的不同语法功能，实词

---

① 《〈暂拟汉语教学语法系统〉修订说明和修订要点》，见《教学语法论集》，人民教育出版社1982年版。

② 陈望道：《文法简论》，上海教育出版社1978年版。

可分为名词、动词、形容词、区别词、数词、量词、副词、代词、象声词、叹词十类，象声词、叹词是特殊的实词；虚词可分为介词、连词、助词、语气词四类"。邢福义先生根据能否作句子成分这一标准而把词分为成分词（名词、动词、形容词、副词）、特殊成分词（数词、量词、代词、拟音词）和非成分词（介词、连词、助词)①等类。

由此可见，在实词和虚词的适用对象方面，副词、叹词、拟声词等的归类问题至今难以有一个公认的结论。这固然是由于汉语缺少发达的形态变化而使得语法学家各持各的分类标准所致，也是汉语词类本身的模糊性在理论语法中的必然反映。对于这种现象，人民教育出版社语文一室在《初中语文语法教学内容要点》中明确指出："词分虚实，这是就一般情况来说的，但并不是所有的词都能分得很清楚。有些词是处于边缘状态的，可此可彼，亦此亦彼。虽然分类时把它们归入实词或虚词，但它们实中有虚，或者虚中有实。例如，副词，有的语法书归入实词，有的语法书归入虚词。从语法功能看，它和实词接近，而从意义看，有些副词的意义很虚，所以可以把它看做半虚词。又如代词属于实词，其实当它表示虚词（不定指或任指）时，它的意义是虚化的，所以代词，此外，一些比较典型的实词（如数词、趋向动词等）也有虚化用法。"有鉴于此，有人主张将这些处于边缘状态的词类从实词或虚词中分离出来，而划分一种"半虚词"。例如，吕香云先生认为：

> 汉语词类的传统分析方法是两分法，即分为实词和虚词。实词与虚词的区别反映了汉语的语言事实，但无法完整地概括汉语的全部语言事实。现在，有的语法书提出一种"半虚词"的主张，认为副词是"半虚词"。这样对词类从大的范畴说，就采用了三分法：除了传统的实词与虚词的划分之外，再在传统的虚词范畴中划出一种"半虚词"的范畴。我认为，半虚词的范畴可以成立，而且不仅是副词。半虚词包括副词、介词、量词和叹词。②

音素在辅音和元音之外还有一种"半元音"，元素在金属元素和非金

---

① 邢福义：《汉语语法学》，东北师范大学出版社 2000 年版。

② 吕香云：《现代汉语语法学方法》，书目文献出版社 1985 年版。

属元素之外还有一种"准金属"元素。这种"半虚词"的观点，或许是受此启发。然而即使把汉语词类三分为实词、虚词和半虚词，仍然难以精确地把汉语里所有的词分别装入这三个筐内。

（二）各类实词之间的模糊性

实词包括哪些词类？虚词又包括哪些词类？从上文可以得知，目前语法学界并没有得出一致的结论。为了讨论的方便，我们姑且以《中学教学语法系统提要》的分类为依据，来探讨名词、动词和形容词之间的模糊性，名词和量词之间的模糊性，以及某一词类之中的各小类之间的模糊性。

1. 名词、动词和形容词之间的模糊性。名词、动词、形容词这三类词的分类问题一直困扰着语法学界，到目前为止还没有谁能将它们之间的界限截然分清。第一，名词和动词的划界。对于处在主语或宾语位置上的动词，或认为它已转成名词，或者说是兼类，或称为动名词，或称作名物化，或认为它仍然是动词。吕叔湘先生指出："名词这个类里边的最困难问题还是怎么区别哪些动词已经转变成名词（兼属两类），哪些动词只是可以'名用'，还没有转变成名词。"① 第二，名词和形容词的划界。有些词语既具有名词的语法特点和词汇意义，又具有形容词的语法特点和词汇意义，如"科学""民主""精神"等等，人们不好将它们单独归入某一类，只好作兼属名、形两类处理。对于处在主语或宾语位置上的形容词，《暂拟系统》认为："形容词这样用，性质都有了一些变化，如'清楚'不能重叠，'冷'、'热'等不能受副词修饰，这说明它们已经丧失了形容词的一些特点。它们前边都有名词作定语，这证明它们已经取得名词的一些特点。形容词的特点有所变化，这样的用法是形容词的名物化用法。"② 动词和形容词名物化的说法无疑是模糊了动词、形容词与名词的界限：这样的动词、形容词究竟是转变成了名词还是仍然是动词或形容词？这恐怕难以说明白。第三，动词和形容词的划界。动词和形容词最难分辨，研究汉语的语法学家对此深感头痛。吕叔湘先生说："在西方语言里，动词和形容词，无论在形态上还是在功能上，都大不相同，该分两类。但是汉语

---

① 吕叔湘：《汉语语法分析问题》，商务印书馆 1979 年版。
② 《汉语知识》，人民教育出版社 1960 年版。

的形容词和动词有很多共同特点，并且是重要的特点：都可以直接做谓语，都可以用'不'否定，都可以用'X 不 X'的格式提问，等等。因此，如果把它们分成两个词类，在讲句子格式的时候就常常要说'动词或形容词'，很累赘。当然，在有些特点上，二者有区别，例如动词多数能用'没'否定，能带'了'，不少能带'著'，'过'，双音动词很多能整个重叠（ABAB），形容词能这样用的不是很多。但是这只是多和少的分别，不是有和无的分别；而且一般承认是动词的词里边，也有不少是动作的意味比较弱，也就往往不完全具备这些特点，本来就难以跟形容词划分清楚的。"① 动词和形容词在汉语里难以划分清楚，而语法学家又偏偏试图去划分清楚，因此，在动词与形容词划界的问题上，曾经有过种种主张。有的提出用概念或意义的标准来划界，如说表示"动作行为"的是动词，表示"德性"的是形容词。有的主张"依句辨品"，认为用作述语的是动词，用作名词附加语的是形容词。有的主张根据重叠形式，如说双音节动词的重叠形式是 ABAB，双音节形容词的重叠形式是 AABB。有的主张用带宾语的办法来区别动词和形容词，说能带宾语的是动词，不能带宾语的是形容词。有的用鉴定字"很"来替动形划界，说动词前面不能有"很"字，形容词前可以加"很"。还有的采用"很"和"带宾语"结合起来替动形划界，认为凡受"很"修饰而不能带宾语的谓词是形容词，凡不受"很"修饰或能带宾语的谓词是动词②，等等。由此看来，至今还没有哪一种划界的标准对内具有普遍性，对外具有排他性。

2. 名词和量词之间的模糊性。关于如何处理像"尺""斗""斤""个"等这些表示分量的词的归类问题，黎锦熙先生的《新著国语文法》称为量词；王力先生的《中国现代语法》称为单位名词；吕叔湘、朱德熙先生的《语法修辞讲话》称为副名词。虽然三家所给的名称不同，但是也有共同点，这就是都把这类词附在名词下面。吕叔湘先生说："量词和数词也许是词类中问题最少的两类。只有量词有一个小问题，就是有那么一些词，前边可以直接用数词而后边不要求有名词，如'年'、'季'、'天'、'夜'、'块（元）'、'毛'、'分'、'卷'、'章'、'节'、'页'

① 吕叔湘：《汉语语法分析问题》，商务印书馆 1979 年版。
② 范晓：《有关动词研究的几个问题》，见《现代汉语语法研究的现状和回顾》，语文出版社 1987 年版。

等。这些词可以算是特殊的名词，能直接跟数词组合，中间排斥量词；也可以算是特殊的量词，语义上可以自足，不需要另有名词。"① 由此可见，无论是把这些词归入名词还是量词，它们都不是完完全全的名词或量词。

3. 某一词类之中的各小类之间的模糊性。实词的模糊性不仅体现在各类实词之间的界限不明，并且还体现在某一词类之中的各小类之间的界限不明。以动词为例，吕叔湘先生指出："动词分为及物（外动、他动）和不及物（内动、自动），是很有用的分类，可也是个界限不清的分类。""助动词里边有一部分是表示可能与必要的，有一部分是表示愿望之类的意思的，所以又叫做'能愿动词'。前一种接近副词，后一种接近一般要求带动词做宾语的动词，这两方面的界限都很不容易划清。"② 其他词类之中也存在类似的问题。

（三）各类虚词之间的模糊性

虚词与虚词之间也存在着划界问题，这里仅探讨副词和连词、介词和连词之间的模糊性。

1. 副词和连词之间的模糊性。张静先生说："副词和连词从意义上说，都是比较空虚的，因此它们的界限最难划分。"他根据"修饰与被修饰关系"和"连接关系"来区分副词和连词，因此他认为"即……又……"，"一……就……"，"…又……又……"中的"又"和"就"等，"只有关联作用，而没有修饰作用了……都应该划归连词"。③ 吕叔湘先生认为："可以出现在主语前边，也可以出现在主语后边的是连词，如'虽然'、'如果'等；不能出现在主语前边（指没有停顿的），只能出现在主语后边的是副词，如'又'，'越'、'就'、'才'等。"④ 因此在他主编的《现代汉语八百词》里，上面格式中的"就"和"又"都划归于副词。

2. 介词和连词之间的模糊性。王力先生指出："在汉语里，介词和连词的界限不是十分清楚的。"⑤ 例如，"和、与、跟、同、因、因为、由

① 吕叔湘：《汉语语法分析问题》，商务印书馆 1979 年版。
② 同上。
③ 张静主编：《新编现代汉语》，上海教育出版社 1980 年版。
④ 吕叔湘：《汉语语法分析问题》，商务印书馆 1979 年版。
⑤ 王力：《王力文集·汉语史稿》，山东教育出版社 1988 年版。

于"等,都兼有介词和连词的词性。吕叔湘先生也指出:介词"除了跟动词的分合问题外,还有跟连词的分界问题"。① 王力先生给介词和连词一个总名,叫做联结词。现在的介词和连词的划分法来自西方语法,这种划分法是否完全符合汉语的实际,有人已表示怀疑。

(四) 各类实词与各类虚词之间的模糊性

上文谈到"实词与虚词之间的模糊性",主要是就这两大词类之间如何划界的问题来讨论某类词是应划归于实词还是应划归于虚词;这一部分"各类实词与各类虚词之间的模糊性",主要是讨论某个或某些词是应划归于某一实词词类还是应划归于某一虚词词类的问题。这里仅探讨动词和介词之间的模糊性,动词和副词、连词之间的模糊性,形容词和副词之间的模糊性,名词和副词之间的模糊性。

1. 动词和介词之间的模糊性。汉语里的介词大多是从动词演变来的,现在的不少介词仍然兼有动词的特点。"划界标准不一样,涉及介词的范围、数量以及动介兼类等好多问题。过去曾经有过'介绍'说,说,'介词是介绍什么到什么'上去的一种。但这很难说,有的动词也有'介绍什么到什么'的情形;反之,有的介词很难说介绍什么(如'被打'中的'被')。现在多数语法著作认为动词能单独作谓语或谓语中心词,能单独回答问题,能用'X 不 X'式提问。而介词则不具备这种功能。对于有些典型的介词,如'把''自''被''从''关于''至于'之类,跟动词的区别比较清楚;但有些词就比较麻烦,如'在''到''用'等。比如一般认为'他在北京'里,这'在'是动词,'他在北京工作'里,这'在'是介词。可是后边这个'在'也可以作谓语,也可以用'X 不 X'提问,也可以单独回答问题。那么这'在'的介词性又不明显了。碰到这样一些具体的词,动介之别又不大清楚了。"② 或许正是考虑到动词和介词之间的这种源流演变关系,以及这种演变的渐变性,吕叔湘、朱德熙先生曾在动词里面分出"副动词"这么一个小类。他们说:"大多数副动词有些语法书里称为'介词',我们认为这两类词的界限很

---

① 吕叔湘:《汉语语法分析问题》,商务印书馆 1979 年版。
② 同上。

不容易划断，不如还是把它归在动词这个大类的底下。"①

2. 动词和副词、连词之间的模糊性。对于"来、去、进、出、上、下"等词语，一般认为是趋向动词，然而《暂拟系统》认为趋向动词并不是完完全全的动词，当它"附着在别的动词后边，表示趋向、时态等附加意义（他笑起来了，跑过来一个人），这样用的时候念轻声，性质近于虚词"。② 而陆志伟先生干脆把它叫做"后附的副词"。③

3. 助动词（能愿动词）跟副词之间也有划界的问题。例如对于"我也懒得去找他"中的"懒得"，吕叔湘先生认为"最恰当的解释是把它们当做助动词"。④ 钟梫先生则认为"懒得"（天太热，实在懒得出门）可以划归副词。⑤ 又例如"不过""不如"等词，《现代汉语八百词》里认为"不过"兼跨副词和连词，而钟梫先生认为"'不过'在'再灵巧不过'一类例子中，像是动词"。《现代汉语八百词》里认为"不如"只是动词，而钟梫先生认为"像'不如'一词，'我不如他'，是动词；而'与其跪着生，不如站着死'，'不如'又是连词"。⑥

4. 形容词和副词之间的模糊性。陆志韦先生说："汉语的副词跟形容词很难分别，一则因为单词的形式是一样的，二则因为意义上也很难指出一定的界限来。"⑦ 50 年代，傅婧先生的《副词跟形容词的界限问题》⑧专门探讨了形容词与副词的划界问题。该文得出的结论是：

（1）形容词的主要作用是作谓语、作补语，修饰名词。多数形容词也能修饰动词。（2）副词的主要作用是修饰动词和形容词。副词不能作谓语，不能作补语（除"很""极"），不能修饰名词。（3）有些词用它的一种意义的时候能作谓语，能作补语，能修饰名词；用它的另一种意义的时候能修饰动词和形容词，这些词又属形容词又属副词。

然而张静先生主编的《新编现代汉语》里则认为应"取消'副词不

① 吕叔湘、朱德熙：《语法修辞讲话》，开明书店 1951 年版。
② 《语法和语法教学》，人民教育出版社 1956 年版。
③ 陆志韦：《北京话单音词词汇》，人民出版社 1951 年版。
④ 吕叔湘：《汉语语法分析问题》，商务印书馆 1979 年版。
⑤ 钟梫：《汉语词典标注词性问题》，《辞书研究》1980 年第 1 期。
⑥ 同上。
⑦ 陆志韦：《北京话单音词词汇》，人民出版社 1951 年版。
⑧ 傅婧：《副词跟形容词的界限问题》，《中国语文》1954 年 11 月号。

能修饰名词'的'禁令'"。

黄伯荣先生的《形容词和副词的界限》① 也专门探讨了形容词与副词的划界问题。该文得出的结论是"这两类词是可以分清楚而且应该分清楚的"。然而几十年之后,这两类词的界限仍然未能分清楚。例如黄伯荣、廖序东先生主编的《现代汉语》(增订版)里认为:"有部分形容词和副词一样,也能作状语,要细心分辨。凡是不能作定语或谓语、谓语中心的是副词。"根据这一区分标准,于是判定"'突然'是形容词,'忽然'是副词"。可是吕叔湘先生认为:"'突然'是形容词,'忽然'是副词,是不是也有点别扭?"②

然而问题至今仍然存在。例如黄伯荣、廖序东先生主编的《现代汉语》(增订版)里认为"有部分形容词和副词一样,也能作状语,要细心分辨。凡是不能作定语或谓语、谓语中心的是副词"。根据这一区分标准,于是判定"突然"是形容词,"忽然"是副词,可是吕叔湘先生认为"'突然'是形容词,'忽然'是副词,是不是也有点别扭?"③

5. 名词和副词之间的模糊性。名词和副词也存在划界问题。这两类词的界限不清主要表现在如何区分时间名词和时间副词上。例如"刚才、现在、平时、从前、将来"等,许多语法书认为是时间副词;然而张静先生主编的《新编现代汉语》则认为"这些词都是时间名词,理由是它们都可以作主语或宾语"。

三　句子与句子之间的模糊性

句子与句子之间的模糊性体现在许多方面,例如单句与复句之间、单句各句式之间、复句各分句之间,在其边缘并不存在截然的分界,我们经常可以遇到各种"中间状态"。语法学界时常为某个句子是单句还是复句,某个单句是连动句还是一般单句,是兼语句还是连动句,是兼语句还是主谓短语作宾语,某个复句的各分句之间的关系如何划界,某个多重复句的层次如何分析等问题争论不休。下面分别揭示汉语句子与句子之间模糊性的事实。

---

① 黄伯荣:《形容词和副词的界限》,《语文学习》1956 年 7 月号。
② 吕叔湘:《汉语语法分析问题》,商务印书馆 1979 年版。
③ 同上。

（一） 单句与复句之间的模糊性

20 世纪 50 年代，语法学界就汉语单句与复句的划界问题展开过热烈的讨论。郭中平先生对当时的讨论情况作了归纳①，下面的材料便是从郭文中摘引出来的。

下面几类句子是单句还是复句，语法学界的意见并不一致：

1 组：

    a. 袭人进来，见这光景，知是梳洗过了，只得回来自己梳洗。（《红楼梦》）

    b. 尤老二在八仙桌前面立了一会儿，向大家笑了笑，走进里屋去。（老舍）

2 组：

    a. 我并没说什么，不过说了几句顽话。（《红楼梦》）

    b. 我忽而看见他眼圈微红，但立即知道是有了酒意。（鲁迅）

3 组：

    a. 他们爱祖国，爱人民，爱正义，爱和平。（杨朔）

    b. 孙中山欢迎俄国革命，欢迎俄国人对中国人的帮助，欢迎中国共产党和他合作。（毛泽东）

4 组：

    a. 他……扔下粪筐就往回跑。（马烽、西戎）

    b. 待张材家的缴清再发。（《红楼梦》）

5 组：

---

① 郭中平：《单句复句的划界问题》，《中国语文》1957 年 4 月。

　　a. 对于车座儿，他绝对不客气。（老舍）

　　b. 关于各项具体政策，中央曾经陆续有所指示。（毛泽东）

　　黎锦熙、王力、吕叔湘、中国科学院语言研究所语法小组、张志公等五家，对上述五组句子的看法并不一致，各家的看法如表1所示。

表1

	黎锦熙	王 力	吕叔湘	语法小组	张志公
1 组	单句	复句	复句	复句	单句
2 组	单句	复句	复句	复句	复句
3 组	单句	复句	复句	复句	单句
4 组	单句	复句	复句	单句	单句
5 组	单句	复句	单句	复句	单句

　　各家看法的不一致，这是由于他们所持的标准不同。这五家在划分单句、复句的时候，概括起来一共有六个标准，不过各家的着重点各有不同。这六个标准是：（1）结构（主语和谓语）；（2）意义关系；（3）语音停顿；（4）连词；（5）连词以外的关联词语；（6）谓语的多少和繁简。

　　在单句、复句的划界方面，不仅仅是上面几组句子存在着划界的问题，郭中平先生还从几篇文章里找来一些句子，认为"这些句子像是具有既可看作单句又可看作复句的性质，因而即使已经有了以上六个标准，断定是单是复也还会有不少的困难"。接着郭先生将这些句子分作八个类型进行了说明，下面我们姑且从每个类型中各摘引一个例句及其说明。

　　1. 他们反对旧八股、旧教条，主张科学和民主，是很对的。（毛泽东）

　　这类句子表示主谓结构作主语的单句和主谓结构作分句的复句之间还存在着划界问题。这类句子，无论从意义方面、结构方面、停顿方面看，都可以有两种分析方法。比如例1，可以说"他们反对旧八股、旧教条，主张科学和民主"是主谓结构（包含两个谓语）作"是很对的"的主语，意思是"他们……民主，这是很对的"。这样分析，这一句就是单句。可是也可以说"他们反对旧八股、旧教条，〔他们〕主张科学和民主，〔他们〕是很对的"。这样，一个主语管三个谓语，或者一个句子有三个分句，不就是复句了吗？

2. 我们希望你们到这里来，咱们共同享受这些东西。(叶圣陶)

这类句子表示一串主谓结构算作宾语还是算作分句，在单句、复句划界上是会引起困难的。像"想、说、看见、听见、知道、希望、觉得、以为"等动词后边，只有一个主谓结构，说它是动词的宾语，是没有问题的；如果后边有一串主谓结构，中间又有停顿，情况就复杂了。比如例2，"你们到这里来"是"希望"的宾语，不成问题，"咱们共同享受这些东西"算不算宾语呢？这就值得考虑了。说"希望"的是"你们到这里来，咱们共同享受这些东西"，那就是复句结构作宾语，全句是单句。但是也可以说"我们希望你们到这里来"是一个分句，"咱们共同享受这些东西"是另一个分句，说明前一个分句的目的，意思是"我们希望你们到这里来"，为的是"咱们共同享受这些东西"。这样，全句就是复句了。

3. 写文章，做演说，著书，写报告，第一是大壹贰叁肆……(毛泽东)

这类句子表示一个结构算作状语或者算作分句是会引来划分单句、复句的困难的。比如例3，如果解释为"在写文章、做演说、著书、写报告的时候"，这是表示时间的状语，这一句就是单句；如果解释为"无论写文章，做演说，著书，写报告"，这是表示无条件的关系分句，这一句就是复句。

4. 揭穿这种老八股、老教条的丑态给人民看，号召人民起来反对老八股、老教条，这就是五四运动时期的一个极大的功绩。(毛泽东)

这类句子表示具有所谓"外位"的单句，与复句间也存在着划界的问题。例4，从"揭穿"到"老教条"，中间有顿号的停顿，顿号两边的话都是复杂谓语；因而用停顿和结构两个标准，已经可以说是包含两个分句的复句。——全句自然更是复句。可是我们都承认全句是单句，这是由于首先用了"意义关系"这个标准："揭穿……老教条"就是下边的"这"所代的，它是"外位"，与作为下句主语的"这"是一回事。

5. 咱们明明能够张嘴说话，发表意见。(叶圣陶)

这类句子表示单句、复句难于划界的另一种情况。给单句、复句划界，"结构"是个重要的标准；可是实际用这个标准的时候，还有因地制宜的性质。比如"我们爱祖国，爱人民"，不少人说是复句，"人人希望五谷丰收，国家太平"，大家都说是单句。这等于承认，"我们"不能跳过去统辖"爱人民"，"爱人民"前边还有省略的"我们"；"希望"能够跳过去统辖"国家太平"，"国家太平"前边没有省略的"（人人）希望"。可是，有什么标准能够断定某一个词或成分能跳过去统辖或不能跳过去统辖呢？比如例5，"能够"是助动词，它能不能跳过去统辖"发表意见"呢？能，全句是单句；不能，全句是复句。

6. 要正经除非自己锅底没有黑。（赵树理）

这类句子表示单句、复句难于划界的又一种情况。给单句、复句划界，"停顿"是个重要的标准；因为复句包括的至少是两个分句，分句是"单句"，完了当然要有停顿。如果是这样，我们似乎就可以说，有停顿的虽然未必不是单句，没有停顿的却绝不能是复句。但是这个重视停顿的办法也有问题，因为它会扑灭了划分单句、复句的另外的标准——结构、连词、意义关系。比如例6，没有停顿，可是说它是单句，"要正经"和"自己锅底没有黑"之间的结构关系不好说；而且用了一连贯分句的连词"除非"，从意义关系方面看也不是单句。

7. 阿Q（两只手都捏住了自己的辫根）歪着头，说道……（鲁迅）

这类句子表示用"停顿"为标准给单句、复句划界还会有另外的问题。一个主语后边不止一个动词，即所谓"连动"，如果两个动作间有停顿，有不少人倾向于把后一个动作看作一个分句，这样，例7自然是复句，"歪着头"是一个分句，"说道"是一个分句；而"阿Q歪着头说"自然是单句，"歪着头说"是连动，一个逗号应否有这样大的作用，是值得怀疑的。

8. （跳累了，）就站在象牙的横棍上歇一会儿，或者这一根，或者那一根。（叶圣陶）

这类句子与前几类句子有些分别：前几类的情况还比较单纯——这样看是单句，那样看是复句；这类的情况更加复杂，或者更加模糊。比如例8，"或者这一根，或者那一根"，可以解释为修饰前边的"象牙的横棍"，也可以解释为修饰"歇一会儿"，还可以解释为"或者这一根上歇一会儿，或者那一根上歇一会儿"的省略。如果是前两者，全句是单句；如果是后者，全句是复句。

郭中平先生最后指出："给单句、复句划界有理论的意义，也有实践的意义。到现在为止，我们还不能毫无困难地分析连贯的语言。这可能有很多原因，然而其中一个主要的，或者最大的，我们以为就是还不能给单句复句划清界限。""但是众志成城，只要大家努力钻研，成功还是并不太难的。"

然而几十年过去了，如今单句与复句划界的问题仍然未能得到圆满的解决。以紧缩句为例，紧缩句是单句还是复句？主要有单句说、复句说、复句分化说和独立句型说四种观点。

单句说。有人认为紧缩句是由复句紧缩成的单句。早在 20 世纪 50 年代出台的《暂拟系统》便是持这种观点："有关联作用的副词，可以构成一些固定的格式，这些格式简单紧凑，在结构上是单句，而表达的是复句的意义。这种句子可以视为特殊格式的单句，或者由复句紧缩成的单句。"①

复句说。有人认为紧缩句是复句，它是复句的紧缩形式，或者说是紧缩复句。大多数人持这种观点。向若先生说："紧缩句是用近于单句的形式表达复句的意义的一种复句的特殊形式。"② 肖国政先生说："紧缩句是复句。不过它和一般复句不同……如果把紧缩句和一般复句联系起来看，那么紧缩句是一般复句的'紧缩形式'或'变形'。"③

复句分化说。有人认为紧缩句可以分成两类，一类变成单句，另一类仍是复句。张静先生主编的《新编现代汉语》认为："复句紧缩有的变成单句，有的仍是复句。""复句紧缩以后，只剩下一个主语，这个主语可以跟后面的语言单位发生主谓关系的，不管中间用不用连词或其他有关联作用的词语，一律变成单句——大部分成为联合词组或偏正词组作谓语的单句，少数是主谓词组作主语的单句。这种句子常用'而且''或者''一……就……''便''越……越……''也''不……不'等，但也可以什么关联词语都不用。""复句紧缩以后，凡是两个动词或形容词不能共用一个主语，或者虽然共用一个主语，但这个主语出现在第二分句里，两个动词或形容词不能直接发生联合或偏正等结构关系的，不管中间用不用连词或其他关联词语，仍是复句。为了跟一般复句有所区别，可叫'紧缩复句'。各自主语不同的复句都有可能成为紧缩复句。这种复句可以用'才''也''越……越……'等，也可以什么都不用。"

独立句型说。有人认为紧缩句是一种独立的句型，它与单句、复句

① 《语法和语法教学》，人民教育出版社 1956 年版。
② 向若：《紧缩句》，上海教育出版社 1984 年版。
③ 肖国政：《现代汉语语法释疑》，华中师范大学出版社 1988 年版。

"三足鼎立"。庄文中和奚博先先生认为："广义的紧缩句既不能用单句的结构来分析，又不能用复句的结构来分析，是没有严格意义形态变化的汉语的特殊句型。紧缩句是处于中间状态的句式，既有单句的特点，又有复句的特点，然而又不完全相同于单句或复句。单句、复句、紧缩句，应当看作三种句型。"①

（二）单句各句式之间的模糊性

单句按照结构可以分为主谓句和非主谓句。主谓句又可以根据谓语的类型分为名词谓语句、动词谓语句、形容词谓语句、主谓谓语句等。其中动词谓语句最为复杂，既有许多一般的格式，又有不少特殊的句式。下面我们以动词谓语句为主，来讨论连动句、兼语句与相关句式之间的模糊性。

1. 连动句与相关句式之间的模糊性。关于连动句的特点和范围，长期以来莫衷一是。

吕叔湘先生认为：连动句必须无停顿，无关联词。例如，"他走过去开门""你喝一口尝尝"是连动句，但"这一类句子有点接近复合句。只要当中有个停顿，就可以算是复合句。例如：

他走过去，把门打开。

你喝一口，尝尝味道怎么样。

甚至有些句子，虽然中间没有停顿，也似乎作为复合句比作为简单句妥当些。例如，'他端起碗来就喝'，'他散了会才走的'"②。

张志公先生认为连动句可以有停顿、有关联词，因此他讲的连动句的范围比吕叔湘先生的要广一些。他指出：前一个动词代表先做的动作，后一个动词代表随后做的动作。如"吃过晚饭看电影"，是说先吃饭，然后看电影，两个动作一前一后，连续进行。这样几个动词组合成的结构叫"连动式"。连动式结构里的两个动词可以不借虚词的帮助，直接联缀起来。如果中间用虚词，一般只能用表示时间连续的副词，如"就""便""再""一""然后""随即""马上""立刻"等。下边几个是连动式的例子。

---

① 庄文中、奚博先：《句子》，见《中学教学语法答问》，北京师范大学出版社1991年版。

② 吕叔湘：《语法学习》，中国青年出版社1955年版。

　　（1）车夫毫不理会……却放下车子，扶那老女人慢慢起来，搀着臂膊立定，向伊说："你怎么啦?"（鲁）
　　（2）车上的都跳下地来，绕到车后，帮忙推车。（周）
　　……

　　有的连动式不仅表示一般的连续动作，并且可以表示有因果关系的连续动作：前一个动作是因，后头的动作是必然发生的果。这种连动式里的两个动词中间也可以不用虚词，要用往往是用表示必然关系的副词，如"一定""于是""就"等。①

　　丁声树先生等主张连动式可以包括次动词（介词）结构，也就是把介词结构作状语或作补语的句式也看作连动式。他们认为："用次动词造成的动宾结构，大多数用在连动式里。这类动宾结构在前的时候，可以认为是另一动词的修饰语；在后的时候，可以认为是另一动词的补语。这里讲连动式是从动词结构连用这一点来谈。在这一点上，次动词结构和一般动词结构并没有多大分别，所以也放在一块儿讲。"② 因此他们所说的连动式还包括下边这类句子：

　　　　我们要为工农兵而创作。
　　　　泪落在报上。

　　从上述三家观点的异同来看，连动句既存在着与复句的划界问题，也存在着与一般单句的划界问题。另外连动句与兼语句之间也存在着划界问题。例如，"伟大的共产党率领我们进行新的长征"，"你协助他做点宣传工作"等。有人认为是连动句，也有人认为是兼语句；高更生先生则干脆称为"连动兼语融合式"，他说："这种既是连动式，又是兼语式，二者融合在一起的格式，可以叫做连动兼语融合式。"③ 而张静先生认为"率领我们进行"和"协助他做"都是词组作谓语。④ 这样又牵涉连动句与一般单句的划界问题。

_____

① 张志公：《汉语语法常识》，新知识出版社 1956 年版。
② 丁声树：《现代汉语语法讲话》，商务印书馆 1961 年版。
③ 高更生：《汉语语法问题试说》，山东人民出版社 1981 年版。
④ 张静主编：《新编现代汉语》，上海教育出版社 1980 年版。

2. 兼语句与相关句式之间的模糊性。关于兼语句的特点和范围，各家的观点也不尽相同。陈建民先生说他"把单句的类型通盘地观察了一下，发现除了动·名·动和动·名·形外，动·名·名和动·名·主谓（句子形式）也可以是兼语式"。① 因此他所讲的兼语式还包括下边这类句子：

> 叫他"大冬瓜"。
> 喜欢那个人大眼睛。
> 民事主任说她｜名声不正……
> 祝你｜寿命跟天地一样长久！

丁声树等主张兼语式包括被动式，认为"'被'字句是一种特殊的兼语式（'教、让、给'当'被'讲也一样）"。②

吕叔湘等认为兼语句的第一个动词可以分为三类："A 类动₁常是含有使令意思的及物动词，动₂是动₁的结果或目的。常见的动词有'派、留、使、叫、让、劝、逼、催、请、要、托、求、号召、组织、发动、阻止、命令、动员、禁止'等。""B 类动₁常是表示赞许或责怪的及物动词，动₂表示赞许或责怪的原因。常见的动词有'爱、感谢、佩服、夸奖、称赞、嫌、恨、气、怨、可怜、笑、骂、讨厌'等。""C 类动₁是表示给予的及物动词，它有两个受动者（双宾语），一个用'把'提前，一个留在后面做兼语。"③

宋玉柱先生认为兼语式的范围应当缩小，他把由"嘱咐、骂、攻击、污蔑、责怪"等表示言语活动和"恨、爱、嫌、怪、喜欢"等表示心理活动的动词充当动₁构成的动₁·名·动₂看作准双宾语句，理由是动₂一般回答"什么"的提问。④

也有不少人主张取消兼语式。张静先生认为："兼语式包含的句式有的可划归为双宾语结构，有的可划归为主谓结构作宾语的动宾结构，有的可划归为复句，因此兼语式的存在是多余的，应该取消。"⑤

从上述几家的观点来看，兼语句存在着与复句的划界问题，存在着与

---

① 陈建民：《论兼语式和一些有关句子分析法的问题》，《中国语文》1960 年第 3 期。

② 丁声树：《现代汉语语法讲话》，商务印书馆 1961 年版。

③ 吕叔湘主编：《现代汉语八百词》，商务印书馆 1980 年版。

④ 宋玉柱：《论"准双宾语句"》，见《现代汉语语法论集》，北京语言学院出版社 1996 年版。

⑤ 张静：《"连动式"和"兼语式"应该取消》，《郑州大学学报》1977 年第 4 期。

主谓短语作宾语和双宾语的划界问题。这些界限的模糊性，又往往与汉语的主语和宾语的内涵不明有关，与人们所采用的析句方法密切相关。

（三）复句各分句之间的模糊性

复句根据分句之间结构层次的多少可以分为一重复句和多重复句。一重复句根据分句之间的结构关系可以分为并列、承接、递进、选择、转折、条件、因果等复句；多重复句根据分句之间的层次多少可以分为二重复句、三重复句、四重复句等。我们所说的复句各分句之间的模糊性，主要体现在两个方面：一是分句之间关系的划界问题；二是多重复句的层次分析问题。例如：

马克思列宁主义才是客观实际产生出来又在客观实际中获得了证明的最正确最科学最革命的真理；①但是许多学习马克思列宁主义的人却把它看成是死的教条，②这样就阻碍了理论的发展，③害了自己，④也害了同志。⑤

掌柜是一副凶脸孔，①主顾也没有好声气，②教人活泼不得；③只有孔乙己到店，④才可以笑几声，⑤所以至今还记得。⑥

上面两个复句，它们的第一层该在何处切分？各分句之间是什么关系？各人的理解或许并不一致，因此所得出的分析结果也可能不同。

四　句子成分之间的模糊性

一般认为句子有六大成分：主语、谓语、宾语、补语、定语、状语。且不说这六大成分是否在同一层次，单就它们之间的外延来看，往往是纠缠不清的，没有截然的分界。如主语和宾语之间、主语和状语之间、宾语和状语之间、宾语和补语之间等，都存在划界问题。下面分别揭示汉语句子成分之间模糊性的事实。

（一）主语和宾语之间的模糊性

1955—1956 年语法学界展开了主语和宾语问题的讨论，然而没有得出个一致的意见。即使到现在，对于主语和宾语的划界仍然存在分歧。吕叔湘先生指出："主语宾语问题的症结在哪儿呢？在于位置先后（动词之前，动词之后）和施受关系的矛盾。在名词有变格的那些语言里，哪是主语哪是宾语不成为问题，因为有不同的格做标志。汉语里边，名词没有变格，区别主语和宾语失去主要的依据，只能在位置先后和施受关系上着眼。在多数句子里，代表施事的名词出现在动词之前，代表受事的名词出现在动词之后。把前者定为主语，把后者定为宾语，是没有人不同意的。但是多数句子不等于所有句子，在两项标准不一致的时候就会有不同的意见。优先考虑施受关系的人，遇到施事在后的句子，比如'门口站着解放军'，就说这是'主居谓后'，通俗点儿就叫作'倒装'；遇到受事在前的句子，比如'这个会我没参加'，就说这是'宾踞句首'，也是'倒装'。可是遇到像'信已经写好了'这样的句子，就贯彻不下去了，不得不妥协一下，说这是'被动句'，'信'是受事作主语。优先考虑位置先后的人，同样遇到这种种情况，可是难不住他。照他的办法，凡是动词之前的名词都是主语，凡是动词之后的名词都是宾语。干脆倒是干脆，只是有一个缺点：'主语'和'宾语'成了两个毫无意义的名称，稍微给点意义就要出问题，比如说'主语是一句话的主题'吧，有些句子的'主语'就不像个主题。例如，'前天有人从太原来'，能说这句话的主题是'前天'吗？'一会儿又下起雨来'，能说这句话的主题是'一会儿'吗？"①

（二）主语和状语之间的模糊性

当表示处所和时间的名词或方位结构出现在句子的开头时，究竟是主语还是状语呢？各家的看法并不一致。例如，W. L 根据初中汉语课本的体系，归纳出下列规则。

1. 在下列情况下，在句首的表示处所和时间的名词或方位结构是主语。

（1）说明处所或时间本身怎么样的句子，如：

> 这个地方变了样。
> 一九五七年带来了新的希望。

（2）表示处所或时间的遭受的句子，如：

---

① 吕叔湘：《汉语语法分析问题》，商务印书馆 1979 年版。

墙上（被）挖了一个洞。

院子里打扫得干干净净。

（3）对处所或时间的状态加以描写的句子，如：

外面很热闹。

这几天真冷。

（4）说明处所或时间属于什么或等于什么的句子，如：

学校门口是一条大河。

一个星期有七天。

2. 在下列情况下，表示处所和时间的名词或方位结构就不是主语，而是状语。

（1）谓语的中心词是动词，表示处所或时间的名词既不代表施事（动作的发出者），又不代表受事（动作的承受者），仅仅表示动作发生的处所或时间，如：

津浦路上，我遇见了一位多年不见的朋友。

昨天我去了一趟南京。

池里养了金鱼。

上午学习政治。

（2）用“有”这个动词作谓语的句子（除掉前面举的“一个星期有七天”一类的句子），前面的表示处所或时间的词语大都是状语，如：

外边有人找你。

我家里有五口人。

今天有一个重要的会议。

晚上有电影。[1]

---

[1]　参见《是主语还是状语?》，《语文知识》1957 年第 4 期。

　　然而吕叔湘先生认为下面句子中的处所词是主语，如：

　　　蜀之鄙有二僧。
　　　座上有健啖客。①

　　这样便与 W. L. 的分析发生了矛盾。丁声树等先生认为："表示事物存在、出现、消失的句子常常拿处所词作主语，这是处所词的特点。"② 如果按照这个观点，那么 W. L. 所举处所词作状语的例句"池里养了金鱼"，就应分析为处所词作主语了；然而与丁声树等人的观点相反，刘小南先生认为谓语由呈现动词如"有""无""出现""发生"等充当时，句首的处所词作状语。③

（三）宾语和状语之间的模糊性

　　关于动词前的"把（连、对）十名词"是作状语还是其中的名词作前置宾语，各家所持的标准不一样，其分析结果也就不同。

　　黎锦熙、刘世儒先生侧重于施受关系，一般让施事作主语，受事作宾语。他们认为："用外动词作谓语时，它的影响一定要涉及他物，这种被外动词影响所涉及的他物，就叫作'宾语'。"于是他们认为"水把森林淹没了"中的"森林"是"宾提动前"，认为"关于刘公之，我早就听说了"中的"刘公之"是宾语由"关于""带到句首"。④

　　丁声树等先生侧重于语序，认为"一般地讲，在现代汉语里，主语总是在谓语的前边，宾语总是在动词的后边"。⑤ 按照这种观点，谓语前边不会有宾语，因此上面所举黎锦熙、刘世儒先生认为是宾语的词语，都是介词结构作状语。

　　《暂拟系统》既注重施受关系，又注意语序。认为"宾语是动词的连带成分，通常在动词的后边。但是并不是所有的宾语都只能用在动词的后边。在有些句子里，宾语可以用在动词前边，作动词的前置宾语；但是这

---

①　吕叔湘：《中国文法要略》，商务印书馆 1957 年版。

②　丁声树等：《现代汉语语法讲话》，商务印书馆 1961 年版。

③　刘小南：《语法修辞易混问题区分》，吉林人民出版社 1982 年版。

④　黎锦熙、刘世儒：《汉语语法教材》，商务印书馆 1957 年版。

⑤　丁声树等：《现代汉语语法讲话》，商务印书馆 1961 年版。

要有一定的条件——用一定的词类表示，靠一定的虚词帮助"。其中有一种情形是："宾语借介词'把'、'连'、'对'等的帮助用在动词前边。"①按照这种观点，上面所举的"森林"是前置宾语，"关于刘公之"是介词结构作状语。然而同样是介绍《暂拟系统》的著作，有的却认为这种前置宾语也是介词结构作状语。例如，胡附、文炼先生认为："依靠介词'把、连、对（对于）'等的帮助就可以将宾语用在动词的前面。用在动词前面的宾语在意义上虽然仍旧受动词支配，但是在结构上已经跟那个介词合成一个介词结构，整个介词结构作动词的状语。"②

（四）宾语和补语之间的模糊性

关于动词后面的数量短语是作宾语还是补语，人们所依据的标准不一样，分析出的结果也就难得一致。胡裕树等先生认为："宾语用在动词后边，补语用在动词或形容词的后边。因此，形容词后边不能有宾语。例如：'白布买了三尺'，'三尺'是宾语；'这条河比那条河宽三尺'，'三尺'是补语。"③然而洪心衡先生根据另一条标准"数量词是否指代着具体的事物"来划分宾语和补语，于是他认为"历史已经翻过了一页"，"钢枪得了几百支，子弹得了几百发"，"八十万人马死伤了一半以上"等句子中的"一页""几百支""几百发""一半以上"都是补语，因为这类句子"主语大都是说明的对象。所用的动词大都跟前边的主语有动宾关系，如'历史'跟'翻'……而后边的数量词或数词乃是表示作主语的事物的数量"。按照这些句子所表达的意思，"都不宜在数量词后边加上具体事物来说。如果把'历史已经翻过一页''八十万人马死伤了一半以上'说作'历史已经翻过一页历史''八十万人马死伤了一半以上的人马'，就不通顺……这样看来末后的数量词或数词只宜看作是单纯表示'多少'的补语，而不指代着具体的事物（因为已作主语）"。④按照这种观点，那么"白布买了三尺"中的"三尺"，也就是补语了。由此可见，不同的人所依据的标准不一样，分析出的结果也就难得一致。

现在一般依据量词的性质来区分宾语和补语，即动词后面由物量词组

① 《汉语知识》，人民教育出版社 1959 年版。

② 胡附、文炼：《宾语的位置》，见《语法和语法教学》，人民教育出版社 1956 年版。

③ 胡裕树主编：《现代汉语》，上海教育出版社 1963 年版。

④ 洪心衡：《汉语语法问题研究》，福建人民教育出版社 1963 年版。

成的数量词组，一般是数量宾语；由动量词组成的数量词组，一般是数量
补语。然而有的量词兼属物量词和动量词，怎么办？高更生先生认为：
"分辨的办法是：要看量词结构后面能否加上同量词相应的名词。能加上
的，是物量词结构作宾语；不能加上的，是动量词结构作补语。如：

　　　（5）他总是一天吃三顿。
　　　（6）大家批评了一顿。
　　　（7）星期天他看了三场。
　　　（8）咱们要猛干一场。

　　　例（5）（7）'吃三顿'、'看了三场'都是省略了中心词，可以补上
同量词相应的名词'饭、电影'，'顿、场'是物量词，量词结构'以定
代中'作了宾语；例（6）（8）'批评了一顿'、'干一场'，不能补上同
量词相应的名词，'顿、场'是动量词，量词结构作补语。"①
　　　可是如果依照意义关系，看能回答什么样的问题这一标准来区分，那
么例（5）、例（7）中的"三顿"和"三场"又只能作补语。譬如：例
（5）只能回答"多少（顿）"的问题。问："他总是一天吃多少顿？"答：
"吃三顿"；如果回答成"什么"，则为"吃三顿饭"，这显然是答非所
问。例（7）也只能回答"多少（场）"的问题。问："星期天他看了几
场？"答："看了三场"；如果回答成"看了三场电影"，则未免离题。另
外，即使"三顿、三场"后面省略了"饭、电影"，也不是"定语代替中
心词作了宾语"，它们仍是补语。这样，不同的分析标准又导致了不同的
分析结果，这些词语究竟是作宾语还是作补语，恐怕很难定于一。

五　汉语语法模糊性的根源

　　　汉语语法为什么会存在着如此大的模糊性呢？我们认为其根源主要有
两个因素：一是模糊现象的普遍性决定了汉语语法的模糊性；二是汉语的
特征与分析汉语的方法之间的矛盾性造成了汉语语法的模糊性。

（一）模糊现象的普遍性决定了汉语语法的模糊性

　　　任何事物在其发展、变化的过程中都会显现出一定的外部形态和联

---

① 　高更生：《汉语语法问题试说》，山东人民出版社 1981 年版。

系。事物这种在发展、变化过程中所显现出的一定的外部形态和联系，就是现象。世界上的现象纷繁复杂，不可胜数，往往令人眼花缭乱。其中有些现象在类属、性态方面缺乏明确的界限，给人以模糊的印象，这就是模糊现象。这种模糊现象大量地、普遍地存在于自然界、人类社会、思维以及自然语言之中，因此任何语言都存在着一定的模糊性，其中词义的模糊现象最为普遍，对此我们已作了专门的研究①；而语法的模糊现象则相对来说要少一些。

具有严格形态变化的西方语言的语法，具有一定的模糊性。瑞士语言学家索绪尔（F. De Saussure）在其《普通语言学教程》（索绪尔于 1913 年去世，该书是其学生巴利和薛施蔼等根据同学们的听课笔记和索绪尔的一些手稿及其他材料编辑整理而成，于 1916 年出版）中指出："但是这些单位（注：指一些比词更大的单位，如复合词、熟语、曲折形式等），跟固有的词一样，是很难划定界限的；要在一条音链里分清其中各个单位的作用，说明一种语言运用哪些具体的要素，是极端困难的。"② 美国语言学家布龙菲尔德（Leonard Bloomfield）于 1933 年在其著作《语言论》中对语法中的过渡阶段或边界不明现象给予了充分的关注。他指出："从许多语言的情况看来，一方面在短语和词之间的区别，另一方面在词和粘附形式之间的区别，都不可能贯彻一致地截然加以分清。"③ "许多形式是处在粘附形式与词之间或词与短语之间的边界线上；不可能把哪些形式可以放在绝对位置上来说，或哪些形式不可以，加以硬性的区别。"④ 这些都是指出西方语言不同层级的语法单位之间的模糊性。

汉语没有严格意义上的形态变化，因此汉语语法的模糊现象更为普遍。

语素与词之间的模糊性，一方面是由于语素与词之间存在着一些"过渡区域"，另一方面是由于某个语言片段由"词"到"语素"是渐变的。现代汉语里的半自由语素大多是由古代汉语的单音节词逐渐转变而成的，换句话说，随着语言的发展演变，古代汉语里的一些单音节词逐渐转变成了现代汉语合成词的语素。例如，民、牧、基、语、言、迹、虑、丰

---

① 黎千驹：《模糊语义学导论》，社会科学文献出版社 2006 年版。

② ［瑞士］索绪尔：《普通语言学教程》，高名凯译，商务印书馆 1983 年版，第 150 页。

③ ［美］布龙菲尔德：《语言论》，袁家骅等译，商务印书馆 1983 年版，第 219 页。

④ 同上书，第 222 页。

等等，在古代汉语里都是单音节词，它们在现代汉语里一般不再单独成词，而是作为构成合成词的一个语素。如果要问这些词是什么时候转化成语素而不再是一个词的，那么这恐怕很难准确地回答，因为这种转化只是"渐变"而不是"顿变"的。

词与短语之间的模糊性，主要是由于汉语缺乏形态变化所造成的。王力先生指出："汉语的形态变化比较少，咱们很难从形态上辨别词和仂语的界限。"① 吕叔湘先生也指出："有些组合处于一种中间状态或模糊状态：可以说有相应的完全形式，也可以说这只是一种'释义'，它不是由此省略而成的。例如：'外交'可以肯定是单词，'外贸'无妨作为略语，可是'外事'、'外汇'、'外销'划在哪一边呢？"②

单句与复句之间的模糊性，主要是由于汉语缺乏形态变化造成的。吕叔湘先生认为："像汉语这种不爱搞形式主义的语言，要严格区分单句和复句，确实是一件相当困难的事情。"邢福义先生也指出："如果用绝对化的思想方法去研究问题，企图把单句和复句明确地区别开来，那是自己给自己设置圈套，自己让自己钻进死胡同。""以复句问题来说，我们长期为复句与单句划界问题所困扰。1957年，《中国语文》上开展过一场单复句划界问题的讨论；1979年，《中国语文》编辑部在《汉语研究四十年》这篇文章中又提到'单复句的划界'问题，认为是'还需要进行全面深入的研究'的问题之一。最近，我们具体分析了八篇中学课文，根据明确的标准，把大家不会有任何争议的典型单句和复句提取出来，剩下的是可能有这样那样争议的纠葛现象。统计表明：纠葛现象最多的达百分之五十四强，最少的也达百分之三十三强。大多数都在百分之四十以上，都超过典型单句和典型复句的平均数。通过对事实的考察，认识到单复句之间既有对立又有剪不断理还乱的纠葛，这就可以让我们懂得，不要闷头闷脑地去做企图把二者一刀两断的徒劳无功的努力，而应该对复句自身的规律性从各个方面进行深入的发掘，作出有力于深刻认识复句的描写和解释。"③

吕叔湘先生认为，汉语语法具有模糊性的一面，也具有明晰性的一

① 王力：《词和短语的界限问题》，《中国语文》1953年9月号。

② 吕叔湘：《现代汉语单双音节问题初探》，《中国语文》1963年第1期。

③ 邢福义：《从基本流向综观现代汉语语法研究四十年》，见《邢福义学术论著选》，华中师范大学出版社2003年版，第85页。

面，他指出："由于汉语缺少发达的形态，许多语法现象就是渐变而不是顿变，在语法分析上就容易遇到各种'中间状态'。词和非词（比词小的，比词大的）的界限，词类的界限，各种句子成分的界限，划分起来都难于处处'一刀切'。这是客观事实，无法排除，也不必掩盖。但是这不等于说一切都是浑然一体，前后左右全然分不清，正如高纬度地方不像赤道地方昼和夜的交替在顷刻之间，而是黎明和黄昏都比较长，但是不能就此说那里没有昼和夜的分别。"① 吕先生又进一步分析了汉语语法呈现"中间状态"的原因："由于汉语缺少发达的形态，因而在做出一个决定的时候往往难于根据单一标准，而是常常要综合几方面的标准。例如，不能只凭一个片段能否单用决定它是不是一个词，不能只凭一个词能否跟数量词组合决定它是不是名词，不能只凭一个名词在动词之前或之后决定它是主语还是宾语，如此等等。既然要综合几方面的标准，就有哪个为主哪个为次、哪个先哪个后的问题，就会得出不同的结论。这其间可能有这个较好那个较差的分别，很难说这个是绝对的是，那个是绝对的非。"②

（二）汉语的特征与分析汉语的方法之间的矛盾性造成了汉语语法的模糊性

或许有人要问：同样是自然语言，为什么西方语言语法的模糊性远远没有汉语语法的模糊性这么普遍，这么广泛地存在于各级语法单位之间、词法和句法当中呢？这就是我们所要探讨的汉语语法模糊性的另一个根源，这就是汉语的特征与分析汉语的方法之间的矛盾性造成了汉语语法的模糊性。

我们知道，西方语言是屈折语，其主要特点依靠词的内部屈折和外部屈折来形成词的语法形式，表示各种语法关系。它具有严格的形态变化，因此无论是词类的划分还是句子成分的分析，都有形态作标志；而汉语是词根语，没有严格意义上的形态变化，句子里的词本身不能显示跟其他词的语法关系，词的形式也不受其他词的约束，词与词之间无须通过词形变化就可以进行组合，词与词的组合主要依靠语序和虚词。由此可见，屈折语和词根语是两种截然不同类型的语言，我们却根据西方语言的分析方法

---

① 吕叔湘：《汉语语法分析问题》，商务印书馆 1979 年版。

② 同上。

来给汉语划分词类，来分析汉语的句子成分，这样势必造成方枘圆凿，大量的模糊语法现象便因此而产生。

《中国语文》于 1953 年 10 月展开过汉语词类问题的讨论。高名凯先生认为："形态的变化，狭义地说，就是指各种词用不同的形式去表示各种语法范畴的情形，而这些语法范畴（狭义地说）正好是属于各词类的（如名词的'性'、'数'、'格'等，动词的'身'、'式'、'态'等）。如果有某一特定词类所能有的特殊形态变化，就有这词类的存在，因为这变化就是形式。英语的名词、动词等，有的时候，没有名词或动词的词尾，然而都有多数单数等语法范畴的形态变化，因此英语有词类的分别。如果我们能够找出汉语的词有形态的变化，那么，汉语就有词类的分别了。问题在于到底这些形态变化是否存在于汉语？""所以，我们说汉语的词没有词类的分别，并不是说汉语没有实词和虚词的分别，只是说汉语的实词没有名、动、形、副等词类的分别罢了。"① 后来经过热烈的争论，绝大多数的语法学家认为汉语是有词类分别的，然而，"在主张汉语有词类分别的人中间，认识还不一致的地方在于：第一，划分词类的标准有的主张两个，有的主张三个，有的主张四个。同时，标准的数目相同的，内容也不一定相同。第二，几个标准之间哪个是主要的？哪个是次要的？第三，几个标准是同时并用呢？还是一次只用一个为主？"② 正因为如此，语法学家给汉语的词分出的类目就有多少之别，对于某些词语的归类就有词性的差异。这些现象既是汉语词类自身模糊性在语法学中的反映，也是套用印欧语言的词类划分方法所造成的必然结果。

我们知道，西方语言中词的分类是基于该语言具有丰富的形态变化，因此在这些语言中，"词"的界限是明确的；如果某种语言的形态不丰富，词的界限便难以明确；如果某种语言没有严格意义的形态变化，词的界限便会更模糊。汉语的词类体系来源于西方词类体系。我国第一部系统性的语法著作《马氏文通》的作者马建忠在该书《例言》里说："各国皆有本国之葛郎玛，大旨相似，所异者音韵与字形耳。"因此他便以西方语言的语法规律来描写汉语语法，即以西文不易之律来"律吾经籍子史诸书"，模仿西方语法的八大词类体系而构建了汉语的九大词类体系；黎锦

---

① 高名凯：《关于汉语的词类分别》，《中国语文》1953 年 10 月号。

② 《中国语文》编辑部：《关于汉语有没有词类问题的讨论》，《中国语文》1955 年 7 月号。

熙先生的《新著国语文法》是我国第一部白话文语法著作，也是模仿西方语法，特别是深受纳氏文法的影响。纳氏文法将英语词类区分为八大类，黎锦熙先生则在此基础之上增加一类助词而将汉语的词类分为九类。后来有不少语法学家不赞成模仿，并且努力寻找汉语的特点，于是又对汉语词的分类进行增删修补，然而迄今为止，无论是哪家的分类，都未能做到对内有普遍性，对外有排他性。这是为什么呢？根本的原因在于，西方语言中词的分类是基于该语言具有丰富的形态变化，因此在这些语言中，"词"的界限是明晰的；然而，如果某种语言的形态不丰富，词的界限便难免模糊；如果某种语言没有严格意义的形态变化，词的界限便会更加模糊。汉语没有严格意义的形态变化，就只好另外去寻找划分词类的标准。在相当长的一段时间里，人们以"意义"作为标准去区分词类，例如在语法学界曾经产生过极大影响的《暂拟系统》就是以"词的意义和词的语法特点"来划分词类的，并且在划分词类的具体实践当中偏重词的意义标准。后来《中学教学语法系统提要》"划分词类主要依据词的语法功能，兼顾词汇意义"。这样一来就会自然而然地产生一个问题：像名词、动词、形容词等等，它们是根据具有丰富的形态变化的西方语言而划分出的类别，或者说是以形态标准而划分出的类别；现在我们改用词的意义或词的语法功能为标准，却想要划分出与西方语言中大致相同的词类来，这的确有点勉为其难。

关于单句各句式之间、兼语句与主谓短语作宾语之间、兼语句和双宾语句之间之所以难以截然划界的问题，这些都是与句子成分密切相关的；而汉语句子的六大成分，又是从西方语法里搬来的，它能否完全适用于汉语语法分析？语法学界早就有人对此表示怀疑。例如，在 20 世纪 50 年代讨论主语和宾语问题时，吕冀平先生指出："我们的语言不同于印欧系的语言，名词没有变格，动词也不随着主语表示人称和数，总之，没有什么标志使我们能够从词的本身的形式上判断主语和宾语。于是我们的语法学者就根据不同的认识给这两个术语以不同的含义。因此，要解决这两个术语的问题，就必然涉及我们对汉语的根本认识，进一步也就必然涉及我们对于语言和语法的根本认识。"① 向若先生更是一针见血地指出："句分主谓，这个办法，连带它用的术语，都是由西方语法里搬来的。就汉语说，

<hr />

① 吕冀平：《主语和宾语问题》，《语文学习》1955 年第 7 期。

这套办法和术语是否妥善（与客观情况的相应程度怎么样，本身系统的调和程度怎么样，学习、使用的方便程度怎么样），也是大可以考虑的。"①

通过对汉语语法模糊性的分析和研究，笔者认为，汉语语法研究起码应该注重两个方面的问题。

第一，要根据汉语的实际来研究汉语语法，而不能根据西方语法"先入为主"地设定汉语的词类和句子成分也跟西方语法大致相似。这就要求我们花大气力来弄清汉语语法事实和汉语语法的本质特征，从而探寻出汉语语法事实的规律。吕叔湘先生指出："不能说现在关于汉语语法的事实搞得差不多了，可以一心一意研究理论了。很多事实还不清楚。"②邢福义先生也指出："即使在今天，许多事实尚未得到深刻的揭示，有的重要现象甚至尚未发掘出来，至于真正从事物的本质上全面而精确地认识现代汉语语法，更是还有很大的距离。"③

第二，要把模糊学理论引入语法研究中来。长期以来，我们的语法研究者，很少有人结合模糊学来研究汉语语法，总希望自己能够得出精确的结论，却往往事与愿违。因此，我们希望研究汉语语法的学者关注汉语语法模糊性的事实，以便对汉语语法作更科学、更切合汉语语法实际的研究。

（原载《云梦学刊》2005 年第 1 期，原题为《论现代汉语语法单位
及词类的模糊性》，有增补）

---

① 向若：《有关主语定义的一些问题》，《语文学习》1956 年第 1 期。

② 吕叔湘：《对当前汉语研究的感想和希望》，《汉语学习》1990 年第 4 期。

③ 邢福义：《从基本流向综观现代汉语语法研究四十年》，见《邢福义学术论著选》，华中师范大学出版社 2003 年版，第 84 页。

模糊语义学论纲

    摘　要：模糊语义学是一门主要运用模糊集理论与现代语义学的基本原理和方法，以模糊语义（模糊词义和模糊句义）为对象，具有交叉性和综合性的边缘科学。它既是语义学的分支学科，也是模糊语言学的分支学科。

    关键词：模糊语义学；对象；性质；任务

对任何一门学科进行研究，首先必须明确该门学科的对象、性质和任务，研究模糊语义学当然也是如此。只有明确模糊语义学的对象、性质和任务，我们才能明白模糊语义学是一门怎样的学科，才能明白该从哪些方面去着手建设这门学科。然而模糊语义学的兴起时间并不太长，它毕竟还非常稚嫩。关于模糊语义学的对象、性质和任务，以及研究方法等基本问题，还有待作进一步的研究；作为一门学科来看，其学科体系究竟应该是怎样的，也有待建构。可以说，在我国，模糊语义学仍然属于尚不太成熟的一门新兴学科，或者说是正处于建设与发展中的一门新兴学科。因此，我们的首要任务就是要明确模糊语义学的对象、性质和任务，把它与其他学科区分开来，进而在此基础之上来建构模糊语义学的学科体系。

一　模糊语义学的研究对象

传统语义学是以词义为研究对象的，因此传统语义学也可以叫做词义学。张志毅、张庆云两先生指出："传统语义学研究是以词义为轴心的，涉及下列十个问题：①词源；②词的理据；③词义的变化和演变；④词义类聚——多义词、同义词、反义词、同音异义词；⑤词的中心义和色彩附属义；⑥词义和概念的关系；⑦词义、语音和客观事物三者的关系；⑧词语解释及教学；⑨词语翻译；⑩词典编纂。"①

　　模糊语义学也是以词义为对象，但它并不包括传统语义学涉及的所有问题，而只是涉及词义中具有模糊性的那些对象，即模糊词义。

　　从词义的特点来看，词义具有概括性、民族性和模糊性。词义是人们对客观事物或现象通过词的语音形式所作的抽象的、概括的反映。概括性是词义的基本性质之一。词义具有民族性，这是由语言的性质所决定的。我们知道，语言是一种社会现象，语言的产生、发展是与一定社会的产生发展密切相关的。语言成分都是语音和语义的结合体，什么样的语音跟什么样的语义结合而构成语言成分，取决于约定俗成的社会习惯。不同民族的社会习惯是不相同的，因此语言成分便自然会有所不同，并深深打上民族的烙印。语言又是文化的载体，一个时代、一个社会、一个民族的文化，必然反映到语言中来。词义的民族性，主要表现在两个方面：一是不同语言中某个词的意义所概括的范围有大小之分；二是不同语言中某个词的意义所附加的感情色彩有所不同。模糊语义学所要研究的对象只限于那些具有模糊性的词义，即词义的模糊性，但这并不意味着它要否定或者轻视词义的概括性和民族性，只不过侧重点有所不同罢了。

　　从词义的构成来看，词义是由理性意义和色彩意义（感情色彩和语体色彩）构成的。模糊语义学并非像语义学那样对词义的理性意义和色彩意义进行全面的研究，而只是研究那些具有模糊性的理性意义和色彩意义。

　　从词义的单位来看，词义主要可分为义位和义素。义位是语言中由义素构成的最小的语义单位，义素是对词的义位进行分析之后所得到的词的语义特征，是义位的组成成分。有的义位具有明晰性，有的义位具有模糊性，义素亦然。模糊语义学所要研究的对象，是那些具有模糊性的义位和义素，也包括义丛（由义位组合而成的语义单位，即通常所说的短语的意义）的模糊性。

　　值得注意的是，现代语义学不仅研究词义，而且还研究句子的意义。因此那些具有模糊性的句义也是模糊语义学的对象。总而言之，模糊语义学的对象是模糊语义，即模糊词义和模糊句义。

---

① 张志毅、张庆云：《词汇语义学》，商务印书馆2001年版，第2页。

二　模糊语义学的性质

关于模糊语义学的性质，我们认为，模糊语义学既是语义学的分支学科，也是模糊语言学的分支学科，又是具有交叉性和综合性的边缘科学。下面试作简要阐释。

（一）模糊语义学是语义学的分支学科

模糊语义学不是模糊学，它并不把所有具有模糊性的现象，例如模糊系统、模糊控制、模糊命题、模糊推理、模糊思维等都当作自己的研究对象；也不是模糊学和语义学的简单相加，它不是"（模糊＋语义）学"。模糊语义学是语义学，就像模糊美学是美学、模糊心理学是心理学一样。模糊语义学是语义学在模糊理论的诱导之下变革其传统的研究方法而形成的一门分支学科，是把模糊学引进语义学的语义研究，或者说是模糊理论在语义学中的应用，它着眼于具有模糊性的语义现象，它是"模糊/语义学"，是语义学的分支学科。

（二）模糊语义学是模糊语言学的分支学科

模糊语言学是一门主要运用模糊集理论与现代语言学的基本原理和方法，以语言各要素的模糊性为主要对象的具有交叉性、综合性的边缘科学。如果我们将模糊语言学的对象——语言各要素的模糊性情况进行分门别类的研究，那么就有了模糊语言学的各个分支学科，如模糊语义学、模糊语音学、模糊语法学等。不少人谈论模糊语言，实际上只限于模糊语义，这就是我们上文所说的狭义的模糊语言，因此，如果从狭义的模糊语言角度来说，模糊语义学也可以叫做模糊语言学，即狭义的模糊语言学。

（三）模糊语义学是具有交叉性的学科

模糊语义学之所以是一门具有交叉性的学科，这主要表现在以下两个方面。

第一，模糊学与语义学是两门相对独立的学科，它们都有着各自的对象。在这里我们不妨拿苗东升先生所著《模糊学导引》①的目录为参照

---

① 苗东升：《模糊学导引》，中国人民大学出版社 1987 年版。

物，就不难看出二者之间在对象方面所存在着的较大差异。苗先生《模糊学导引》的目录为：第一章模糊学的源起，第二章模糊性，第三章模糊集合论（一），第四章模糊集合论（二），第五章模糊数学，第六章模糊语言，第七章模糊概念，第八章模糊命题，第九章模糊推理，第十章模糊思维，第十一章模糊系统理论，第十二章模糊方法，第十三章模糊学与哲学。其实，如果苗先生还愿意扩充其内容的话，我猜想是完全可以再写几章的，因为模糊学的对象几乎可以涵盖所有具有模糊性的现象。而模糊语义学仅仅以模糊语义为研究对象。

　　第二，模糊学与语义学又是相互渗透的两门学科，虽然它们有着各自的对象，但是又很难截然划界。这主要表现在以下两个方面：从模糊学诞生时起，它就跟语义学结下了不解之缘；人们研究语义往往离不开对模糊性的认识。

　　从模糊学诞生时起，它就跟语义学结下了不解之缘。"模糊"这个概念成为一个科学术语，始于查德。他的模糊集理论的诞生是基于对自然界中所存在着的模糊类对象的观察和认识，也包含对语义模糊性的观察和认识，他认为"高个子""高的房屋""美丽的女人""绿色"等都是模糊概念，因为它们"并不构成数学中所常用的那种意义上的'类'或'集合'。但事实上，这种不精确定义的'类'仍在人的思维中，特别是在图像识别、信息通讯和抽象的领域内起着重要作用"。查德把这类对象称为"模糊集"。查德高出于其他学者的地方在于他不仅注意到了语言的模糊性现象，并且还能够透过现象看本质，提出了"模糊集"理论，将模糊理论形式化、数学化，建立了一个描述和处理模糊性的概念和技术的框架。这就为语言模糊性的研究形成一个理论化的科学体系提供了理论基石。随后，查德于1975年又以连载的方式发表了其著作《语言变量概念及其在近似推理中的应用》，"语言变量"是他继提出"模糊集"概念之后提出的又一重要概念。如果说，模糊语言理论是模糊集合理论中重要组成部分，那么可以说，"语言变量"概念就是模糊语言理论的重要组成部分。我们可以由此看出，模糊学研究不可能抛开对语义的研究。下面我们不妨再以人工智能为例，来看看模糊学与语义学的联系。

　　所谓人工智能，就是研究用计算机来模拟人类的某些智能活动的技术和理论。那么怎样用计算机来模拟人类的某些智能活动呢？传统的人工智能是采用"符号表示、启发式编程、逻辑推理"的方式。虽然人工智能在处理信息方面显现了无比巨大的优越性，但是它在几个方面都显露出极大的局限性。例如，一方面，传统的人工智能首先必须要把处理的问题都化成一个符号序列表示，并且要给出处理这些符号的规则，它才可以进行逻辑推理。因此，传统人工智能所解决的问题总是完全限于人的逻辑思维所能解决的范围之内。然而，人类除了具有逻辑思维能力之外，还具有非逻辑思维（如形象思维、模糊思维等）能力。在处理信息方面，计算机可以模拟人类的逻辑思维，但是至今还不能模拟人类的形象思维与模糊思维。这就得依靠模糊学来进行研究处理。另一方面，传统的人工智能是通过运用数理逻辑提供的形式化方法把人的部分逻辑思维活动转化为符号，然后通过几次计算机符号语言的转化，最终变成计算机能够处理的符号，从而模拟出人的某些思维活动。但是，传统的人工智能并不能将所有的问题都形式化，例如，对模糊语言的理解就是如此。而对模糊语言理解的局限性，就使得传统的人工智能面临难以摆脱的困境。这就离不开对语义的模糊性进行深入的研究，因为"模糊语言的概念是模糊集合理论中最重要的发展之一。我们注重语言方法的原因一方面是为了研究模糊调节器，一方面是因为非模糊的语言方法已在计算机科学和模式识别方面取得成功的应用；但最重要的是人类语言表达主客观模糊性的能力特别引人注目，或许从研究模糊语言入手，就能把握住主客观的模糊性，找出处理这些模糊性的方法"。① 也就是说，"要对复杂或未完善系统（尤其是人文系统）的分析与决策过程建立一种语言分析的数学模式，让日常生活中的自然语言能够直接转化为机器所能接受的算法语言"。② 这样，我们就可以理解苗先生的《模糊学导引》中为何也离不开对"模糊语言"进行研究。

　　人们研究语义往往离不开对模糊性的认识。不少学者发现了语义所具有的模糊性现象，例如英国哲学家贝特兰·罗素于 1923 年在《大洋洲心理学和哲学杂志》第 1 卷上发表了《论模糊性》的论文，他断定"整个语言或多或少是模糊的"；美国语言学家布龙菲尔德于 1933 年在其著作《语言论》中对语言中的过渡阶段或边界不明现象给予了充分的关注。他指出："我们也可以用植物学或者动物学的术语来给植物或者动物的名称下定义，可是我们没有一种准确的方法给象'爱'和'恨'这样一些词

① 查德：《模糊集合、语言变量及模糊逻辑》，科学出版社 1983 年版。
② 汪培庄：《模糊集合论及其应用》，上海科学技术出版社 1983 年版。

下定义，这样一些词涉及到好些还没有准确地加以分类的环境——而这些难以确定意义的词在词汇里占了绝大多数。"① 波兰哲学家沙夫于 1962 年出版了《语义学引论》。② 该书几乎用了一节的篇幅专门讨论词语的模糊性问题。我们也可以由此看出，语义学研究不可能抛开对模糊学的研究。以往的语义研究，恰恰是忽略了语义的模糊性，忽略了模糊语义是一种客观存在并且它在自然语言中占有相当比重的事实。这就在不同程度上制约了语义研究工作的进一步深入。因此，只有深入地研究语义的模糊性情况，我们才能更准确、更深刻地认识我们所运用的语言，才能提高语言的表达效果。而这一切当然离不开对模糊学的研究。这样，我们就可以知道研究模糊语义学，为何也离不开对模糊学中的模糊性、模糊集合、模糊方法等进行研究。

综上所述，随着现代科学技术朝着综合化、整体化方向的不断发展，自然科学各学科之间、社会科学各学科之间、自然科学与社会科学之间的联系日益紧密，各学科之间原来所具有的截然分明的界限一个个被打破，往往形成你中有我、我中有你的交叉局面。这样，新兴的模糊语义学成为一门具有交叉性的学科就属理所当然的了。

（四）模糊语义学是具有综合性的学科

模糊语义学之所以是一门具有综合性的学科，这主要表现在只有融合各相关学科的理论、方法和成果，只有注重模糊语义学跟不同学科之间的渗透，把它与模糊学、语义学、语用学、修辞学、文艺学、写作学、文化学、社会学、心理学、哲学、美学、信息学、思维科学、计算机科学等进行综合交叉研究，才能对模糊语义展开全面而深入的研究，才能充分发挥模糊语义学的功用与价值。也只有综合运用这些学科的理论、方法和成果，才能达到自己的研究目的。

（五）模糊语义学是边缘科学

所谓边缘科学，是指以两种或多种学科为基础而发展起来的科学。如果没有模糊学，也就不可能有模糊语义学；如果没有语义学，也同样不可

---

① ［美］布龙菲尔德：《语言论》，袁家骅等译，商务印书馆 1983 年版，第 167 页。
② ［波兰］沙夫：《语义学引论》，罗兰、周易译，商务印书馆 1979 年版。

能有模糊语义学；如果不能融合各相关学科的理论、方法和成果，也不会有模糊语义学。由此可见，模糊语义学的这种交叉性与综合性，又决定了它是一门边缘科学的性质。

综上所述，模糊语义学是一门主要运用模糊集理论与现代语义学的基本原理和方法，以模糊语义（模糊词义和模糊句义）为研究对象、具有交叉性和综合性的边缘科学。它既是语义学的分支学科，也是模糊语言学的分支学科。

三 模糊语义学的任务

基于上述对模糊语义学的研究对象和性质的认识，我们就可以在此基础之上来明确模糊语义学的任务了。模糊语义学的任务主要包括"基本原理研究""研究方法研究""应用价值研究"三大方面。

"基本原理研究"，主要是指研究和介绍模糊语义学的基本理论，诸如探讨模糊现象的普遍性，模糊集理论的诞生及其影响，模糊性与模糊语义，语言模糊性的根源，模糊语义研究的意义，有关模糊语义研究范围方面的某些模糊认识的澄清、模糊语义学的对象、性质和任务，模糊语义学学科体系的建构，模糊语义的基本特征，模糊语句的类型等问题，并对模糊语义学中的基本概念作出科学的界定，研究语义模糊性与明晰性之间的辩证关系，等等。"研究方法研究"，主要是指探讨模糊语义研究的基本方法，运用模糊集理论与现代语义学的基本原理和方法，并且融合各相关学科的理论、方法和成果，来研究模糊语义，并对语义模糊性情况作出定性与定量描述，等等。"应用价值研究"，主要是指研究模糊语义在人们言语交际活动过程中的运用情况以及它对于提高语言表达效果所起的作用及其规律，研究模糊语义学与其他相关学科之间的相互联系，以及它在这些学科中的实际应用价值。如果以这三大任务为纲来研究模糊语义学，那么就可以在此基础之上建构起模糊语义学的学科体系了。

（原载《平顶山学院学报》2013 年第 6 期）

模糊修辞学的性质、对象及心理机制

摘　要：模糊修辞学是一门主要运用模糊语言学与修辞学的基本理论、原理和方法，以那些与提高语言的表达效果有关的模糊语言材料为对象，研究如何在言语交际活动过程中精心地选择模糊语言材料以提高语言表达效果的方法、原则和规律的科学。它既是修辞学的分支学科，也是模糊语言学的分支学科；既是一门具有交叉性的科学，也是一门边缘科学。模糊修辞的基本原则是准确、贴切和得体。讲准确，是修辞的基本前提，它主要是要求"辞达"；求贴切，是修辞的基本要求，它主要涉及所选用词语是否更佳的问题；而得体则是修辞的最高原则。模糊修辞的心理机制是联想。模糊修辞的基本研究方法主要有宏观研究与微观分析相结合的方法、动态追溯的方法和学科渗透的方法。

关键词：模糊修辞学；性质；对象；原则；心理机制

我们知道，查德于 1965 年所发表的《模糊集》论文，标志着模糊理论的诞生，这才诱发了与模糊理论有关的一系列学科的出现，例如模糊数学、模糊逻辑、模糊语言学等。北京师范大学的伍铁平先生在《外国语》杂志 1979 年第 4 期上发表了《模糊语言初探》一文，这标志着中国学者研究模糊语言的开端。随后人们也开始注意并且研究模糊语言在言语交际活动中的表达效果问题，这实际上就是在研究模糊修辞了。虽然国内的模糊修辞研究确实取得了一定的成绩，但是也存在不少问题，其中最主要的问题体现在三个方面：一是缺乏对模糊修辞学基础理论的深入探讨。例如，模糊修辞学是一门具有什么性质的科学？模糊修辞学的对象是什么？模糊修辞的基本原则是什么？运用模糊语言有何规律可循？这些问题皆尚待人们作深入的研究；二是缺乏系统性。例如，作为一门学科，模糊修辞学的学科体系该如何建构？这也是亟待解决的问题；三是研究方法的简单化。例如目前的模糊修辞研究大多限于"模糊语言举例 + 修辞效果分析"这样一种就事论事式的简单化模式，并且这种就事论事式的简单化模式几乎成了人们研究模糊修辞的主要的甚至是唯一的方法。就这三个方面来看，可以说模糊修辞学仍然是一门正待开创或者说正在形成中的新兴学科。而要使模糊修辞学真正成为一门学科，那么就应该也必须研究模糊修辞学的性质和对象，研究模糊修辞的基本原则等一系列理论问题，进而在此基础之上建构模糊修辞学的学科体系。本文试图从以下几个方面进行探讨。

一　模糊修辞学的性质和对象

我们知道，任何一门学科，都有着它特殊的性质和特定的对象。只有准确地把握该门学科的性质和对象，才能促进该学科的建设。要使模糊修辞学这门新兴学科走向成熟而得以确立，当务之急，无疑是要确定其性质和对象。我们拟就此进行探索。

模糊修辞学是修辞学的分支学科。我们知道，修辞是在言语交际活动中说写者精心地选择语言材料来表达意旨，交流思想，以提高表达效果的一种言语交际活动。那么怎样才能在言语交际活动中精心地选择语言材料以提高表达效果呢？这就得研究语言各要素（语音、词汇和语法等）中的材料，特别是具有同义成分的材料，即同义手段；就得研究如何恰当地选择这些语言材料，即选择语言材料的方法、原则和规律。因此修辞学就是研究在言语交际活动中如何精心地选择语言材料来表达意旨，交流思想，以提高语言表达效果的方法、原则和规律的一门科学。而模糊修辞，则是指在言语交际活动中说写者精心地选择模糊语言材料来表达意旨，交流思想，以提高语言表达效果的一种言语交际活动。因此，模糊修辞学就是研究在言语交际活动中如何精心地选择模糊语言材料来表达意旨，交流思想，以提高语言表达效果的方法、原则和规律的一门科学。可以说，如果没有修辞学，也就不会有模糊修辞学。

模糊修辞学是模糊语言学的分支学科。模糊语言学是一门主要运用模糊集理论与现代语言学的基本原理和方法，以语言各要素的模糊性为对象的具有交叉性、综合性的边缘科学。它的主要任务是运用模糊理论和方法研究语言各要素的模糊性情况，研究导致语言模糊性的一般规律以及导致语言各要素模糊性的特殊规律，研究模糊语言在人们日常生活当中和写作当中的运用情况以及它对于提高语言表达效果所起的作用及其规律，研究模糊语言与其他有关学科的相互联系以及它对这些学科可能产生的影响。如果我们将"模糊语言学的对象——语言各要素的模糊性情况"进行分门别类的研究，那么就有了模糊语言学的各个分支学科，如模糊语义学（也可以说是狭义的模糊语言学）、模糊语音学、模糊语法学等；如果我们将"模糊语言在人们日常生活当中和写作当中的运用情况以及它对于提高语言表达效果所起的作用及其规律"分列出来而进行专门的研究，那么就有了模糊语言学的另一个分支学科，即模糊修辞学。如果说模糊语言学主要是从静态的角度来分析自然语言的模糊性的一门科学，那么模糊修辞学则主要是从动态的角度来研究如何运用模糊语言来提高语言表达的效果的一门科学。可以说，如果没有模糊语言学，也就不会有模糊修辞学。

模糊修辞学是一门具有交叉性的科学。这主要表现在以下两个方面：第一，尽管模糊修辞学既是模糊语言学的分支学科，也是修辞学的分支学科，但是模糊修辞学、模糊语言学和修辞学毕竟是三门相对独立的科学，它们都有着各自的研究对象。第二，虽然模糊修辞学、模糊语言学和修辞学是三门相对独立的科学，它们有着各自的研究对象，但是模糊修辞学跟模糊语言学和修辞学之间又很难截然划界。这主要是因为：一方面研究模糊语言学，不可能不考虑模糊语言在言语交际活动中的表达效果；研究修辞学，也不可能不考虑模糊语言的表达功能。另一方面研究模糊修辞学离不开对模糊语言的研究，只有深入地研究语言的模糊性情况，我们才能更准确、更深刻地认识我们所运用的语言，才能提高语言的表达效果；研究模糊修辞学也离不开对修辞学的研究，修辞学的一些基本原理对研究模糊修辞学无疑具有一定的指导意义，尽管模糊修辞学具有其特殊性。这样一来，模糊修辞学与模糊语言学和修辞学之间在外延上就具有了部分重合，也就是具有了交叉关系。

模糊修辞学是一门边缘科学。所谓边缘科学，是指以两种或多种学科为基础而发展起来的科学。如果没有模糊语言学，也就不可能有模糊修辞学；如果没有修辞学，也同样不可能有模糊修辞学。由此可见，模糊修辞学的这种交叉性，又决定了它是一门边缘科学的性质。

综上所述，模糊修辞学的性质是：模糊修辞学既是修辞学的分支学科，也是模糊语言学的分支学科；既是一门具有交叉性的科学，也是一门边缘科学。

关于模糊修辞学的对象问题，这与模糊修辞密切相关，既然模糊修辞是在言语交际活动中说写者精心地选择模糊语言材料来表达意旨，交流思想，以提高语言表达效果的一种言语交际活动，那么模糊修辞学的对象就是指那些与提高语言的表达效果有关的模糊语言材料，或者说是为了提高语言的表达效果而对模糊语言材料进行加工的现象。与提高语言的表达效果有关的"模糊语言材料"，主要是指模糊同义手段；对模糊语言材料进行加工的"现象"，主要体现在模糊词语的锤炼、模糊句式的选择和模糊辞格的运用等方面，这些又主要是模糊同义手段的选择现象，如词汇模糊同义手段的选择、语音模糊同义手段的选择和语法模糊同义手段的选择等现象。例如：

（1-1）九年多以前，他曾经为了攻取这一带山岭要保护住这里的古陵而忧心过。（王愿坚：《普通劳动者》，见同名短篇小说集，人民文学出版社 1978 年版）

（1-2）九年以前，他曾经为了攻取这一带山岭，又要保全这里的古陵而焦虑过。（《普通劳动者》，见初级中学课本《语文》第 6 册）

"忧心"与"焦虑"都可以表示"忧虑"，它们之间没有截然的界限，是模糊词语，可以构成模糊同义手段，但它们之间具有词义轻重的差别，这就可以让我们进行选择。将军既要攻取这一带山岭，又要保全这里的古陵，二者的确很难兼顾。面对这种情况，原文用"忧心"来形容将军当时的心情，显得词义太轻，因此改文换成"焦虑"。这是词汇模糊同义手段的选择。

语音模糊同义手段指的是模糊同义语音形式，即不同的语音形式所具有的相同或者相近的模糊意义。例如：

（2）骑在人民头上的，人民把他摔垮；给人民作牛马的，人民永远记住他！（臧克家：《有的人》）

"摔垮"，原文作"摔倒"。如果从意义上看，这两个词语之间没有截然的界限，是模糊语言，因此也很难说孰优孰劣；但是，如果从语音的角度来看，读者就会感觉到"倒"与"他"不押韵，而"垮"与"他"押韵，念起来就悦耳动听。由此可见，"倒"与"垮"在这里构成了语音上的模糊同义手段——它们的语音形式不同，其模糊意义基本相同，是选择何种语音形式，取决于押韵的需要。这是语音模糊同义手段的选择。

语法上的模糊同义手段包括两大类：模糊同义结构和模糊同义句式。对于那些在表义方面具有模糊性的语法结构，我们称为"模糊结构"；在表义方面具有模糊性的句式，我们称为"模糊句式"。因此，在表义方面具有模糊性的同义结构，就叫做"模糊同义结构"；在表义方面具有模糊性的同义句式，就叫做"模糊同义句式"。它们可统称为"语法模糊同义手段"。例如：

（3-1）极目远眺，江山万里，变成一个粉妆玉砌的世界。（峻青：《瑞雪图》，见《秋色赋》，人民文学出版社 1978 年版）

（3-2）极目远眺，万里江山变成了一个粉妆玉砌的世界。（《瑞雪图》，见试初级中学课本《语文》第 1 册）

"江山万里"和"万里江山"为模糊同义结构。模糊词语"万里"在原文中作谓语。这样一来，在"极目远眺"之后是两个分句；改文把"万里"作定语，这样原文中的两个分句"江山万里，变成一个粉妆玉砌的世界"就变成了一个句子，即"万里江山变成了一个粉妆玉砌的世界"，结构显得紧凑一些。这是模糊同义结构的选择。又例如：

（4-1）白杨树实在不是平凡的，我赞美白杨树！（《白杨礼赞》，见《茅盾文集·九》，人民文学出版社 1961 年版）

（4-2）白杨树实在是不平凡的，我赞美白杨树！（《白杨礼赞》，见初级中学课本《语文》第 5 册）

"白杨树实在不是平凡的"和"白杨树实在是不平凡的"构成模糊同义句式。原文是模糊否定句，改文是模糊肯定句。一般来说，肯定句语气较重，否定句语气委婉。改文所表达的语气重于原文。这是模糊同义句式的选择。

辞格方面也可以构成同义手段，模糊辞格当然也就可以构成模糊同义手段。辞格模糊同义手段也就有个选择的问题。例如，运用比喻来描写同一个本体的同一个意义时，往往可以选择不同的喻体。例如同样是描写本体"愁"，喻体却可千变万化：

    （5）问君能有几多愁，恰似一江春水向东流。（李煜：《虞美人》）

    （6）离愁渐远渐无穷，迢迢不断如春水。（欧阳修：《踏莎行》）

    （7）试问闲愁都几许？一川烟草，满城风絮，梅子黄时雨。（贺铸：《青玉案》）

    例（5）和例（6）都用喻体"春水"来喻愁；例（7），连用三个喻体"一川烟草""满城风絮""梅子黄时雨"来喻愁。这些不同的喻体实际上就构成了模糊同义手段。

    综上所述，模糊修辞学是一门主要运用模糊语言学与修辞学的基本理论、原理和方法，以那些与提高语言的表达效果有关的模糊语言材料为对象，研究如何在言语交际活动过程中精心地选择模糊语言材料以提高语言表达效果的方法、原则和规律的科学。它既是修辞学的分支学科，也是模糊语言学的分支学科；既是一门具有交叉性的科学，也是一门边缘科学。模糊修辞学的学科体系可以模糊同义手段的选择和模糊辞格为纲并以模糊同义手段的选择为中心来建构。当然，任何学科的体系都是具有多元性的，对该门学科研究对象和性质的认识不同，所形成的体系也就自然会不同，即使在对象和性质方面认识相同的专家学者，但由于其研究方法不同，也可能形成不同的体系。

二　模糊修辞的基本原则

    要提高语言表达效果，就必须精心地选择语言材料，而语言材料的选择又必须遵循一定的原则。这就是修辞的原则。只有确定了修辞的原则，语言材料的选择才能有标准可依、有规矩可循。陈望道先生曾于1932年提出了著名的"适应题旨情境"说来作为修辞的总原则。他说："修辞所须适合的是题旨和情境。语言文字的可能性可说是修辞的资料、凭藉；题旨和情境可说是修辞的标准、依据。""总之，修辞以适应题旨情境为第一义。"① 这一修辞原则的提出，可谓凿破混沌、超凡卓越。然而修辞怎

----

① 陈望道：《修辞学发凡》，上海教育出版社1979年版，第8、11页。

样才能适应题旨情境呢？这还得作进一步的探讨，我们把陈望道先生的这一原则具体化而提出"准确、贴切和得体"来作为修辞的三个基本原则。我们认为，无论是修辞还是模糊修辞，都是要精心地选择语言材料，只不过模糊修辞限于选择模糊语言材料，但其基本原则是一致的，因此我们在这里所说的"模糊修辞的基本原则"，实际上也就是"修辞的基本原则"。

（一）准确

讲修辞，首先得讲究用词的准确，否则就不能正确地表达自己所要说写的意思。这是修辞的基本前提。修辞上所说的准确，应该不同于修改病句，它指的是在一组同义词（广义同义词）之间选择哪一个词才能准确地表达所要说写的意思。如果词不达意，则必将会影响交际的效果。判断用词是否准确，主要可以用以下三条标准来衡量：用词是否符合客观实际，用词是否符合情理，用词是否明确而无歧义。

第一，用词是否符合客观实际。据李东阳《麓山诗话》引《唐音遗响》载：任翻《题台州寺壁》诗曰："绝顶秋风已自凉，鹤翻松露滴衣裳。前山月落一江水，僧在翠微开竹房。"既去，有观者取笔改"一"为"半"字。任翻途经钱塘江，发现月落之时的江水是随潮而退的，只剩半江了。于是他急忙返回台州寺，欲把原诗改为"前山月落半江水"，结果发现已被人改了，于是他慨叹道："台州有人。"这"半江水"之所以优于"一江水"，关键在于它准确地反映了客观事实。

第二，用词是否符合情理。据沈括《梦溪笔谈·续笔谈》载："陶渊明《杂诗》'采菊东篱下，悠然见南山'。往时校定《文选》改作'悠然望南山'，似未允当。若作'望南山'，则上下句意全不相属，遂未佳作。"这"见"字之所以不能改为"望"，就在于它符合情理。"悠然见南山"，一个"见"字准确地表现了陶渊明悠然自得的情怀，他"本自采菊无意望山，适举而见之，故悠然忘情，趣闲而景远，此未可于文字精粗间求之"（苏轼：《鸡肋集》）。如果改为"望"字，则表明作者是有意而为，不能准确地表现出作者的"悠然"之情。

第三，用词是否明确而无歧义。据宋魏庆之《诗人玉屑》载："萧楚才知溧阳县，张乖崖作牧。一日召食，见公几案有一绝云：'独恨太平无一事，江南闲杀老尚书。'萧改'恨'作'幸'字。公出，视稿曰：'谁改吾诗？'左右以实对。萧曰：'与公全身。公功高位重，奸人侧目之秋；

且天下一统，公独恨太平，何也?'公曰:'萧弟一字之师也!'"这里的"恨"字之所以不贴切，就在于它可能产生歧义，很容易被奸人罗织罪名;改为"幸"字，表意明确，这就不会给人留下把柄了。

(二) 贴切

讲准确，是修辞的基本前提，它主要是要求"辞达";求贴切，是修辞的基本要求。它主要涉及所选用词语是否更佳的问题。判断用词是否贴切，主要体现在用词是否恰当、是否最具表现力，也就是法国 19 世纪著名作家福楼拜说过:"我们不论描写什么事物，要表现它，唯有一个名词，要赋予它运动，唯有一个动词，要得到它的性质，唯有一个形容词。我们必须不断地苦思冥索，非发现这个唯一的名词、动词或形容词不可。仅仅发现与这些名词、动词或形容词相类似的词句是不行的，也不能因为思索困难，就用类似的词句敷衍了事。"这个"唯一的名词、动词或形容词"就是最恰当、最具表现力的词语。选择了最恰当、最具表现力的词语，就是用词贴切。据说有一次苏轼与黄庭坚、苏小妹谈写诗，苏小妹出题说:在"轻风"与"细柳"，"淡月"与"梅花"之间添一字而成诗。黄庭坚云:"轻风舞细柳，淡月隐梅花。"苏小妹说不好。苏轼改为"轻风摇细柳，淡月映梅花。"小妹仍说不好，并改为"轻风扶细柳，淡月失梅花。"苏轼与黄庭坚皆拍手称妙。"舞细柳"与"摇细柳""扶细柳"，"隐梅花"与"映梅花""失梅花"等，在表达上并无正误之分，然而有优劣之别。既然是"轻风"，无论是用"舞"还是用"摇"，语义都显得过重，唯有用"扶"才能准确地表现出"轻风"与"细柳"之间的柔和相谐的情状;既然是"淡月"，说它"隐梅花"则有失真实，说它"映梅花"，则有点夸张，只有"失梅花"才能与"淡月"相配——淡淡的月光下有一树梅花，那洁白的梅花使得淡淡的月光仿佛消失了一般。由此可见，这个"扶"字，这个"失"字，就是唯一的动词，就是最恰当、最具表现力的词语。当然，某个词语用在某处，也许不恰当或者不是最具表现力，但是用在另一处则可能很恰当。

(三) 得体

俗话说"到什么山唱什么歌，见什么人说什么话"，说写者与听读者总是处在一定的关系之中，如果说写者能注意到听读者这一对象去选择词语，这就叫得体。俗话说"什么藤结什么瓜，什么人说什么话"，如果描写一个人的言行，所选用的词语跟他的身份、地位、性格等相符合，这也是得体。如果描写一个人的言行，所选用的词语跟他的身份、地位、性格等相符合，这也是得体。得体是修辞的最高原则。那么如何在语言交际活动中遵循得体原则，或者说如何使语言表达得体呢？这主要体现在以下两个方面。

第一，从语言材料选择的角度来看，最重要的是要根据情景语境和社会背景语境来选词择句。具体表现在：在表达某个意思的时候，如果时间、地点、场合、话题、交际意图不同，那么说话人所选择的词句就应该有所不同；如果交谈的对象不同，例如，身份、职业、兴趣、情感、思想、信念、意志、个性、气质、能力、修养等因素存在差异，那么说话人所选择的词句就应该有所不同；如果交谈双方的关系不同，例如，上级与下级、长辈与晚辈、敌与友、亲与疏等关系不同，那么说话人所选择的词句就应该有所不同；在言语交际当中，还得考虑当前社会的政治、经济与文化状况等因素；如果交谈双方的民族文化背景不同，那么说话人所选择的词句就应该考虑民族传统文化心理、社会风俗习惯。例如，如果在吃饭的时间跟西方人打招呼："Have you eaten？"他会以为你要请他吃饭。如果途中相遇西方人，问他说"Where are you going？"他会认为你管闲事。如果询问西方人"How much are you paid each year？""How old are you？""Are you married？"他会认为你是在窥探隐私。

第二，从交际双方感情沟通的角度来看，最重要的是要做到有礼有节。所谓有礼，是说要有礼貌，即符合言语交际中的"礼貌原则"。利奇在《语义学》中指出："从积极的角度看，礼貌原则的本质是'相信别人'，从消极的角度看，礼貌原则的本质是'不要得罪别人'。"① 要言之：有礼，就是交际双方在语言交际当中要顾及对方的心理、情感等因素，懂得谦虚与尊敬，如运用礼貌语言、尊称与谦称等；宽容他人，如孔子所说："躬自厚而薄责于人"，"己所不欲，勿施于人"②；抬高对方贬低自己等方式来进行对话与交流。所谓有节，就是在语言交际当中要掌握分寸，要有节制，该说什么，不该说什么，该说多少，皆得适度，恰如其分。

---

① ［英］利奇：《语义学》，李瑞华等译，上海外语教育出版社 1987 年版，第 481 页。
② 《论语·卫灵公》。

三　模糊修辞的心理机制

模糊修辞的心理机制是联想。联想是由于某人或某事物而想起其他相关的人或事物；由于某概念而想起其他相关的概念。模糊修辞的心理机制何以会是联想呢？我们拟从以下三个方面来进行阐释。

（一）语义联想与联想义

我们知道，词义是由理性义和色彩义构成的，其中理性义是通过人的抽象思维对客观事物本质属性的概括反映而形成的意义，它是词义的基本语义特征，是词义的核心部分。然而，在不少的情况之下，人们在运用语言时所使用的意义既非词义的理性义，也非词义的色彩义。例如，《现代汉语词典》："仙女：年轻的女仙人。"又："仙人：神话和童话里指长生不老并且有种种神通的人。"然而言语中所说的"她像仙女一样"，其中的"仙女"所表示的就不是其理性义。它所表示的是人们对"仙女"那些尚未进入理性义的一般性特征进行语义联想而得到的意义，诸如"美丽""善良""温柔"等。严格地说，"仙女"在这里所体现出来的"美丽""善良""温柔"等"意义"，是不能称为意义的，它只能叫做义素，因为它不能构成义位，它始终不能在词典中以"义位"的形式出现，甚至不能作为直接构成义位成分的义素，它往往是处于被抑制的、潜伏状态中的义素。只有在言语中，它才会被人们通过语义联想的方式凸显出来而具有联想义，因此我们把这种义素叫做"联想义素"，把在言语中凸显出来的联想义素或"意义"叫做联想义。例如，构成"仙女"这一义位的义素主要有：〔＋女性、＋年轻、＋种种神通、＋长生不老、＋在神话和童话里〕。可见直接构成"仙女"这一意义的是〔＋女性〕、〔＋年轻〕、〔＋种种神通〕、〔＋长生不老〕、〔＋在神话和童话里〕等义素，而〔＋美丽〕、〔＋善良〕、〔＋温柔〕等义素只是附着在"仙女"意义上的并且处于被抑制的、潜伏状态中的义素。在言语交际中，某人说："她像仙女一样"，实际上是在对"仙女"这一对象的一般性特征进行语义联想，这种语义联想就把附着在"仙女"意义上的并且处于被抑制的、潜伏状态中的"美丽"和"善良"等义素凸显出来了，从而赋予"仙女"一种"美丽、善良、温柔"的言语意义。

因此，所谓语义联想，是指在言语交际中，对某个客观对象的那些构成义位的义素和那些处于被抑制的、潜伏状态中的义素进行联想的过程。所谓联想义，是指在言语交际中，通过对某个客观对象的那些构成义位的义素和那些处于被抑制的、潜伏状态中的义素进行联想而凸显出来的，但尚未成为义位的理性义的言语意义。

利奇曾经在其《语义学》一书中对"意义"作过这样的概括和分析：他把最广义的"意义"划分为七种不同的类型，即理性意义、内涵意义、社会意义、情感意义、反映意义、搭配意义和主题意义。所谓理性意义，他解释说："人们普遍认为理性意义（有时叫作'外延'意义或'认知'意义）是语言交际的核心因素。我认为可以证明某种意义上理性意义对语言的基本功能来说是不可缺少的，而其他理性的意义却并非如此（这并不是说理性意义总是语言交际行为中最重要的因素）。"①

所谓内涵意义，他解释说："内涵意义是指一个词语除了它的纯理性内容之外，凭借它所指的内容而具有的一种交际价值。在很大程度上，'所指'这个概念与理性意义相重叠。如果 woman 这个词从概念上按照三个特征（＋HUMAN、－MALE、＋ADULT）确定其含义，那么'human'，'adult'和'female'这三个特征就一定会提供一个正确使用这个词的标准。这些对比特征一经转为'真实世界'中使用的词语就成为所指事物（这个词所指的事物）的特征。但是我们知道，woman 这个词所指的事物还应该包含很多附加的、非标准的特性。它们不仅包括躯体特征（'双足'、'有子宫'），而且包括心理和社会特征（'爱群聚'、'有母性本能'），还可以进而包括仅仅是典型的而不是女性所必具的特征（'善于辞令'、'善于烹调'、'穿裙子或连衣裙'）。再进一步，由于某一个人或一部分人或整个社会的看法，内涵意义可包含所指事物的'公认特征'。过去居于支配地位的男子喜欢把'脆弱'、'易流眼泪'、'懦怯'、'好动感情'、'缺乏理性'、'反复无常'这些形容词强加于女子头上，当然，也把她们描述为具有象'文雅'、'富有同情心'、'敏感'和'勤勉'这些比较符合其性格的品质。显然，内涵是伴随着时代和社会的变化而变化的。一百年以前，'无权当家'这个概念，无疑是英语和欧洲各种语言中女子这个词完全确定的内涵，今天在许多非西方社会中，女子这个词仍具有许多在我们看来是陌生的含义。同样，十分明显，在某种程度上内涵在

---

① ［美］利奇：《语义学》，李瑞华等译，上海外语教育出版社 1987 年版，第 13—14 页。

同一言语社团中是因人而异的。对一个讲英语的厌恶女子的人来说，
woman 一词会引起许多不好的联想，但这种联想不会出现在具有较多男女
平等思想的人的头脑中。……很清楚，在讨论内涵的时候，我实际上谈的
是人们在使用或听到一个词时，这个词语使人联想到的'真实世界'中
的经验。"①

"与理性意义相比，内涵意义比较不稳定，这也表明了内涵意义的附
属性。正象我们已经看到的，内涵意义经常随着文化、历史时期和个人经
验的变化而发生很大的变化。

　　……

再次，在某种意义上说内涵意义是不明确的、无限的，而理性意义却
不是如此。正如我们对宇宙的认识和看法具有无限性一样，内涵意义也同
样具有无限性：主观上或客观上认识到的所指事物的任何特点，都对表示
该所指事物的那个词的内涵意义有一定作用。"②

所谓社会意义，利奇解释说："社会意义是一段语言所表示的关于使
用该段语言的社会环境的意义。"③

"内涵意义、社会意义、情感意义、反映意义和搭配意义这五种意义
都可以用联想意义这一名称来概括。"

"理性意义实质上是言语集团的成员所共有的语言'共同体系'的一
部分，联想意义则不那么稳定，可以因个人经历的不同而变化。"④

根据利奇的解释，我们可以把理性意义、内涵意义、社会意义、情感
意义、反映意义、搭配意义等不同类型的意义概括为两类：一是词汇意
义，包括理性义（即理性意义）和色彩义（即情感意义）；二是联想意义
（即内涵意义、社会意义、部分情感意义、反映意义和搭配意义）。

一个义位除了理性义和色彩义之外，为什么还会产生众多的联想义
呢？这还得从词义的概括性入手来进行解释。

我们知道，人们对某个事物的认识，一般要经过一个由感性到理性、
由个别到一般、由现象到本质、由局部到整体的不断深化的认识过程。在
这个认识过程中，往往需要运用比较、分析、综合、抽象、概括等逻辑方

---

① ［英］利奇：《语义学》，李瑞华等译，上海外语教育出版社 1987 年版，第 17—18 页。

② 同上书，第 18 页。

③ 同上书，第 19 页。

④ 同上书，第 25—27 页。

法，逐步舍弃具体的、表象的、感性的现象或特征，最后只剩下一般的、本质的、理性的东西，从而通过认识事物的本质去认识事物，并且借助语言（词语）给予这个事物一定的名称，于是就形成了概念。在词义的贮存状态，即词典释义当中，词义所体现出来的就是这种概念义。然而人们在运用某个词语的时候，在具体的语言环境中，往往联想到在词义的概括过程中被舍弃了的那些具体的、表象的、感性的现象或特征，并且使它们从被抑制的、潜伏的状态中凸显出来而成为词的联想义；有时甚至舍弃词语的理性义，而只使用词语的联想义。萨丕尔指出："一个典型的语言成分标明一个概念。但是并不能由此引申说，语言的使用永远或主要地是概念的。日常生活中，我们并不怎么关心概念，反而更关心具体的东西和特殊的关系。"① 这种联想义起初只能是临时的言语义，然而一旦经常被人们使用，并逐渐地被社会普遍接受之后，就可能形成一个新的义项，所谓词义的联想引申就是这样的情形。但是，言语中的这些联想义，更多的情况是并未形成一个新的义项，而总是以言语义的身份出现。

那么，词汇意义（包括理性义和色彩义）与联想意义有何区别呢？简而言之，语言中的意义是对客观对象本质属性的抽象概括，它是人们通过运用逻辑思维的结果；而言语中的联想义则是对客观对象非本质属性的形象反映，它是人们通过运用形象思维的结果，是人们在运用语言时而临时产生的一种意义。从理论上说，联想义可以是无限的，某个词语众多的联想义之间所呈现出的是一种无序的状态，这正如索绪尔所指出的那样：联想系列有两个特征："没有确定的顺序和没有一定的数目。"② 联想义是对客观对象非本质属性的形象反映，它始终保持着客观对象所具有的视觉形象和一般性质、状态形象的鲜活色彩，它是人们通过运用形象思维的结果，是人们对某个词所指客观对象的具体的、表象的、感性的现象或特征的经验性感知在语言中的折射。这种经验性感知可以为同一社会的成员所共同具有，或者说是该社会成员"约定俗成"的经验性感知，例如汉语由"狼"所产生的"残忍"的联想，由"狐狸"所产生的"狡猾"的联想，由"绵羊"所产生的"温顺"的联想等，都为同一社会成员的经验所感知；也可以只是某个成员独特的个性感悟。

---

① ［美］爱德华·萨丕尔：《语言论》，陆卓元译，商务印书馆1983年版，第12页。

② ［瑞士］索绪尔：《普通语言学教程》，高名凯译，商务印书馆1983年版，第175页。

（二）语义联想的方式

语义联想的思维机制是形象思维和创造性思维，它始终扣住客观对象那些具体、鲜明、生动、可感的形象特征来展开语义联想并产生联想义。由于客观对象往往具有众多的"具体、鲜明、生动、可感的形象特征"，这就使得人们往往能够从客观对象的不同方面来展开丰富的语义联想，并使得这种语义联想呈现出发散的、辐射状的特征。例如，或由视觉形象进行语义联想而产生联想义，或由听觉形象进行语义联想而产生联想义，或由味觉形象进行语义联想而产生联想义，或由嗅觉形象进行语义联想而产生联想义，或由触觉形象进行语义联想而产生联想义，或由客观对象的属性、状态特征进行语义联想而产生联想义，或由综合形象进行语义联想而产生联想义，或由民族文化心理进行语义联想而产生联想义等。通过丰富的语义联想，从而极大地拓展了词语的适用范围，以有限的、简洁的、令人遐想的语言表达了无限的、丰富而复杂的世界，同时也给语言蒙上了模糊而含蓄的色彩。下面试作举例分析。

（1）月光如银。空旷的荒野远远望去，白练练的一片。（马继红、高军：《天路》）

（2）四面边声连角起。（范仲淹：《渔家傲》）

（3）操屯兵日久，欲要进兵，又被马超拒守；欲收兵回，又恐被蜀兵耻笑：心中犹豫不决。适庖官进鸡汤。操见碗中有鸡肋，因而有感于怀。正沉吟间，夏侯惇入帐，禀请夜间口号。操随口曰："鸡肋！鸡肋！"惇传令众官，都称"鸡肋"。行军主薄杨修，见传"鸡肋"二字，便教随行军士，各收拾行装，准备归程。（《三国演义》第 72 回）

（4）火一样的爱民情怀（标题）。（《三湘都市报》2004 年 12 月 8 日）

（5）原来那份审计"清单"中，披露的长江堤防再现"豆腐渣"工程的实情，引起了社会上的公愤。（《审计"风暴"半年间》，《解放日报》2004 年 12 月 30 日）

（6）走上钢丝的中国队一只脚已经踩空，中国足球又一次到了最危险的时候。（《中国足球再走钢丝》，《人民日报》2004 年 10 月

15 日）

　　（7）柔情似水，佳期如梦。（秦观：《鹊桥仙》）

　　例（1），"月光如银"，由"银"的视觉形象进行语义联想而产生了"白"的联想义，是说月光像银一样白。这是由视觉形象进行语义联想而产生的联想义。

　　例（2），由"角"的听觉形象进行语义联想而产生了"悲壮"的联想义。这是由听觉形象进行语义联想而产生的联想义。

　　例（3），曹操在进退两难之际，见碗中有"鸡肋"，因而有感于怀；而杨修见传"鸡肋"二字，便教随行军士，各收拾行装，准备归程。这是为何？让我们来听听杨修由此而所进行的语义联想吧："以今夜号令，便知魏王不日将退兵归也：鸡肋者，食之无肉，弃之有味。今进不能胜，退恐人笑，在此无益，不如早归：来日魏王必班师矣。故先收拾行装，免得临行慌乱。"这是由味觉形象进行语义联想而产生的联想义。

　　例（4），由"火"的触觉形象进行语义联想而产生了"温暖"的联想义；而"骄阳似火"中的"火"，人们所联想的则是"灼热"。这是由触觉形象进行语义联想而产生的联想义。

　　例（5），由"豆腐渣"的"易碎"属性形象进行语义联想而产生了"质量低劣、极不坚固"的联想义。这是由属性形象进行语义联想而产生的联想义。

　　例（6），由"走钢丝"的状态形象进行语义联想而产生了"危险"的联想义。这是由状态形象进行语义联想而产生的联想义。

　　以上六种形象联想皆是分别扣住客观对象中的某一具体、鲜明、生动、可感的形象特征来展开语义联想的。这些可以称为"单一形象联想"；有时则是扣住客观对象中的某些具体、鲜明、生动、可感的形象特征来展开语义联想的，即综合听觉形象、味觉形象、嗅觉形象、触觉形象、属性形象、状态形象等来进行语义联想。这可以称为"综合形象联想"。

　　例（7），"水"和"梦"的形象特征是多方位的，因此由"水"和"梦"的形象特征而可以分别产生众多的联想义。"柔情似水"，似"水"的什么形象特征？读者可以综合"水"的质地形象、深广形象、流动形象等而展开联想，从而产生出"柔和""深广""无穷无尽"等联想义。

"佳期如梦"，如"梦"的什么形象特征？读者可以综合"梦"的各种形象特征而展开联想："佳期"如"梦"一般的"美好""短暂""迷离""虚幻"。

语义联想与民族文化心理也密切相关。对相同的事物，由于民族文化心理不同而可能产生不同的联想义。例如，中国人由"牛"往往联想到勤劳，印度人联想到神圣，欧美人联想到的是肉和奶的奉献者。汉语里"龙"的联想义有"至高无上""吉祥""杰出的"等。如真龙天子、龙凤呈祥、望子成龙。在英国和美国，龙（dragon）是一种长着三颗头，能喷吐烟火，为巫师或妖魔鬼怪守护财物的怪物，甚至把 the old dragon 视为"魔鬼、恶魔"；俄罗斯也是把"龙"当作凶恶的象征。例如，He is a real dragon. 如果直译则为"他是一条真龙"就不准确，因为实际的意思是"他是一个残暴的人"。又如 He is a son of a dragon. 如果直译为"他是龙的儿子或龙的传人"也不会准确，因为这句的实际意思是说"他是魔鬼的儿子"。西方人不理解中国人为何自称"龙的传人"、皇帝为何自称"真龙天子"、父母为何"望子成龙"，也不理解"亚洲四小龙"的含义，英文报刊一般只好译为 the four tigers。这是由民族文化心理进行语义联想而产生的联想义。

（三）联想义的语用功能

我们在上文中已指出，语义联想的思维机制是形象思维和创造性思维，它始终扣住客观对象那些具体、鲜明、生动、可感的形象特征来展开语义联想。由于客观对象往往具有众多的"具体、鲜明、生动、可感的形象特征"，这就使得人们往往能够从客观对象的不同方面来展开丰富的语义联想，并使得这种语义联想呈现出发散的、辐射状的特征。因此，通过从不同角度对某个客观对象进行发散性的语义联想，就可以产生出丰富的联想义。例如，对"太阳"进行发散性的语义联想，可产生"阳性""刚健""强大""热烈""光明"等联想语义；对"月亮"进行发散性的语义联想，可产生"阴性""柔弱""妖媚""轻盈""温柔""甜蜜""亲切""缠绵""忧愁""伤感""恬淡""风韵"等联想义。

在言语运用过程中，我们可以使用同一个词语的不同联想义去分别描写说明不同的客观对象；或者使用同一个词语的不同联想义去同时描写说明同一个客观对象；或者使用不同词语的不同的联想义从不同的角度去描写说明同一个客观对象。

1. 使用同一个词语的不同联想义去分别描写说明不同的客观对象。例如：

> （1）这种学生与校领导之间的对话在河北经贸大学每月举行一次，学生们表示欢迎的方式是给这种对话起了一个雅称——阳光对话。（《阳光对话》，《人民日报》2004年12月2日）
>
> （2）温家宝总理站在舞台正中，拥着孩子们，对全场观众说："艾滋病这场灾难使我们的孩子们失去了父母，使我们的老人们失去了儿女，毁灭了许多家庭。但是，在党和政府的关怀下，他们又组成了一个新的家庭，这就是阳光家园。我们都生活在祖国这片热土上，都在党和政府的阳光照耀下，我们应该互相关爱，共享改革和建设的成就。"（《"祖国是最大的阳光家园"——温家宝总理与因艾滋病失去亲人的孤儿、老人共度除夕》，《人民日报》2005年2月10日）
>
> （3）让心灵多接纳一些阳光——江西省大学生心理健康及教育状况扫描（标题）（《人民日报》2005年2月25日）
>
> （4）政府权力：在"阳光"下运行（标题）（《人民日报》2005年3月11日）

"阳光"具有"光明""明亮""温暖""显露""公开""透明"等众多联想义，人们往往运用这些不同的联想义去分别描写说明不同的客观对象。上面的例句就是运用"阳光"的不同的联想义去分别描写说明不同的对象。

2. 使用同一个词语的不同联想义去同时描写说明同一个客观对象。例如：

> （1）我们早逝的青春啊，有如冬日的斜月，苍白、冰冷、残缺。（张美华：《赠月》）
>
> （2）他确乎有点像棵树，坚壮，沉默，而又有生气。（老舍：《骆驼祥子》）

例（1），作者对"冬日的斜月"的形象特征进行发散性的语义联想，得出"苍白、冰冷、残缺"等联想义，并用来描写说明"早逝的青春"这一对象的特征。例（2），作者对"树"的形象特征进行发散性的语义联想，得出"坚壮，沉默，有生气"等联想义，并用来描写说明"他（祥子）"这一对象的特征。由于作者已点明了"冬日的斜月"和"树"的联想义，读者便可循此而对描写对象的特征进行把握；如果作者不点明"冬日的斜月"和"树"的联想义，那么无论读者怎么进行联想，或许也难以与作者的联想义相合，但读者所进行的联想未必就有问题。

3. 使用不同词语的不同的联想义从不同的角度去描写说明同一个客观对象。例如：

（1）祥子的脸红得像生小孩时送人的鸡蛋。（老舍：《骆驼祥子》）

（2）祥子的脸忽然红得像包着一团火……（老舍：《骆驼祥子》）

（3）小坡的脸红得像个老茄子似的……（老舍：《小坡的生日》）

（4）孙守备气得脸像个切开的红肉西瓜……（老舍：《老张的哲学》）

（5）赵四脸红得像火烧云。（老舍：《老张的哲学》）

（6）他吃得四脖子流汗，嘴里西啦胡噜的响，脸上越来越红，慢慢的成了个半红的大煤球似的。（老舍：《我这一辈子》）

（7）去了老大半天才慢慢的扭回来，连脖子带脸金红得像她那间小红房的砖一样。（老舍：《二马》）

以上例句都出自老舍的作品，都是以"脸红"为描写对象，然而老舍所使用的词语不同，这些词语的联想义也不同，但是又都能从不同的角度去描写说明对象。例如，或用"像生小孩时送人的鸡蛋"的联想义来描写"脸红"，或用"一团火"的联想义、"老茄子"的联想义、"红肉西瓜"的联想义、"火烧云"的联想义、"半红的大煤球"的联想义、"小红房的砖"的联想义等来描写"脸红"。这些也都说明了语义联想的发散性特征以及联想义的模糊性，同时也表明模糊语言表达的多样性与丰富性。

　　人们不仅是在"消极修辞"方面即运用模糊语言的时候需要借助联想，在"积极修辞"方面即运用模糊辞格的时候也是借助联想进行的。例如，夸张是通过表面上把描写对象作言过其实的扩大和缩小，来鲜明地突出某一事物特点，使人留下深刻印象的修辞方式。夸张之所以能够鲜明地突出某一事物特点，是通过想象甚至是丰富而神奇的想象来实现的。比拟是根据想象把物当成人来写，或把人当成物来写，或把甲事物当成乙事物来写的修辞方式。离开了想象也就不存在比拟了。通感是故意把适用于甲类感觉器官的词语巧妙地用于乙类感觉器官，从而打破各种感觉器官如视觉、听觉、嗅觉、触觉等之间的界限的修辞方式。视觉、听觉、嗅觉、触觉之间的界限之所以能够被打破，完全得益于联想的作用；移就是把描写甲事物性状的词语移来描写乙事物的性状，一般是把表示人的心理感受的词语用在别的事物上面的修辞方式。表示人的心理感受的词语之所以能够用在别的事物上面，是通过由人及物的联想方式来达成的；仿拟是"仿"甲而拟"乙"，之所以能够由甲而仿出乙，正是通过类比联想为桥梁来完成的；借代是"借"甲而"代"乙，之所以能够借甲而代乙，是通过相关联想为纽带来实现的；比喻是把甲比作乙，甲之所以能够比作乙，是通过相似联想为媒介来促成的。因为从比喻的本体来看：一个本体往往具有多重属性，这就使得人们在运用比喻时往往使用多个不同的喻体来从不同的角度描写本体，从而使得本体的联想义在呈辐射状扩散中显现出模糊性；从比喻的喻体来看：同一个喻体往往具有多重属性，因此人们在运用比喻时往往使用同一个喻体来描写不同的本体，从而使得喻体的联想义在呈辐射状扩散中显现出模糊性；从比喻的相似点来看：比喻的本质特征是"相似点"（有的人称为"恰似点"），但是"相似点"本身也是一个模糊概念，"相似"与"不相似"之间很难划分出截然的界限，因为两类事物是否相似，这除了客观事物本身之外，还将受到人们的心理因素和民族文化因素等的制约。即使真的具有相似点，也必须通过联想来连接。

四　模糊修辞的基本研究方法

　　研究任何一门学科，都要掌握一些基本的研究方法，研究模糊修辞也是如此。我们认为，模糊修辞的基本研究方法主要有以下几种。

　　第一，宏观研究与微观分析相结合的方法。模糊修辞学是研究在言语交际活动中如何精心地选择模糊语言材料来表达意旨，交流思想，以提高语言表达效果的方法、原则和规律的一门科学。我们不仅要研究模糊语言在人们交际活动中的运用情况，更重要的是要通过这些实际运用的案例来探讨模糊修辞的基本原则和运用模糊语言来提高语言表达效果的基本规律。如果没有对于模糊修辞的相关基本理论的研究，那么模糊语言材料只能是一盘散沙，就事论事式的模糊修辞研究无疑是缺乏指导意义的。

第二，动态追溯的方法。我们在上文中阐述了这样的观点：如果说模糊语言学主要是从静态的角度来分析自然语言的模糊性的一门科学，那么模糊修辞学则主要是从动态的角度来研究如何运用模糊语言来提高语言表达的效果的一门科学。那么我们该怎样"从动态的角度"来研究如何运用模糊语言来提高语言表达的效果呢？同义手段学说就为我们提供了这样的"动态的角度"。由此我们主要从模糊语言与模糊语言所构成的同义手段（即模糊同义手段）选择的角度，以及模糊语言与明晰语言所构成的同义手段选择的角度来展开模糊修辞的研究，这或许可以使读者不仅明白运用模糊语言所带来的修辞效果，而且也可以明白为什么会产生这样的修辞效果。此所谓知其然，亦知其所以然。

第三，学科渗透的方法。模糊修辞现象是十分复杂的现象，模糊修辞学是一门具有综合性、交叉性的学科，因此我们同时采用"学科渗透"的方法来研究模糊修辞。我们强调不同学科之间的渗透，把模糊学、语言学、语义学、语法学、语用学、修辞学、语体学、文化学、社会学、心理学等学科的基本原理引入模糊修辞研究中来，从而对模糊修辞现象展开多学科、多角度、多方位的交叉性和综合性研究。例如，我们可以运用模糊学的基本理论来研究模糊语言的基本特征；运用认知语言学的基本理论来对模糊语言所表示的语义类属或范畴进行归类，来探讨某些语义类属或范畴的模糊性特征；运用心理学和语义学的基本理论来研究模糊修辞的心理机制；运用文化学、社会学和语用学的基本理论来研究模糊语言在维系人际关系方面的修辞功能；运用语法学和语义学的基本理论来研究模糊语句和模糊语法的修辞功能；运用语体学的基本理论来研究模糊语言在语体中的运用；运用修辞学中有关辞格的研究成果来研究模糊辞格及其修辞效果等。

任何方法都不可能是万能的，不存在放之四海而皆准的方法，并且任何方法都有其局限性，因此我们的上述研究方法也必然会存在着一定的局限性；同时任何研究方法也都有一个认识的不断深化问题，如果过了若干年之后我们再来研究模糊修辞，也许对这些研究方法会有所改进，也许还会发现一些新的更为科学的方法；方法又具有多样性和灵活性，大到一门学科的研究方法，小到解决某个具体问题的方法，都不是唯一的，不同的方法可以解决同样的一个问题，我们可以根据实际需要来选择或综合运用上述研究方法，当然也还可以另辟蹊径寻找更为恰当的研究方法，总之，研究方法是以解决问题为宗旨的。

（原载周建民主编《修辞学论文集》（第 11 集），
中国社会科学出版社 2008 年版）

论模糊词语的释义方法

摘　要：模糊词语的释义方法主要有八种：下定义的方法主要是
采用"属＋种差定义法"。解释明晰词语时，用来表示种差的词语一
般是明晰语言；而对于模糊词语，则往往用模糊语言来表示种差。这
种用模糊语言来表示种差的方法，我们称为"模糊种差法"。定量释
义法是把某个模糊词语当作一个集合，把该集合中的一个个对象作为
该集合中的元素来考察，通过测定这些元素对该模糊集合的隶属程
度，我们就可以用定量的方法来解释这个模糊词语了。形象描写释义
法是通过描写模糊词语所指代的那一事物所具有的形象特征（譬如
视觉、听觉、味觉、嗅觉和触觉等方面的形象特征）来释义的方法。
比喻描写释义法是通过运用比喻的修辞方式来解释模糊词语的方法。
对比释义法是通过将两个具有对立关系的模糊词语进行相互对比来释
义的方法。否定释义法是通过"不＋反义词"的方式来对模糊词语
进行释义的方法。比较释义法是通过将一组相关的模糊词语进行关系
比较来释义的方法。模糊义素释义法是通过在同一语义场内的几个义
位之间寻找出它们的具有模糊性的区别义素来对模糊词语进行释义的
方法。

关键词：模糊词语；释义；方法

辞典的释义要求准确而精练，那么怎样才能使释义准确呢？从某个角
度来看，语文辞典所收的词语基本上可以分为两大类：明晰词语和模糊词
语，即通常所说的明晰语言和模糊语言。对于明晰词语，人们可以运用明
晰语言来揭示其本质特征，从而达到释义的准确；而对于模糊词语，往往
还得运用模糊理论及模糊语言来加以解释。如果过分追求精确的界说，则
可能反倒难以达到准确。本文主要是运用模糊理论来探讨辞典中某些模糊

词语的释义问题。

从释义的方法来看，解释模糊词语大致可以运用模糊种差法、定量法、形象描写法、比喻法、对比法、否定法、比较法、模糊义素法等方法。

一　模糊种差释义法

要了解"模糊种差释义法"，首先得了解定义法。所谓定义法，就是揭示概念内涵的逻辑方法。任何一个定义都是由被定义项（被定义的词语）、下定义项（下定义的词语）和定义联项组成。例如，商品是用来交换的劳动产品。其中"商品"是被定义项，即被定义的词语；"用来交换的劳动产品"是下定义项，即下定义的词语；"是"是定义联项。下定义的方法主要是采用"属＋种差定义法"，即下定义项是由种差和邻近的属概念组成的。用公式表示则是：被定义项＝种差＋邻近的属概念。根据种差内容的不同，"属＋种差定义法"可以分为性质定义、发生定义、功用定义和关系定义四类。

"性质定义"是以事物的性质为种差内容的定义。例如，"平行四边形是两组对边平行的四边形。"①

"发生定义"是以事物产生、形成情况为种差内容的定义。例如，"角是由一点引出两条射线所构成的图形。"

"功用定义"是以事物的功用为种差内容的定义。例如，"商品是用来交换的劳动产品。"

"关系定义"是以事物之间的关系特点为种差内容的定义。例如，"负数是小于0的数。"

在词书释义中，"属＋种差定义法"是被广泛运用的一种方法，它对于解释明晰词语是非常有效的，它能够准确地解释明晰词语（即概念）的本质属性，例如，上面所举对于"平行四边形""角""商品""负数"等明晰词语的解释就是如此。其实这种方法也可以用于解释模糊词语。那么，"属＋种差定义法"在解释明晰词语与模糊词语时有何不同呢？关键在于：解释明晰词语时，用来表示种差的词语一般是明晰语言，如"两组对边平行"是"平行四边形"的种差，"由一点引出两条射线"是

---

① 本文的词语解释凡是没有注明出处的，皆引自《现代汉语词典》。

"角"的种差，"交换"是"商品"的种差，"小于0"是"负数"的种差。这些表示种差的词语都是明晰语言；而对于模糊词语，则往往用模糊语言来表示种差。这种用模糊语言来表示种差的方法，我们称为"模糊种差法"。"模糊种差法"能够准确地揭示模糊概念在内涵上所具有的模糊性。例如：

> 树林：成片生长的许多树木，比森林小。
> 森林：通常指大片生长的树木。

其中的"树木"是"树林"和"森林"的属概念，并且是明晰语言；"成片生长的"和"许多"是树林的种差，"大片生长的"是森林的种差，并且都是模糊语言。正是通过运用模糊语言来表示种差，这就揭示出了"树林"和"森林"的模糊性。又例如：

> 蔬菜：可以做菜吃的草本植物。
> 水果：可以吃的含水分较多的植物果实的统称。

其中的"草本植物"是"蔬菜"的属概念，"植物果实"是"水果"的属概念，并且都是明晰语言；"可以做菜吃的"是"蔬菜"的种差，"可以吃的含水分较多的"是"水果"的种差，并且都是模糊语言。番茄和西瓜都是草本植物，番茄"可以做菜吃"，但又是"可以吃的含水分较多的"植物果实，那么番茄是蔬菜还是水果呢？也正是通过运用模糊语言来表示种差，这就揭示出了"蔬菜"和"水果"的模糊性。

有时明晰词语的释义也可以运用"模糊种差法"。它一般是将种差分成偏正两部分，即一部分是中心语，一部分是修饰限制语。某些修饰限制语可由模糊语言来充当。例如：

> 霜是在气温降到0℃以下时，接近地面空气中所含的水汽在地面物体上凝结成的白色冰晶。

"在气温降到0℃以下时，接近地面空气中所含的水汽在地面物体上凝结成的"是"霜"的种差，其中"地面空气中所含的水汽在地面物体上凝结成的"是中心语，并且是明晰语言，而修饰语"接近"则是模糊语言。这种使用模糊语言充当种差修饰语的方式，可以使明晰词语的解释具有一定的灵活性。当然，对于明晰语言的释义，在种差中能够不用模糊语言的则宜尽量不用。例如，《现代汉语词典》1978 年版和 2002 年增补本对"云"的释义分别为：

> 云：在空气中由大量水滴或冰晶组成的悬浮物体。
> 云：在空中悬浮的由水滴、冰晶聚集形成的物体。

"空气中由大量水滴或冰晶组成的"是"云"的种差，其中"水滴或冰晶组成的"是中心语，并且是明晰语言，而修饰语"大量"则是模糊语言。改文的释义去掉了原来释义中的模糊修饰语"大量"，释义显得更为精练。

二　定量释义法

定量释义法与模糊理论中的"隶属度"这一概念密切相关。所谓隶属是刻画元素与集合、事物与类别之间关系的概念。隶属度是刻画这种属于程度大小的概念，即表示论域中的某个元素隶属于某个集合的程度，或者说，隶属度表示论域中的某个元素在多大程度上具有属于某个集合的资格。既然隶属度表示在同一集合中不同的元素隶属于该集合的不同程度，那么这些隶属度不同的元素实际上就是一个变量，于是人们就用变量 x 来表示这些元素，隶属度必将随着变量 x 的变化而变化，这样就形成了一个关于变量 x 的函数。人们称为隶属函数。设 A 是论域 U 上的模糊集合，隶属函数一般记为 μA（x）。而 μA（x）的大小就反映了元素 x 属于该模糊集合 A 的程度。这样一来，模糊语义便可以用隶属度的方法来定量化。例如表示时间序列的模糊词语"童年、少年、青年、中年、老年"，"早晨、上午、中午、下午、晚上"等，在解释这些模糊词语的时候，我们可以运用定量释义法，即把某个模糊词语当作一个集合，把该集合中的一个个对象作为该集合中的元素来考察，通过测定这些元素对该模糊集合的隶属程度，我们就可以用定量的方法来解释这个模糊词语了。例如：

> 早晨：从天将亮到八九点钟的一段时间。

上午：一般也指清晨到正午十二点的一段时间。
下午：一般也指从正午十二点到日落的一段时间。

值得注意的是，隶属度的具体制定并非"一定如此"，它往往是人们根据以往的经验、考察的对象、所处语境等情况而制定的，是"可以如此"，只要这些隶属度的具体数值符合规律就行。

三　形象描写释义法

所谓形象描写释义法，是通过描写模糊词语所指代的那一事物所具有的形象特征（例如视觉、听觉、味觉、嗅觉和触觉等方面的形象特征）来释义的方法。描写事物形象特征的主要词语都是模糊语言。例如：

黄：像丝瓜花或向日葵花的颜色。
哄：象声词，形容许多人大笑声或喧哗声。
甜：像糖和蜜的味道。
霉气：霉烂的气味。
火热：像火一样热。

以上例句就是分别通过描写模糊词语所具有的视觉、听觉、味觉、嗅觉和触觉等方面的形象特征来释义的。

四　比喻描写释义法

所谓比喻描写释义法，是通过运用比喻的修辞方式来解释模糊词语的方法。例如：

蠕动：像蚯蚓爬行那样动。
蛇行：形容像蛇爬行时蜿蜒曲折的样子。

任何比喻都具有模糊性，因此这种释义方法特别适宜用来解释模糊词语的意义，并且在释义的开头往往有"像"、"比喻"或"形容"之类的模糊词语作标记。

五　对比释义法

所谓对比释义法，是通过将两个具有对立关系的模糊词语进行相互对比来释义的方法。例如：

> 甘：甜；甜美（跟"苦"相对）
> 苦：像胆汁或黄连的味道（跟"甘"相对）。

这种释义法往往在释义的末尾有"跟某相对"之类的词语作标记。

六　否定释义法

所谓否定释义法，是通过"不＋反义词"的方式来对模糊词语进行释义的方法。例如：

> 丑：丑陋；不好看（跟"美"相对）。
> 柔软：软和；不坚硬。

这种释义法也是适用于具有对立关系的模糊词语，因此在释义的末尾也往往有"跟某相对"之类的词语作标记，只不过它一般用于有标志单位的词语。例如，跟"丑"相对的无标志单位"美"和跟"柔软"相对的"坚硬"就不宜使用"不＋反义词"法来释义，即不能把"美"解释为"不丑"，不能把"坚硬"解释为"不柔软"。

七　比较释义法

所谓比较释义法，是通过将一组相关的模糊词语进行关系比较来释义的方法。例如：

> 集镇：以非农业人口为主的比城市小的居住区。
> 市镇：较大的集镇。
> 城市：人口集中、工商业发达、居民以非农业人口为主的地区。
> 都市：大城市。

"市镇"与"集镇"之间具有大于关系,"都市"与"城市"之间也具有大于关系,因此把"市镇"解释为"较大的集镇",把"都市"解释为"大城市"。可见,运用比较法来解释这样的模糊词语,就显得准确而精练。

八 模糊义素释义法

"模糊义素"是我们提出的一个新的概念。如果同一语义场内的几个义位之间的区别义素具有模糊性,那么这几个义位的语义无疑也具有模糊性。这种具有模糊性的区别义素,我们称为"模糊义素"。所谓模糊义素释义法,是通过在同一语义场内的几个义位之间寻找出它们的具有模糊性的区别义素来对模糊词语进行释义的方法。例如:

> 香:〔+气味〕、〔+好闻〕
> 臭:〔+气味〕、〔-好闻〕
> 长:〔+两点间〕、〔+距离〕、〔+大〕
> 短:〔+两点间〕、〔+距离〕、〔-大〕

"香"与"臭"的共同义素是"气味",区别义素是"好闻",并且"好闻"具有模糊性,因此我们称为"模糊义素"。"长"与"短"的区别义素"大"具有模糊性:距离大与不大之间很难截然划界。这就决定了"长"与"短"两个义位的模糊性。把寻找出的模糊义素引入释义之中,就是模糊义素释义法。例如,《现代汉语词典》对"香"与"臭"、"长"与"短"的释义分别为:

> 香:(气味)好闻(跟"臭"相对)。
> 臭:(气味)难闻(跟"香"相对)。
> 长:两点之间的距离大(跟"短"相对)。
> 短:两点之间的距离小(跟"长"相对)。

上述释义方法皆具有一个共同的特征,就是释义的系统性。所谓释义的系统性,是指在解释某个词语的时候,不能孤立地去释义,而是要把它与相关的一组词语聚合在一起,通过对这些相关词语的某一义位进行比较，然后再进行释义。例如上述模糊词语的释义无不如此。然而《现代汉语词典》的释义也偶有没兼顾释义的系统性之处，例如：

中年：四五十岁的年纪。

如果单独解释"中年"的语义，也许是可以的。查德在《定量模糊语义学》一文中提出了用"隶属度"来对模糊语言进行计量的方法。他对 middle age 义位所作的分析如表 1 所示。

表1

年 龄	40	41	42	43	44	45	46	47	48	49	50	51	52	53
属于"中年"的隶属度	0.3	0.5	0.8	0.9	1	1	1	1	1	0.9	0.8	0.7	0.5	0.3

由此可见，40 岁和 53 岁属于"中年"的隶属度是比较低的，但还是可以分别作为"中年"的上下限，因此把"中年"解释为"四五十岁的年纪"是可以的，并且它符合查德对"中年"隶属度所作的分析，然而，《现代汉语词典》对"少年""青年""老年"的解释分别为：

少年：人十岁左右到十五六岁的阶段。
青年：指人十五六岁到三十岁左右的阶段。
老年：六七十岁以上的年纪。

"少年"的上限"十五六岁"跟"青年"的下限正好相连，这就是注意到了释义的系统性，可是"青年"的上限是"三十岁左右"，而"中年"的下限则是"四十"；"中年"的上限是"五十"，而"老年"的下限是"六十"，那么请问："三十三岁"（三十一二岁姑且划归"三十左右"）至"三十九岁"年龄段是属于什么"年"？"五十一岁"至"五十九岁"又是属于什么"年"？由此可见，这里的释义漏掉了这两个年龄段，也就是说，它没有兼顾释义的系统性。

综上所述，用模糊语言来解释模糊概念，照样能收到释义准确之功效。如果用明晰语言去解释模糊概念，有时反而会显得不准确。例如：

禿：（人）没有头发。

禿头：头发脱光的人。

这里用"没有"和"脱光"等明晰语言来解释"禿"和"禿头"，表达并不准确，难道只有头发脱光的人才叫"禿头"吗？如果脱得只剩十几根头发，这算不算禿头？如果只有"头发脱光的人"才能算是"禿头"，那么就不会有罗素的那著名的"禿头"悖论了。又例如：

文盲：不识字的成年人。

科盲：不具备科学常识的成年人。（《现代汉语词典补编》）

我们曾经对这两条词语的释义作了这样的评析："不识字"是明晰语言，如果"不识字"的成年人是"文盲"，那么认识十来二十个字的成年人还算不算"文盲"？他们是否属于"扫盲"的对象？根据有关规定，成年人要认识1500个左右的字才能算是"脱盲"。可见"文盲"不仅包括"不识字"的成年人，也包括那些"识字不多"的成年人。"科盲"也是模糊概念，"不具备科学常识"的成年人固然是"科盲"，只懂得一点点科学常识的成年人算不算"科盲"？其实，在人们的生活中所说的"科盲"，往往包括那些对科学常识知之不多的成年人。可见这两个词条都是用明晰语言来解释模糊概念，但表达得并不十分准确。相应地来看《现代汉语词典补编》对"法盲"的解释，就比对"文盲"和"科盲"的解释要准确得多。《补编》："法盲，缺乏法律知识的人。"这里用的解释语是模糊语言"缺乏"，而没有用明晰语言"不具备"[1]。

令人高兴的是，《现代汉语词典》2002年增补本对"科盲"的释义已改为："指缺乏科学常识的成年人。"由此可见，运用模糊语言来解释词义，有时比运用明晰语言更为准确；有时运用一些模糊释义的方法来解释模糊词语，往往会收到更好的效果。

（原载《辞书研究》2007年第6期）

---

①　黎千驹：《实用模糊语言学》，广西师范大学出版社1996年版，第210页。

论义素分析法与语义的模糊性

摘　要：义素分析法是将同属一个语义场的一些词放在一起，从意义上对这些词的义位进行对比分析，找出它们所包含的义素。如果同一语义场内的几个义位之间的区别义素具有模糊性，那么这几个义位的语义无疑也具有模糊性。这种具有模糊性的区别义素，我们称为"模糊义素"。通过对比分析出不同义位之间的模糊义素，我们也就可以发现这几个义位的模糊性之所在。这样我们就不会再笼统地说它们是模糊语言了。

关键词：义素；语义；模糊性

　　义素分析法（seme analysis）是在西欧和苏联的叫法，在美国一般称为构成成分分析法（componential analysis）。1943 年，哥本哈根学派的创始人、丹麦语言学家叶尔姆斯列夫（L. Hjelmslev）提出了词义可分的设想。美国的语言学家布龙菲尔德在 1955 年以前提出了"语义特征"的术语，法国语义学家鲍狄埃（B. Pottier）提出了"义素"（seme）的术语。1956 年，人类学家古迪纳夫在《成分分析以及意义研究》一文中提出了"语义成分分析法"。1963 年，鲍狄埃和美国的卡茨（J. Kats）、福多（J. A. Fodor）等人都提出了语义成分分析论，引起了语法学和语义学界的高度重视。1961 年和 1962 年，高名凯先生在其论著里都阐述了"素位理论"。从此以后，义素分析在语义学研究领域被广泛运用。

　　所谓义素，就是义位中所包含的语义成分，或者说它是构成义位的成分。任何一个义位都可以再分解成一些"语义成分"（semantic properties 或 sense-components），或叫"语义特征"（semantic features）、"语义特性"（semantic properties）、"语义标记"（semantic markers）、语义原子（semantic atom）。例如"Man"可以分解为〔＋human〕、〔＋adult〕、〔＋

male〕等语义成分;"Woman"可以分解为〔+human〕、〔+adult〕、〔-male〕等语义成分。但是,在自然语言体系中我们不可能直接观察到义素,因为义素是从理论上分析得出的语义单位,而不是自然语言的单位,人们只能凭借自然语言来描写义素的特征,当这些义素集合在一起时,才表现出某个义位的意义。那么怎样进行义素分析呢?

义素分析法是将同属一个语义场的一些词放在一起,从意义上对这些词的义位进行对比分析,找出它们所包含的义素。由此可见,义素分析是对语义场理论的拓展与深化。义素分析的步骤如下。

一　确定分析的语义场

从最小的子场开始。对任何义位进行义素分析,都必须在适当的范围内即适当的语义场内进行比较。

二　对比分析

在一定的语义场内通过对比找出义位之间的共同义素和区别义素。例如,分析"哥哥、弟弟、姐姐、妹妹"这一语义场内四个义位的义素,先将这四个义位进行比较,找出它们之间的〔+近亲属〕和〔+同胞关系〕这两个共同义素。把"哥哥、弟弟"进行比较,得到〔+男性〕这个共同义素。把"姐姐、妹妹"进行比较,得到〔-男性〕这个共同义素。把"哥哥、姐姐"进行比较,得到〔+年长〕这个共同义素。其中〔+近亲属〕和〔+同胞关系〕是四个义位的共同义素,〔+男性〕是"哥哥、弟弟"两个义位的共同义素,〔-男性〕是"姐姐、妹妹"两个义位的共同义素,〔+年长〕是"哥哥、姐姐"两个义位的共同义素。正因为这四个义位之间有共同的义素,就使得它们之间具有共同的语义特征,这样才能形成一个语义场。然而这四个义位的意义毕竟是不同的,因此它们之间必定具有区别义素。例如:把"哥哥、姐姐"与"弟弟、妹妹"进行比较,二者分别有〔+年长〕与〔-年长〕的区别义素。把"哥哥、弟弟"与"姐姐、妹妹"进行比较,二者分别有〔+男性〕与〔-男性〕的区别义素。这些区别义素也就是义位之间的区别特征。因此在分析区别义素时,特别要注意抓住一事物区别于它事物的本质特征。

对义位进行义素对比分析时,一般应遵循三个原则。

第一,相称原则。即分解出的义素之和必须能够说明义位的意义。例如，"哥哥"的这一义位有〔+近亲属、+同胞关系、+男性、+年长〕等义素，其中的〔+近亲属〕、〔+同胞关系〕、〔+男性〕、〔+年长〕等义素之和就构成了"哥哥"这一义位的意义。

第二，简化原则。例如，有人对"娶"和"嫁"所作的义素分析如下：

娶：〔+人类〕、〔+男人〕、〔-到男方〕、〔+结婚〕、〔+组成家庭〕

嫁：〔+人类〕、〔-男人〕、〔+到男方〕、〔+结婚〕、〔+组成家庭〕

我们认为，删除其中的"〔+人类〕"和"〔+组成家庭〕"这两个共同义素，不会影响对"娶"和"嫁"两个义位意义的描写。

第三，区别性原则。在一定的语义场内通过对比不仅要找出义位之间的共同义素，也要找出它们之间的区别义素。这也是对比的最基本的原则和方法。上文已作分析。

三　义素分析的描写

把语义场内各对比义位的共同义素和区别义素用一定的方式加以描写，把分析的结果用一定的结构式子来表示。下面我们用横排列式来表示。

哥哥：〔+近亲属、+同胞关系、+男性、+年长〕

姐姐：〔+近亲属、+同胞关系、-男性、+年长〕

弟弟：〔+近亲属、+同胞关系、+男性、-年长〕

妹妹：〔+近亲属、+同胞关系、-男性、-年长〕

由以上分析可以看出，义素分析法可以揭示出义位的结构和语义特征，可以找出义位之间的异同，从而有利于分析出同义词、反义词、类义词在词义上的差别，它能使语义描写形式化，有助于计算机的"理解"和翻译。因为只有把义位分析出一组义素，从而列出义位的结构式子，才便于计算机理解，而传统语义学对义位所进行的囫囵解释，是难以被计算机所接受的。但是也必须指出，义素分析法至今并不完善，主要表现在以下三个方面。

一是主观性。它没有公认的简单有效的分析方法，没有简便可靠的验证方法，义素分析基本上取决于人对事物的认识，不同的人对同一义位所作的义素分析，其结果往往并不一致，而不像语音分析那样具有物质基础。人们可以根据语音的物理属性和生理属性来确定音位的区别特征。下面我们从有关论著中抄出他们对"父亲"和"母亲"所作的义素分析，读者可以看出不同的人对这两个义位中所包含的义素所作的分析有什么不同。

父亲：〔＋近亲属〕、〔＋生育关系〕、〔＋男性〕

父亲：〔＋男性〕、〔＋直系〕、〔＋长辈〕、〔＋成年〕

父亲：〔＋男性〕、〔＋直系〕、〔＋长一辈〕

父亲：〔＋男性〕、〔＋直系亲属〕、〔＋长辈〕、〔＋人〕

父亲：〔＋有子女〕、〔＋成年〕、〔＋男人〕

父亲：〔＋男性〕、〔＋比自己长一辈〕、〔＋直系〕

母亲：〔－男性〕、〔＋直系〕、〔＋长辈〕、〔＋成年〕

母亲：〔－男性〕、〔＋直系〕、〔＋长一辈〕

如果综合上述各家的分析，那么"父亲"就有〔＋人〕、〔＋男性〕、〔＋直系〕、〔＋长辈〕、〔＋长一辈〕、〔＋比自己长一辈〕、〔＋直系亲属〕、〔＋有子女〕、〔＋成年〕、〔＋男人〕等义素，不同的人也许还可以分析出另外一些义素来。

二是数量较大。在语音分析时，音位的区别特征数量少，一般只有十几个到几十个，而语义特征的数量大、义位的结构复杂，我们很难将某种语言中所有的实词义位分解成各不相同的一组义素。

三是缺乏周遍性。义素分析法只适用于语言中的一部分词，如某些名词、动词和形容词，而不能对语言中的所有实词都作义素分析，如"打、搞、为"等表示动作行为的动词，"爱、恨"等表示心理活动的动词，许多表示性质或状态的形容词，表示动物的名词等，都难以进行义素分析。

以往的模糊语言研究，只研究到义位为止，往往忽略了义素的研究，这样就给人一种囫囵的感觉。我们把语义场理论和义素分析法引入模糊语言研究，就可以揭示出义位的结构，可以更深刻地认识语言的模糊性。从某个角度来看，语义的模糊性往往体现在区别义素的模糊性上。我们在上文"义素分析的步骤"中谈道：在一定的语义场内通过对比找出义位之间的共同义素和区别义素。例如，分析"哥哥、弟弟、姐姐、妹妹"这一语义场内四个义位，我们找出了这四个义位之间的〔＋近亲属〕和〔＋同胞关系〕这两个共同义素。把"哥哥、弟弟"进行比较，得到〔＋男性〕这个共同义素。把"姐姐、妹妹"进行比较，得到〔－男性〕这个共同义素。把"哥哥、姐姐"进行比较，得到〔＋年长〕这个共同义素。正因为这四个义位之间有共同的义素，就使得它们之间具有共同的语义特征，这样才能形成一个语义场。然而这四个义位的意义毕竟是不同的，因此它们之间必定具有区别义素。例如，把"哥哥、姐姐"与"弟弟、妹妹"进行比较，二者分别有〔＋年长〕与〔－年长〕的区别义素。把"哥哥、弟弟"与"姐姐、妹妹"进行比较，二者分别有〔＋男性〕〔－男性〕的区别义素。这些区别义素也就是义位之间的区别特征。从这些区别性特征可以看出，"哥哥、弟弟、姐姐、妹妹"这一语义场内四个义位的语义是明晰的，其原因在于它们之间的区别义素是明晰的，因此"哥哥、弟弟、姐姐、妹妹"之间不存在模糊性。

如果同一语义场内的几个义位之间的区别义素具有模糊性，那么这几个义位的语义无疑也具有模糊性。这种具有模糊性的区别义素，我们称为"模糊义素"。下面让我们通过分析"看、瞧、盯"这一语义场内三个义位的义素，来看这三个义位之间的模糊性。

首先将这三个义位进行比较，找出它们之间的共同义素：〔＋用眼〕。把"看、瞧"进行比较，还有〔－视线凝聚〕这个共同义素；把"看、盯"进行比较，还有〔－短暂〕这个共同义素。正因为这三个义位之间有共同的义素，就使得它们之间具有共同的语义特征，这样才能形成一个语义场。然而这三个义位的意义毕竟是不同的，因此它们之间必定具有区别义素。例如，把"看、瞧"进行比较，二者分别有〔－短暂〕、〔＋短暂〕的区别义素。把"看、盯"进行比较，二者分别有〔－视线凝聚〕、〔＋视线凝聚〕的区别义素。把"瞧、盯"进行比较，二者分别有〔＋短暂〕、〔－短暂〕和〔－视线凝聚〕、〔＋视线凝聚〕的区别义素。这些区别义素也就是义位之间的区别特征。因此在分析区别义素时，特别要注意抓住一事物区别于他事物的本质特征。然后我们把语义场内各对比义位的共同义素和区别义素用一定的方式加以描写，把分析的结果用横排列式来表示。

看：〔＋用眼、－短暂、－视线凝聚〕

瞧：〔＋用眼、＋短暂、－视线凝聚〕

盯：〔＋用眼、－短暂、＋视线凝聚〕

通过对上面"看、瞧、盯"的义素分析，并且找出它们的模糊义素，我们也就可以发现这几个义位的模糊性之所在："看"与"瞧"的模糊性就在于它们之间的区别义素"短暂"的模糊性；"看"与"盯"的模糊性就在于它们之间的区别义素"视线凝聚"的模糊性；"瞧"与"盯"的模糊性就在于它们之间的区别义素"短暂"和"视线凝聚"的模糊性。这样我们就不会再笼统地说它们是模糊语言了。下面再来分析几组义位的模糊性。

《说文》："岑，山小而高。""崇，山大而高。"它们的共同义素和区别义素主要有：

岑：〔＋山〕、〔－大〕、〔＋高〕

崇：〔＋山〕、〔＋大〕、〔＋高〕

"岑"与"崇"的区别义素"大"具有模糊性，这就决定了"岑"与"崇"两个义位的模糊性：当某个对象处于两极的中间地带时，就很难判断这个对象究竟是"岑"还是"崇"。

"香"与"臭"的共同义素和区别义素主要有：

香：〔＋气味〕、〔＋好闻〕

臭：〔＋气味〕、〔－好闻〕

"香"与"臭"的区别义素"好闻"具有模糊性，这就决定了"香"与"臭"两个义位的模糊性。

淡季：〔＋营业〕、〔－旺盛〕、〔＋季节〕

旺季：〔＋营业〕、〔＋旺盛〕、〔＋季节〕

"淡季"与"旺季"的区别义素"旺盛"具有模糊性：旺盛与不旺盛之间没有截然的界限。这就决定了"淡季"与"旺季"两个义位的模糊性。

（原载《湖南文理学院学报》2005 年第 5 期）

论语义场的类型与语义的模糊性

摘　要：语义场是指在词义上具有某种关联的词集合在一起并且互相规定、互相制约、互相作用而形成的一个聚合体，是义位形成的系统。不同的语义场之间义位的性质是不相同的，义位之间的结构关系也是不相同的。这就使得我们可以将语义场划分为不同的类型，然后根据不同类型的语义场来考察分析语义的模糊性情况。

关键词：语义场；类型；语义；模糊性

语义场（semantic field）是指在词义上具有某种关联的词集合在一起并且互相规定、互相制约、互相作用而形成的一个聚合体，是义位形成的系统。这种聚合体的主要特征是：聚合体中的各个词都具有共同义位或共同义素，同时具有区别义素。共同义位或共同义素特征使得不同的义位能够聚合在一起，区别义素特征使得不同的义位能够相互区别。

语义场理论认为，一种语言词汇中的词在语义上是互相联系的，这些词共同构成一个完整的词汇系统，并且这个词汇系统是不断变化的。这就表明了词只有作为"整体中的一个部分"才有它自己的"词义"，词只有在"词义场"中才有"意义"。因此，研究词义应该把词义当作一个完整的系统通过对比来分析它们之间的语义关系，从而确定一个词的真正意义，而不应该孤立地研究单个的词的语义变化。

我们把语义场理论引入"模糊语义学"研究中来，就可以发现：不同的语义场之间义位的性质是不相同的，义位之间的结构关系也是不相同的。这就使得我们可以将语义场划分为不同的类型，然后根据不同类型的语义场来考察分析语义的模糊性情况。

在语义场中，不同层级之间、同一层级之间的义位往往构成不同的结构关系。这种义位之间所构成的种种结构关系，就形成了语义场的不同类型。例如，同一层级的语义场的类型主要有同义关系义场、并列关系义场、对立关系义场、矛盾关系义场、序列关系义场等，它们都是属于聚合义场范畴。义位的模糊与明晰跟义位属于什么样的义场有直接的关系，它是由义位结构的性质决定的。这里我们仅仅考察由同一层级的各个义位之间不同的结构关系所形成的语义场的类型，并由此来考察分析语义的模糊性情况。

一 同义关系义场中义位的模糊性

构成义位同义关系的基础是两个义位的理性意义相同或基本相同。它包括等义词和近义词。大量的同义词实际上是近义词。

在同义关系义场中，相等的两个义位之间和具有不同搭配意义的两个义位之间，其关系一般是明晰的。近义词两个义位之间语义的模糊性主要体现在"理性意义基本相同，但存在细微差别"和"感情色彩不同"这两类同义词上。

（一）"理性意义基本相同，但存在细微差别"的同义词之间的模糊性。例如：

（1-1）每当我望见它，周总理那高大光辉的形象就浮现在我的眼前。（《珍贵的衬衫 难忘的深情》，《北京日报》1977 年 1 月 22 日）

（1-2）每当我看到它，周总理那高大光辉的形象就浮现在我的眼前。（《一件珍贵的衬衫》，初中《语文》课本第 2 册）

我们平常说"看书"而不说"望书"，说"望远"而不说"看远"。然而究竟在多远的距离才不宜用"看"而应当用"望"？这恐怕难以精确界定。尽管如此，我们还是可以进行模糊识别。"看"是使视线接触人或物，"望见"是向远处看所见。作者手捧着衬衫，却向远处去看它，这显然不符合情理，因此改文换成"看到"就准确了。

（二）"感情色彩不同"的同义词之间的模糊性。例如：

（2）平生衣取蔽寒，食取充腹，亦不敢服垢弊以矫俗干名，但顺吾性而已。众人皆以奢靡为荣，吾心独以俭素为美。人皆嗤吾固

陋，吾不以为病。（司马光：《训俭示康》）

（3）报载，山西省万荣县光华乡王胡村的农民王衡因发明了"BR 型增强防水剂"及地下水害处理新技术而解决了"地下水害"这一世界性难题，于日前荣获 2004 年度国家技术发明二等奖，成为我国亿万农民中获此殊荣的"第一人"。（见 4 月 7 日《光明日报》）他的成果已在京九铁路、葛洲坝、三峡大坝等工程中得到应用，取得良好效果。

国家技术发明奖，是一个分量很重的奖项。一个小学尚未毕业的农民拿到这一奖项，实在是一个令人惊叹的奇迹。在此，笔者除了要对王衡表示热情的祝贺以外，心中也不免感到苦涩和欣慰。

报道中说，王衡在研究过程中，遇到了难以想像的困难：资金短缺、技术匮乏，同事嘲笑，有关部门阻挡……这一切其实都在人们的意料之中。虽然报道并未展开有关详情，但有一种社会舆论则是可以猜想得到的：你一个农民，想搞科学研究，想解决世界性难题，岂不等于要骑着自行车上月球！君不见，早有权威人士断言，民科"不会取得有任何科学意义的成果"，更何况一个连小学学历也没有的农民呢。试想，一个既得不到资金资助，又没有从事研究的基本条件的人，一方面要开展研究工作，一方面要抵挡各方面刮来的冷风，该是一幅何等凄楚、何等苦涩的图景啊！王衡是好样的，他没有在困难面前止步，没有在嘲笑面前低头。他成功了。这一成功击碎了某些权威人士关于民科不会有所作为的论断，使那些嘲笑他的话变成了嘲笑者的自嘲。（周文斌：《由王衡获奖所想到的》，《光明日报》2005 年 4 月 21 日）

例（2），司马光平生穿衣服只要能蔽寒，食物只要能果腹就行，他认为自己这是"节俭"，是"以俭素为美"；在他人眼里则被认为是"鄙吝"（即吝啬）并且被痴笑。

例（3），山西省万荣县光华乡王胡村的农民王衡因发明了"BR 型增强防水剂"及地下水害处理新技术而解决了"地下水害"这一世界性难题，而荣获 2004 年度国家技术发明二等奖，成为我国亿万农民中获此殊荣的"第一人"。然而在他获得成功之前，受到了不少嘲笑，认为他这是想要骑着自行车上月球！是狂妄、是妄想；而在他自己看来，这是自信、是理想。正是凭着这份自信与理想，他百折不挠，克服重重困难，冲破道道阻力，终于获得了成功。

在倡导更新消费概念，学习美国老太太"提前消费"的今天，有些生活比较富裕的人依然"以俭素为美"而过着朴素的生活。这究竟是"节俭"还是"吝啬"呢？如今还有许许多多王衡似的"小人物"正在怀抱着心中的"理想"而孜孜不倦地求索，他们也自信总有一天自己能够获得成功。然而在他们获得成功之前，我们可以断言，那些"妄想"、"异想天开"与"狂妄"、"不知道自己是干什么的"之类的嘲笑肯定会伴随着他们。那么，这究竟是"狂妄"还是"自信"？是"妄想"还是"理想"？由此看来，"感情色彩不同"的同义词之间也不存在截然的分界。

二　并列关系义场中义位的模糊性

构成义位并列关系的基础是各个义位的理性义同属于某个属概念，并且各个义位都是这个属概念的同类。如柴、米、油、盐、酱、醋、茶等同属于"日常生活必需品"这一属概念，它们都是"日常生活必需品"中的同类。"大豆、蚕豆、豌豆"都属于"豆"这一属概念，它们都是"豆"中的同类。

在并列关系义场中，各义位之间的语义一般是明晰的，例如，直系亲属义场中的"父亲"和"母亲"，军种义场中的"陆军""海军""空军"等。然而由于某些客观对象之间界限的不明晰性，也就使得并列关系义场出现一定的模糊性。具体来说，在并列关系义场中，义位之间的语义模糊性主要表现在以下两个方面。

（一）某些下一层级的对象难以确切地归类

例如，诗歌、散文、小说和戏剧都是"文学作品"这一属概念之下的四个并列关系的概念。按理说它们之间的边界应该是明晰的。然而"散文诗"是散文还是诗？同样一首"散文诗"，有的诗歌选本里把它作为"诗歌"选入，而有的散文选本里则把它作为"散文"选入。"散文诗"的存在就使"诗歌"与"散文"之间的界限变得模糊起来了。

（二）同一层级的概念之间难以截然划界

例如，蠢人、常人和天才都是"人"这一属概念之下的三个并列关系的概念，这是根据智力标准来划分的。然而"常人"的上限与"天才"的下限存在着模糊边界，"常人"的下限与"蠢人"的上限也存在着模糊边界。伟大、平凡和渺小也是三个并列关系的概念，俗话说"伟大出自平凡"，"平凡之中孕育着伟大"。这也就道出了它们之间没有截然的分界。

三　对立关系义场中义位的模糊性

从逻辑的角度来看，对立关系是指一个属概念之下的两个种概念，它们在外延上毫不重合，它们的外延之和小于这个属概念的全部外延。例如，高与矮、好与坏、贫与富、老与少、爱与恨、轻与重、大与小、美与丑等。这些具有对立关系的两个义位之间构成二元对立的两极义场，它们之间也存在着模糊的边界。具体来说，在二元对立的两极义场中，义位之间的语义模糊性主要表现在以下两个方面。

（一）在二元对立的两极义位之间，存在着明显的过渡区域

例如，高与矮之间存在着"不高也不矮"，好与坏之间存在着"不好也不坏"，贫与富之间存在着"不贫也不富"等中间概念。hot 和 cold 之间存在着 warm、tepid、lukewarm、cool 等中间概念。在对立的两极，它们的义位是明晰的，但是在它们之间的交界区域就呈现出一定的模糊性。同时，两极义场之间的分界也往往是处于不断变化之中的，这也使得两个对立概念的语义具有一定的模糊性。下面以"君子"和"小人"为例来具体分析二元对立的两极义位之间的模糊性。

（1）亲贤臣，远小人，此先汉所以兴隆也；亲小人，远贤臣，此后汉所以倾颓也。（诸葛亮：《出师表》）

（2）周公恐惧流言日，王莽谦恭未篡时。向使当初身便死，一生真伪复谁知？（白居易：《放言》）

中国自古以来就有"君子"与"小人"之分。君子是贤臣，是人格高尚的人；小人是奸臣，是人格卑鄙的人。这是二元对立的两极，按理应该是泾渭分明的。然而中国历朝历代几乎都出现过奸臣当道的局面，国运的兴衰有时亦系于朝廷是重君子还是重小人。无怪乎诸葛亮痛心疾首地指出："亲小人，远贤臣，此后汉所以倾颓也。"但是仔细一想，中国历朝

历代的君主又有谁曾经明确地表示要"亲小人，远贤臣"而故意葬送自己的江山呢？他们何尝不想"亲贤臣，远小人"呢？关键在于，这"贤臣（君子）"与"小人"太难区分了。据《史记·鲁周公世家》载："武王既崩，成王少，在襁褓之中。"周公辅佐成王，"一沐三捉发，一饭三吐哺"，尽心竭力。然而"管叔及群弟流言于国曰：'周公将不利于成王。'"及成王长大临朝听政之后，"人或谮周公，周公奔楚"。后来成王发现周公的忠诚，才召周公回朝。又据《汉书·王莽传》载：王莽为官，"爵位益尊，节操愈谦。散舆马衣裘，振施宾客，家无所余"。当他被提拔为大司马后，"愈为俭约。母病，公卿列侯遣夫人问疾，莽妻迎之，衣不曳地，布蔽膝。见之者以为僮使，问知其夫人，皆惊"。就是这样一个"谦卑节俭、礼贤下士"的王莽，最后竟篡汉自立，改国号曰"新"。

回顾历史，贤臣、君子周公曾被诬谗为"将不利于成王"的奸臣、小人；而真正的奸臣、小人王莽却被视为贤臣、君子。因此白居易感叹道："如果当初周公在遭受流言的时候、王莽在没有篡位的时候就都死去，那么后世之人有谁能够辨别真伪呢？"由此看来，要真正辨别"君子"与"小人"，不是件容易的事情。君不见当今官场，有不少大权在握的领导长期被"小人"所包围而自以为是在"亲贤臣"，及至告老离任或免职或改任无权的闲官之后，才发现自己任用的多是些"小人"，于是喟然叹曰：远小人易，识小人难啊！"君子"与"小人"永远是中国官场识不透的"谜"！

（二）无标志单位和有标志单位的对立

有些两极对立的义位可以构成无标志（unmarked）单位和有标志（marked）单位的对立。无标志单位的词义范围有时可以包括有标志单位的词义范围，这样就中和了两者的对立。

"标记成分"（marked member）的概念，是布拉格学派的代表人物特鲁别茨柯依在其未完成的《音位学原理》（1938）一书中分析音位的"有无对立"（Privative opposition）时提出的。后来标记概念从音位的研究领域运用到了词法、句法和语义等方面。利奇说："二项对立中经常一个是有标记词，另一个是无标记词：也就是说，这些词语的地位不等，与有标记词相比，无标记词便是中性的或正面的。早期对标记现象的研究集中在词法或词汇标记方面，例如，与其他的语言一样，在英语中，复数是数的有标记范畴，因为我们有一个专门表示复数的名词后缀，但却没有表示单数的后缀：book/books。

　　……

　　在像 long / short, high / low, old / young 之类的极性对立中也存在着类似的标记/无标记的区别：我们是根据长度而不是根据短度来量度物体的。我们通常说 This carpet is ten feet long（这个地毯十英尺长）而不说 This carpet is ten feet short（这个地毯十英尺短）。当我们询问关于长度的问题时，常问 How long is that rope?（那根绳子多长?）而不会问 How short is that rope?（那根绳子多短?）How short is X?（X 多短?）这个问题使人感到它包含着 X is short（X 是短的）的意思，可是在 How long is X?（X 多长?）这个问题中却没有这样的含义，也就是说，如果两个反义词在量度尺上形成对比，那个无标记的反义词能指出尺度上任何一点，这样就中和了两者的对比。"①

　　当无标志词进入"有多……?""……不……?"这个格式时，无标志词的词义范围可以包括有标志词的词义范围。例如，高、深、远、粗、快、大、好、强、多、长、厚、宽等无标志词进入"有多……?"　"……不……?"这个格式时，就是问高低、深浅、远近、粗细、快慢、大小、好坏、强弱、多少、长短、厚薄、宽窄等；而低、窄、薄、短、少、弱、坏、小、慢、细、浅、近等有标志词进入"有多……?""……不……?"这个格式，语义倾向于低、窄、薄、短、少、弱、坏、小、慢、细、浅、近等。

　　当然，有些对立的词语例如"胖与瘦"、"热与冷"等构成两极对立，当它们进入"有多……?""……不……?"这个格式时，并不构成无标志单位和有标志单位的对立。"有多胖?"语义只倾向于"胖"，"有多瘦?"语义也只倾向于"瘦"。

四　矛盾关系义场中义位的模糊性

　　从逻辑的角度来看，矛盾关系是指一个属概念之下的两个种概念，它们在外延上毫不重合，它们的外延之和等于这个属概念的全部外延。例如，生与死、正与反、真与假、合法与非法、出席与缺席、接受与拒绝、成功与失败等。两个具有矛盾关系的义位构成二元互补义场，非此即彼。

---

①　［英］利奇：《语义学》，李瑞华等译，上海外语教育出版社 1987 年版，第 160—161 页。

它们之间没有程度或等级之分。从这个意义上看，矛盾关系义场中的两个义位之间的语义是明晰的。但是也有例外，如果人们在对客观对象进行归类时所持的标准模糊，那么具有矛盾关系的这两个义位之间也可能具有模糊性。例如，"生"与"死"是一对矛盾关系的概念，非生即死，看来它们之间的界限似乎是分明的。其实不然。人的生命的开始以什么阶段为标志？是在母体受精的刹那，还是在成胎的时候？抑或是在出生的那一瞬间？生命的死亡又以什么为标志？是以心脏停止跳动，还是以脑细胞的全部死亡为标志（对脑死亡的判定，必须符合以下六个条件：严重昏迷、瞳孔放大、固定、脑干反应能力消失、脑电波无起伏、呼吸停顿）。对生与死的判定标准不同，甚至可以制约某些国家的法律或政策条文的制定。下面让我们来看有关国家对于"生"的界定标准。

第 59 届联合国大会法律委员会对《联合国关于人的克隆宣言》进行表决时，中国投了反对票。我国为何反对全面禁止克隆人研究呢？请看曾伟先生的分析：

各国对于克隆人问题的分歧到底在哪里？北京大学干细胞研究中心主任、国家干细胞"973"计划首席科学家李凌松教授强调，要说明分歧，首先要分清有关克隆技术的两个概念：生殖性克隆和治疗性克隆。

所谓克隆技术，是将动物体细胞的细胞核置入卵子中，使其发育成克隆囊胚，以之进行克隆研究。

生殖性克隆和治疗性克隆最大的区别是应用的目的不同。生殖性克隆是在形成囊胚阶段时，把它再放置到动物或者人的生殖道里去，目的是产生一个完整的人——这就是所谓的"克隆人"。而治疗性克隆实际上是在形成囊胚以后，把囊胚破坏掉，只取其中的胚胎干细胞，将其分化成人类各种各样的功能细胞，进而重建人体组织，乃至器官移植，从而达到治疗疾病的目的。

对于以"克隆人"为目的的生殖性克隆技术，由于其有违人伦，世界各国自然是众口一词地反对。但以治病救人为主要目的的治疗性克隆技术，则成了两大对立阵营的分水岭。

……

包括美国在内的一些国家认为受精卵或者胚胎就是一个生命，由此，人类胚胎干细胞研究，即治疗性克隆的研究在伦理上也是不被接受的。

　　而我国以及其他一些国家则认为，生命是在胎儿发育成型或出生之后才开始的。目前，中国和英国等一些国家所认定的标准，是人的受精卵发育 14 天后，神经系统才开始发育，才具有感知能力，才具备一个生命的雏形。反过来，以发育不超过 14 天的受精卵胚胎进行治疗性克隆研究并不违背伦理。（曾伟：《中国为何反对全面禁止克隆人研究》，《北京青年报》2005 年 3 月 10 日）

　　这段文章可以帮助我们了解有关国家对于"生"所作的界定，以及由此而影响该国对于"全面禁止克隆人研究"所持的观点。包括美国在内的一些国家认为受精卵或者胚胎就是一个生命，由此，人类胚胎干细胞研究，即治疗性克隆的研究在伦理上也是不被接受的。而我国以及其他一些国家则认为，生命是在胎儿发育成型或出生之后才开始的。目前，中国和英国等一些国家所认定的标准，是人的受精卵发育 14 天后，神经系统才开始发育，才具有感知能力，才具备一个生命的雏形。因此，以发育不超过 14 天的受精卵胚胎进行治疗性克隆研究并不违背伦理。下面再来看有关国家对于"死"的界定标准。

　　美国、智利等十几个国家在法律上以立法的形式承认脑死亡为生命死亡的标志。我国在 2002 年也开始了"脑死亡立法是否可行"的讨论。据报载：2002 年 8 月，中国科学院院士、中国著名医学专家裘法祖教授就曾呼吁，中国应尽快对"脑死亡"立法。2003 年全国"两会"（人大、政协）期间，促进脑死亡立法再度成为中心议题之一。又据葛宗渔先生的文章得知：

　　　12 月 3 日，武汉同济医院两名儿童尿毒症患者，在接受一名儿童脑死亡者自愿捐献的肾脏器官后康复出院。今年 4 月 10 日，武汉同济医院宣布中国首例"脑死亡"以后，在社会上引起强烈反响，它标志着中国开始接受"脑死亡"概念，也为"脑死亡"立法作了有力推动。同济医院脑死亡协作组迄今为止在全国范围内诊断协助判定脑死亡有六例。（葛宗渔：《脑死亡与器官移植》，《光明日报》2003 年 12 月 19 日）

不过，我国目前还是以心脏停止跳动为死亡的标志。对于"死亡"的判定标准不同，也就必将导致对人的"生"与"死"的认定的不同，由此可见，具有矛盾关系的义位"生"与"死"在边界上也具有一定的模糊性。

五　序列关系义场中义位的模糊性

表示时间、空间、数量、名次、度量衡、职衔等级、程度等级等义位序列中的义位，都属于序列关系义场。一般来说，至少由三个以上的按照一定的顺序排列的义位，才能构成义位之间的序列关系。例如，时间序列"春、夏、秋、冬"，空间序列"东、西、南、北"，数量序列"一月、二月、三月"，度量衡序列"斤、两、钱"，职衔等级序列"元帅、大将、上将、中将、少将"，程度等级序列"优、良、中"等。

在序列关系义场中，各义位之间的语义一般是明晰的，例如，数量序列"一月、二月、三月"，度量衡序列"斤、两、钱"，职衔等级序列"元帅、大将、上将、中将、少将"，然而在序列关系义场中，由于某些客观对象之间界限的不明晰性，也就使得序列关系义场出现一定的模糊性。例如表示时间序列的义位往往具有模糊性。时间义位之所以模糊，就在于时间本身是一个连续体，各时段之间没有截然分明的界限。例如黎明、早晨、上午、中午、下午、傍晚、夜晚等，在不同的地区、不同的季节、不同的气候里表现为不同的时段，例如夏季与冬季的傍晚在时段上是不同的。又例如，表示空间序列的义位往往具有模糊性。这主要是因为空间是呈辐射状的无限扩延、伸展的立体，因此一方位与另一方位之间的界限往往并不十分明确。这无疑会导致空间序列的义位之间的模糊性。譬如，"寒带、温带、热带"所呈现的是"寒带→温带→热带→寒带"这样一种序列，这就使得"寒带"与"温带"之间、"温带"与"热带"之间、"热带"与"寒带"之间难以截然划界。又例如，表示程度等级序列的义位可以说都具有模糊性。例如，表示温度等级序列的"极热、非常热、很热、较热、热、不很热、不热、温、凉、冷、寒热"等义位之间不可能有一条截然分明的界限。

（原载《陕西理工学院学报》2006 年第 2 期）

六　模糊语言应用研究

试论模糊修辞

摘　要：人们在运用语言进行交际的时候，有时必须选择精确语言，有时则不能不运用模糊语言来传情达意。是选择精确语言还是选择模糊语言，这只能根据语境来作具体分析。模糊语言之间的同义选择主要包括程度模糊的选择、范围模糊的选择、时间模糊的选择和数量模糊的选择等。

关键词：模糊语言；精确语言；选择

语言具有精确性，使用精确语言能准确地表达我们所要说写的意思。在科技生活中，更要求语言具有精确性。例如：

(1) 公元前221年秦王政（即秦始皇）统一中国，建立秦朝。（《辞海》"秦"字条）

(2) 我国气象观测规定，瞬时风速等于或大于17.0米/秒，或风力达8级或以上者称"大风"。（《辞海》"大风"条）

例(1) 是记述历史事件，例(2) 是解释科技术语，都运用了精确语言。

语言不仅具有精确性，也具有模糊性。人类生活中还存在着许许多多的模糊概念，人们不可能处处用精确语言来进行交际，有时还非得运用模糊语言不可。例如：

(3) 无数革命先烈为了人民的利益牺牲了他们的生命，使我们每个活着的人想起他们就心里难过。（毛泽东：《批评和自我批评》）

(4) 两位领导人还就柬埔寨问题深入地交换了意见。双方在这

一问题上，有一些共同点，但是没有完全取得一致。（《人民日报》
1989 年 5 月 17 日）

例（3），"无数"是模糊语言。"革命先烈"究竟有多少？实在无法
统计，因此只好模糊。例（4），"深入地交换了意见"，到什么程度才算
"深入"？"有一些共同点"，到底有多少？"没有完全取得一致"，距离
"完全一致"还差多少？这些恐怕不必让一般读者知道，因此不必说
出来。

值得注意的是，我们讲语言的精确性和模糊性（或精确语言和模糊
语言），要把它们同语言的准确和含糊区分开来。语言是否准确，在于它
能否正确地表达思想；语言是否含糊，在于它能否清晰地表达思想。两者
都是运用语言的结果。语言的精确性和模糊性是指语言的自然属性，它们
共同处在语言这一矛盾的统一体中。下面我们用举例的方式来加以说明。

（5-1）在这些成果中，准确到7位数字的圆周率便是人所共知
的例子。（《祖冲之》，见《中国古代科学家》）

（5-2）在这些成果中，准确到小数点后7位数字的圆周率就是
著名的例子。（《祖冲之》，见初级中学课本《语文》第5册）

（6-1）从青年时代起，祖冲之便对天文学和数学发生了浓厚的
兴趣。（《祖冲之》，见《中国古代科学家》）

（6-2）祖冲之很早就对天文学和数学发生了浓厚的兴趣。（《祖
冲之》，见初级中学课本《语文》第5册）

例（5）中的"7位数字"和"小数点后7位数字"都是精确语言，
但是原文表达不准确；例（6）中的"从青年时代起"和"很早"都是
模糊语言，但是原文表达不准确。由此可见，无论是运用精确语言还是模
糊语言，都可以使表达准确，也可能使表达不准确。

至于模糊语言不是含糊，我们也可以通过举例来加以说明。

（7-1）"让我进去吧！"她对医院的门卫说。

"不行，有外宾。"（茹志鹃：《离不开你》，见《中国优秀报告
文学选评》，复旦大学出版社 1982 年版）

（7-2）"让我进去吧！"她对医院的门卫说。

"不行，有外宾要来。"（《离不开你》，见高级中学课本《语文》第6册）

（8）每年蝴蝶会的时间总是十分短暂并且时有变化的。（吕叔湘：《评改〈澜沧江边的蝴蝶会〉》，见《文章评讲》，商务印书馆1980年版）

例（7），原文"有外宾"，是说"有外宾在里面"，还是说"有外宾要来"？义有两歧，令人难以明白其所指。例（8），吕叔湘先生评改说："'时有变化'的意思不明白，是时间的长短每年不同呢？还是日期的早晚每年不同？"以上两例原文中的"有外宾"和"时有变化"并不是模糊语言，而是语言模糊，令人不知所云。

什么是模糊语言？"我们知道，语言是以语音为物质外壳，以词汇为建筑材料，以语法为结构规律而构成的体系。语音、词汇和语法的精确性，是语言的自然属性；同语言的精确性相对立的一面，必然有语言的模糊性存在。精确性与模糊性共同处在语言这一矛盾的统一体中，构成语言的两种既相互对立又相互联系的属性。既然我们所说的语言的精确性是就语言的三要素而言，那么我们所说的语言的模糊性，自然也应该从语音、词汇和语法三方面来看。只有这样，才能全面并且深入地研究语言中复杂的模糊现象，从而正确地运用模糊语言来传情达意，交流思想。但是另一方面，模糊理论的创始人查德是从语言中的概念入手来研究模糊性的。查德所说的语言的模糊性，实际上是指概念外延的边界的不明晰性，而概念又是通过语词来表达的，因此人们通常所说的模糊语言，只是就表达模糊概念的语词而言。因此，模糊语言便有了广义与狭义之分。狭义的模糊语言是指那些表达了事物类属边界或性质状态方面的亦此亦彼性（或者说中介过渡性）的语词就叫模糊语言。或者说，模糊语言是指在A与非A之间存在着一个不明确的交界区域，它是不能一刀切的，我们不能确定地说某个语词是属于还是不属于这个区域。而广义的模糊语言还包括了具有亦此亦彼性的语音方面和语法方面的现象，即模糊语音和模糊语法。"本文中所说的模糊语言，是指狭义的模糊语言。

在运用语言进行交际的时候，有时精确语言不能准确地表达我们的思想，这时我们就可以选择模糊语言；有时模糊语言不能准确地表达我们的思想，这时我们就可以选择精确语言。那么，在什么情况之下该用精确语言？在什么情况之下该用模糊语言？下面我们将分别加以阐述。

一　精确语言与模糊语言的选择

人们在运用语言进行交际的时候，有时必须选择精确语言，有时则不能不运用模糊语言来传情达意。是选择精确语言还是选择模糊语言，这只能根据语境来作具体分析。

（一）用模糊语言替换精确语言。例如：

（1－1）是崇山峻岭中的一块三百亩面积的小平原。（杜宣：《井冈山散记》，《人民文学》1961 年 7—8 月合刊）

（1－2）这是崇山峻岭中的一块面积约三百亩的小平原。（《井冈山散记》，见中等专业学校试用课本《语文》）

（2－1）这种突破一字桥形的十字飞梁，在我国古建筑中是仅有的一例。（梁衡：《晋祠》，《光明日报》1982 年 4 月 14 日）

（2－2）这种突破一字桥形的十字飞梁，在我国古建筑中也是罕见的。（《晋祠》，见高级中学课本《语文》第 5 册）

（3－1）全球的植物，一年中能制造出四千亿吨有机物，这真是一个最大的合成工厂了。（《食物从何处来》，《人民日报》1959 年 3 月 31 日）

（3－2）全世界的植物，一年中能制造出好几千亿吨有机物，这真是一个无比巨大的合成工厂。（《食物从何处来》，见初级中学课本《语文》第 3 册）

（4－1）巍巍的大坝是用几百万方混凝土百十万吨钢筋构筑成的，它凝结着十万水利工人大量的心血和无数的汗珠。（碧野：《人造海之歌》，《光明日报》1978 年 4 月 9 日）

（4－2）巍巍的大坝是用几百万方混凝土百十万吨钢筋构筑成的，它凝结着成千上万水利工人大量心血和无数汗珠。（《人造海》，见《文选和写作·一》，人民教育出版社 1981 年版）

例（1－1），茨坪的面积是多少？"三百亩"只是作者估算出的数字。例（2－1），这种突破一字桥形的十字飞梁，现在也许只保存了这一例，但未必是我国古代建筑中"仅有的一例"。例（3-1），全球的植物一年中制造出的有机物正好是"四千亿吨"？例（4-1），建筑大坝的水利工人正好是"十万"？由此可见，以上四例原文中的"三百亩""仅有的一例""四千亿吨""十万"等，都是精确语言，然而并不准确，因为都把话说得过于绝对。为了说得留有余地，改文把它们分别换成了模糊语言"约三百亩""罕见的""好几千亿吨""成千上万"。又例如：

（5-1）就说那个野葱吧，香气和家葱一样，味道却和刚结出的李子一样，苦涩得使人难受。（刘坚：《草地晚餐》，见《战争年代的朱德同志》，人民出版社1977年版）

（5-2）就说那个野葱吧，香气和家葱一样，味道却象刚结出的李子，苦涩得使人难受。（《草地晚餐》，见初级中学课本《语文》第1册）

（6-1）还在青年时代，他便对刘歆、张衡、郑玄、阚泽、王蕃、刘微等人的工作进行了仔细的研究，——驳正了他们的错误，并且导出了许多极有价值的结果。（《祖冲之》，见《中国古代科学家》）

（6-2）祖冲之在青年时代，就对刘歆、张衡、郑玄、阚泽、王蕃、刘微等人的学术成果作了仔细的研究，校正了其中的某些错误，取得了许多极有价值的研究成果。（《祖冲之》，见初级中学课本《语文》第5册）

（7-1）还有的作物品种之所以抗病，是因为它体内不含有侵入的病菌所需要的营养物质（例如氨基酸或生长素），从而使病菌无法生存。（《农作物抗病品种的培育》，《科学大众》1964年第3期）

（7-2）还有些作物品种，其之所以能够抗病，是因为体内缺少侵入的病菌所需要的某些营养物质，病菌侵入以后无法生存。（《农作物抗病品种的培育》，见高级中学课本《语文》第2册）

（8-1）起初我还以为是谁家新婚的洞房，其实家家如此，毫不足奇。（《海市》，见《杨朔散文选》，人民文学出版社1978年版）

（8-2）起初我还以为是新婚洞房，其实许多人家都如此，毫不足奇。（《海市》，见高级中学课本《语文》第3册）

以上四例原文中的"和……一样""——驳正了他们的错误""不含有""家家"等都是精确语言,然而都与客观事实不相符合,因此改文分别换成了"象""校正了其中的某些错误""缺少""许多人家"等模糊语言。

(二) 用精确语言替换模糊语言。例如:

(9-1) 毛主席走下车来。和平日不同,穿一套半新的蓝布制服,皮鞋,头戴深灰色的盔式帽。(方纪:《挥手之间》,《人民文学》1961 年第 10 期)

(9-2) 毛主席走下车来。和平日不同,新的布制服,深灰色的盔式帽…… (《挥手之间》,见初级中学课本《语文》第 6 册)

(10) 以一天利用十五分钟来计算,一个月就是七个多小时,一年就是九十小时。(徐仲华:《〈半年来的学习总结〉评改》,见《文章评改》,上海教育出版社 1979 年版)

例 (9-1),"半新的蓝布制服"是模糊语言,说明这套制服平日也穿过,它与上文"和平日不同"发生矛盾,因此改文换成精确语言"新的布制服"。例 (10),徐仲华先生评改说:"'七个多小时'改为'七个半小时'。因为一天平均十五分钟。一个月恰是七个半小时;如果一个月七个多小时,一年只有八十多小时。"以上两例原文都运用了模糊语言,但是都与客观实际不符,因而表意不准确,于是改文就用精确语言来替换。又例如:

(11-1) 在春汛期间,郭县北关渭河的渡口,暂时取消了每天晚班火车到站后的最后一次摆渡。(柳青:《创业史》,中国青年出版社 1960 年版)

(11-2) 在春汛期间,郭县北关渭河的渡口停止了晚班火车到站后的一次摆渡。(《梁生宝买稻种》,见初级中学课本《语文》第 2 册)

(12-1) 这雪峰、绿林、繁花围绕着的天山千里牧场,虽然给人一种低平的感觉,但位置却在拔海两三千公尺以上。(碧野:《天山景物记》,见《现代游记选》,湖南人民出版社 1980 年版)

（12－2）这雪峰、绿林、繁花围绕着的天山千里牧场，虽然给人一种低平的感觉，但位置却在海拔两千米以上。（《天山景物记》，见高级中学课本《语文》第2册）

例（11－1），"暂时取消"，意味着春汛期间还可能恢复；改文换成精确语言"停止"，语意肯定。例（12－1），"两三千公尺"是模糊语言，然而两千到三千，差距太大，表意不确切，因此改文换成精确语言"两千米"。

（三）精确与模糊选择的多样性

有时候既可以用精确语言，也可以用模糊语言，并且都能使表达准确。这说明精确与模糊的选择并非是"非此即彼"的，只不过存在着表达效果上的优劣之分。例如：

（13－1）根据二十二年的观察，竺可桢绘了一幅北京春季物候现象变化（一九五〇——九七二）曲线图。（白夜、柏生：《卓越的科学家竺可桢》，《人民日报》1978年3月18日）

（13－2）经过多年的观察，他积累了丰富的物候记录，绘制了北京春季物候现象变化曲线图。（《卓越的科学家竺可桢》，见初级中学课本《语文》第2册）

（14－1）七十二岁的竺可桢，换上耐磨的网球鞋，又到野外工作去了。（白夜、柏生：《卓越的科学家竺可桢》，《人民日报》1978年3月18日）

（14－2）他在七十多岁的时候，还换上耐磨的网球鞋，到野外去工作。（《卓越的科学家竺可桢》，见初级中学课本《语文》第2册）

（15－1）每间工房的楼上楼下，平均住宿着三十三个被老板所指骂的"懒虫"和"猪猡"。（夏衍：《包身工》，见《散文选·二》，上海教育出版社1979年版）

（15－2）每间工房的楼上楼下，平均住宿三十多个人。（《包身工》，见高级中学课本《语文》第2册）

以上三例原文中的"二十二年""七十二岁""三十三个"等都是精确语言，改文分别换成了模糊语言"多年""七十多岁""三十多个"。虽然原文信息的精确度比改文高，但是在一般情况下，读者并不太关心次要信息，因此改文换成模糊语言倒更恰当一些。又例如：

（16-1）在碑身背面，一百五十个镏金字整齐地排列着，这是周总理亲笔写的碑文。（周定舫：《人民英雄永垂不朽》，《人民日报》1958年4月23日）

（16-2）在碑身背面，一行行镏金字整齐地排列着，这是毛主席亲自起草、周总理亲笔写的碑文。（《人民英雄永垂不朽》，见初级中学课本《语文》第2册）

（17-1）我也想警告这些殖民主义者当心呻吟着的那些锭子上的冤魂。（夏衍：《包身工》，见《散文选·二》，上海教育出版社1979年版）

（17-2）我也想警告某一些人，当心呻吟着的那些锭子上的冤魂。（《包身工》，见高级中学课本《语文》第2册）

例（16-1），"一百五十个"是精确语言，表意准确。然而一般说来，人们在看较长的碑文或文章的时候，不会边看边统计文章的字数，因此改文用模糊语言"一行行"显得更合情理。例（17-1），"这些殖民主义者"是精确语言，改文"某一些人"是模糊语言。两者都可选用，只是前者显得直露，而后者显得含蓄。

（18-1）愚蠢的特务鉴定了几个钟头，最后得出的结论："字迹相同"，肯定传单是许晓轩写的。（罗广斌等：《在烈火中永生》，中国青年出版社1964年版）

（18-2）愚蠢的特务鉴别了两个钟头，结论是"笔迹相同"，就断定是许晓轩写的。（《挺进报》，见初级中学课本《语文》第2册）

（19-1）将军也挤过去，从人缝里伸手抓了两个馒头和几条咸萝卜，然后找了个细沙堆躺下来。（王愿坚：《普通劳动者》，见同名短篇小说集，人民文学出版社1978年版）

（19-2）将军也挤过去，从人缝里伸手抓了两个馒头和两条咸

萝卜，便找了个细砂堆躺下来。（《普通劳动者》，见初级中学课本《语文》第6册）

（20-1）通常一个鳞苞里有七八朵，也有多到十多朵的。（秦牧：《花城》，见《长河浪花集》，人民文学出版社1978年版）

（20-2）通常一个鳞苞里有七八朵，也有个别多到十二朵的。（《花城》，见高级中学课本《语文》第4册）

例（18），原文"几个钟头"是模糊语言，强调时间之长；改文"两个钟头"是精确语言，明白地交代所经历的时间。例（19），原文"几条"是模糊语言，言其少；改文"两条"是精确语言，确切地说明少到了怎样的程度，恰好一条咸萝卜配一个馒头。例（20），原文"十多朵"是模糊语言，改文"十二朵"是精确语言。这里牵涉科学常识问题，还是用精确语言来说明为好。

二　模糊语言之间的选择

我们知道，模糊语言在外延上的边界是不明晰的，这就有可能给我们所进行的语言交际活动带来某些消极因素。例如，鲁迅的小说《在酒楼上》写过这么一件事：

我被劝不过。答应了，但要求只用小碗。他也很识世故，便嘱咐阿顺说："他们文人，是不会吃东西的。你就用小碗，多加糖！"然而等到调好端来的时候，仍然使我吃一吓，是一大碗，足够我吃一天。但是和长富吃的一碗比起来，我的确也确乎算小碗。

"我"（按，指吕纬甫）要求用小碗，等阿顺端出来时，却是一大碗，并且足够"我"吃一天。然而在阿顺看来，这的确是一小碗，他是按照吩咐办的。因为长富的那一碗才是大碗。在这里，"大碗"和"小碗"之间并没有明确的界限，尽管阿顺是按照"我"的要求去做的，却不能满"我"的意。这并非阿顺有意为难"我"，实在是因为这"大"和"小"是一对模糊概念。

那么，是不是说"大"和"小"或者A与非A就不能区分了呢？不是的。因为模糊语言只是在其边缘模糊，而在其中心则是十分清晰的。例如，"高"和"矮"是一对模糊概念，但是我们谁也不会说穆铁柱矮，也不会说武大郎高。正因为如此，模糊语言才能发挥其交际功能。这也就为我们在模糊语言之间进行同义选择提供了可能和依据。模糊语言之间的同义选择主要包括程度模糊的选择、范围模糊的选择、时间模糊的选择和数量模糊的选择等。

（一）程度模糊的选择

程度有轻重、深浅之别，我们可以用程度较重或较深的词语来替换程度较轻或较浅的词语。例如：

（1－1）在国民党的恫吓利诱、严刑拷打之下，象钢铁般坚强，雷电般威严。（毛岸青、邵华：《我们爱韶山的红杜鹃》，《人民文学》1977 年第 9 期）

（1－2）国民党的威胁利诱、严刑拷打之下，象钢铁般坚强，雷电般威严。（《我们爱韶山的红杜鹃》，见试用本初级中学课本《语文》第 5 册）

（2－1）我是外国人，阅读汉语能力有限。（《好似春燕第一只》，见《曹靖华散文选》，陕西人民出版社 1983 年版）

（2－2）我是外国人，阅读汉语能力差。（《好似春燕第一只》，见《飞花集》，上海文艺出版社 1978 年版）

（3）其次，自然因为还有人要看，但尤其是因为又有人（厌恶）憎恶着我的文章。（鲁迅：《坟·题记》，见《〈鲁迅全集〉校读记》）

例（1），"恫吓"与"威胁"是一对模糊同义词，但是二者存在着程度的差别。前者语意较轻，后者语意较重。用"威胁"一词更能表现敌人的高压政策，从而反映出毛泽民同志的刚强。例（2），"有限"与"差"都是说能力不够，但是二者也存在着程度的差别。"能力差"更能体现说话人的谦虚。例（3），"厌恶"与"憎恶"都有"讨厌"的意思，但是"憎恶"比"厌恶"的程度更深，感情更强烈，也就能更好地说明鲁迅的杂文不被敌人所容和其所具有的战斗力。

同样，我们也可以选择程度较轻或较浅的词语来替换程度较重或较深的词语。例如：

（4－1）他站在破席棚底下，并不十分着急地思量着："把它的！

这到哪里过一夜呢?"(柳青:《创业史》,中国青年出版社 1960 年版)

（4-2）他站在破席棚底下,并不怎么着急地思量着:到哪里过一夜呢?（《梁生宝买稻种》,见初级中学课本《语文》第 2 册）

（5-1）就义时自若和响亮的口号声,使反动派丧魂落魄。（毛岸青、邵华:《我们爱韶山的红杜鹃》,《人民文学》1977 年第 9 期）

（5-2）她就义时从容自若的神态和响亮的口号声,使反动派心惊胆战。（《我们爱韶山的红杜鹃》,见试用本初级中学课本《语文》第 5 册）

（6-1）他嘴角上的皱纹,更加深陷了。（《为了六十一个阶级弟兄》,《人民文学》1960 年第 4 期）

（6-2）他嘴角上的皱纹更加深了。（《为了六十一个阶级弟兄》,见高级中学课本《语文》第 1 册）

（7-1）绑扎前验货师曾再三威胁说:绑扎不合格绝不发给证书。（柯岩:《船长》,见《中国优秀报告文学选评》,复旦大学出版社 1982 年版）

（7-2）绑扎前,验货师曾再三吓唬说:绑扎不合格决不发给证书。（《汉堡港的变奏》,见高级中学课本《语文》第 6 册）

例（4）,原文"不十分着急"表明还是着急,只是程度不深;改文"不怎么着急"在程度上比"不十分着急"更浅,几乎近于"不着急"。选择哪一个更为恰当呢?我们只有结合上下文意来看。梁生宝下了火车以后,"问过几家旅馆,住一宿都要几角钱——有的要五角,有的要四角,睡大炕也要两角。他连这两角钱也舍不得花"。其实"他从汤河上的家乡起身的时候,根本没预备住客店的钱。他想:走到哪里黑了,什么地方不能随便滚一夜呢?"由此可见,选择"不怎么着急"能更准确地表现梁生宝此时想找睡觉的地方而暂时还没有找到时的心理状态。例（5）,"丧魂落魄"与"心惊胆战"都表示"害怕"的意思,但是前者的程度深一些。说革命者"就义时从容自若的神态和响亮的口号声"使反动派心惊胆战,比较符合实际,能表现出反动派内心的虚弱;但如果说使反动派丧魂落魄,则显得有些夸张,反倒影响表达的效果。例（6）县委书记为 61 个民工的生命而焦虑,在短短的几个小时内,嘴角上的皱纹可能加深,但绝不至于"深陷"。这里也有个程度的深浅问题。原文有点夸张，因而失真。例（7），"威胁"是指"用威力逼迫恫吓使人屈服"；"吓唬"是指"使害怕"。前者语意重，后者语意轻。验货师是在对中国人缺乏了解的情况之下才说那番话的。一旦知道了贝船长等中国人的能力，"他竟然未等绑扎完毕就开来了验货证明"。因此，这里用"吓唬"更恰当些。

程度的模糊还表现在有无程度副词作修饰限制语等方面。例如：

（8-1）哥哥失望了。（《两棵奇树》，见《民间童话故事选》）

（8-2）哥哥太失望了。（《两棵奇树》，见初级中学课本《语文》第2册）

（9-1）屋顶黄绿琉璃瓦相扣，远看飞阁流丹，气势雄伟。（梁衡：《晋祠》，见《光明日报》1982年4月14日）

（9-2）屋顶黄绿琉璃瓦相间，远看飞阁流丹，气势十分雄伟。（《晋祠》，见初级中学课本《语文》第5册）

（10-1）教堂和大殿内，收藏着名贵文物和艺术珍品。（《凭吊"新处女"》，见《曹靖华散文选》，陕西人民出版社1983年版）

（10-2）教堂和大殿内，收藏着极名贵文物和艺术珍品。（《凭吊"新处女"》，见《飞花集》，上海文艺出版社1978年版）

（11）我以为我倘十分努力，大概也还能够博采口语，来改革我的文章。（《写在〈坟〉后面》，见《鲁迅手稿三编》，文物出版社1973年版）

例（8），"失望"与"太失望"同意；例（9），"雄伟"与"十分雄伟"同义；例（10），"名贵"与"极名贵"同义；例（11），原文作"努力"，后又添上修饰语"十分"，"努力"与"十分努力"同义。改文都增加了程度副词，这是为了起强调作用。

如果不必强调，则可以删去程度副词，以求得语言的简洁。例如：

（12-1）外面下着很大的雨。（陈广生、崔家骏：《雷锋的故事》，解放军文艺出版社1973年版）

（12-2）外面下着大雨。（《人民的勤务员》，见初级中学课本《语文》第1册）

（13－1）顾宪成重修东林书院的时候，很清楚地宣布，他是讲程朱学说的。（马南村：《事事关心》，见《燕山夜话》，北京出版社1979年版）

（13－2）顾宪成重修东林书院的时候清楚地宣布，他是讲程朱学说的。（马南村：《事事关心》，见初级中学课本《语文》第5册）

（14－1）因为天太热，要多喝开水。（王愿坚：《普通劳动者》，见同名短篇小说集，人民文学出版社1978年版）

（14－2）因为天热，要多喝开水。（《普通劳动者》，见初级中学课本《语文》第6册）

（15－1）这倒也是实在话，在将军看来，当时这样做是十分自然的，丝毫没有什么特别之处。（王愿坚：《普通劳动者》，见同名短篇小说集，人民文学出版社1978年版）

（15－2）这倒也是实在话，在将军看来，当时这样做是自然的，丝毫没有什么特别之处。（《普通劳动者》，见初级中学课本《语文》第6册）

以上例句中的"很大"与"大"同义，"很清楚"与"清楚"同义，"太热"与"热"同义，"十分自然"与"自然"同义。为求语言的简洁，改文都删去了作修饰语的程度副词。

（二）范围模糊的选择

范围有大小之分，我们可以用范围较大的模糊语言来替换范围较小的模糊语言。例如：

（16－1）他们主张不能只关心自己的家事，还要关心国家的大事和全世界的事情。（马南村：《事事关心》，见《燕山夜话》，北京出版社1979年版）

（16－2）他们主张不能只关心自己的家事，还要关心国家的大事和全世界的大事。（《事事关心》，见初级中学课本《语文》第5册）

（17－1）从首都广安门外到八面槽的遥远路途中……（《为了六十一个阶级弟兄》，《人民文学》1960年第4期）

（17－2）从首都广安门外到八面槽的老远的路上……（《为了六

十一个阶级弟兄》，见高级中学课本《语文》第 1 册）

（18－1）这里离南朝鲜不太远。（《海市》，见《杨朔散文选》，人民文学出版社 1978 年版）

（18－2）那里离朝鲜南部不远。（《海市》，见高级中学课本《语文》第 3 册）

（19－1）转眼他就变成了一株枝长叶茂的树，一会儿开了美丽的花，再一会儿结满了象蛋大的果子。（《两棵奇树》，见《民间童话故事选》）

（19－2）转眼他就变成了一株枝长叶茂的树，一会儿开了美丽的花，再一会儿结满了鸡蛋大的果子。（《两棵奇树》，见初级中学课本《语文》第 2 册）

例（16），"事情"与"大事"之间没有确切的界限，但是有个所指范围大小的问题。世界上的任何事情我们不可能都去关心，这实际上也办不到，改文把"事情"换成"大事"，这就缩小了范围。例（17），"遥远"与"老远"之间虽然也难以划界，但是从首都广安门外到八面槽只相距 30 里，不宜用"遥远"来修饰，因此改文换成"老远"。例（18），"不太远"与"不远"之间的选择也是基于同样的原因。例（19），原文中"蛋大的果子"，是鹅蛋大，还是鸭蛋大？是鸡蛋大还是鸟蛋大？由于所指对象不明确，因此人们无法想象这"蛋大的果子"究竟是多大。改文换成"鸡蛋大的果子"，虽然它仍然带有模糊性，但是人们可以估量出这果子有多大了。

同样，我们也可以选择范围较大的模糊语言来替换范围较小的模糊语言。例如：

（20－1）所以个别沙粒的移动速度虽相当快，每天可数米至数十米，而作波浪式前进的整个沙丘则移动速度每年不过五到十米。（竺可桢：《向沙漠进军》，《人民日报》1961 年 2 月 9 日）

（20－2）所以部分沙粒的移动速度虽然相当快，每天可以移动几米到几十米，可是整个沙丘波浪式地前进，移动速度并不快，每年不过五到十米。（《向沙漠进军》，见初级中学课本《语文》第 3 册）

（21－1）例如所有的动物和部分微生物都是这一类。（《食物从

何处来》，《人民日报》1959 年 3 月 31 日）

（21－2）所有的动物和大部分微生物都是这一类。（《食物从何处来》，见初级中学课本《语文》第 6 册）

（22－1）还有的作物品种之所以抗病，是因为它体内不含有侵入的病菌所需要的营养物质（例如氨基酸或生长素），从而使病菌无法生存。（《农作物抗病品种的培育》，《科学大众》1964 年第 3 期）

（22－2）还有些作物品种，其所以能够抗病，是因为体内缺少侵入的病菌所需要的某些营养物质，病菌侵入以后无法生存。（《农作物抗病品种的培育》，见高级中学课本《语文》第 2 册）

（23）瞧，那茫茫无边的大海上，滚滚滔滔，一浪高似一浪，撞到礁石上，刷地卷起（两丈、两丈多）几丈高的雪浪花，猛力冲击着海边的礁石。（杨朔：《雪浪花》，见王钟林、王志彬《修辞与写作》，内蒙古教育出版社 1983 年版）

例（20）、例（21）和例（22），"个别"与"部分"，"部分"与"大部分"，"有的"与"有些"等，它们之间的外延边界并不明晰，但还是存在着范围大小之别。改文根据语境选择范围较大的模糊语言来替换范围较小的模糊语言。例（23），原文"两丈"是精确语言，以此来说明浪花的高度，这未免太坐实了；后来改成"两丈多"，这比起前者固然具有模糊性，但仍然不太妥当。俗话说"无风三尺浪，有风浪三丈"，这是形容海浪之高，也是符合客观实际的，因此作者最后改成"几丈"，这样虽然更模糊了，但是说话留有了余地，用来形容"一浪高似一浪"的情景是很恰当的。

（三）时间模糊的选择

在记叙某个历史事件距离现在的时间时，人们往往选用比较模糊的语言来表述。例如：

（24－1）它建成于隋代的公元 605—616 年，距今已有一千三百五十多年，还保持着原来的雄姿。（茅以升：《中国石拱桥》，《人民日报》1962 年 3 月 4 日）

（24－2）这座桥修建于公元六〇五年左右，到现在已经一千三

百多年了，还保持着原来的雄姿。（《中国石拱桥》，见初级中学课本《语文》第 3 册）

（25-1）它是我国现存的最大最完整的古代宫殿建筑群，有将近五百六十年的历史了。（黄传惕：《古代艺术的宝库——故宫博物院》，《地理知识》1979 年第 11 期）

（25-2）紫禁城是明朝和清朝两代的皇宫，是我国现存的最大最完整的古代宫殿建筑群，有五百多年的历史了。（《故宫博物院》，见初级中学课本《语文》第 4 册）

（26-1）我国自古就有养殖珍珠的盛名，合浦珠的开采自汉代就开始了，至今已有一千七百多年的历史。（谢璞：《珍珠赋》，见《湖南散文选》，湖南人民出版社 1979 年版）

（26-2）我国自古就有出产珍珠的盛名，合浦珠的采捞，从汉代就开始了，至今已有将近两千年的历史。（《珍珠赋》，见《中国当代文学作品选讲》，广西人民出版社 1980 年版）

例（24），原文"一千三百五十多年"，是个位数模糊；改文"一千三百多年"，是十位数模糊。例（25），原文"将近五百六十年"，是个位数模糊；改文"五百多年"，是十位数模糊。例（26），原文"一千七百多年"，是十位数模糊；改文"将近两千年"，是百位数模糊。以上改文只是为了求得主要信息的准确，而不在乎次要信息的模糊。

在记叙时点和时段时，人们往往选用稍微模糊的语言来表述。例如：

（27-1）明知敌人要杀他，却毫不退却，在被害以前还大声疾呼，痛斥国民党的特务恐怖。（《谈骨气》，见《吴晗杂文选》，人民文学出版社 1979 年版）

（27-2）明知敌人要杀他，在被害前几分钟还大声疾呼，痛斥国民党特务。（《谈骨气》，见初级中学课本《语文》第 2 册）

（28-1）一翻身躺下去，枕着手，望着天，停了半天，又自言自语地说……（王愿坚：《普通劳动者》，见同名短篇小说集，人民文学出版社 1978 年版）

（28-2）一翻身躺下去，枕着手，望着天。停了好一会儿，他自言自语地说……（《普通劳动者》，见初级中学课本《语文》第 6 册）

（29－1）上午四点一刻。（夏衍：《包身工》，见《散文选·二》，上海教育出版社 1979 年版）

（29－2）清晨四点一刻。（《包身工》，见高级中学课本《语文》第 2 册）

（30－1）只要两小时不到，就可以从苏州直到洞庭东山。（郑振铎：《石湖》，《人民日报》1958 年 1 月 4 日）

（30－2）从苏州出发，只要一个多小时就到了。（《石湖》，见试用本初级中学课本《语文》第 3 册）

例（27），"在被害以前"与"在被害前几分钟"都是模糊语言，但是前者所指的时间范围要大一些，因此改文选择后者更准确。例（28），"半天"所表示的时间比"好一会儿"要长，这里选择后者更符合实际一些。例（29），"清晨"与"上午"之间没有一条明确的界限，但是"四点一刻"这个时间属于"清晨"的隶属度大一些，因此以改文为优。例（30），"两小时不到"，偏重于距离两个小时的时间不远；"一个多小时"，偏重于一个小时多一点。何者更符合客观实际，则以选择何者为优。

（四）数量模糊的选择

数量的模糊主要表现在表示概数的数词具有模糊性。例如：

（31－1）成千上万颗星星在茫无涯际的宇宙中运动着。（郑文光：《宇宙里有些什么》，见《飞出地球去》，中国青年出版社 1957 年版）

（31－2）无数颗星星在茫无涯际的宇宙中运动着。（《宇宙里有些什么》，见初级中学课本《语文》第 3 册）

（32）在一泓清澈如镜的泉水旁边，环绕着一株枝叶婆娑的大树，（一群）成百的彩色缤纷的蝴蝶正在翩翩飞舞。（吕叔湘：《评改〈澜沧江边的蝴蝶会〉》，见《文章评改》，上海教育出版社 1979 年版）

（33）在草坪中央的几方丈的地面上，仿佛是密密地丛生着一片奇怪植物似地，聚集着数以万计的美丽的蝴蝶，好象是一座美丽的花坛一样。（吕叔湘：《评改〈澜沧江边的蝴蝶会〉》，见《文章评改》，

上海教育出版社1979年版)

　　例(31),"成千上万"与"无数"都是模糊数字,但是选择"无数"更准确一些,因为星星不仅仅是成千上万,简直是多得无法计算。例(32),"一群"是模糊数字,难以给人比较具体的数据材料,因为三个可以称一群,几百几千个也可称一群。"成百的"虽然也是表概数,但是它的下限比较具体,排除了几十个的可能。例(33),吕叔湘先生评改说:"'数以万计'太死,'无数'或'数不清'好些。"
　　数量模糊的选择,还表现在有无表概数的修饰限制语等方面。例如:

　　(34-1)在一个晴朗的下午,我们红四方面总部和党校的几百个同志所组成的队伍,在一个草坡上刚做完宿营准备工作,朱总司令来到了。(刘坚:《草地晚餐》,见《战争年代的朱德同志》,人民出版社1977年版)
　　(34-2)在一个晴朗的下午,总部和党校的同志刚做完宿营准备工作,朱总司令来到了。(《草地晚餐》,见初级中学课本《语文》第1册)
　　(35-1)很多同志穿的衣服鞋袜,就是自己纺线或者跟同志们换工劳动做成的。(吴伯箫:《记一辆纺车》,《人民文学》1961年第4期)
　　(35-2)同志们穿的衣服鞋袜,有的就是自己纺的线织的布或者跟同志们换工劳动做成的。(《记一辆纺车》,见初级中学课本《语文》第4册)
　　(36-1)这样来回好几趟,互相间都强调对方该吃稀粥的理由,弄得警卫员不知听谁的好。(刘坚:《草地晚餐》,见《战争年代的朱德同志》,人民出版社1977年版)
　　(36-2)这样来回几趟,弄得警卫员不知听谁的好。(《草地晚餐》,见初级中学课本《语文》第1册)
　　(37-1)从前人们认为化学就是用瓶瓶罐罐做实验。(钱学森:《现代自然科学中的基础学科》,《人民日报》1977年12月9日)
　　(37-2)从前人们认为化学就是用些瓶瓶罐罐做实验。(《现代自然科学中的基础学科》,见高级中学课本《语文》第2册)

例（34），"几百个同志"与"同志"同义；例（35），"很多同志"与"同志们"同义。两例原文分别有"几百个"和"很多"作修饰语，改文只用名词"同志"和"同志们"来表复数。原文与改文都存在着数量上的模糊。例（36），"好几趟"与"几趟"同义。原文加"好"做修饰语，是强调次数之多；改文删去"好"，则无强调意味。例（37），"瓶瓶罐罐"在数量多少方面并不明确，改文加上修饰语"（一）些"，所指数量仍然模糊，但有强调数量少的意味。

（原载《郴州师专学报》1992 年第 3 期）

模糊语言与明晰语言之间的互补性选择

人们在讨论明晰语言与模糊语言的选择时，往往喜欢在特定的语言环境里考虑选择哪一种更好。其实，人们在表达某一个意思的时候，并不都只能是在明晰与模糊之间进行非此即彼的选择；相反，常常是把明晰语言与模糊语言结合起来交替使用，即在表达同一个意思的时候，往往上文使用模糊语言，下文则使用明晰语言，从而使模糊语言与明晰语言达到互补的功效。例如：

（1）阿富汗一客机失事百余人失踪（标题）
机上有96名乘客和8名机组人员。（《人民日报》2005年2月5日）

（2）巨款遗失火车上（标题）
株洲方面来电，称公文包已经找到，包内2万现金及重要文件均未少。（《三湘都市报》2004年12月21日）

（3）阿拉维再次遭遇未遂袭击（标题）
据新华社巴格达4月21日电 伊拉克临时政府发言人纳基卜20说，临时政府总理阿拉维的车队当晚在巴格达西部遭到自杀式汽车炸弹袭击，阿拉维本人幸免于难。这是阿拉维第5次遭遇未遂袭击。（《湖南日报》2005年4月22日）

（4）上海队轻取江苏队（标题）
在首先进行的一场半决赛中，上海男排直落三局战胜江苏男排，抢占了晋级决赛的有利位置。（《人民日报》2005年2月20日）

以上例子中，标题中都使用了模糊语言，接着在正文里皆替换为明晰语言，以达到互补。在新闻报道中，主标题与副标题中也往往将明晰语言

与模糊语言交替使用。例如:

(5) 海关查获走私贩毒大案(标题)

缴获海洛因 375 公斤、甲基麻黄素 1947 公斤(副标题)(《人民日报》2002 年 6 月 26 日)

(6) 我省粮食总产实现大幅增长(标题)

全年产粮 281 亿公斤,增幅逾 15%(副标题)(《湖南日报》2004 年 12 月 2 日)

(7) 青海境内发生特大交通事故(标题)

已造成 54 人死亡(副标题)(《湖南日报》2005 年 1 月 4 日)

(8) 湖北发生一起特大交通事故(标题)

造成 7 死 7 伤(副标题)(《湖南日报》2005 年 5 月 6 日)

以上四例都是主标题中使用模糊语言,副标题中则使用明晰语言,使模糊与明晰达到互补。

模糊语言与明晰语言之间互补性的选择之所以能够普遍通行,是因为读者一般所关心的是主要信息。只有这主要信息引起了读者的兴趣,他才会看下去。这时再用明晰语言替换上文中的模糊语言,就会使读者获得确切的信息。

模糊语言与明晰语言之间互补性的选择,还有另外的表现方式,让我们先看例句:

(9) 赵州桥非常雄伟,全长 50.82 米,两端宽 9.6 米,中部略窄,宽 9 米。(茅以升:《中国石拱桥》)

(10) 收敛的时候,给他穿上顶新的衣裳,平日喜欢的玩意儿——一个泥人,两个小木碗,两个玻璃瓶——都放在枕头旁边。(鲁迅:《明天》)

(11) 他们望见社庙的时候,果然一并看到了几个人:一个正是他,两个是闲看的,三个是孩子。(鲁迅:《长明灯》)

(12) 下午,他拣好了几件东西:两条长桌,一副香炉和烛台,一杆抬秤。(鲁迅:《故乡》)

(13) 这小伙子问过几家旅馆,住一宿都要几角钱——有的要五

角，有的要四角，睡大炕也要两角。（柳青：《创业史》）

（14）洞庭湖变大了！经过3年规模空前的综合治理，洞庭湖面积扩大1/5。（《湖南日报》2001年12月26日）

（15）广西贵港市2月13日发生一起特大抢劫运钞车案，一押运员李某受重伤、一缴款公司出纳员覃某被杀死，现金75万余元被劫走。（《特大抢劫运钞车3小时告破》，《人民日报》2005年2月17日）

以上数例都是先用模糊语言，紧接着再用明晰语言来起补充或解释的作用。两者之间往往使用标点符号隔开。这样的记述方法，既符合人们观察事物时由模糊到精确的认识规律，又使表达具有条理性。当然，也可以先使用明晰语言，然后用模糊语言来作形象的说明。例如：

（16）它的面积有七千平方米，比一个足球场还大。（孙世恺：《雄伟的人民大会堂》）

（17）八一中国电信女篮以92比62大胜上赛季亚军黑龙江女篮。（《湖南日报》2005年1月9日）

（18）由于太阳队在26日的比赛中以124比123险胜小牛队，由此马刺队只能排在太阳队之后名列全联盟第二位。（《湖南日报》2005年2月28日）

例（16），作者先用明晰语言"七千平方米"来写宴会厅的面积，紧接着用模糊语言"比一个足球场还大"来作形象说明，给人以鲜明的印象。例（17）和例（18），都是先使用明晰语言"92比62"或"124比123"，紧接着使用模糊语言"大胜"或"险胜"来"点评"，这样就使语言显得简练而富于变化。

（原载武汉大学《写作》2006年第8期）

法律中的模糊语言研究

摘　要：虽然法律语言的主要特点是精确性和周密性，但是法律也不完全排斥模糊语言，这也就使得某些法律条文或多或少地具有一定的模糊性。法律中使用模糊语言，可以使得某些法律条款具有一定的灵活性、简洁性和适应性。庄严神圣的法律条文从总体上说需要使用明晰语言，但又不排斥适当地运用模糊语言，有时运用模糊语言可以收到明晰语言所不具有的功效。法律中的模糊语言有时可能使人们在理解上带来一定程度的困难，在执行中造成一定的难度，于是就有了司法解释，从而使模糊语言变得明晰而易于操作。

关键词：法律；模糊语言；成因；功效

法律语言的主要特点是精确性和周密性，但是法律也不完全排斥模糊语言。法律中使用模糊语言，可以使得某些法律条款具有一定的灵活性、简洁性和适应性。将《宪法》和《刑法》在不同时期所作的修改情况进行对比分析，我们可以发现这样一种有趣的现象：原来运用模糊语言的地方，有时使用明晰语言来进行修改，从而使表意更加明晰；原来运用明晰语言的地方，有时使用模糊语言来进行修改，从而使表达更具灵活性。毋庸讳言，法律中的模糊语言有时可能使人们在理解上带来一定程度的困难，在执行中造成一定的难度，于是就有了司法解释，从而使模糊语言变得明晰而易于操作；然而值得注意的是，法律中的模糊语言并非都适合通过司法解释来走向明晰，有时保留其模糊性反而更为恰当。

一　法律语言的精确性和周密性

法律语言的主要特点是精确性和周密性。以《刑法》为例，要明确界定法律条款中所涉及的相关概念，要明确区分罪与非罪的界限，明确区分不同的适用范围与对象，明确区分不同罪名之间的界限等。

（一）明确界定法律条款中所涉及的相关概念。例如：

第九十一条　本法所称公共财产，是指下列财产：（一）国有财产；（二）劳动群众集体所有的财产；（三）用于扶贫和其他公益事业的社会捐助或者专项基金的财产。在国家机关、国有公司、企业、集体企业和人民团体管理、使用或者运输中的私人财产，以公共财产论。

第九十二条　本法所称公民私人所有的财产，是指下列财产：（一）公民的合法收入、储蓄、房屋和其他生活资料；（二）依法归个人、家庭所有的生产资料；（三）个体户和私营企业的合法财产；（四）依法归个人所有的股份、股票、债券和其他财产。

第九十三条　本法所称国家工作人员，是指国家机关中从事公务的人员。国有公司、企业、事业单位、人民团体中从事公务的人员和国家机关、国有公司、企业、事业单位委派到非国有公司、企业、事业单位、社会团体从事公务的人员，以及其他依照法律从事公务的人员，以国家工作人员论。

第九十七条　本法所称首要分子，是指在犯罪集团或者聚众犯罪中起组织、策划、指挥作用的犯罪分子。

第九十九条　本法所称以上、以下、以内，包括本数。

上述条款分别对"公共财产""公民私人所有财产""国家工作人员""首要分子""以上、以下、以内"等概念进行了界定，明确了这些概念的外延，为执法人员的准确执法提供了明确的依据。

（二）明确区分罪与非罪的界限。例如：

第二百四十六条　以暴力或者其他方法公然侮辱他人或者捏造事实诽谤他人，情节严重的，处三年以下有期徒刑、拘役、管制或者剥夺政治权利。

前款罪，告诉的才处理，但是严重危害社会秩序和国家利益的除外。

　　这里明确界定了什么是侮辱罪，是指使用暴力或者以其他方法，公然贬损他人人格，破坏他人名誉，情节严重的行为。侮辱罪是情节犯，行为人公然侮辱他人的行为，必须达到"情节严重"的程度，才构成犯罪，予以立案追究。这就明确了侮辱是否构成侮辱罪，也就是区分了罪与非罪的界限。侮辱他人的行为，只有达到情节严重的，才以犯罪论处。一般侮辱行为，情节轻微的，不以犯罪论处。《中华人民共和国治安管理处罚条例》第22条规定，对公然侮辱他人，尚不够刑事处罚的，处15日以下拘留、200元以下罚款或者警告。

　　该条款也明确界定了什么是诽谤罪，是指故意捏造并散布虚构的事实，足以贬损他人人格，破坏他人名誉，情节严重的行为。诽谤罪是情节犯，行为人捏造事实诽谤他人的行为，必须达到"情节严重"的程度，才构成犯罪，予以立案追究。这就明确了诽谤是否构成诽谤罪，也就是区分了罪与非罪的界限。这主要体现在两个方面：第一，具有诽谤他人的行为，即所散布的必须是捏造的虚假的事实。如果散布的是客观存在的事实，虽然有损于他人人格、名誉，但不构成诽谤罪。第二，诽谤他人的行为，只有达到情节严重的，才以犯罪论处。一般诽谤行为，情节轻微的，不以犯罪论处。

（三）明确区分不同的适用范围与对象。例如：

　　　　第一百四十三条　生产、销售不符合食品安全标准的食品，足以造成严重食物中毒事故或者其他严重食源性疾病的，处三年以下有期徒刑或者拘役，并处罚金；对人体健康造成严重危害或者有其他严重情节的，处三年以上七年以下有期徒刑，并处罚金；后果特别严重的，处七年以上有期徒刑或者无期徒刑，并处罚金或者没收财产。

　　"罚金"是审判机关强制被判刑人缴纳一定数额的钱，主要适用于走私，金融诈骗，贪污，受贿，生产、销售不符合食品安全标准的食品等非法取利的犯罪行为。"罚款"是行政机关强制违法者缴纳一定数量的钱，是一种行政处罚。

（四）明确区分不同罪名之间的界限

　　例如《刑法》对"抢劫罪"与"抢夺罪"，"侮辱罪"、"诽谤罪"与

"诬陷罪"等罪名的界定。

　　第二百六十三条　以暴力、胁迫或者其他方法抢劫公私财物的，处三年以上十年以下有期徒刑，并处罚金；有下列情形之一的，处十年以上有期徒刑、无期徒刑或者死刑，并处罚金或者没收财产：（一）入户抢劫的；（二）在公共交通工具上抢劫的；（三）抢劫银行或者其他金融机构的；（四）多次抢劫或者抢劫数额巨大的；（五）抢劫致人重伤、死亡的；（六）冒充军警人员抢劫的；（七）持枪抢劫的；（八）抢劫军用物资或者抢险、救灾、救济物资的。

这里明确界定了什么是抢劫罪，是指以非法占有为目的，对财物的所有人、保管人当场使用暴力、胁迫或其他方法，强行将公私财物抢走的行为。刑法对构成抢劫罪没有规定数额、情节方面的限制，只要行为人当场以暴力、胁迫或者其他方法，实施了抢劫公私财物的行为，无论是否抢到钱财，也不论实际抢到钱财的多少，原则上都构成抢劫罪，公安机关应当立案侦查。

　　第二百六十七条　抢夺公私财物，数额较大的，处三年以下有期徒刑、拘役或者管制，并处或者单处罚金；数额巨大或者有其他严重情节的，处三年以上十年以下有期徒刑，并处罚金；数额特别巨大或者有其他特别严重情节的，处十年以上有期徒刑或者无期徒刑，并处罚金或者没收财产。
　　携带凶器抢夺的，依照本法第二百六十三条的规定定罪处罚。

这里明确界定了什么是抢夺罪，是指以非法占有为目的，乘人不备，公开夺取数额较大的公私财物的行为。抢夺罪是数额犯，行为人抢夺公私财物的必须达到"数额较大"的标准，才构成抢夺罪，予以立案追究。由此我们可以明确以下两个问题：第一，罪与非罪的界限。区分抢夺罪与非罪的界限，主要是看抢夺的数额是否较大。此外抢夺的情节对认定抢夺罪也具有影响。因此，抢夺公私财物数额不大，情节显著轻微的，不构成犯罪。第二，抢夺罪与抢劫罪的区别。抢夺罪与抢劫罪都以非法占有公私财物为目的，主体要件也基本相同，并且都带一个"抢"字，但是两者也有显著的区别：（1）客体要件不完全相同。抢夺罪为单一客体只侵犯公私财产；抢劫罪为复杂客体，侵犯的不仅是公私财产，并且包括人身权利。抢劫罪在客观方面表现为行为人对公私财物的所有者、保管者或者守护者当场使用暴力、胁迫或者其他对人身实施强制的方法，立即抢走财物或者迫使被害人立即交出财物的行为。这种当场对被害人身体实施强制的犯罪手段，是抢劫罪的本质特征，也是它区别于盗窃罪、抢夺罪的最显著特点。例如，如果行为人事先做了盗窃和抢劫两手准备，携带凶器，夜晚潜入商店，发现值班人员睡觉故未使用凶器便窃走了大量商品，应认定为盗窃罪；如果行为人事先做盗窃准备，在进入现场实施盗窃过程中惊醒值班人员并遭到其抵抗，当即使用凶器以暴力将财物劫走，则应构成抢劫罪。如果携带凶器抢夺的，则构成抢劫罪。（2）客观要件表现不同。抢劫罪是以暴力、胁迫或者其他方法，劫取公私财物，并且法律上没有数额的限制，只要存在暴力、胁迫或者其他方法（如用酒灌醉、用药物麻醉、利用催眠术催眠、将清醒的被害人乘其不备锁在屋内致其与财产隔离等方法劫取他人财物），并以此劫取他人财物，即可构成抢劫罪；而抢夺罪则是乘人不备，公然从财物所有人手中抢走财物，并且法律要求数额较大时才构成犯罪。

> 第二百四十六条　以暴力或者其他方法公然侮辱他人或者捏造事实诽谤他人，情节严重的，处三年以下有期徒刑、拘役、管制或者剥夺政治权利。
>
> 前款罪，告诉的才处理，但是严重危害社会秩序和国家利益的除外。

这里明确区分了诽谤罪与侮辱罪。这两种犯罪所侵犯的客体，都是他人的人格和名誉，但是两者也有显著的区别：（1）侮辱不是用捏造的方式进行，而诽谤则必须是捏造事实。（2）侮辱含暴力侮辱行为，而诽谤则不使用暴力手段。（3）侮辱往往是当着被害人的面进行的，诽谤则是当众或者向第三者散布的。

> 第二百四十三条　捏造事实诬告陷害他人，意图使他人受刑事追究，情节严重的，处三年以下有期徒刑、拘役或者管制；造成严重后

果的，处三年以上十年以下有期徒刑。

　　国家机关工作人员犯前款罪的，从重处罚。

　　不是有意诬陷，而是错告，或者检举失实的，不适用前两款的规定。

　　这里明确界定了什么是诬告陷害罪，是指捏造他人犯罪的事实，向国家机关或有关单位告发，或者采取其他方法足以引起司法机关的追究被害人的刑事责任行为。由此我们可以明确诬告陷害罪与诽谤罪的区别。虽然二者都是针对特定对象，采用捏造事实的手段实施的，但是两者也有显著的区别：（1）所捏造的事实内容不同。诬告陷害捏造的是犯罪的事实，诽谤罪捏造的是足以损害他人人格、名誉的事实。（2）行为方式不同。诬告陷害是向政府机关和有关部门告发，诽谤则是当众或者向第三者散布。（3）犯罪目的不同。诬告陷害的意图是使他人受刑事处罚，诽谤的意图则是使他人的人格和名誉受到损害。

　　综上所述，《刑法》中的"公共财产""公民私人所有财产""国家工作人员""首要分子""以上、以下、以内"等明确界定了法律条款中所涉及的相关概念；"罚金"与"罚款"明确区分了不同的适用范围与对象；"抢劫罪"与"抢夺罪"，"侮辱罪"、"诽谤罪"与"诬陷罪"明确区分了不同罪名之间的界限。诸如此类的语言，都是明晰语言，而绝不能"模糊"。

二　法律中的模糊语言

　　虽然法律语言的主要特点是精确性和周密性，但是法律也不完全排斥模糊语言。《刑法》中就大量使用了模糊语言，例如：

　　第四十三条　被判处拘役的犯罪分子，由公安机关就近执行。

　　在执行期间，被判处拘役的犯罪分子每月可以回家一天至两天；参加劳动的，可以酌量发给报酬。

　　第五十条　判处死刑缓期执行的，在死刑缓期执行期间，如果没有故意犯罪，二年期满以后，减为无期徒刑；如果确有重大立功表现，二年期满以后，减为二十五年有期徒刑；如果故意犯罪，查证属实的，由最高人民法院核准，执行死刑。

第六十三条　犯罪以后自首的，可以从轻处罚。其中，犯罪较轻的，可以减轻或者免除处罚；犯罪较重的，如果有立功表现，也可以减轻或者免除处罚。

第一百三十二条　铁路职工违反规章制度，致使发生铁路运营安全事故，造成严重后果的，处三年以下有期徒刑或者拘役；造成特别严重后果的，处三年以上七年以下有期徒刑。

第一百二十五条　非法制造、买卖、运输、邮寄、储存枪支、弹药、爆炸物的，处三年以上十年以下有期徒刑；情节严重的，处十年以上有期徒刑、无期徒刑或者死刑。

第一百三十三条　违反交通运输管理法规，因而发生重大事故，致人重伤、死亡或者使公私财产遭受重大损失的，处三年以下有期徒刑或者拘役；交通运输肇事后逃逸或者有其他特别恶劣情节的，处三年以上七年以下有期徒刑；因逃逸致人死亡的，处七年以上有期徒刑。

在道路上驾驶机动车追逐竞驶，情节恶劣的，或者在道路上醉酒驾驶机动车的，处拘役，并处罚金。

第一百五十一条　走私武器、弹药、核材料或者伪造的货币的，处七年以上有期徒刑，并处罚金或者没收财产；情节特别严重的，处无期徒刑或者死刑，并处没收财产；情节较轻的，处三年以上七年以下有期徒刑，并处罚金。

第一百三十六条　违反爆炸性、易燃性、放射性、毒害性、腐蚀性物品的管理规定，在生产、储存、运输、使用中发生重大事故，造成严重后果的，处三年以下有期徒刑或者拘役；后果特别严重的，处三年以上七年以下有期徒刑。

第二百六十七条　抢夺公私财物，数额较大的，处三年以下有期徒刑、拘役或者管制，并处或者单处罚金；数额巨大或者有其他严重情节的，处三年以上十年以下有期徒刑，并处罚金；数额特别巨大或者有其他特别严重情节的，处十年以上有期徒刑或者无期徒刑，并处罚金或者没收财产。

以上条款中的酌量、重大立功表现、犯罪较轻、犯罪较重、从轻处罚、减轻处罚、重大事故、严重后果、特别严重后果、后果特别严重、情节较轻、情节严重、情节特别严重、情节恶劣、特别恶劣情节、数额较大、数额巨大、数额特别巨大等，都是模糊语言。

三　法律中模糊语言的成因

法律语言不可能完全排斥模糊语言，某些法律条文或多或少地具有一定的模糊性，这主要是源于三个方面：第一，在自然语言中，明晰语言与模糊语言的数量几乎是不相上下，如果要想在法律语言中完全排斥模糊语言而只运用明晰语言，那么要完成所有法律条文的撰写工作，那简直是不堪想象的。第二，法律条文的有限性与违法犯罪行为的复杂性、多样性和难以预测性之间的矛盾，就使得某些法律条文必须具有一定的模糊性，这样才能使得有限的法律条文能够涵盖更多的违法犯罪行为。第三，即使是同一性质的违法犯罪行为，往往也存在情节轻重的不同，以及犯罪嫌疑人认罪态度的差异，这就使得法律不能搞"一刀切"，而应该具有一定模糊性，留下些许弹性空间。

四　法律中模糊语言的功效

法律中使用模糊语言，可以使某些法律条款具有一定的灵活性、简洁性和适应性。

（一）法律中模糊语言的灵活性功效。例如：

《宪法》第三十一条　国家在必要时得设立特别行政区。在特别行政区内实行的制度，按照具体情况由全国人民代表大会以法律规定。

《宪法》第七十一条　全国人民代表大会和全国人民代表大会常务委员会认为必要的时候，可以组织关于特定问题的调查委员会，并且根据调查委员会的报告，作出相应的决定。调查委员会进行调查的时候，一切有关的国家机关、社会团体的公民都有义务向它提供必要的材料。

《宪法》第六十五条　全国人民代表大会常务委员会由下列人员组成：

委员长，副委员长若干人，秘书长，委员若干人。

全国人民代表大会常务委员会组成人员中，应当有适当名额的少数民族代表。

《宪法》第三十一条和第七十一条都运用了"必要时"这一模糊语言，它成为国家"设立特别行政区"和"组织关于特定问题的调查委员会"的必要条件。副委员长应设几人？委员应设几人？委员中应有几名少数民族代表？这恐怕不宜作硬性规定，因此《宪法》第六十五条用模糊语言"若干人"和"适当名额"来表述。这些模糊语言的使用，都使得表达具有灵活性。上面所举《刑法》中的"犯罪较轻"与"犯罪较重"在边界上是模糊的；"从轻处罚"究竟轻到什么程度？这也具有模糊性。当然这并不会影响法律的正确裁决，因为"坦白从宽"从原则上来说又是明晰的。例如，最高人民法院、最高人民检察院1989年8月15日发布的通告《贪污受贿投机倒把等犯罪分子必须在限期内自首坦白》中明确指出："在上述期限内，凡投案自首，积极退赃的，或者有检举立功表现的，依照刑法第63条、第59条的规定，一律从宽处理。其中，犯罪特别严重，依法应判处死刑的，可以从轻或者减轻处罚，不判处死刑；犯罪较重，依法应判处重刑的可以从轻、减轻处罚或者免除处罚；犯罪较轻，依法应判处轻刑的，可以减轻处罚或者免除处罚。……凡在规定期限内，拒不投案自首，坦白交代问题的；销毁证据，转移赃款赃物的，互相串通、订立攻守同盟的；或者畏罪潜逃，拒不归案的，坚决依法从严惩处。"由此可见，在法律条文中恰当地使用模糊语言不仅不会使法律条文含混不清，相反，会使法律条文更加准确和周密。

（二）法律中模糊语言的简洁性功效。例如：

《刑法》第一百五十一条　走私武器、弹药、核材料或者伪造货币的，处七年以上有期徒刑，并处罚金或者没收财产；情节特别严重的，处无期徒刑或者死刑，并处没收财产；情节较轻的，处三年以上七年以下有期徒刑，并处罚金。

走私武器、弹药、核材料或者伪造货币的，数额多大算"情节特别严重"？数额多大才算"情节较轻"？能否逐一给出具体范围？我们想应该是可以给出的，不过也可能出现这样两种情况：一是费力不讨好，因为客观情况是复杂而多变的，因此难以具体量化；二是冗长。如果每个条款都给出相应的具体范围，都作出硬性规定，那么一部《刑法》不知还得增加多少内容。反之，使用类似的模糊语言则能收到简洁的功效。

（三）法律中模糊语言的适应性功效。例如：

《刑法》第三百九十五条 国家工作人员的财产、支出明显超过合法收入，差额巨大的，可以责令该国家工作人员说明来源，不能说明来源的，差额部分以非法所得论，处五年以下有期徒刑或者拘役；差额特别巨大的，处五年以上十年以下有期徒刑。财产的差额部分予以追缴。

国家工作人员的财产、支出明显超过合法收入，多少财产、多少钱才算"差额巨大"？多少财产、多少钱才算"差额特别巨大"呢？何不作出硬性规定以便于执行？然而，如果把这些模糊语言精确化，虽说方便了操作，但是很容易造成该条款的"过时"，司法实践早已证明：一方面，仅仅过去几年的时间，人们的收入就会迅速增加；另一方面，腐败的数额也越来越大，几年前还算"差额巨大"的，现在可能只是"小儿科"了。仅此两种情况，就不宜作出硬性规定，否则刑法每隔若干年就得修改一次，以适应变动不居的客观情况。若果真如此，刑法就失去了其应有的相对稳定性。由此可见，《刑法》中恰当地使用模糊语言，可以增强法律条款的适应性，能够适应复杂、变化的情况，从而也就可以保持其相对的稳定性。

五 法律中模糊语言与明晰语言的互补功效

如果我们将《宪法》和《刑法》在不同时期所作的修改情况进行对比分析，就会发现这样一种有趣的现象：原来运用模糊语言的地方，有时使用明晰语言来进行修改，从而使表意更加明晰；原来运用明晰语言的地方，有时使用模糊语言来进行修改，从而使表达更具灵活性。例如：

《宪法》第十条第三款 国家为了公共利益的需要，可以依照法律规定对土地实行征用。
《宪法修正案》 国家为了公共利益的需要，可以依照法律规定对土地实行征收或者征用并给予补偿。

现行《宪法》中的"征用"是个模糊概念，它模糊了"征收"与"征用"两者之间的界限。因为征收与征用虽有共同之处，即都是为了公共利益的需要，都要经过法定程序，都要依法给予补偿；但毕竟是两个不同的概念：征收主要是所有权的改变，征用只是使用权的改变。《宪法》没有区分这两个概念，统称为"征用"。从实际内容来看，土地管理法既规定了农村集体所有的土地转为国有土地的情形，实质上是征收；又规定了临时用地的情形，实质上是征用。2004 年 3 月，第十届全国人大二次会议对现行宪法中的这一条款作了修改，即区分了"征收"与"征用"，这就有利于理顺市场经济条件下因征收、征用而发生的不同的财产关系。又例如：

《宪法》第十三条　国家保护公民的合法收入、储蓄、房屋和其他合法财产的所有权。

国家依照法律规定保护公民的私有财产的继承权。

《宪法修正案》　公民的合法的私有财产不受侵犯。

国家依照法律规定保护公民的私有财产权和继承权。

现行宪法中的"其他合法财产"是个模糊概念，哪些财产是属于"其他合法财产"的范围，恐怕难以界定；并且受前面"公民的合法收入、储蓄、房屋"等财产形态的影响，也容易引导人们把"其他合法财产"限定在公民的生活资料的范围。实际上过去也是这么理解的。因为现行宪法是 1982 年 12 月由五届全国人大五次会议通过的，当时公民几乎没有什么大规模的生产资料。21 年之后，随着经济的发展和人们生活水平的提高，公民拥有的私人财产普遍有了不同程度的增加，特别是越来越多的公民拥有了私人的生产资料。据统计，注册登记的私营企业从 1989 年 9 万多户发展到 2002 年 243.5 万户，私人企业主（或称投资者）从 21.42 万人增到 622.8 万人。如果按照现行宪法，私人生产资料是否属于"其他合法财产"的范围，往往容易引发争议。《宪法修正案》取消了对公民的私有财产形态进行一一列举加"其他合法财产"的方式，改用"私有财产"和"私有财产权"的明晰概念，从而明确地把私人的生活资料和生产资料都包括在"私有财产"之内了。这就不仅扩大了私有财产的保护范围，同时也加大了保护私有财产的力度，提升了私有财产保护的法律地位。

　　《刑法》（1979 年版）第十四条：
　　已满十六岁的人犯罪，应当负刑事责任。
　　已满十四岁不满十六岁的人，犯杀人、重伤、抢劫、放火、惯窃罪或者其他严重破坏社会秩序罪，应当负刑事责任。
　　已满十四岁不满十八岁的人犯罪，应当从轻或者减轻处罚。
　　因不满十六岁不处罚的，责令他的家长或者监护人加以管教；在必要的时候，也可以由政府收容教养。
　　《刑法》（2011 年修正版）第十七条改为：
　　已满十六周岁的人犯罪，应当负刑事责任。
　　已满十四周岁不满十六周岁的人，犯故意杀人、故意伤害致人重伤或者死亡、强奸、抢劫、贩卖毒品、放火、爆炸、投毒罪的，应当负刑事责任。
　　已满十四周岁不满十八周岁的人犯罪，应当从轻或者减轻处罚。
　　因不满十六周岁不予刑事处罚的，责令他的家长或者监护人加以管教；在必要的时候，也可以由政府收容教养。

　　旧版中的"岁"具有一定的模糊性，岁有实岁与虚岁之分，有按年份算与按月份算之分，譬如，某人 1 月犯抢劫罪，按其出生的年份算，已"满十四岁"；然而他是五月出生的，如果按其出生的月份算，他还未"满十四周岁"。那么，该犯罪嫌疑人是否"应当负刑事责任"？在执行中的确出现过分歧。为了避免这种模糊性所带来的操作上的分歧，因此《刑法》修正版把旧版中"十四岁""十六岁""十八岁"之"岁"，皆改为明晰语言"周岁"。
　　以上三例都是由模糊走向明晰的情况。下面我们再来看由明晰走向模糊的情形。

　　《宪法》第八十条　中华人民共和国主席根据全国人民代表大会的决定和全国人民代表大会常务委员会的决定，公布法律……发布戒严令，宣布战争状态，发布动员令。

《宪法修正案》把"发布戒严令"改为"宣布进入紧急状态"。"戒严"是明晰语言，而"紧急状态"是模糊语言，它包括了"戒严"，又不限于"戒严"，例如，面对严重自然灾害、突发公共卫生事件、人为重大事故等，都可列入"紧急状态"之中，这就使适用的范围扩大了并且更具灵活性。

由以上分析可以看出：庄严神圣的法律条文从总体上说需要使用明晰语言，但又不排斥适当地运用模糊语言，有时运用模糊语言可以收到明晰语言所不具有的功效。

六　法律中模糊语言的消极影响

毋庸讳言，法律中的模糊语言有时可能给人们在理解上带来一定程度的困难，在执行中造成一定的难度，于是就有了司法解释，从而使模糊语言变得明晰而易于操作。以《刑法》为例：

> 第二百六十七条　抢夺公私财物，数额较大的，处三年以下有期徒刑、拘役或者管制，并处或者单处罚金；数额巨大或者有其他严重情节的，处三年以上十年以下有期徒刑，并处罚金；数额特别巨大或者有其他特别严重情节的，处十年以上有期徒刑或者无期徒刑，并处罚金或者没收财产。
>
> 携带凶器抢夺的，依照本法第二百六十三条的规定定罪处罚。

多大数额才是"数额较大"呢？这牵涉"罪"与"非罪"的问题，因为抢夺罪是数额犯，行为人抢夺公私财物的必须达到"数额较大"的标准，才构成抢夺罪，予以立案追究。多大数额才是"数额巨大"或者"数额特别巨大"呢？这牵涉量刑等次的问题。后来最高人民法院2002年7月15日通过、7月20日起施行的《关于审理抢夺刑事案件具体应用法律若干问题的解释》第1条的规定，"数额较大"指抢夺公私财物价值人民币500—2000元以上，"数额巨大或者有其他严重情节的"指抢夺公私财物价值人民币5000—20000元以上，"数额特别巨大或者有其他特别严重情节的"指抢夺公私财物价值人民币30000—100000元以上。经过这种司法解释之后，执法人员在对行为人抢夺公私财物的行为进行判决时就有了一个明确的标准。

　　第六十七条　犯罪以后自动投案，如实供述自己的罪行的，是自首。对于自首的犯罪分子，可以从轻或者减轻处罚。其中，犯罪较轻的，可以免除处罚。

　　被采取强制措施的犯罪嫌疑人、被告人和正在服刑的罪犯，如实供述司法机关还未掌握的本人其他罪行的，以自首论。

　　犯罪嫌疑人虽不具有前两款规定的自首情节，但是如实供述自己罪行的，可以从轻处罚；因其如实供述自己罪行，避免特别严重后果发生的，可以减轻处罚。

　　第六十八条　犯罪分子有揭发他人犯罪行为，查证属实的，或者提供重要线索，从而得以侦破其他案件等立功表现的，可以从轻或者减轻处罚；有重大立功表现的，可以减轻或者免除处罚。

　　《刑法》对于什么是"自首"，什么是"立功"，作了一些规定，但是仍然存在模糊之处。何为"自动投案"，业界一直存有争议。对"如实供述自己的罪行"，司法实践中经常因认定模糊导致自首的标准不一。在被纪检监察机关采取调查措施期间交代罪行是否认定为自首，业界也存在很大分歧。有的认为这是自首，有的认为这不能认定为自首，只能作为坦白。

　　《刑法》对于"立功表现"明确指出了两条：第一，犯罪分子有揭发他人犯罪行为，查证属实的；第二，提供重要线索，从而得以侦破其他案件的。至于什么是"重大立功表现"，则没有作出明确规定。对于具有"自首""立功"情节的罪犯，又该如何"从轻处罚"？也没有一个明确的标准。因此在司法实践中屡屡出现过理解和执行上的偏差。据最高检的统计数据显示，2005年至2009年6月，全国被判决有罪的职务犯罪被告人中，获免刑和缓刑的共占69.7%；其中，因渎职侵权犯罪被宣告缓刑或免予刑事处罚的，则高达85.4%。为什么这些犯罪官员可以得到从轻发落？在法官看来，主要是因为这些人具有"主动坦白部分犯罪事实"，属有"自首"情节，还有"立功表现"。

　　2011年7月19日，最高法刑事审判庭第二庭庭长裴显鼎在新闻发布会上公开承认，这几年存在自首立功情节被滥用的情况，原因包括一些办案人员对法定的从轻处罚的条件理解得不够准确。这主要有以下几方面原因：一是有些办案人员在思想认识上存在偏差。这些工作人员对监禁刑特有的教育惩治功能重视不够，觉得能够适用缓免刑的就应当尽量适用。二是对基层法院来说，起诉审判的很多案件数额较小，不到 3 万元。法律规定，只要不再危害社会，涉案金额 3 万元以下就具备判处缓免刑的条件。三是司法实践中的一些办案人员对法定的从轻处罚的条件理解得不够准确。例如有些不该认为是"自首立功"的情节也被归为"自首立功"，导致适用了缓免刑。四是客观上对适用缓免刑的标准有待规范。

裴显鼎透露，最高法将出台相关司法解释，规定职务犯罪减免刑需经过本级法院审判委员会讨论。这个司法解释目前正在征求意见程序中，该法释将明确不得使用缓免刑的具体情形。同时，法释还将规定确有减刑情节，法院减轻处罚只能减至正常处罚下一层次的处罚。最高法还将规定，职务犯罪减免刑需经过本级法院审判委员会的讨论后才可判决。这就能够使得法律条款由模糊而走向明晰，从而有效地避免发生滥用自首立功情节。

然而值得注意的是，法律中的模糊语言并非都适合通过司法解释来走向明晰，有时保留其模糊性反而更为恰当。例如，在司法实践中人们经常遇到这样的情况：一些案情相似的案件，在量刑结果上存在差距。特别是贪污受贿案件，有时贪得多的没判死刑，贪得少的反而被判了死刑，引起人们不解。

我国《刑法》规定，个人贪污或受贿数额在 10 万元以上的处 10 年以上有期徒刑或者无期徒刑，情节特别严重的处死刑并没收财产。根据这一规定，贪污 10 万元以上的可以判处有期徒刑；无期徒刑；死刑，缓期执行；死刑，立即执行。而有期徒刑又分 10—20 年各不相等。

贪污多少判 10 年？贪污多少判 15 年？目前并没有司法解释的明确规定。现在贪官贪污的数额越来越大，刑法上根本就不可能有与之对应的刑期。那么，什么样的情况属于"情节特别严重"，可判贪官无期徒刑、死缓或死刑呢？据《中国青年报》2004 年 9 月 19 日报道：为了统一量刑尺度，力图使案件基本事实相似的被告人得到的量刑结果大致平衡，确保司法公正。2004 年 5 月，江苏省最高人民法院审判委员会通过了《量刑指导规则》，这是我国法院系统首次正式发布有关量刑方面的系统指导性法律文件。然而江苏高院此举在社会上引起极大争议。安徽省检察官协会会长、安徽省检察院前检察长宋孝贤提出："我国法律赋予法官的自由裁量权过大。特别是贪污腐败案件，从 10 年到死刑，不仅尺度难以把握，还给司法腐败留有空间。"事实上，确有极少数法官在办人情案、关系案甚至腐败案。法官的自由裁量权必须合法适度地行使。对于江苏省高级人民法院的量刑指导规则，不少基层法院的法官表示欢迎，他们最希望出"贪几万判几年、贪多少判死刑"这样的硬杠杆。这样办案就简单了，再不会办错案、挨批或者发回重审了。但是也有法律人士认为，刑法是生硬的、稳定的，犯罪是生动的、变化复杂的。案案皆不同。法律赋予法官充分的自由裁量权，就是让法官根据各不相同的案情来审案定刑，打击犯罪。如果用量刑规则把"收多少判几年"定得一目了然，会使法官断案成为机械刻板的活动，法官如"木偶"，判案类似做加减乘除。由此可见，该适度模糊的地方就让它适度模糊吧，各种案件千差万别，给司法人员留下一定的弹性空间，未尝不无益处。

（原载《平顶山学院学报》2014年第3期）

论得体原则与模糊语言的语用功能

摘　要：在遵循得体原则的基础上进行语言交际时，如果从维系人际关系的角度来看模糊语言的语用功能，那么，模糊语言在语言交际活动当中具有亲和功能、满足功能和调节功能。如果从语言表达效果的角度来看模糊语言的语用功能，那么，模糊语言在语言交际活动当中具有含蓄功能、委婉功能和幽默功能。

关键词：模糊语言；得体；语用；功能

得体原则，是指说写者与听读者总是处在一定的关系之中，如果说写者能注意到听读者这一对象去选词择句，这就叫得体。正如俗话所说："到什么山唱什么歌，见什么人说什么话"。例如：

（1）子路问："闻斯行诸?"子曰："有父兄在，如之何其闻斯行之?"

冉有问："闻斯行诸?"子曰："闻斯行之。"

公西华曰："由也问'闻斯行诸'，子曰：'有父兄在'；求也问'闻斯行诸'，子曰：'闻斯行之'。赤也惑，敢问。"子曰："求也退，故进之；由也兼人，故退之。"（《论语·先进》）

同样是问"闻斯行诸?"孔子根据谈话人不同的性格而作出截然相反的回答：子路性格特征是勇于作为，因此孔子回答说："有父兄在，怎么能够听到就行动起来呢?"目的是想挫挫他的锐气；冉有的性格特征是谨小慎微，因此孔子回答说："听到就行动起来。"目的是想鼓起他行动的勇气。对同一个问题孔子所作的因人而异的回答，真可谓因材施教，得体之至。

在语言交际活动当中遵循得体原则，交际双方往往运用模糊语言来表情达意（当然也常用明晰语言）。透过这些运用模糊语言的案例，我们就可以发现，在遵循得体原则的基础上，如果从维系人际关系的角度来看模糊语言的语用功能，那么模糊语言在语言交际活动当中具有亲和功能、满足功能和调节功能。如果从语言表达效果的角度来看模糊语言的语用功能，那么，模糊语言在语言交际活动当中具有含蓄功能、委婉功能和幽默功能。

一　从得体原则看模糊语言的语用功能：人际关系的亲和功能、满足功能和调节功能

所谓人际关系的亲和功能，是指在语言交际过程当中，说话人有时为了达到某种特定的目的而采用降低自己、提升对方身份的方式来故意模糊自己与听话人之间身份的界限，以求在和谐的氛围中顺利而高效地完成语言交际活动。

我们知道，在语言交际过程当中，说写者与听读者总是处在一定的社会关系之中，说写者应该考虑自己与听读者之间的社会关系：譬如或同辈，或长辈，或晚辈；或上级，或下级，或同僚；或熟人，或朋友，或敌人；或亲属，或老乡，或同学，或同事等。这种种复杂的人际关系，要求人们在语言交际活动当中做到尊卑有别，长幼有序，亲疏有异，不得混淆，更不得无礼。生活中如果某人被斥为"没大没小的"，那是说他说话时没有顾及尊卑长幼之别而"犯上"。

然而，在语言交际过程当中，说话人有时为了达到某种特定的目的而采用降低自己、提升对方身份的方式来故意模糊自己与听话人之间的这种尊卑、长幼、亲疏的身份界限，让原本处于"卑""幼""疏"地位的对方感受到自己的地位得到了提升，与发话人拉近了距离，从而与之产生一种亲和力，使语言交际活动能够在和谐的氛围中顺利而高效地完成。恰当地运用模糊语言可以收到这种功效。中国自古以来就崇礼法、讲人伦、重血缘、明长幼，这就形成了一个庞大而等级森严的人际关系网络。例如汉语里有系统的亲属称谓词语，如伯伯、叔叔、姑父、姨父、舅父、姑妈、姨妈、舅妈、哥哥、姐姐、弟弟、妹妹等。按理说，汉语里的亲属称谓词是明晰的，"伯伯"与"叔叔"之间、"兄"与"弟"之间、"姐"与"妹"之间，其界限是明确的。然而中华民族自古就以礼仪之邦著称，在人际交往之中往往使用尊称和谦称。这种尊称和谦称又往往会忽略人与人

之间辈分和年龄的界限，从而使原本具有明确外延界限的词语变得模糊。例如，鲁迅先生在给曹靖华先生写信时，称为"靖华兄"，自己则谦称为"弟"，实则鲁迅比曹靖华年长数岁。这样就使得"兄"与"弟"之间中和了年龄的界限。又例如：

> （2）另外，我们有一位比正式成员还要正式的不可须臾离之的非正式成员——徐姐。她今年五十九岁，在我们家操持家务已经四十年，她离不开我们，我们离不开她。而且，她是我们大家的"姐"，从爷爷到我儿子，在徐姐面前天赋人权，自然平等，一律称她为"姐"。（王蒙：《坚硬的稀粥》）

59 岁的"徐姐"，是"我们大家的姐"，这里的"姐"已中和了辈分和年龄的界限，而成为尊称。至于生活中的"工人叔叔""农民伯伯""解放军叔叔""空姐""军嫂"等称谓，皆已模糊了年龄与辈分的界限。

由此可见，在语言交际活动当中遵循得体原则，运用模糊语言来降低自己、提升对方的身份，可以缩短交际双方之间的距离，产生一种亲和力，使语言交际活动能够在和谐的氛围中顺利而高效地完成。

所谓人际关系的满足功能，是指在语言交际过程当中，说话人有时为了达到某种特定的目的而采用赞美对方、贬低自己的方式来使对方在心理上获得某种程度的满足，以求在友好的氛围中顺利而高效地完成语言交际活动。

我们知道，在语言交际过程当中，交际的双方都希望得到对方的尊重，这既是为了保持做人的起码尊严，也是为了满足一种心理上的需求。俗话说：良言一句三冬暖，恶语伤人六月寒。当然，要想得到别人的尊重，你就得尊重别人。因此，在语言交际过程当中，一方面，交际的双方往往对对方的言行作出积极的认同与评价；另一方面，交际的双方往往对自己的言行作出消极的评价，这是因为根据社会文化传统，在别人面前吹嘘自己，就是对别人的不尊重甚至是蔑视，往往会引起别人的反感，而贬低自己则往往会被认为具有谦虚的美德，同时也可以让对方在某种程度上得到心理平衡。恰当地运用模糊语言可以收到这种功效。据说爱因斯坦在与卓别林见面时这样说道："全世界的人都看得懂《淘金记》，您真是了不起的艺术家！"卓别林则回答说："全世界没有几个人看得懂《相对论》，可见您确是 20 世纪最伟大的科学家！"两人互相赞美对方，卓别林的赞美中也含有贬损自己的意思。从而为他们之间的交际营造了一个良好的氛围。又例如：

(3) 鸿渐经不起辛楣苦劝，勉强喝了两口，说："辛楣兄，我只在哲学系混了一年，看了几本指定参考书，在褚先生前面只能虚心领教做学生。"(钱钟书：《围城》)

例 (3)，方鸿渐在赵辛楣面前将自己在欧洲读大学的经历说成是"我只在哲学系混了一年，看了几本指定参考书"。这是运用模糊语言来对自己的经历作消极的评价。

由此可见，在语言交际活动当中遵循得体原则，运用模糊语言来赞美对方、贬低自己的方式，符合"最大限度地赞誉别人"和"最大限度地贬低自己"的交际原则，可以使对方在心理上获得某种程度的满足，构造一个友好的交际氛围，使语言交际活动能够在友好的氛围中顺利而高效地完成。

所谓人际关系的调节功能，是指在语言交际过程当中，说话人有时为了达到某种特定的目的而采用"轻描淡写"的方式对待对方的不足或受损，让对方在"受损"的情况下能够使不愉快的心理得到适当的调节，构造一个宽松的交际氛围，使语言交际活动能够在宽松的氛围中顺利而高效地完成。

我们知道，在语言交际过程当中，交际双方有时会因为种种原因产生一定的摩擦，或不赞同对方的意见，或批评对方的言行。如果处理不当，就很可能造成"话不投机半句多""怒从心头起，恶自胆边生"等不愉快的局面。这时如果我们遵循得体的原则，讲究方式、掌握分寸，既要坚持原则，又要不使交际陷于僵局，就可以使听话人在"受损"的情况下能够使不愉快的心理得到适当的调节，至少可以消除"对抗"或"敌意"。恰当地运用模糊语言可以收到这种功效。例如：

(4) 王利发：李三，沏一碗高的来！二爷，府上都好？您的事情都顺心吧？

秦仲义：不怎么太好！

　　王利发：您怕什么呢？那么多的买卖，您的小手指头都比我的腰还粗！（老舍：《茶馆》）

　　（5）周瑞家的听了道："嗨！我的老老，告诉不得你了！这凤姑娘年纪儿虽小，行事儿比是人都大呢，如今出挑的美人儿似的，少说着只怕有一万个心眼子，再要赌口齿，十个会说话的男人也说不过他呢！回来你见了就知道了，……就只一件，待下人未免太严些儿。"（《红楼梦》第57回）

　　例（4），王利发向秦仲义寒暄："二爷，府上都好？您的事情都顺心吧？"，可秦仲义回答道："不怎么太好！"这样就使谈话的气氛显得有点压抑而难以继续下去，茶馆老板王利发马上从积极的方面来赞扬秦仲义的生意，并从消极的方面来贬损自己的生意："您怕什么呢？那么多的买卖，您的小手指头都比我的腰还粗！"这样就使得秦仲义从"受损"（买卖不顺）中得到一种安慰。例（5），周瑞家的不好也不敢直接说凤姐待人刻薄，因此运用模糊语言"待下人未免太严些儿"来表达，这也是采用"轻描淡写"的方式对待对方的不足，符合交际的原则。

　　由此可见，在语言交际活动当中遵循得体原则，运用模糊语言对对方的不足采用"轻描淡写"的方式，符合"最小限度地使别人受损""最小限度地贬低别人""使对话双方的分歧减至最小限度""使对话双方的一致增至最大限度""使对话双方的反感减至最小限度"等交际原则。说白了，就是不要得罪对方，这样就可以使对方的"受损"心理得到适当的调节，构造一个宽松的交际氛围，使语言交际活动能够在宽松的氛围中顺利而高效地完成。

二　从得体原则看模糊语言的语用功能：语言表达的含蓄功能、委婉功能和幽默功能

　　所谓语言表达的含蓄功能，是指在语言交际过程当中，说话人有时为了达到某种特定的目的而不直接说出自己所要表达的意思，而是将它蕴含在话语里，让对方去体味、去思索、去联想，从而提高语言的表达效果。此正所谓"意在言外，使人思而得之"。恰当地运用模糊语言可以收到这种功效。例如：

　　（1）林黛玉已摇摇的走了进来。一见了宝玉，便笑道："嗳哟，我来的不巧了！"宝玉等忙起身笑让坐。宝钗因笑道："这话怎么说？"黛玉笑道："早知他来，我就不来了。"宝钗道："更不解这意。"黛玉笑道："要来时一群都来，要不来一个也不来；今儿他来了，明儿我再来，如此间错开了来着，岂不天天有人来了？也不至于太冷落，也不至于太热闹了。姐姐如何不解这意思？"（《红楼梦》第8回）

　　（2）洞房昨夜停红烛，待晓堂前拜舅姑。妆罢低声问夫婿：画眉深浅入时无？（朱庆馀：《近试上张水部》）

　　（3）越女新妆出镜心，自知明艳更沉吟。齐纨未足时人贵，一曲菱歌敌万金。（张籍：《酬朱庆馀》）

　　例（1），黛玉一见了宝玉，便笑道："嗳哟，我来的不巧了！"对这样一句话的言外之意，宝钗听不明白，因笑道："这话怎么说？"黛玉笑道："早知他来，我就不来了。"为什么早知道宝玉来，黛玉就不来了呢？宝钗更不明白了，于是宝钗道："更不解这意。"黛玉笑道："要来时一群都来，要不来一个也不来；今儿他来了，明儿我再来，如此间错开了来着，岂不天天有人来了？也不至于太冷落，也不至于太热闹了。姐姐如何不解这意思？"原来如此！可见黛玉的"嗳哟，我来的不巧了！"一句所蕴含的话语义是多么含蓄。

　　例（2），唐代时，进士科考试之后，试卷上考生的名字并未被糊住，因此在考试之前，应考的人往往将自己的作品呈送给一些达官贵人或文坛名宿，希望他们能够在主考面前推荐自己。这在当时称为"行卷"。朱庆馀平时已向水部郎中张籍行卷，并得到了张籍的赏识。将要考试之前，朱庆馀担心自己的作品不一定符合主考的要求，于是给张籍写了这首诗。"洞房昨夜停红烛，待晓堂前拜舅姑。"先一天洞房花烛，次日天未亮就起床梳妆准备去堂前拜见公婆。"妆罢低声问夫婿：画眉深浅入时无？"梳妆完之后新妇又担心自己的打扮是否入时，是否能够得到公婆的喜欢。她心中无数，于是只好征询夫婿的意见。该诗表面上是写新妇在拜见公婆之前的不安心理，实际上是以新妇自比，以夫婿比张籍，以舅姑比主考，含蓄地表达自己在临考前的一种不安和期待心理。例（3）是张籍的回答，亦同样含蓄。"越女新妆出镜心，自知明艳更沉吟。"一位美丽的越女打扮好之后出现在镜湖，她知道自己明艳动人却又有点不自信。"齐纨未足时人贵，一曲菱歌敌万金。"虽然也有一些姑娘身上穿着齐地出产的名贵丝绸，但并未引起时人的看重；而越女所唱的采菱歌却非常动听，抵得上一万金。这里以越女比朱庆馀，以"一曲菱歌敌万金"比朱庆馀的才华出众，并以此来打消他"入时无"的顾虑。

所谓语言表达的委婉功能，是指在语言交际过程当中，说话人有时为了达到某种特定的目的而不直接说出本意，用曲折婉转的话暗示出来，从而提高语言的表达效果。利奇指出："委婉语（在希腊语中是谈吐优雅的意思）就是通过一定的措辞把原来令人不悦或比较粗俗的事情说得听上去比较得体、比较文雅。其方法是使用一个不直接提及事情不愉快的侧面的词来代替原来那个包含令人不悦的内涵的词。……从某个方面来说，委婉语正好和贬义词相反。人们不是最大限度地扩大一个词的不愉快方面的联想，而是尽力净化这个词带有损害性的情感联想。"① 恰当地运用模糊语言可以收到这种功效。从得体原则来看，避免刺激或受害对方的感情而引起不快。例如：

（4）贾蓉看了，说："高明的很。还要请教先生，这病与性命究久有妨无妨？"先生笑道："大爷是最高明的人，人病到这个地位，非一朝一夕的症候了，吃了这药也要看医缘了。依小弟看来，今年一冬是不相干的。总之过了春分，就可望痊愈了。"（《红楼梦》第10回）

（5）鲁贵：……你手下也有不少钱啦！

四凤：钱！？

鲁贵：这两年的工钱，赏钱，（意有所指地）还有那零零碎碎的，他们……

四凤：（不愿意听他要说的话）那您不是一块两块都要走了么？喝了，赌了。（曹禺：《雷雨》）

例（4），贾蓉请教医生说："这病与性命终究有妨无妨？"此时秦氏已病入膏肓，但是作为医生，不应扩大病人及其亲属对其病情往不愉快方

---

① ［英］利奇：《语义学》，李瑞华等译，上海外语教育出版社1987年版，第64—65页。

面的联想，而应尽量避免使用或减轻带有损害性的词语。因此先生笑道："大爷是最高明的人，人病到这个地位，非一朝一夕的症候了，吃了这药也要看医缘了。"既委婉地点明了秦氏病情的严重性，又让贾蓉看到治愈的希望，同时也要点明难度，给自己留有余地；听医生这么一说，"贾蓉也是个聪明人，也不往下细问了"。

例（5），四凤与大少爷周萍关系暧昧，大少爷平时暗地里塞点钱给她，鲁贵只运用模糊语言含蓄地点一下"还有那零零碎碎的"，四凤自然明白是怎么回事。

所谓语言表达的幽默功能，是指在语言交际过程当中，说话人有时为了达到某种特定的目的而使话语变得有趣或可笑而意味深长，从而提高语言的表达效果。恰当地运用模糊语言可以收到这种功效。例如：

（6）有一次，克林顿在对叙利亚是否动武的问题上进行咨询的时候，挑战性地问道："作为世界上唯一的超级大国，或者说是一个男人，在什么样的情况下才应该一忍再忍呢？"一时间大家都沉默不语。这时，鲍威尔站起来说："在妻子骂我们的时候，我们忍无可忍也得忍。"（《现代女报》2005 年 2 月 4 日）

（7）有记者问鲍威尔："您认为事业和家庭哪个轻哪个重？"鲍威尔说："我认为人生应该有四道试题：学业、事业、婚姻和家庭，只有平均分高才能算及格，切莫将太多的精力用在其中的任何一道题上。"（《现代女报》2005 年 2 月 4 日）

例（6），既然是"也得忍"，那就还没有到"忍无可忍"的地步，这样"我们忍无可忍也得忍"就是模糊语言，并且显得幽默。例（7），无论鲍威尔在"事业和家庭"中作何种非此即彼性选择，都对他不利。"我认为人生应该有四道试题：学业、事业、婚姻和家庭，只有平均分高才能算及格，切莫将太多的精力用在其中的任何一道题上。"怎样才能算出"学业、事业、婚姻和家庭"的平均分呢？可见其中的"只有平均分高才能算及格"是模糊语言，然而这样的回答就使鲍威尔成功地避开了这种两难的话题，言语不无幽默。

（原载《修辞学习》2006 年第 3 期）

从合作原则看模糊语言的灵活性功能

格赖斯认为，合作原则是指："在参与交谈时，要使你说的话符合你所参与的交谈的公认的目的或方向。"他提出了遵守合作原则的四条准则：

1. 量的准则：指所提供的信息的量。

（1）所说的话应包含为当前交谈目的所需要的信息；

（2）所说的话不应包含多于需要的信息。

2. 质的准则：所说的话力求真实，尤其是：

（1）不要说自知是虚假的话；

（2）不要说缺乏足够证据的话。

3. 相关准则：在关系范畴下，只提出一个准则，即所说的话是相关的。

4. 方式准则：清楚明白地说出要说的话，尤其要：

（1）避免晦涩；

（2）避免歧义；

（3）简练；

（4）有条理。

格赖斯还指出了在谈话中可能违反这些准则的四种情况。

1. 说话人宣布不遵守合作原则以及有关准则，例如，"我不能说更多的话了"；"无可奉告"。

2. 说话人可以悄悄地、不加声张地违反一条准则。这样，在有些情况下他就会把听话人引入歧途，结果使听话人产生误解或受骗上当，例如"说谎"。

3. 说话人可能面临一种"冲突"的情况，即为了维护一条准则而不得不违反另一条准则。例如，他可能满足了"量"的第一条次准则，就违反了"质"的第二条次准则。

4. 故意违反或利用某一准则来传递会话含义。说话人故意不遵守某一条准则，即说话人知道自己违反了某一条准则，同时还使听话人知道说话人违反了该条准则，但目的不是中断交谈，而是为了向听话人传递一种新信息——会话含义。

在语言交际活动当中，交际的双方有时因某种原因而可能有意违反合作原则，即出现格赖斯所指出的在谈话中可能违反合作原则诸准则的诸情况，这时交际双方往往运用模糊语言来表情达意；即使遵循合作准则，也可以运用模糊语言来表情达意。透过一些运用模糊语言的案例我们就可以发现，如果从合作原则来看模糊语言的语用功能，那么模糊语言在语言交际活动当中的语用功能主要体现在使语言表达具有灵活性这一方面。

第一，遵循量的准则，保证当前交谈目的所需要的信息。在日常生活交际当中，人们往往满足于一定的信息量就可以达到交际目的，而不需要十足的信息量。在这种情况之下，往往运用模糊语言，并借以增强语言的灵活性。例如：

（1）王利发：怎样啊？六爷！又打得紧吗？

巡警：紧！紧得厉害！仗打的不紧，怎能够有这么多难民呢！（老舍：《茶馆》）

（2）巡警：得，我给你挡住了一场大祸！他们不走呀，你就全完，连一个茶碗也剩不下！

王利发：我永远忘不了您这点好处！

巡警：可是为这点功劳，你不得另有份意思吗？

王利发：对！您圣明，我糊涂！可是，您搜我吧，真一个铜子儿也没有啦！（掀起褂子，让他搜）您搜！您搜！（老舍：《茶馆》）

例（1），王利发问："（仗）又打得紧吗？"巡警回答说："紧！紧得厉害！"虽然语言模糊一点，但听话人已获得了足够的信息，满足了交际的需求。

例（2），巡警要求茶馆老板王利发对他的"功劳"得"另有份意思"，信息量虽不充足，但不影响交际，因此王利发一听就知道是什么意思；并且具有灵活性，既不露骨也不落下把柄。

第二，遵循质的准则，所说的话力求真实。因此在缺乏足够证据或把握的情况之下，往往运用模糊语言，并借以增强语言的灵活性。例如：

(3) 周朴园：你——你贵姓？

鲁侍萍：我姓鲁。

周朴园：姓鲁。你的口音不像北方人。

鲁侍萍：对了，我不是，我是江苏的。

周朴园：你好像有点无锡口音。

鲁侍萍：我自小就在无锡长大的。(曹禺：《雷雨》)

在对鲁侍萍的身份缺乏足够证据的情况之下，周朴园只得运用模糊语言"你的口音不像北方人""你好像有点无锡口音"来进行猜测，从而使语言交际具有灵活性。在语言交际活动中，类似的情况往往使用"大约""据说""估计"等模糊语言来表达。例如：

(4) 他大约未必姓赵，即使真姓赵，有赵太爷在这里，也不该如此胡说。(鲁迅：《阿Q正传》)

第三，故意违反或利用某一准则来传递会话含义。说话人故意不遵守某一条准则，即说话人知道自己违反了某一条准则，同时还使听话人知道说话人违反了该条准则，但目的不是中断交谈，而是为了向听话人传递一种新信息——会话含义，并借以增强语言的灵活性。例如：

(5) 茹静提着两瓶酒走出帐篷，碰上了迎面而来的程晓阳。

程晓阳：阿静，上哪儿去？

茹静急忙把拿酒的双手背到后面，犹豫了一下：有点事。

程晓阳惶恐地：能到我那儿去坐坐吗？

茹静想了想：改天吧。(马继红、高军：《天路》)

程晓阳问茹静："上哪儿去？"可茹静回答说："有点事"。程晓阳又问："能到我那儿去坐坐吗？"茹静回答说："改天吧。"茹静的两次回答都在故意违反交际的准则，有点答非所问，但听话人程晓阳听出了茹静的会话含义，于是完成了交际。

第四，由于某种原因不能、无法、不愿意或不必告诉别人确切的信息时，说话人故意不遵守合作原则以及有关准则。这时往往运用模糊语言来避实就虚，避免正面回答自己所不能、不宜或不愿回答的问题。这就使得言语交际具有一定的灵活性。例如：

（6）周朴园：（喘出一口气，沉思地）侍萍，侍萍，对了。这个女孩子的尸首，说是有一个穷人见着埋了。你可以打听到她的坟在哪儿么？
鲁侍萍：老爷问这些闲事干什么？
周朴园：这个人跟我们有点亲戚。
鲁侍萍：亲戚？（曹禺：《雷雨》）

周朴园既想打听鲁侍萍的坟在哪儿，又不愿透露自己与她之间的真实关系，于是就用"这个人跟我们有点亲戚"的模糊语言来搪塞鲁侍萍。就是在这违反合作原则中质的要求的话语中，作者让人们看到了周朴园的虚伪嘴脸。又例如：

（7）"你回来了？"她先这样问。
"是的。"
"这正好。你是识字的，又是出门人，见识得多。我正要问你一件事——"她那没有精采的眼睛忽然发光了。
我万料不到她却说出这样的话来，诧异的站着。
"就是——"她走近两步，放低了声音，极秘密似的切切的说，"一个人死了之后，究竟有没有魂灵的？"
我很悚然，一见她的眼钉着我的，背上也就遭了芒刺一般，比在学校里遇到不及豫防的临时考，教师又偏是站在身旁的时候，惶急得多了。对于魂灵的有无，我自己是向来毫不介意的；但在此刻，怎样回答她好呢？我在极短期的踌蹰中，想，这里的人照例相信鬼，然而她，却疑惑了，——或者不如说希望：希望其有，又希望其无……人何必增添末路的人的苦恼，为她起见，不如说有罢。
"也许有罢，——我想。"我于是吞吞吐吐地说。

"那么，也就有地狱了？"

"阿！地狱？"我很吃惊，只得支梧着，"地狱？——论理，就该也有。——然而也未必，……谁来管这等事……"

"那么，死掉的一家的人，都能见面的？"

"唉唉，见面不见面呢？……"这时我已知道自己也还是完全一个愚人，什么踌躇，什么计画，都挡不住三句问。我即刻胆怯起来了，便想全翻过先前的话来，"那是，……实在，我说不清……。其实，究竟有没有魂灵，我也说不清。"（鲁迅：《祝福》）

"我"的回答，虽说违反了排中律，但其目的在于"何必增添末路人的苦恼"，因为不知她"希望其有，希望其无"，为祥林嫂起见，才作了如上回答。这样的回答，对祥林嫂来说，或许还是一种安慰，至少这种"说不清"不至于断绝她的某些希望；对于自己来说，"'说不清'是一句极有用的话。不更事的勇敢的少年，往往敢于给人解决疑问，选定医生，万一结果不佳，大抵反成了怨府，然而一用说不清来作结束，便事事逍遥自在了。我在这时，更感到这一句话的必要，即使和讨饭的女人说话，也是万不可省的"。这就是"我"当时复杂的心理。这种模糊而灵活的回答，也准确地反映了"我"的这种复杂心理。

这种情况在外交场合中亦被广泛使用。例如：

（8）美国总统布什4日打电话给意大利总理贝卢斯科尼，对驻伊拉克美军打死一名意大利特工并打伤遭绑架后被释放的意大利女记者表示遗憾，并称将对此事进行充分的调查。（《光明日报》2005年3月7日）

美国的"表示遗憾"是什么意思？是表示同情，还是表示道歉？或者兼而有之？美方的表达极具灵活性。那么布什的真实观点究竟是什么呢？让我们来看穆方顺先生《如此"联合调查"》的文章：

今年3月8日，美国总统布什亲自决定，美意双方对意大利特工卡利帕里在巴格达遭驻伊美军士兵枪杀事件进行联合调查。……参加联合调查的意方代表拉卡里尼大使今天向此间媒体介绍调查过程时仍然激愤难平。

卡里尼大使说，在 3 月 8 日至 13 日期间，美方独自进行了调查。当我们抵达巴格达时，他们便将"业已确定了的调查结论"交给我们。……而美方的调查结论称，此事是一场"不幸的意外事故"，主要原因是意大利特工没有及时就解救人质情况与美方进行沟通，并且意方汽车不顾美军鸣枪示警高速行驶，美军在整个过程中的做法是合乎程序的，打死卡利帕里的士兵没有丝毫过错，因此不会受到任何纪律处分。（《光明日报》2005 年 5 月 11 日）

由"美军在整个过程中的做法是合乎程序的，打死卡利帕里的士兵没有丝毫过错，因此不会受到任何纪律处分"的结论，我们就可以揭开美国"表示遗憾"的谜底了。

论模糊语句的类型及其语用功能

摘　要：从语言交际活动中语句所表达的意义（句义）的角度来观察模糊语句的类型，主要有如下九种：超常组合型、不置可否型、自相矛盾型、推测型、来源型、联想型、言外之意型、数量型和动态型。从整体上看，模糊语句的语用功能主要表现在六个方面：凝练性、新颖性、哲理性、发散性、含蓄性与灵活性。

关键词：模糊语句；类型；语用功能

一　模糊语句的类型

从语言交际活动中语句所表达的意义（句义）的角度来观察模糊语句的类型，主要有如下九种：超常组合型、不置可否型、自相矛盾型、推测型、来源型、联想型、言外之意型、数量型和动态型。

（一）超常组合型

从语法结构方面来看，超常组合型的语句没有明显的主语、谓语、宾语，这就使得整个句子具有模糊性。例如：

（1）细草微风岸，危樯独夜舟。（杜甫：《旅夜书怀》）
（2）鸡声茅店月，人迹板桥霜。（温庭筠：《商山早行》）
（3）五更千里梦，残月一城鸡。（梅晓臣：《梦后寄欧阳永叔》）

从词语的组合方面来看，超常组合型的语句改变了通常的组合关系，这也使得整个句子具有模糊性。例如：

（4）月出惊山鸟，时鸣春涧中。（王维：《鸟鸣涧》）

　　（5）雁引愁心去，山衔好月来。（李白：《与夏十二登岳阳楼》）
　　（6）寂寞梧桐深院锁清秋。（李煜：《相见欢》）

（二）不置可否型

　　从逻辑上看，不置可否型的语句违反了排中律。根据排中律，两个互相矛盾的思想不能同假，其中必有一真，而不置可否型的语句恰恰犯了"两不可"的逻辑错误。从词语上看，违反排中律的语句往往使用语气词或某些不置可否的模糊语言。例如：

　　　　（1）可也有一部分人左看右看都不踏实，虽然提不出什么褒贬，总觉得有点"那个"。（陆文夫：《围墙》）
　　　　（2）赵凯顺用他勤劳的双手打响了下乡之后的第一炮，接着又用他钢铁般的誓言打响了第二炮。如果说这两炮确实不同凡响而使得他的形象显得高大的话，那么他拉响的第三炮——"娶个农妇当老婆"的实际行动，就显得有点不"那个"了。（黎千驹：《柔情似水》）

（三）自相矛盾型

　　从逻辑上看，自相矛盾型的语句违反了不矛盾律。根据不矛盾律，两个互相矛盾的思想不能同真，其中必有一假，而自相矛盾型的语句恰恰犯了"自相矛盾"的逻辑错误。从词语上看，违反不矛盾律的语句往往将两个互相矛盾的概念组合在一起，这就使得整个句子具有模糊性。其中又可以分为自相矛盾型的模糊单句和自相矛盾型的模糊复句。
　　1. 自相矛盾型的模糊单句。例如：

　　　　（1）他站住了，脸上现出欢喜和凄凉的神情。（鲁迅：《故乡》）
　　　　（2）呸！你们这帮人都是活死人么？（茅盾：《子夜》）
　　　　（3）外国朋友在赞扬之中，时时带出"意外"这个词儿。意外么？这是情理之中的意外。（《扬眉剑出鞘》，《新体育》1978 年第 6 期）

2. 自相矛盾型的模糊复句。例如：

（1）她是我的妈妈，又不是我的妈妈，我们母女之间隔着一层用穷作成的障碍。（老舍：《月牙儿》）

（2）现在相隔二十年，又是初春，旧地重来，我觉得每个人、每座山、每棵树，都十分熟悉，可又一点都不熟悉。（杨朔：《龙马赞》）

（3）"夫妻船"漂游着，它不问南北东西，只管那里有没有鱼。它没有家，却到处是家。（柳杞：《夫妻船》）

（四）推测型

从认知上看，当人们对客观对象还缺乏确切的了解时，往往只能对它作出推测性的判断。从词语上看，推测型的语句一般都包含了表示猜测和估计意义的模糊语言。例如，"可能""也许""大概""大约""看来""充其量""少说一点""我猜想""如果"等。例如：

（1）他们的话大概是真的。（鲁迅：《藤野先生》）

（2）他大约未必姓赵，即使真姓赵，有赵太爷在这里，也不该如此胡说。（鲁迅：《阿Q正传》）

（3）我似乎打了一个寒噤。（鲁迅：《故乡》）

（4）一名未透露姓名的警官说，两名死者很可能是为一家美国公司工作的雇员。美国驻伊拉克大使馆目前还没有证实这一说法，但称正在调查这起事件。（《湖南日报》2005年4月22日）

（5）估计此次灾害最终造成的死亡总数将接近15万人。（《光明日报》2005年1月2日）

（6）截至记者发稿时为止，至少已造成106人死亡，200人受伤。（《伊发生汽车炸弹袭击300余人伤亡》，《光明日报》2005年3月1日）

（7）中国何时成为世界数学强国，杨乐对此非常乐观："如果一切正常，发展顺利，20年时间中国应该能成为数学强国。"（《中国离数学强国还有多远》，《光明日报》2005年2月7日）

（五）来源型

从认知上看，当人们对客观对象的相关认识不是来自直接经验，而是源于间接经验时，人们对这种认识的可靠性尚不能作出明确的判断，于是往往借助于"听说""据说""据反映""据有关材料介绍"等词语来表示消息或认知的来源。这就使得整个语句带上了模糊性。例如：

（1）阿Q，听说你在外面发财……？（鲁迅：《阿Q正传》）
（2）据统计，1981年中国人均预期寿命为67.77岁，2001年达71.8岁。（《中国青年报》2002年3月28日）

（六）联想型

有时对一个语句中的某个词语的理解不能只从理性义上去分析，而必须从该词语所蕴含的联想义去展开联想。这就使得整个语句带上了模糊性。例如，"他像个猴子似的。"人们可以由"猴子"的形象特征产生出众多的联想义，例如，机灵、顽皮、敏捷、好动、脸形瘦削等。例如：

（1）今秋，31名优秀退役运动员进入北京第二外国语学院，开始4年的英语本科学业
——为退役后的人生"充电"（标题）（《人民日报》2004年9月15日）
（2）在天堂和地狱之间走钢丝——徐永光直陈希望工程八大隐忧（标题）（《三湘都市报》2004年12月24日）
（3）在"铁饭碗"被"瓷饭碗"渐渐取代的今天，人们的就业观念发生着深刻的变化。（《人民日报》2005年3月10日）
（4）军队物资采购走进"阳光地带"（标题）（《人民日报》2005年2月28日）

（七）言外之意型

有时某个语句字面上所显示的意义并非说写者所真正要表达的意思，

其用意往往在句外。这就使得整个语句带上了模糊性。例如：

(1) 觉慧：(恳求地) 不，我真有事啊！鸣凤，你好好地回去吧，走吧！

鸣凤：(含泪) 那么我去了。

觉慧：(安慰地) 睡吧，不要再来了。

鸣凤 (冤痛) 不来了，这次走了，真走了。(曹禺:《家》)

(2) 露：(喊起来) 达生，达生，你快出来。

(方达生由右面寝室走出。)

达：(看见他们两个坐在一起。) 哦，你们两个在这儿，对不起，我大概听错了。

(回身)

露：我是叫你，你来！你赶快把窗户打开。

乔：干什么？

露：我要吸一点新鲜空气。这屋子忽然酸得厉害。

达：酸？

露：可不是，你闻不出来？(曹禺:《日出》)

(八) 数量型

从认知上看，人们对客观对象的认识往往是把握其质的规定性，而对于它所包含的每个个体则往往难以作穷尽性的研究，因此在对客观对象的本质属性进行断定时往往具有质的明晰性与量的模糊性。从词语上看，当句子中使用了表模糊数量的词语或虚数时，这个句子往往就是数量型的模糊语句。

1. 由表模糊数量的词语构成的模糊语句。例如：

(1) 其次，自然因为还有人要看，但尤其是因为又有人憎恶着我的文章。(鲁迅:《坟·题记》)

(2) 所以部分沙粒的移动速度虽然相当快，每天可以移动几米到几十米，可是整个沙丘波浪式地前进，移动速度并不快，每年不过五到十米。(竺可桢:《向沙漠进军》)

（3）几乎所有俄罗斯人都认为，发生在乌克兰的格鲁吉亚的"橙色革命"是国际大阴谋的结果，背后有西方国家的支持，充满意识形态色彩，意在孤立俄罗斯，挤压俄的战略空间。（《俄罗斯外交的难题》，《光明日报》2005 年 2 月 8 日）

（4）许多俄罗斯人认为，俄外交正处于战略两难境地。（《俄罗斯外交的难题》，《光明日报》2005 年 2 月 8 日）

（5）在绝大多数伊拉克人看来，美国大兵骄横跋扈的所作所为，不折不扣地折射出一种令人憎恶的殖民占领者心态。（《湖南日报》2005 年 4 月 24 日）

2. 由表虚数的词语构成的模糊语句。例如：

（1）南朝四百八十寺，多少楼台烟雨中。（杜牧：《江南春绝句》）

（2）竹外桃花三两枝，春江水暖鸭先知。（苏轼：《惠崇春江晚景》）

（3）惊回首，离天三尺三。（毛泽东：《十六字令》）

（九）动态型

这类模糊语句一般是由复句构成的，各分句之间具有时间上的推移性、渐变性。例如：

（1）这地方的火烧云变化极多，一会儿红彤彤的，一会儿金灿灿的，一会儿半紫半黄，一会儿半灰半百合色。（萧红：《火烧云》）

（2）草地的气候就是怪。明明是月朗星稀的好天气，忽然一阵冷风吹来，浓云象从平地上冒出来似的，刹时把整个天遮得严严的，接着，暴雨夹杂着栗子般大的冰雹，不分点地倾泻下来。（王愿坚：《七根火柴》）

（3）突然间，从墨蓝色云霞里矗起一道细细的抛物线，这线红得透亮，闪着金光，如同沸腾的溶液一下抛溅上去，然后像一支火箭向上升——，然后在几条墨黑色云霞隙缝里闪出几个更红更亮的小

片——，几个小片冲破云霞，密接起来，融合起来，飞跃而出，原来是太阳出来了。(刘白羽:《日出》)

二　模糊语句的语用功能

恰当地运用模糊语句可以提高语言的表达效果。从整体上看，模糊语句的语用功能主要表现在以下几个方面：凝练性、新颖性、哲理性、发散性、含蓄性与灵活性。一般来说，几乎所有的模糊语句都具有凝练性，它可以用较少的词语表达较为丰富的内涵；超常组合型和联想型模糊语句比较集中地体现了模糊语句的新颖性的语用功能；不置可否型、推测型、数量型、联想型、言外之意型等模糊语句最能体现模糊语句的含蓄性与灵活性的语用功能；自相矛盾型模糊语句典型地体现了模糊语句的哲理性的语用功能，也使语言具有精警的表达效果；联想型模糊语句较集中地体现了模糊语句的发散性的语用功能，它能使人们对句义展开丰富的联想；有些言外之意型模糊语句也能使人展开丰富的联想而具有发散性。我们在上文列举了不少例句，读者可以凭借自己的理解去把握模糊语句的这些语用功能。下面我们仅举数例来进行模糊语句的语用功能分析。

(一) 凝练性与新颖性。例如：

(1) 楼船夜雪瓜洲渡，铁马秋风大散关。(陆游:《书愤》)
(2) 孤灯然客梦，寒杵捣乡愁。(岑参:《宿关西客舍》)

例 (1) 这是两个超常组合型的模糊语句。两个句子皆各用三个名词或名词性短语组成，并且没有主语、谓语和宾语，它像两幅画面一样呈现在读者面前，让读者自己去解读；也像电影中的蒙太奇，让观众自己去组合。我们结合当时的时代背景和作者的相关背景似乎可以对"楼船夜雪瓜洲渡"作这样的解读：宋高宗绍兴三十一年 (1161 年) 一个大雪纷飞的夜晚，金主完颜亮乘楼船 (战舰) 南侵，宋将刘锜、虞允文等在瓜洲渡亦乘楼船迎击，结果大败金兵，完颜亮亦被部将所杀，金兵溃退。也可以对"铁马秋风大散关"作这样的解读：同样是在绍兴三十一年，金人侵占了大散关，宋将吴璘秋风阵阵的季节率领骑兵进行了反击，于次年收复大散关。作者想借此表明，南宋是有力量战胜金人的，恢复中原是可以实现的。如此丰富而复杂的内涵，全都浓缩在这两个超常组合型模糊语句之中，由此可见模糊语句在内容表达上的凝练性和词语组合上的新颖性。

例（2），"孤灯然客梦，寒杵捣乡愁"也是超常组合型的模糊语句。按照通常的组合，"梦"本不可"然（燃）"，然而，在夜深人静之际，独自面对孤灯，仿佛那正在燃烧的灯点燃了客居他乡的游子思念亲人的梦；而"愁"亦不可"捣"，然而秋后寒意渐浓，妇女们正在为赶制寒衣而捣衣料，那阵阵捣衣声直捣得游子徒增乡愁，直捣得乡愁寸段！这里的"然"和"愁"运用得既凝练又新颖别致，可谓之"诗眼"。但是这"然客梦"和"捣乡愁"的具体情状与各中滋味，又往往是因人而异的。

（二）哲理性。例如：

（1）耳朵里有不可捉摸的声响，极远的又是极近的，极洪大的又是极细切的，像春蚕在咀嚼桑叶，像野马在草原上奔驰，像山泉在呜咽，像波涛在澎湃。（陆定一：《老山界》）

（2）好多事，你不懂也得懂，懂了也得不懂，虚着吧。（刘索拉：《蓝天绿海》）

例（1），"极远的"与"极近的"，"极洪大的"与"极细切的"，"像春蚕在咀嚼桑叶"与"像野马在草原上奔驰"，"像山泉在呜咽"与"像波涛在澎湃"之间皆构成矛盾关系，是自相矛盾型的模糊语句。从逻辑的角度看，二者不能同真；但是从作者当时所处的自然环境看，则是真实的，它真切地描摹出了那深夜山谷所传出的起伏变化的似真似幻的声音，从而表现出了山谷的空旷与寂静，给人以身临其境之感，也使得语言具有精警的表达效果。

例（2），"你不懂也得懂，懂了也得不懂"是一个矛盾型的模糊复句。按照常理，不懂就是不懂，不要装懂；懂就是懂，不要装傻或装谦虚；可生活也常常会作弄人，不知什么时候开始，那太多的经验和教训让人们认识到："不懂就是不懂，懂就是懂"的常理往往叫人碰得头破血流，而那"你不懂也得懂，懂了也得不懂"的有悖常理甚至有点玄奥的处世之道却往往能够让你逢凶化吉。也许这也是生活中的一个哲理！至于什么时候该"你不懂也得懂，懂了也得不懂"，那就只能靠各人的悟性了。

（三）发散性。例如：

（1）柔情似水，佳期如梦。（秦观：《鹊桥仙》）

（2）听了宝玉这番话，心中虽然有万句言词，只是不能说得，半日，方抽抽噎噎的说道："你从此可都改了罢！"（《红楼梦》第34回）

例（1），"柔情似水"和"佳期如梦"都是联想型的模糊语句。这类联想型的模糊语句较集中地体现了模糊语句的发散性，它能使人们对句义展开丰富的联想。"柔情似水"，似"水"的什么特性？只有对"水"的语义展开联想，并且往往是发散型的联想，才能很好地理解"柔情似水"的句义。例如，柔情似"水"一样温柔？长远？宽广？深厚？纯洁？无穷？还是兼而有之？抑或还有别的联想义？佳期如"梦"之短暂？温馨？甜蜜？虚幻？还是兼而有之？抑或还有别的联想义？读者完全可以根据自己的生活体验来对"水"和"梦"的形象特征进行多角度、多方位的发散性联想，此而使得"柔情似水"和"佳期如梦"的内涵更加丰富。

例（2），宝玉挨打之后，黛玉来看他。一阵悲泣之后，说道："你从此可都改了罢！"从表层语义来看，这是一个明晰语句；然而从深层语义来看，其言外之意则耐人寻味：是劝导？是担忧？是试探？还是兼而有之？抑或还有别的深意？总之，这句话的言外之意呈发散状态，可以引起读者对句义展开丰富的联想。

（四）含蓄性与灵活性。例如：

（1）瞧，那茫茫无边的大海上，滚滚滔滔，一浪高似一浪，撞到礁石上，刷地卷起（两丈、两丈多）几丈高的雪浪花，猛力冲击着海边的礁石。（杨朔：《雪浪花》，见王钟林、王志彬《修辞与写作》，内蒙古教育出版社1983年版）

（2）当了一届人大代表、人大常委会委员，退下以后经常有人问我：主要收获、体会是什么？我总是不假思索地回答："要学会听话。"

对方感到很奇怪："这算什么收获？人长着两只耳朵，谁不会听话？"（范敬宜：《当了代表学听话》，《人民日报》2004年9月15日）

例（1），原文"两丈"是精确语言，"刷地卷起两丈高的雪浪花"是明晰语句，以此来描写浪花，这未免太坐实了；后来改成"两丈多"，这比起前者固然具有模糊性，但仍然不太妥当。俗话说"无风三尺浪，有风浪三丈"，这是形容海浪之高，也是符合客观实际的，因此作者最后改成"几丈"，"刷地卷起几丈高的雪浪花"是数量型的模糊语句。虽然这样更模糊了，但是说话留有了余地，更具灵活性，用来形容"一浪高似一浪"的情景是很恰当的。

例（2），"要学会听话"是言外之意型的模糊语句。正因为它模糊，所以对方感到很奇怪："这算什么收获？人长着两只耳朵，谁不会听话？"其实这里蕴含着言外之意，请看作者的回答："我说：这可不简单。虽说人人都长着耳朵，听到的未必都是真话、实话。我说的要学会听话，主要是指要学会分辨哪些是真话、实话，哪些是假话、废话。这可不是容易的事哩！对人大代表来说，这是一门基本功。"原来"要学会听话"是这样的意思！我们设想，如果换一个人，并且面对的不是基层，而是上级领导，这"要学会听话"的言外之意恐怕不会是这样的意思了，也许是"照领导的意思办，领导叫你举手就举手"之类，这也许还是在"学会听话"的过程中历经酸甜苦辣之后的深切感悟！君不见，某些上级领导经常语重心长地告诫下级说"要学会听话啊！"君不见，官场上不是常有某些书呆子因为"没有学会听话"而长期不能升官甚至丢官的事情发生吗？由此可见，这"要学会听话"的言外之意是模糊的，它具有表意的含蓄性、灵活性，同时还具有发散性，它得全凭各人的悟性去参禅悟道！

（原载王德春主编《修辞学论文集》（第 10 集），
上海外语教育出版社 2006 年版）

小议"凌晨"的语义特征及其语义范围

长期以来，无论是广播电视，还是报纸杂志，"凌晨"一词常常被误用或滥用。下面是我们平时从报纸上所搜集到的关于"凌晨"的一些用例：

(1) 今年第九号强台风于昨天早晨在我国台湾省的台东附近登陆，然后进入台湾海峡，今天凌晨零点再度在福建省莆田县沿海登陆。(《文汇报》1982 年 7 月 30 日)

(2) 到今天凌晨 1 时，已经有 21 名遇难矿工的遗体被运出地面。(《人民日报》2004 年 12 月 2 日)

(3) 地震发生在当地时间 22 日 5 时 55 分 (格林尼治时间当天凌晨 2 时 25 分)。(《光明日报》2005 年 2 月 23 日)

(4) 当地时间今天凌晨 3 时 15 分，哈萨克斯坦中部的卡拉干达市附近的"沙赫金斯克"煤矿发生特大地下爆炸事故，共造成 23 人死亡。(《人民日报》2004 年 12 月 6 日)

(5) 比赛结束一个多小时后，虽然已是北京时间 10 月 14 日凌晨三四点钟，网上仍有各种批评铺天盖地般地涌出。(《人民日报》2004 年 10 月 15 日)

(6) 凌晨 4 点 30 分，他急忙赶到长沙火车站派出所。(《三湘都市报》2004 年 12 月 21 日)

(7) 3 日凌晨 5 时，保安人员发现日瓦尼亚和他的朋友因为煤气中毒死亡。(《格鲁吉亚总理煤气中毒身亡》,《人民日报》2005 年 2 月 4 日)

以上例句分别把零点、1 时、2 时、3 时、三四点、4 点 30 分、5 时叫做"凌晨"，也就是说，人们把从零点开始到 5 时这个时段都看作"凌晨"的语义范围。那么，"凌晨"究竟是什么意思呢？《现代汉语词典》对"凌晨"的解释是"天快亮的时候"。然而什么时间才是"天快亮的时候"呢？这恐怕难以截然划界。由此可见，"凌晨"是一个模糊词语，其语义特征是外延的边界具有不明晰性，因此其语义就具有模糊性。这或许是人们长期以来误用或滥用"凌晨"的根源。

但是，"凌晨"语义所具有的模糊性特征，是就其外延的边界不明而言，并非表明它的全部外延皆不明晰。事实上，任何一个模糊词语，除了在外延的边界具有模糊性之外，其外延的中心都是明晰的。模糊语言实际上是模糊性与明晰性的统一体。唯有其中心明晰，才可能反映出客观事物的本质属性；唯有其边界模糊，才会使得某些客观事物在类属边界或性质状态方面呈现出亦此亦彼性或非此非彼性的中介过渡性。

根据模糊语言在外延上所具有的"中心明晰性"的特征，我们就可以断定"零点"和"三点"距离"凌晨"所标示的"天快亮的时候"这一时间范围甚远，它们完全不在"凌晨"所标示的语义范围之内；而"5 点"则完全在"凌晨"所标示的语义范围之内。此乃中心明晰。因此例（1）—例（4）的用法是不正确的，而例（7）的用法是正确的。又根据模糊语言"边界的模糊性"的特征，我们则难以断定"4 点"左右是否属于"凌晨"的范围，因此例（5）和例（6）中的"凌晨三四点钟"和"凌晨 4 点 30 分"的说法是允许的，此可谓边界模糊。由此可见，尽管"凌晨"的语义在外延的边界具有模糊性，然而我们还是可以根据其"中心明晰性"的特征来判断某个时间或时段不属于"凌晨"所标示的语义范围，从而使表意准确。

从对"凌晨"的语义特征及其语义范围的分析，我们可以类推出这样的结论：模糊语言，只是指其外延边界模糊，但其中心是明晰的。如果看不到模糊语言边界的模糊性，就不能把握住模糊语言的本质特征，从而容易在思维方式上导致对客观事物作出"非此即彼"的简单评价；如果看不到模糊语言中心的明晰性，就不能把握"词义是对客观事物本质属性的概括反映"这一本质特征，从而容易在思维方式上导致抹杀客观事物之间的本质区别的错误。从语言运用的角度来说，把握住模糊语言"边界的模糊性与中心的明晰性"的特征，有助于我们准确地运用模糊语言来表情达意。

（原载香港《语文建设通讯》2011 年 7 月号）

论明晰语言与模糊语言的负效应

摘　要：在言语交际活动中，人们往往使用明晰语言来表达思想，以求表达的准确无误，然而有时则难以收到积极的效果，甚至可能产生负效应。人们在研究模糊语言时，大谈特谈模糊语言的积极表达效果，而往往忽略了其消极影响。其实，如果运用模糊语言不当，同样不仅不能准确地表情达意，反而还可能产生负效应。

关键词：明晰语言；模糊语言；表达；负效应

言语是语言的使用，是对语言的具体运用。明晰语言和模糊语言广泛地存在于一切言语交际之中，换言之，言语交际活动中充满着明晰语言和模糊语言。以往研究明晰语言者，往往大谈明晰语言的表达效果；而研究模糊语言者，亦往往彰显模糊语言的交际功效。我们在这里主要想通过人们运用语言的一些实际用例，来探讨人们在运用明晰语言或模糊语言时无意或有意给自己或给他人所造成的陷阱，从而使人们在言语交际活动中尽量避免语言的负效应。

一　明晰语言的负效应

在言语交际活动中，人们往往使用明晰语言来表达思想，以求表达的准确无误，然而有时则难以收到积极的效果，甚至可能产生负效应，例如导致食言或违约、导致偏激、导致生硬与教条等，无意间给自己设下陷阱而造成尴尬。

（一）使用明晰语言不当，可能导致食言或违约。例如：

据某报载，某人遗失了 2.5 万人民币，遂在外面贴了张启事：声称有提供线索者，给 5000 元酬金。后来有人给失主提供了线索，并且使得失主追回了全部现金。这时失主却舍不得给提供线索者 5000 元酬金了，他觉得给得太多了，划不来，只答应给 1000 元。然而提供线索者不答应，认为这是违约，于是将失主告上法庭，结果法院判决被告必须履约付给原告 5000 元。

失主既然承诺给提供线索者 5000 元酬金，这实际上具有合同性质。如果失主当时使用"重谢"之类的模糊语言，也许就不会有这场官司，至少用不着拿出 5000 元来酬谢提供线索的人，因为"重谢"是个模糊概念，5000 元酬金是重谢，1000 元很难说就不是重谢。又例如：

> 据报道，263 网络集团将在 5 月 21 日起正式结束免费电子信箱业务，并只提供收费邮箱服务。信息一出，业界哗然，指责其侵害广大网民利益者有之，称赞其顺应网络收费潮流者亦有之。
>
> 就 263 取消免费信箱的行为本身来看，这纯属企业自身的决策行为，263 有权作出这样的改变。但是考虑到 263 是单方面终止当初与用户达成的协议，此举一则违背诚信原则，二则忽视了广大用户的利益。
>
> 此前，263 在提供免费信箱服务时，网页上有这样的服务条款："263 在线承诺为正常使用 263 免费电子邮件的注册用户提供永久的使用权。"263 开展电子信箱业务始于 1998 年，如今取消免费信箱，网民们知道了，原来"永久"充其量只有 4 年。
>
> 平心而论，从长远看收费将促进互联网事业的快速发展，广大网民也将因此而得到更好的服务，但问题是，263 拥有成百万甚至上千万的免费邮件用户，现在却突然变卦，必然会给大量用户带来不便。263 违约了，尽管它并没有直接向用户收费，尽管它的确提前通知了用户，但还是有悖于市场经济所要求和提倡的诚信原则、契约原则。所以，也难怪有律师就 263 毁约向法院提起了诉讼。（留源：《永久有多久》，《人民日报》2002 年 4 月 19 日）

263 在提供免费信箱服务时，网页上有这样的服务条款："263 在线承诺为正常使用 263 免费电子邮件的注册用户提供永久的使用权。"263 开展电子信箱业务始于 1998 年，如今取消免费信箱，网民们知道了，原来"永久"充其量只有 4 年。这就引发了网民的不满，认为这是违背了诚信原则，是毁约行为。如果当年使用模糊语言提供"若干年"的使用权，或许不会遭此责难。由此可见，有时使用明晰语言不当，可能会导致食言或违约。

（二）使用明晰语言不当，可能导致偏激。例如：

在 22 日提交广东省人大常委会第五次会议进行二审的《广东省爱国卫生工作条例（草案）》里，原有的"不吃野生动物，切断由野生动物引起的病媒传播疾病的途径"这一条款被修改成为"公民应当养成文明、卫生的饮食习惯，不滥吃野生动物，预防动物传播疾病"，并提交常委会审议。

……

但该条款（注：指"不吃野生动物，切断由野生动物引起的病媒传播疾病的途径"）的出现在当地引起很大的争议，广东省人大为此在 7 月举行了一次立法听证会和一次专家论证会。……在诸多观点中，如何定义"野生动物"成为众人关注的焦点。朱士范 22 日引用广东省防治非典科技攻关组专家陆家海的意见认为，在立法禁吃野生动物前要准确定义野生动物的范畴，"因为驯养繁殖和自然野生是两个完全不同的概念，只要有关部门严格把好检验检疫关，让有实力的单位按相关法律法规去经营，通过检疫后完全可以食用"。

陆家海的观点得到了包括专家和普通公民在内的很多人的赞同，他们认为，原有条款过于绝对化的定位使得条款缺乏科学依据，同时不利于保护驯养野生动物企业的合法权益，同《中华人民共和国野生动物保护法》第十七条规定"国家鼓励驯养繁殖野生动物"不一致。

……

正是综合了这些意见，广东省人大常委会法制委员会会同有关部门对原有的"禁吃"条款作出了修改。（王攀：《"不吃"野生动物改为"不滥吃"——广东修改立法草案》，《光明日报》2003 年 7 月 25 日）

"不吃"野生动物是明晰语言，便于操作，凡是野生动物都不准吃；但容易导致偏激，这正如有的专家所指出的那样：原有条款过于绝对化的定位使得条款缺乏科学依据，同时不利于保护驯养野生动物企业的合法权益，同《中华人民共和国野生动物保护法》第十七条规定"国家鼓励驯养繁殖野生动物"不一致。改为"不滥吃"，虽然模糊一点，反而显得具有科学性和政策水平。

（三）使用明晰语言不当，可能导致生硬与教条。例如：

近日看报，得知上海一家中外合作医院又出新招，"病人就诊前，医生先要与病人亲切拥抱，诊疗每位病人不能少于四十五分钟。"依瓜田先生看来，这规定形式大于内容，做秀大于实效。……还有，看一个病人不能少于四十五分钟。我只得了一个感冒，连我自己都知道是怎么回事儿，你医生看看，听听，肺部没有感染，打点针、吃点药就行，十分钟足矣，干吗非得再耗上半个钟头？两个人再干坐上半个钟点儿，是不是瞎耽误工夫？是不是最大的浪费？（瓜田：《你笑时露几颗牙？》，《人民日报》2002 年 4 月 11 日）

医生诊疗每位病人"不能少于四十五分钟"，其下限十分明确，这虽然是要求医生认真负责，但并不切合实际，反而容易导致生硬与教条。

（四）使用明晰语言不当，可能导致难以操作，比模糊语言还令人模糊。例如：

近日，广州某高校的王老师为患上感冒、咳嗽不止的女儿买来一瓶咳嗽水，想不道身为高级知识分子的他，面对药品说明书却傻了眼：药瓶上只标有总量 100 毫升和每次用量 10 毫升。10 毫升究竟是多少？身边没有量筒，王老师只好自作主张地在瓶上用黑笔划了 9 条小横杠，当作每次药量的记号，勉强对付过去。

同样的遭遇也发生在某外企工作的林女士身上。半年前她从药店买来一瓶红霉素胶囊，回家用药时却感到"一头雾水"：药品外包装说明书上写着"口服成人每次 150mg，每日两次。24—40 公斤的儿童每次 100mg，每日两次。12—20 公斤儿童每次 50mg，每日两次"。而产品规格一栏就写着 150mg/粒。林女士当下纳闷：儿童用药该怎么办？难道将胶囊掰开，再用天平称 100mg、50mg 不成？（汪令来、吴晓佳：《药品说明应说明白》，《人民日报》2002 年 4 月 19 日）

药瓶上标有"总量 100 毫升和每次用量 10 毫升"的说明，按理说是十分精确的了。然而这精确的说明却让患者犯难："10 毫升究竟是多少？身边没有量筒，王老师只好自作主张地在瓶上用黑笔划了 9 条小横杠，当作每次药量的记号，勉强对付过去。"

红霉素胶囊，150mg/粒，并且药品外包装说明书上写得清清楚楚："口服成人每次 150mg，每日两次。24—40 公斤的儿童每次 100mg，每日两次。12—20 公斤儿童每次 50mg，每日两次。"此不可谓不精确，然而林女士还是纳闷："儿童用药该怎么办？难道将胶囊掰开，再用天平称 100mg、50mg 不成？"由此看来，这精确的说明给患者带来的只是难以操作的苦恼，它实际上比模糊语言还模糊。又例如：

> 2002 年 4 月，某报刊登了一篇题为《露八颗牙微笑》的文章，其中介绍了两则有关与国际接轨的消息：一则是深圳一些医院举办"规范护士礼仪，树立护士行业新形象"的礼仪培训，要求护士对患者"露八颗牙微笑"；另一则消息是说北京某大医院出台了一项新政策，规定医院护士要微笑上岗，并且微笑一定要露出八颗牙齿。据说这是医院领导到美国考察学来的，是"国际惯例"，推出此项举措是为了"与国际接轨"；并且微笑时只有"露出八颗牙"，才能"打开笑肌"。（综合相关报纸的报道）

此消息在社会上引起了较大反响。瓜田先生认为：笑这玩意儿，是一个最个性化的表情。不但不同的民族有不同的笑法，就是同一个民族的各色人等，笑起来也都各具形态，百花齐放。具体到一个特定的人，不同的时间、场合、情绪下，笑起来也是千差万别。……瓜田先生找来一面镜子，咧开大嘴笑了笑，定格后数了数露出来的牙，超标整整一倍：十六颗。又重新调整、收拢牙齿的掩蔽物——嘴唇，暴露的洞穴大小以呈现出八颗牙这种"制式微笑"为准，这时牙齿的数目大致达标了，可是嘴唇却有点像蔑视谁的冷笑，简直是皮笑肉不笑，瓜田先生断言，病人看了他的笑，会感到十分恐怖。

> ……

服务规范化是个好事情，但规定要做到合情合理，而不是荒唐可笑；要从服务者的实际出发，大家都能做到，而不是从理想出发，高不可攀。

或者一时热情能做到，不易长期坚持。还要便于操作，而不是像"露八颗牙"这样令人莫名其妙。①

王世昌先生认为："在服务方面主动'与国际接轨'的确是个好现象，毕竟加入世贸组织了，要与外国人打交道，不能再由着自己的性子来。不过在'接轨'时要首先弄清楚什么该接，什么不该接，什么先接，什么后接，分清'接轨'的主次和轻重缓急，不能不分青红皂白，胡子眉毛一把抓，比如'笑露八颗牙'式的接轨，就有点'东施效颦'的味道，让人感到滑稽。通过要护士'露八颗牙微笑'，我们看到了某些国人在'接轨'问题上的幼稚病。"② 齐人先生认为："我看这就很难为中国人，欧美人的嘴巴大，可以轻易露出八颗牙，就像好莱坞大嘴美女罗伯茨，动不动就露出满嘴白牙，可中国人嘴小，讲究的是'笑不露齿'，硬要露出八颗牙，既难看又费劲，上一天班下来，腮帮子都是疼的，不信您试试。"③ 孙立先生则认为："依我看，中国人与欧美人的嘴和牙似乎并无多大区别。试着对镜露出八颗牙微笑，并不难，也比平日的傻笑悦目。问题的症结是，这'微笑服务'的引进是否必要。"他最后指出："在已经加入世贸组织的今天，还容不得'露八颗牙'，固守'樱桃小口'、'笑不露齿'，大概又在告诉我们'与国际接轨'是新事物，难免也会好事多磨的。"④

瓜田先生、王世昌先生和齐人先生的文章皆认为：要求护士对患者"露八颗牙微笑"是不妥当的，而孙立先生则坚持认为："在已经加入世贸组织的今天，还容不得'露八颗牙'，固守'樱桃小口'、'笑不露齿'，大概又在告诉我们'与国际接轨'是新事物，难免也会好事多磨的。"我不知道那几家医院是否还在坚持实行"露八颗牙微笑"的服务礼仪，但我知道至少没有在全国医院推广，国内医院也没有在"露八颗牙微笑"方面"与国际接轨"。我想，问题的关键不在于孙先生所说的这"微笑服务"的引进是否必要，因为谁也没有反对微笑服务，而在于给"微笑"所作的限制语"露八颗牙"是否合适，是否必要。从语言的角度来看，"微笑"是模糊语言，"微笑"这一行为本身就具有模糊性，而

① 瓜田：《你笑时露几颗牙?》，《人民日报》2002 年 4 月 11 日。
② 王世昌：《警惕"接轨"幼稚病》，《光明日报》2002 年 5 月 28 日。
③ 齐人：《从"露八颗牙"说起》，《湖南日报》2002 年 5 月 31 日。
④ 孙立先：《杂感二则》，《中国青年报》2002 年 6 月 20 日。

"露八颗牙微笑"是精确语言，"露八颗牙微笑"这一行为本身就具有精确性和规范性。因此这就引起了争议：既然是强调"微笑服务"，何必要硬性规定"露八颗牙"呢？"笑不露齿"是微笑，"莞尔一笑"是微笑，"露八颗牙微笑"是微笑，"露六颗牙微笑"、"露四颗牙微笑"也是微笑，只要"微笑"是真诚的，能给患者带来春天般的温馨就可算是做到"微笑服务"了，而患者也不会在意护士微笑时是否露出了"八颗牙"。达·芬奇的著名油画《蒙娜丽莎》，那蒙娜丽莎的微笑一颗牙也没有露，然而 500 年来这不露齿的微笑成了达·芬奇创造永恒的女性美的定格经典之作。由此可见，对模糊性的事物作精确性的硬性规定，往往是费力不讨好、不切实际的事情。这或许是"露八颗牙微笑"引起非议的诱因。

综上所述，这一切正如沙夫所说的那样："交际需要语词的模糊性，这听起来似乎是很奇怪的。但是，假如我们通过约定的方法完全消除了语词的模糊性，那么，正如前面已经说过的，我们就会使我们的语言变得如此贫乏，就会使它的交际的和表达的作用受到如此大的限制，而其结果就摧毁了语言的目的，人的交际就很难进行，因为我们用以交际的那种工具遭到了损害。"① 还是该模糊时就模糊点吧！

二　模糊语言的负效应

值得注意的是，并不是说只要运用了模糊语言就能收到好的表达效果。如今人们研究模糊语言，大谈特谈模糊语言的积极表达效果，而往往忽略了其消极影响。其实，正如明晰语言一样，如果运用模糊语言不当，同样不仅不能准确地表情达意，反而还可能产生负效应，例如可能导致纠纷或误入他人圈套、导致某些人用来钻政策的空子、导致某些人用来文过饰非等，无意间给自己设下陷阱而造成尴尬，或有意给他人设下陷阱以逞其私意。

（一）模糊语言可能导致纠纷或误入他人圈套

我们在日常生活中常说到"阴雨连绵"或"阴雨天气"之类的模糊语言，并没有觉得有什么不妥。例如：

---

① 沙夫：《语义学引论》，罗兰、周易译，商务印书馆 1979 年版，第 355 页。

　　由于又一股北方冷空气来临，我省大部分地区将再度出现阴雨天气。（《湖南日报》2005 年 2 月 26 日）

　　江南南部、华南以及西南地区东部的部分地区仍将持续阴雨天气。（《人民日报》2005 年 3 月 18 日）

　　什么是"阴雨天气"？"持续阴雨天气"要持续多久？虽然有点模糊，然而这并不影响交际，当人们听到类似的消息时，就会注意一些相关事宜。但如果是在商业活动中，则不能不慎重使用。例如，1985 年，某市保险公司与县副食品公司签订了一个"关于试办乌枣加工晒干保险"的协议。保险公司简称甲方，副食品公司简称乙方。协议书规定："保险责任，因阴雨连绵 60 小时以上，遭受暴风、暴雨、冰雹、水灾造成乌枣霉烂、变质的经济损失，甲方负责经济赔偿。"乌枣是大枣经过烟熏加工变黑的枣，副食品公司与外商签订了出口合同。这年夏季，天气时阴时雨，乌枣加工受到影响，发生霉烂变质，质量不合出口要求。为此，乙方提出，甲方要负经济责任。按计算，应赔偿 34 万元。甲方却认为，保险公司不应负经济责任，一分钱也不能赔偿。双方争论的焦点是怎样理解协议书中的"阴雨连绵"。甲方认为，阴雨连绵是指连续下雨三天以上，而据气象部门记载，在此期间没有连续下雨三天的情况，所以保险公司不应负经济责任。乙方认为，阴雨连绵不应作连续下雨三天理解，今天阴天，明天下雨，阴天与下雨相连，即为阴雨连绵，而据气象部门记载，在此期间确实有阴天与下雨连续出现的情况，所以保险公司应负经济责任。争论的焦点在于协议书中运用了"阴雨连绵"这一模糊语言。什么样的天气叫"阴雨连绵"？概念所指的对象范围并不确定，因而发生了上述争端。据说此事争论了很久，由于是非难辨，结果双方各负一部分责任，甲方赔偿乙方经济损失的一半才算了事。又例如：

　　更令林女士大跌眼镜的是，该产品的有效期一栏竟然印着："有效期暂定一年半。"怪了，有效期还能是"暂定"？（汪令来、吴晓佳：《药品说明应说明白》，《人民日报》2002 年 4 月 19 日）

　　这"有效期暂定一年半"是有意模糊还是无意模糊？如果是有意的，那么这家产商分明是在设置圈套：假设生产日期超过了一年半，如果你说这药品过期了，产商可以说：没有，这"暂定"一年半，是保守的估计，也是我们对消费者负责，根据临床实践证明，该药品的有效期远不止一年半，你就放心吧；如果你不小心买了该药吃而没有效果，甚至出现了不良反应，产商可以说：这上面明明写着"有效期暂定一年半"，谁叫你过期了还吃！现在商家都时兴"解释权归商家所有"，爱怎么解释是我商家的事。如果是无意的，我们奉劝产家去掉"暂时"这模糊语言，因为顾客很可能会认为你是在玩文字游戏，缺乏起码的商业诚信，当然也就会影响该药品的销路了。

（二）模糊语言可能导致某些人用来钻政策的空子

由于模糊语言具有边界不明晰的特征，因此那些心术不正的人往往想通过模糊语言来钻空子。例如，你说不允许请客送礼吗？他说"必要的"请客送礼还是可以的。什么是"必要的"？在实际生活中是很难分清的，于是他便可以借"必要的请客送礼"之名，大行不正之风之实。又例如，政策规定"原则上不允许"怎么样，如果是别人这样做了，则在"原则上不允许"之例，当受处罚；如果是某位领导或其亲信这样做了，某位领导则会以"辩证的观点"来分析问题："原则上不允许，但特殊情况可以例外"——你能在"原则上"与"特殊"之间划出一道截然分明的界限么？记得中央曾经要求各级领导干部宴请宾客实行"四菜一汤"。其初衷在于推行节俭和文明、反腐倡廉，然而，"四菜一汤"既没有质的规定性，也没有量的限定，于是在不少地方，"四菜一汤"变成了"四盆一缸"，每盆里面有数种美味佳肴，并且因人配方：一等人山珍海味甲鱼汤，二等人鸡鸭鱼肉三鲜汤，三等人白菜萝卜豆腐汤。原本一项好政策，却何以至此呢？这是因为某些量词（或数量短语）所表示的意义，有时是具有多侧面性的。在这几个侧面之中，有的侧面表示精确的量，有的侧面表示模糊的量。此所谓精确与模糊并存于同一义位。如果从它所表示的精确的量来看，它是精确语言；如果从它所表示的模糊的量来看，它实际上就转化成了模糊语言。是集精确与模糊于一身。这里的"四菜一汤"就是属于这种情况。

（三）模糊语言可能导致某些人用来文过饰非

譬如"力度"可以用来说明我们工作的实际成效状况，"加大力度"

可以用来作为我们搞好工作的更高要求。例如：

（1）20 世纪 90 年代初，针对体制转换过程中消极腐败现象滋生蔓延的态势，党中央作出了加大反腐败斗争力度的重大决策，通过严明党的纪律，努力遏制腐败现象。十五大以后，我们党坚持标本兼治、综合治理的方针，逐步加大反腐败治本工作力度，注重从源头上预防和治理腐败现象。当前，社会主义市场经济体制逐步完善，依法治国基本方略贯彻实施，各项改革不断深化，为从源头上预防腐败提供了更有力的条件。（吴官正：《严肃党的纪律，加大预防力度，深入开展党风廉政建设和反腐败斗争》，《人民日报》2005 年 2 月 16 日）

（2）深化改革 健全制度加大预防腐败工作的力度（标题）（《人民日报》2005 年 2 月 28 日）

（3）加大执行工作的力度、努力解决"执行难"问题。最高人民法院集中力量监督、协调跨省、自治区、直辖市的重大民事执行案件 186 件，涉案标的金额 27.8 亿元。地方各级人民法院全年共执结案件 2150405 件，执行标的金额 3320 亿元。（《人民日报》2005 年 3 月 10 日）

例（1）是吴官正于 2005 年 1 月 10 日在中国共产党中央纪律检查委员会第五次全体会议上所作的工作报告，使用了"加大反腐败斗争力度"；例（2）为温家宝在国务院第三次廉政工作会议上的讲话，使用了"加大预防腐败工作的力度"；例（3）是最高人民法院院长肖扬 2005 年 3 月 9 日上午向十届全国人大三次会议作的《最高人民法院工作报告》，使用了"加大执行工作的力度"。这几处的"加大……力度"，表意明晰，为我们进一步搞好相关工作提出了更高的要求。然而，"力度"这个词从一开始就是一个说不清道不明的模糊概念。正因为"力度"本身的模糊性，所以被不少部门的领导奉若神明，津津乐道。以此来糊弄群众、糊弄上级，掩饰自己工作的无能、模糊自己工作中的过错。例如，某项工作根本没抓，他们能很轻松地说："我们工作的力度不够"；有工作出了漏洞，他们会很认真地说："我们一定加大力度。"总之，凡属工作的失误，都没有具体领导的责任，他们既没有思想认识、工作态度和责任感方面的错误，也没有工作方法、业务能力和判断决策方面的差错，仅仅可以指责又无从着手的便是"力度"问题。既然"力度"是个说不清道不明的模糊概念，那么，多大的"力度"才合适？加大"力度"加到多大才算够？"力度"一词几乎成为某些部门领导的官话、套话、废话，也成为他们文过饰非的法宝。不少领导整个任期之内都在喊"加大力度"，甚至有的一辈子都在喊"加大力度"，可老百姓就是不明白他们的工作"力度"究竟在哪里！

与"力度"有"异曲同工"之妙的是"不够"，官员们也可以利用它的模糊性来文过饰非。例如：

> 有位领导针对某单位主官汇报问题讲"不够"太多的问题，插话道："你'不够'了半天，我也没听清你那'不够'是什么东西，能不能把'不够'说得再具体点。"此话虽说尖刻，但切中时弊。
>
> 时下人们在讲问题时，尤其当着上级的面，常喜欢套用"不够"的公式。什么班子建设不够平衡、经常性工作不够落实、什么学习不够认真、批评不够大胆等，用模糊的"不够"来代替具体的问题。其实就是匿影藏形，掩非饰过，是一种很不好的作风，应当坚决克服。
>
> 一些同志爱讲"不够"的原因，从客观来看，大到各项工作，小到每个人的成长进步，的确存在着一个没有"够"的终结。既然"不够"皆有，所以讲"不够"心安理得。从主观来说，主要是一些同志私心太重，讲单位问题重了，怕"报忧得忧"，牵连自己；说个人问题多了，怕"拔出萝卜带出泥"，影响进步。（范俊杰：《让"不够"具体点》，《光明日报》2002 年 4 月 30 日）

又例如"严格"这个词语应该是受人们欢迎的。凡事都得严格要求，都得严格按照程序、要求、法规、条例等实行，于是我们大力提倡"严格执法""严格要求""严格管理"等口号。然而"严格"本身又是模糊语言，由于它的模糊性，还真的让不少腐败官员"严格"地钻了"严格"的空子，甚至用来掩盖自己的罪恶。例如：

> 从 2003 年纪检、监察和检察机关查处的买官卖官案件来看，大

多是"严格"按照组织部门考察、党委集体决定、"竞争"上岗、任前公示等合法程序进行的，基本上是按领导干部选拔任用条例和有关章程办事，在程序与形式上无可非议。然而，在"合法程序"的背后，"卖官者"巧妙按照"买官者"的条件和要求精心设计选拔任用的实质内容：按照"买官者"的年龄、工龄、学历、经历、资历、职级等等条件事先确定资格、拟定标准、圈定范围。如因受贿已被判刑 15 年的吉林白山市政协原副主席李铁成吐露他当县委书记时的卖官真言："每次干部考核之前，我会在召开书记办公会时定出个'调子'。以给我送礼的人的条件如年龄、工龄、学历、经历、职务等等为基本标准先划出个范围，绝对不能点谁的名，而是让组织部按'范围'下去'找人'，找到后我再按程序办。表面上理由充分，程序合法，实际上是以人划线、以人定标准、以人定范围。给我送礼的人，我都是用这办法进行回报的。"通过以人划线、以人定标准、以人定范围之后，再放心地交给组织部门去操作，放手地让干部人事工作者去"走程序"。党和国家规定选拔任用干部要严格按照制度和程序办事，从源头上预防腐败，而大权在握的腐败贪官却从源头上就把水搅浑。（文盛堂：《腐败现象的新情况》，见《2004 年：中国社会形势分析与预测》）

腐败分子就是这样巧妙地利用"严格"的模糊性"严格"而安全地进行着卖官的勾当！可见语言是一把"双刃剑"，正确地运用它，可以准确地表达思想；如果运用不当，则可能使人或使己落入语言的陷阱。

模糊文艺学研究论纲

摘　要：模糊文艺学是运用模糊理论与文艺学的基本原理和方法，以文学的模糊性为研究对象的具有交叉性、综合性的边缘科学。文学在文学性质、文学创作活动、文学作品内容与形式、文学语言和文学鉴赏等方面都具有一定的模糊性，因此研究文学的模糊性也就应该成为文艺学的一个重要内容；如果把这些内容独立出来进行专门的研究，这样就有了"模糊文艺学"。

关键词：模糊；文艺学；纲要

文艺学是以文学和文学的发展规律为研究对象的科学，模糊文艺学则是运用模糊理论与文艺学的基本原理和方法，以文学的模糊性为研究对象的具有交叉性、综合性的边缘科学。包括文学性质的模糊性、文学创作活动的模糊性、文学作品内容与形式的模糊性、文学语言的模糊性和文学鉴赏的模糊性等内容。

一　文学性质的模糊性

哲学、社会科学和文学都要反映客观世界，然而它们反映的形式有着根本的区别。哲学、社会科学是通过对自然、社会现象的分析、综合、判断、推理而得出符合客观实际的概念、定理或形成正确的理论，从而揭示客观事物的本质特征及其规律，使人们直接获得某一方面或某些方面的知识；文学是通过对现实生活或自然景物的描写，特别是通过对人物形象的塑造来反映社会生活，表达作者的思想感情。

文学形象是具体、生动、可感的。作家在创造文学形象的时候，必须尽可能地保留社会生活现象的具体、生动、可感的特征，从而塑造出血肉丰满、神形皆备、栩栩如生的文学形象，同时文学形象又是新颖独特的。

文学形象是概括的。它是作家对社会生活进行选择、提炼、缀合、改造，以个别反映一般的产物。因此，任何成功的人物典型形象，总是要通过鲜明的个性在一定程度上表现某一阶级、阶层或一定的社会关系的本质；它既具有鲜明的个性，又是某种范围的共性的概括。作为一个个性鲜明的典型形象，它必定是一个有血有肉的"完整的活物"，因此它也就必定具有一个"完整的活物"所具有的复杂性格、复杂心理、复杂情感等。

用形象来反映社会生活，这一文学的基本特点往往导致形象大于思想，也就是说，作品中的艺术形象所显示出来的客观意义，往往会超出作者的创作意图和思想倾向，甚至与作者的意图截然相反。这种情况主要是由于以下两个方面的因素造成的。

1. 由于艺术形象内蕴的复杂性，尤其是人物形象的性格诸元素的复杂性，无论作者在创作之前对他笔下的艺术形象是如何精心地构思，无论评论家对作家所创造出来的艺术形象是如何入木三分地剖析，都不可能将艺术形象的内蕴发掘或剖析殆尽。这不能不说明文学作品具有一定的模糊性。

2. 由于作家的思想倾向和感情，不是赤裸裸地表现出来，而是渗透在形象的具体的描绘之中，这样便可能导致两种情况：第一，读者从艺术形象中所发掘的思想虽然与作者的创作意图基本上是一致的，然而读者所发掘的思想可能比作者的创作意图更深广。例如，一般认为，《红楼梦》以贾、王、史、薛四大家族为背景，以贾宝玉、林黛玉的爱情悲剧为主要线索，着重描写了贾家荣、宁二府由盛到衰的过程，从多方面对腐败、黑暗的封建社会和封建礼教进行了深刻的揭露和无情的批判，歌颂了贵族阶级中具有叛逆精神的青年和某些奴隶的反抗行为，反映出争取男女平等、婚姻自由等民主主义思想，预示着封建社会必然灭亡的历史趋势。这"预示着封建社会必然灭亡的历史趋势"，是读者从作品中塑造的艺术形象身上发掘出来的，恐怕不是曹雪芹的创作意图。第二，读者从艺术形象中所发掘的思想与作者的创作意图相矛盾，或者谁都难以准确地认识到作者的创作意图，真可谓"仁者见仁，智者见智"（关于这个问题，我们准备在"论主题的模糊性"一节中作较详细的阐述）。

综上所述，文学形象的具体性、生动性、可感性、概括性与复杂性等，都势必使得文学作品具有一定的模糊性；用形象来反映社会生活，往往导致形象大于思想，这也势必使得文学作品具有一定的模糊性。总之，用形象反映社会生活这一文学性质决定了文学作品具有一定的模糊性。

二　文学创作活动的模糊性

文学创作过程中具有特殊的思维形式，这就是形象思维。形象思维实质上就是模糊思维，形象思维决定了文学作品具有一定的模糊性。所谓形象思维，是指作家、艺术家在整个创作过程中，在遵循人类思维的一般规律的基础之上，始终依赖于具体的形象和联想、想象来进行思维的方式。

在文学创作的实践过程中，作家的形象思维与科学家的抽象思维一样，都必须遵循人类思维的一般规律，然而形象思维与抽象思维之间，又有着各自的特点。作为抽象思维，"认识的过程，第一步，是开始接触外界事情，属于感觉的阶段。第二步，是综合感觉的材料加以整理和改造，属于概念、判断和推理的阶段，只有感觉的材料十分丰富（不是零碎不全）和合于实际（不是错觉），才能根据这样的材料造出正确的概念和论理来"。并且"概念这种东西已经不是事物的现象，不是事物的各个片面，不是它们的外部联系，而是抓着了事物的本质，事物的全体，事物的内部联系了。概念同感觉，不但是数量上的差别，而且有了性质上的差别。循此继进，使用判断和推理的方法，就可以产生出合乎论理的结论来"。① 而作为形象思维，它主要有以下三个特点。

（一）形象思维的过程始终伴随着感性形象

作家在进行形象思维的过程中，虽然要将丰富的生活素材加以"去粗取精，去伪存真，由此及彼，由表及里"的改造制作，从感性认识阶段上升到理性认识阶段，但是他不是逐步抛开具体的感性材料走向抽象的理论，而是始终不脱离客观事物的具体形象，并且将丰富多样的感性材料熔铸到活生生的艺术形象里。在文学创作中，形象和思想始终是紧密结合在一起的，而不是用形象去图解思想。形象思维中所进行的概念、判断和推理都不是抽象的，而是从具体的形象出发，始终伴随着感性形象，并且用形象的形式表现出来，因此读者只能通过对形象的艺术欣赏去品评其中的"滋味"，去领悟作者的观点，这就使得文学作品具有一定的模糊性。

---

① 毛泽东：《实践论》，见《毛泽东选集》第 1 卷，人民出版社 1966 年版，第 267 页。

（二）形象思维的过程始终渗透着强烈的感情

作家在积累了丰富多样的感性材料，并且对这些材料进行分析、归纳而上升到理性认识阶段之后，也许他并不一定开始进行创作，引导作家坐下来创作的是他的创作激情，因此形象思维的过程始终渗透着作家强烈的感情；同时只有渗透着强烈感情，才能产生深刻的文学作品。纵观古今中外成功的文学作品，莫不如此。值得注意的是，这种渗透在形象思维过程中的强烈的感情因素，往往具有以下两个特征。

第一，作家主观感情的复杂性。引起作家创作冲动以及渗透在形象之中的情感往往并非是单一的，甚至有时连作家自己也说不清这究竟是怎样的一种情感。这正如美国心理学家克雷奇所说："我们常常会经验到一种无法描述的情绪状态，它的因素非常复杂，以致我们不可能说它究竟是一种什么样的情绪经验。"[①] 第二，作者的情感并不是抽象地表达出来的，而是熔铸在生动鲜明的形象之中。王夫之云："情景虽有在心在物之分，而景生情，情生景，哀乐之触。荣悴之迎，互藏其宅。"[②] 王国维认为作者的情感之于作品，"有有我之境，有无我之境"。"有我之境，以我观物，故物皆著我之色彩；无我之境，以物观物，故不知何者为我，何者为物。"[③] 作家情感的复杂性与这种"景以情合，情以景生，初不相离"[④]的特征，也就决定了文学作品中所流露的情感具有一定的模糊性，更何况情感本身就是客观对象与自己的关系的主观反映，是主体对待客体的一种态度。当作家将自己的情感熔铸在艺术形象中之后，这种艺术形象便成了读者的审美对象，亦即客体。这种艺术形象中所表现出的某一事物和某一思想感情，能否引起读者的共鸣，取决于读者的生活境遇、思想感情、文化素养等诸多方面的因素。这种审美对象（或客体）中所表现的思想感情与欣赏者（或主体）感受的不一致性，同样会使文学作品具有模糊性。

（三）形象思维的过程始终充满了丰富的想象

所谓想象，是作家根据一定的目的，在原有的感性形象基础之上进行

---

① ［美］克雷奇等：《心理学纲要》下册，文化教育出版社 1981 年版，第 396 页。

② 王夫之：《姜斋诗话》。

③ 王国维：《人间诗话》。

④ 王夫之：《姜斋诗话》。

加工改造而形成新形象的心理过程。在文学作品中，想象的作用主要体现在以下两个方面。

第一，补充作家社会生活经历的不足。无论一个作家从生活中所获得的经验和感受是多么丰富，他也总不可能事事亲历；而借助于想象，便可以补足他未曾经历或亲见的部分。李渔说过："我欲做官，则顷刻之间便臻荣贵；我欲致仕，则转瞬之际又入山林；我欲作人间才子，即为杜甫、李白之后身；我欲娶绝代佳人，即作王嫱、西施之元配……"① 作家凭借想象可以上穷碧落下黄泉，无处而不可至，无事而不可知。第二，想象可以使作家所创造的艺术形象更加丰满，具有更大的概括性。作家的想象力高度发挥是艺术的虚构。虚构作为文学的一种艺术手法，它要将生活中积累的素材加以改造、缀合、生发，以构成情节，塑造形象。想象不是借助抽象的概念来概括地反映客观事物，而是借助具体的表象来形象地反映客观事物，这"具体的表象"便难免会具有一定的模糊性。

综上所述，形象思维的过程始终伴随着感性形象，始终渗透着强烈的感情，始终充满了丰富的想象。形象思维的这些特点都将使得文学作品具有一定的模糊性。

三　文学作品内容与形式的模糊性

文学作品主要由题材、主题、人物形象、情节和结构等因素构成，而这些因素皆具有一定的模糊性，这就必然导致文学作品也具有一定的模糊性。

（一）题材的模糊性与文学作品的模糊性

题材是经过作家选择并直接成为作品写作材料的生活现象，它是作品的具体的建筑材料。然而人们在阅读某部文学作品的时候，有时很难判断该作品是什么题材的作品。例如，李商隐《无题》"相见时难别亦难"和"来是空言去绝踪"，是爱情诗还是政治诗？是表达对爱情的追求还是对政治的追求？《红楼梦》是自传体还是源于社会生活的小说？长期以来就存在着争论。这表明文学作品的题材具有一定的模糊性。

---

① 李渔：《闲情偶寄·词曲部》。

（二）主题的模糊性与文学作品的模糊性

文学作品的主题，是指通过作品中描绘的社会生活而显示出来的中心思想，也就是一部作品所蕴含的总的思想意义。从理论上说，一部文学作品不仅要有主题，并且还须具有明确的主题，因此读者在鉴赏某部文学作品的时候，总免不了对该作品的主题进行分析研究，并由此来确定其思想性方面的价值。然而事实上并非每部文学作品都有着明确的主题，有时作品的主题是什么，甚至连作家自己也说不出来；既然如此，读者要"准确地"概括出该作品的主题，又谈何容易呢？这说明文学作品的主题既具有明晰性，也具有模糊性。主题的明晰性与模糊性，皆可从主题的形成、主题的表现形式两方面来寻找答案。

第一，主题的形成与主题的模糊性。一般认为主题是作家在社会生活实践之中，在对题材的开掘之中形成的；然而关于主题是在艺术创作的哪一阶段形成的，作家们各有各的体会，归纳起来大致可以分为三种情况：(1)主题在动笔写作之前就明确或基本明确了。英国作家伊·鲍温说："我认为，几乎在所有的情况下，作家心中首先想到的总是小说的主题，或者说思想内容。他构思小说的情节是为了表达这一主题，创造人物也是围绕着这一主题。"① 尽管作家的创作实践表明主题可以根据生活实际并且经过对题材的开掘而在动笔写作之前明确下来，但是它仍然具有一个逐渐明朗、逐渐深化的过程。在这一过程当中，主题都表现出既有模糊的一面又有清晰的一面，模糊与清晰贯穿于这一过程的始终。(2)主题在艺术创作的全过程中逐步明确起来。有相当多的作家认为，主题"是在整个的思索、酝酿和写作的全过程中逐渐实现出来的"。② 有的文学作品的主题是作家在创作完成时才明确起来的。(3)主题在作品完成之后作家本人仍不明白。有些作家在作品完成之后，他自己仍不明白该作品的主题是什么，这样就使得该文学作品的主题具有更大的模糊性。张天民说："如果我的某一个作品，使人初读起来不知什么主题，继而引起思考，仁者见仁，智者见智，都能体味其中的一部分意见，那大概就是我的成功。

---

① ［英］伊·鲍温：《小说家的技巧》，《世界文学》1979年第1期。
② 周克芹：《答〈文谭〉编辑部问》，见《创作经验谈》，长江文艺出版社1983年版。

这里，一言以蔽之：说不清的主题。"① 此类作品主题的模糊性与作家思想的模糊性密切相关。一种朦胧的情绪或者思想萦绕在作家的心头，使得他有一种不吐不快的感觉，但又缺乏明确而深入的认识。这时创作出来的作品，其主题必然就具有模糊性。上述三种情况，都将使主题或多或少地具有模糊性。

第二，主题的表现形式与主题的模糊性。文学作品主题的模糊性不仅与主题的形成过程密切相关，也与主题的表现形式密切相关。即使是作家在动笔写作之前已有明确的主题，如古人所说："文以立意为主""意在笔先""意犹帅也"，然而主题不宜明确地说出来，而是通过塑造生动的形象表现出来的。"主题还必须深蕴在故事中间。如果主题或思想过于显露，小说就沦为阐述某种概念的论文了。我不认为这样表达出来的东西是主题。主题是某种强烈打动小说家而读者也会感到其影响的东西，但它却埋藏得很深，你可能需要对故事进行一番分析才能发现它真正是什么。"②

应当承认，作家是能够通过对形象的塑造来准确地表达自己在艺术构思中所提炼出来的主题的。这时作品的主题与作家在构思过程中所形成的主题是相一致的。但是我们还必须看到另一面，即作品通过形象所表现出来的主题与作家在艺术构思过程中所提炼出来的主题可能存在着一定的差异。这正如鲁迅所说："文章和主意不能符合——这就是说作者所表现的和作者所想象的，不能一致。"③ 这种作家塑造形象与表现主题之间的矛盾性便导致了作品主题的模糊性。

综上所述，从文学作品主题的形成、主题的表现形式等方面来看，文学作品的主题往往具有一定的模糊性。因此我们在创作或鉴赏文学作品时，应该充分认识到这一复杂现象：并非只有主题明确的作品才是好作品，也并非凡是主题模糊的作品就不是好作品。文学作品的主题既可以是明确的，也可以是模糊的；既可以是明确中具有一定的模糊性，也可以是模糊中具有一定的明确性。

（三）人物性格的模糊性与文学的模糊性

人是一切社会关系的总和。在现实生活中，每个人都处于一定的社会

---

① 张天民：《沿着自己的途径探索》，《人民文学》1982 年第 4 期。

② ［英］伊·鲍温：《小说家的技巧》，《世界文学》1979 年第 1 期。

③ 鲁迅：《中国小说的历史变迁》第四讲。

关系、阶级关系之中。这就意味着一方面每个人的思想、感情、性格、习惯等都是为这特定的社会关系和阶级关系所决定；另一方面，社会生活是错综复杂的，每个人的思想行为都不可避免地受一定的历史条件的局限，不可能完美无瑕。因此，现实生活中的人，其性格是丰富而复杂的。既然在现实生活中人的思想性格是极为丰富而复杂的，那么文学作品作为对现实生活的反映，它所塑造的人物形象也无疑应具有丰富复杂性。更何况人的思想性格并非处于一种一成不变的稳定状态，而是随着环境的影响、处境的变化而不断地变化。脂砚斋对贾宝玉的性格评论道："听其囫囵不解之言，察其幽微感触之心，审其痴妄委婉之意，皆今古未见之人亦是未见之文字，说不得贤，说不得愚，说不得不肖，说不得善，说不得恶，说不得正大光明，说不得混账恶赖……说不得聪明才俊，说不得好色好淫，说不得情痴情种……"这表明人物性格具有模糊性，这也就决定了文学作品具有一定的模糊性。

（四）情节、结构线索的模糊性与文学的模糊性

文学作品中的情节是由事件和场面组成的，一般分为开端、发展、高潮、结局四个部分。不少文学作品的情节线索是清晰的，例如，《三国演义》中的赤壁之战，《水浒传》中的逼上梁山等。然而也有的小说故意淡化情节，用散文化的手法来写小说，例如，契科夫《草原》、鲁迅《故乡》和《社戏》等。作家的创作方法往往受到某种文艺思潮的影响，而该文艺思潮往往带有模糊性的特征。例如，表现主义是 20 世纪初至 30 年代盛行于欧美一些国家的文学艺术流派，表现主义认为自我是宇宙的中心，自我创造了现实，而不是现实创造了自我。该派小说中的人物和故事都是现实生活的异乎寻常的变形或扭曲，用于揭示工业社会的异化现象和人失去自我的严重的精神危机。其特征是不重视细节描写，而是崇尚自我，揭示灵魂，主要表现主观精神和内心激情，情节离奇而不连贯，发展线索不明晰。例如，奥地利作家卡夫卡的《变形记》，英国沃尔夫的《墙上的斑点》。

弗洛伊德把人的意识分成下意识（前意识）、意识和无意识（潜意识）三大系统，认为无意识系统是人的本能和欲望的贮存库，本能和欲望是人的精神和行动的基本动力，文艺就是要表现潜意识的流动状态。意识流小说派的特征是：强调描写人物的内心世界（不注重人物与环境的

关系，一般不描写环境），着重描写意识的自由流动，往往是以人物潜意识的流动而展开，采取自由联想、时序颠倒、时空交叉、省略剪辑等表现手法而把发生在不同时空的事情穿插、组合在一起，把过去、现在、未来相互交织在一起，将整个情节次序完全打乱（不同于倒叙只是把结局调到开端之前），没有传统意义上的情节线索。具有极大的跳跃性。例如，英国作家詹姆斯·乔伊斯的《尤利西斯》，美国作家威廉·福克纳的《喧哗与骚动》。

四　文学语言的模糊性

文学除了用形象反映社会生活之外，它的另一个基本特征就是文学是一种语言艺术。作为语言艺术的形象，与造型艺术、表演艺术、综合艺术的形象相比，有着明显的不同。对于其他艺术，人们可以通过视觉、听觉直接感受到作品中塑造出来的立体的或平面的艺术形象，而用语言艺术所塑造的形象，则不可能直接作用于人们的感官，因为它没有实感的具体形象，我们所能看到的只是用于描绘形象的语言，而语言本身只是一种符号，读者只有掌握了某种语言，才能阅读用这种语言创作出来的文学作品，并经过想象才能感受到作品中的艺术形象。这也就表明文学作品所塑造的形象是间接形象。如果要使这种间接形象在读者的脑海里再现为生动鲜明的形象，就要求塑造这种间接形象的语言也具有形象性。

语言的形象性主要表现在语言的可感性、语言的感染性和语言的凝练性三个方面，文学作品语言的形象性使得文学作品的语言具有一定的模糊性。

（一）语言的可感性与文学语言的模糊性

作者运用语言把千姿百态的事物绘声绘色、栩栩如生地描绘出来，从而唤起读者对事物的感官映象，这就是语言的可感性。作者对事物的描绘，不是对事物进行照相式的临摹，而是要抓住具有本质意义的情状、特征来予以描绘。这就决定了文学作品中所描写的事物与客观事物之间存在着既像又不像的模糊特征。另外．作为形象化的语言，它常运用比喻、比拟、夸张、通感等修辞手法来描绘事物，常用象征、婉曲、含蓄等方式来表现某种意念、情感等。这一切皆无疑将使语言具有模糊性。例如：

　　（1）微风过处，送来缕缕清香，仿佛远处高楼上渺茫的歌声似
的。（朱自清：《荷塘月色》）

　　（2）傍晚时候，上灯了，一点点黄晕的光，烘托出一片安静而
和平的夜。（朱自清：《春》）

　　例（1）运用了通感的修辞方式。通感是故意把适用于甲类感觉器官
的词语巧妙地用于乙类感觉器官，从而打破各种感觉器官如视觉、听觉、
嗅觉、触觉等之间的界限的修辞方式。荷花的清香本只能被嗅觉器官感
知，作者却把它比作"远处高楼上渺茫的歌声"，于是荷花的清香便成为
了可以被听觉器官感知的对象。例（2）运用了移就的修辞方式。移就是
把描写甲事物性状的词语移来描写乙事物的性状，一般是把表示人的心理
感受的词语用在别的事物上面的修辞方式。夜本身无所谓"和平"，这是
把人的感受移到"夜"上了。

（二）　语言的感染性与文学语言的模糊性

　　作家在运用语言的时候，总是渗透了自己的思想感情，使语言带上了
浓厚的感情色彩，既表意，又传情，作者通过文学作品来拨动读者的心弦
从而使读者受到强烈的感染，使之产生情感上的共鸣。例如：

　　　枯藤老树昏鸦，小桥流水人家，古道西风瘦马，夕阳西下，断肠
　　人在天涯。（马致远：《天净沙·秋思》）

　　这首小令的前三句都是用三个名词或名词性短语组合而成，但词与词
（或短语与短语）之间不存在诸如"主谓""述宾""偏正"等任何结构
关系，并且每句中的三个名词之间也不存在逻辑的联系。这样的复杂超常
组合所表现出的内容，往往是基于联想的意识流，无疑具有极大的模糊
性，同时也给读者留下了广阔的联想空间。例如，"枯藤老树昏鸦"，用
三个以名词为中心的偏正短语描绘出了一幅萧瑟的秋景：几株老树秃立于
旷野之上，树身缠绕着枯藤，黄昏时分，栖息的乌鸦飞回老树。人们由这
枯藤老树而感到深秋的来临，不由得顿生迟暮之感；由这昏鸦的归巢而产
生天涯游子漂泊无依的感慨。"小桥流水人家"，也是用三个名词构成一
幅画面：潺潺流水之上有座小桥，桥边有户人家。这不能不引起旅人的思

乡之情：尽管这户人家住在荒郊野外，显得寂寞凄清，但毕竟能够安居下来，而自己却流落天涯，不知何时是归期！"古道西风瘦马"，还是用三个名词来勾勒画面：荒凉的古道上西风阵阵，一个旅人骑着一匹瘦马在行走着。这萧瑟的景色，这困窘的处境，这凄楚的心境，再加上"夕阳西下"，于是浪迹天涯的游子终于禁不住悲从中来而痛苦地喊道："断肠人在天涯！"作家的情感本身是极为丰富的，而语言却很难将作家丰富复杂的情感准确地、完整地表达出来，更何况有些情感只能意会而不能言传，正所谓"纵豆蔻词工，青楼梦好，难赋深情"。① 这些都将使得文学语言具有一定的模糊性。

（三） 语言的凝练性与文学语言的模糊性

作家在运用语言的时候，总希望用较为经济的笔墨来尽可能地表现丰富的内容，达到"言有尽而意无穷"，留给读者以广阔想象的空间，收到"尺幅千里"的表达效果。正如刘知几所说："言近而旨远，辞浅而义深。虽发语已殚，而含意未尽。使夫读者，望表而知里，扣毛而辨骨，睹一事于句中，反三隅于字外。"② 这种凝练的语言，同样将使语言具有模糊性。例如：

柔情似水，佳期如梦。（秦观：《鹊桥仙》）

"柔情似水"，似"水"的什么特性？只有对"水"的语义展开联想，并且往往是发散型的联想，才能很好地理解"柔情似水"的句义。例如，柔情似"水"一样温柔？长远？宽广？深厚？纯洁？无穷？还是兼而有之？抑或还有别的联想义？佳期如"梦"之短暂？温馨？甜蜜？虚幻？还是兼而有之？抑或还有别的联想义？读者完全可以根据自己的生活体验来对"水"和"梦"的形象特征进行多角度、多方位的发散性联想，从而使得"柔情似水"和"佳期如梦"的内涵更加丰富。如此丰富而复杂的内涵，全都浓缩在这两句之中，由此可见语言的凝练性将使得文学语言具有一定的模糊性。

---

① 姜夔：《扬州慢》。
② 刘知几：《史通·叙事篇》。

五　文学鉴赏的模糊性

任何文学作品的价值最终都得通过读者的鉴赏来实现，读者不仅仅是文学作品的接受者，同时也是文学创作的积极参与者。作家通过文学作品来塑造人物形象，反映社会生活，表达思想感情，给读者以某种启迪；读者则通过鉴赏该文学作品来理解作家所塑造的人物形象，理解作家的创作意图及其所表达的思想感情，从而获得某种启迪。这正如刘勰所说："夫缀文者情动而辞发，观文者披文以入情。"① 然而由于文学作品本身所具有的模糊性，以及不同的读者之间生活经历和思想性格等方面的差异性，所存在着的鉴赏力与审美力的差异性，所持有的文学批评的标准的差异性，因此读者所鉴赏出的人物形象、主题思想以及作家所表达的思想感情，未必与作家的本意相符。此可谓作家未必然，读者未必不然。这样就势必导致文学鉴赏的模糊性。下面简略地从三个方面来具体阐释文学鉴赏的模糊性。

（一）文学鉴赏与主题的模糊性

对于某些作品，读者是可以通过对形象的理解来准确地把握作家的创作主旨的；然而对于另外一些作品，读者对作品主题的理解往往与作家的创作主旨之间存在着一定的差异，不同的读者对同一作品的主题也会有见仁见智的情形，甚至形成尖锐的对立。这主要是由于三个原因所致：一是作品主题自身的模糊性，如果连作家自己也说不清作品的主题是什么，读者又怎么能够准确地揭示出该作品的主题呢？二是作品主题的表现形式所造成的主题的模糊性。作家是通过塑造形象来表达自己在艺术构思中所提练出来的主题的，而形象往往大于思想，这就使得读者很难准确把握该作品的主题。三是文学鉴赏既是一个理解的过程，也是一个再创造的过程。既是一种审美心理活动，也是一种审美心理的共鸣现象。由于不同的读者具有不同的思想感情，具有不同审美认识，具有不同的知识结构等，这就往往使得不同的读者对某部文学作品主题的理解呈现出多样性的特点。例如，鲁迅的小说《药》的主题是什么？"有的认为通过夏瑜同群众愚昧、落后的对照，赞扬了革命者大义凛然的革

---

① 刘勰：《文心雕龙·知音》。

命精神；有的认为反映了封建思想对人民群众的毒害；有的认为揭露了封建统治者用'钢刀'和'软刀'杀人的罪恶；有的认为表现了旧民主主义革命脱离人民群众；更多的则是把上述两个、三个或四个方面的内容综合起来，作为小说的主题。"① 鲁迅的其他小说，如《狂人日记》《孔乙己》《阿 Q 正传》《祝福》等等，它们的主题究竟是什么？长期以来也是众说纷纭。既然读者对某一文学作品主题的理解是如此的不同，那么面对这种种分歧，作家本人能否站出来明确地表达出权威性的观点呢？事情恐怕并非如此简单。高晓声的《陈奂生上城》发表之后，关于它的主题，就引起过争论：有的认为是反对官僚主义；有的认为是反映了城乡差别；有的认为是反映了改革开放后农村出现的新转机；有的认为是写出了农民身上残留的阿 Q 精神。对于这些争论，高晓声说："到现在为止，我已经听到关于《陈奂生上城》的主题思想有多种互不相同的说法。如果我再说，也无非是多一种说法而已，还是各取所需为上策。"② 这充分表明文学鉴赏与主题之间存在着模糊性。

（二）文学鉴赏与人物形象的模糊性

大凡文学作品中所塑造出的血肉丰满的人物形象，其性格往往皆具有一定的模糊性；读者在鉴赏这些人物形象时，除了受到作品的影响之外，还会受到自身生活经历和思想性格、鉴赏力与审美力、所持文学批评的标准等因素的影响，因此不同读者对同一部文学作品中所塑造的某个人物形象的感受与好恶是不一样，甚至是大相径庭的。例如，薛宝钗是曹雪芹所塑造的不朽的艺术典型，是一位有着复杂性格并极具争议的人物。读者或对她给予高度赞扬，称赞她为标准的封建淑女，或对她进行彻底否定，斥责她为典型的女市侩，"貌似温柔，内实虚伪；看来敦厚，实很奸诈；随时而不安分。或者说：封建淑女其表，市侩主义其里"。③ 如果运用模糊理论来研究薛宝钗的性格，我们就会发现，薛宝钗的性格并非单一而"鲜明"的，她实际上是集愚拙与博学、华贵与朴素、敦厚与尖刻、热情

---

① 冯光廉、朱德发：《试谈〈药〉的主题和主要人物》，见《鲁迅作品教学初探》，天津人民出版社 1979 年版。

② 高晓声：《且说陈奂生》，《人民文学》1980 年第 6 期。

③ 张锦池：《论薛宝钗的性格及其时代烙印》，见张宝坤选编《名家解读〈红楼梦〉》，山东人民出版社 1998 年版，第 397 页。

与冷漠等矛盾体于一身。如果套用脂砚斋评论贾宝玉的方式来评论薛宝钗，那就是：说不得愚拙，说不得博学；说不得华贵，说不得朴素；说不得敦厚，说不得尖刻；说不得热情，说不得冷漠。不同读者对薛宝钗性格的鉴赏，往往只是针对其某一个或者几个方面的性格特征而作出自己的评价，因此不同读者眼里的薛宝钗的形象是很不一样的。这充分表明文学鉴赏与人物形象之间存在着模糊性。

（三）文学鉴赏与作家思想感情的模糊性

任何一部文学作品中都渗透着作家的思想感情，只不过这种思想感情表现得或浓或淡，或现或隐而已。作为读者，对于某些作品，或许他可以准确地把握作家在作品中所流露出的思想感情。这正如古人所说："意在言外，使人思而得之。"[1] "含不尽之意见于言外，作者得于心，览者会其意。"[2] 或许难以捉摸到作家的思想感情，甚至连作者自己也难以表达自己的感情。这也正如古人所说：填词妙处"要在人领解妙悟，未可言传"。[3] 制曲之理"非可言传，止堪会意。""非不欲传，不能传也。"[4] 例如：柳宗元的《江雪》诗："千山鸟飞绝，万径人踪灭。孤舟蓑笠翁，独钓寒江雪。"柳宗元描绘了一幅"寒江雪景图"：在千山不见鸟影，万径不见人踪的大雪之中，有位老翁身披蓑衣，头戴箬笠在舟中垂钓。至于这位老翁为什么要在寒江中孤舟独钓？他此时此刻的心情如何？这一形象之中寄寓着作者怎样的情怀？诗中并未点明，尽管读者可以根据诗中所描绘的形象，可以联系作品的写作背景（这是柳宗元被贬为永州司马时的作品）而产生联想，但是谁都很难准确地把握住这一形象之中所蕴含着的作者内心复杂的情感。人们似乎可以从中感受到许许多多的东西，又似乎样样难以说清楚：老翁是孤独、寂寞、苦闷？还是安闲、高洁、甜美？是彷徨、避世、绝望？还是孤傲、不屈、不平？诗人是将要不畏严寒与现实抗争？还是将要远避尘世而独善其身？这一切无疑使得整个作品具有极大的模糊性。

综上所述，正是因为文学在文学性质、文学创作活动、文学作品内容

---

① 司马光：《迂叟诗话》。
② 薛雪：《一瓢诗话》。
③ 徐渭：《南词叙录》。
④ 李渔：《闲情偶记》。

与形式、文学语言和文学鉴赏等方面都具有一定的模糊性，因此研究文学
的模糊性也就应该成为文艺学的一个重要内容；如果把这些内容独立出来
进行专门的研究，这样就有了"模糊文艺学"。

（原载《湖北师范学院学报》2014 年第 1 期）

七　治学与学者研究

从事学术研究的五种境界

国学大师王国维先生在《人间词话》中说过："古今之成大事业、大学问者，必经过三种之境界：'昨夜西风凋碧树。独上高楼，望尽天涯路。'此第一境也。'衣带渐宽终不悔，为伊消得人憔悴。'此第二境也。'众里寻他千百度，蓦然回首，那人却在，灯火阑珊处。'此第三境也。"现在时代已经发生了翻天覆地的变化，我们根据当今时代之特点、学术界之学风以及前贤时彦之治学精神，斗胆仿照王国维先生的三种境界说而创立从事学术研究的五种境界说：古今之做学问而成大器者，必经过五种之境界："欲穷千里目，更上一层楼。"① 此第一境也。"请君莫奏前朝曲，听唱新翻杨柳枝。"② 此第二境也。"咬定青山不放松，任尔东西南北风。"③ 此第三境也。"结庐在人境，而无车马喧。"④ 此第四境也。"居高声自远，非是藉秋风。"⑤ 此第五境也。

"欲穷千里目，更上一层楼。"就是要志存高远。愚以为在高校从事科研的人可以分为两大类：一类是为着评职称，另一类才真正是为了学术。为评职称而从事科研的人，虽然也能取得一定的科研成果，但是他的科研动力先天不足，所追求的职称目标一旦达到，从此就可能"金盆洗手"，与科研再见了。而为学术而从事科研的人，科研自觉地融入他的生命，成为他的一种生活方式，成为一种惯性，从而具有生生不息的精神动力。这也就是这类人保持科研之树常青而源源不断地结出科研成果的原

---

① 王之涣：《登鹳雀楼》。
② 刘禹锡：《杨柳枝词九首》之一。
③ 郑板桥：《竹石》："咬定青山不放松，立根原在破岩中。千磨万击还坚劲，任尔东西南北风。"这里截取第一句和第四句。
④ 陶渊明：《饮酒二十首·其五》。
⑤ 虞世南：《蝉》。

因。正如朱熹所说："问渠那得清如许？为有源头活水来。"①

"请君莫奏前朝曲，听唱新翻杨柳枝。"就是要开拓创新。顾炎武在其《日知录·卷十九·文人摹仿之病》中早就指出："《曲礼》之训'毋剿说，毋雷同'，此古人立言之本。"做学问最忌讳人云亦云，这种雷同只能制造出学术垃圾。开拓创新是一切理论研究、科学研究的本质和生命力之所在，也是创建学术品牌的唯一途径。那么，该如何衡量学术研究成果是否"创新"呢？以哲学社会科学研究领域为例，那些具有原创性的学术成果，无疑是创新；而在成果迭出的某个学科领域，如果研究成果具有"新思想、新发现、新进展"，那也是创新。

"咬定青山不放松，任尔东西南北风。"就是要坚定执着。坚定执着是科研工作者所必须具备的一种毅力，一种定力。它需要我们全身心地投入，而不能驰心旁骛；需要我们坚持不懈地去追求，而不能半途而废；需要我们不受外界的干扰与诱惑，"咬定青山不放松"；需要我们去奋力拼搏，"衣带渐宽终不悔，为伊消得人憔悴"②。

"结庐在人境，而无车马喧。"就是要甘于寂寞。外面的世界无论多么精彩，为了探索科学奥秘，研究者必须沉下心来而甘于寂寞；面对功名利禄与世态炎凉，研究者要始终保持良好的心态而耐得住寂寞。没有十年磨剑的寂寞，怎能铸就干将的锋芒？没有经历寂寞的人生，怎会有金秋硕果的芬芳？

"居高声自远，非是藉秋风。"在经历了前面四种境界之后，研究者必将获得丰硕的科研成果，他的名字就可能不胫而走，就可能赢得良好的社会声誉。这一切皆是凭借自己的科研实力说话，而不是凭借外力的结果。

总之，"欲穷千里目，更上一层楼"是从事科学研究的精神动力；"请君莫奏前朝曲，听唱新翻杨柳枝"是科学研究的本质和生命力之所在，也是创建学术品牌的唯一途径；"咬定青山不放松，任尔东西南北风"是科研工作者所必须具备的一种毅力，一种定力；"结庐在人境，而无车马喧"是科研工作者所必须具备的一种良好心态，一种甘于寂寞不求宦达的精神；"居高声自远，非是藉秋风"是对科研工作者所获成果的

---

① 朱熹：《观书有感》。
② 柳永：《蝶恋花》。

最高褒奖。具此五种境界做学问而不成功者，未之有也；舍此五种境界做学问而能成大器者，亦未之有也。

（原载《光明日报》2009 年 1 月 9 日）

从事语言研究应注重八性

我从事语言学习与研究仅仅 30 余年，与老一辈学者相比，还只能算是语言学界的一名新兵，谈不上什么治学经验，只不过略知个中甘苦有所体会而已。今略陈固陋，以就正于方家。愚以为，从事语言研究应注重八性，即语料的丰富性，语言的敏感性，理论的指导性，方法的科学性，学科的交叉性，学术的创新性，成果的实用性，毅力的持久性。

一 语料的丰富性

从事语言研究，首要的一条就是要积累丰富的语料。朱熹诗云："问渠哪得清如许，为有源头活水来。"积累丰富的语料，就是从事语言研究的源头活水！一切语言理论皆来源于语言事实，一切语言理论探讨，皆应该立足于语料，从语料出发，凭语料说话。因此积累丰富的语料，也是一名学者所应具有的严谨治学的精神和实事求是的学风。正是基于这样的认识，我在从事每项课题研究时，都特别注重语料的积累。例如：

我撰写《现代汉语同义修辞研究》一书之前，首先查阅了现当代近百位作家作品的未定稿本和定稿本，包括作家手稿、作品的初版本和修订本、作品的印本和编辑的修改本（主要是指作品收入中学语文教材时编辑所作的修改）、专家评改文章的著作等，找出改动了的地方并且做好卡片；另外还把不同的报纸拿来对照，努力寻找那些由不同记者对同一事件所发的报道，找出他们在遣词造句方面的不同之处，以及乙报在摘引甲报的文章时所作的改动。这样经过了一年多的辛勤劳动，一共作了近万张卡片，达 50 多万字，从而占有了丰富的第一手语言材料。

我撰写《实用模糊语言学》《模糊修辞学导论》和《模糊语义学导论》，也是如此。首先花了数年的时间从各类书籍杂志中搜集大量的语言材料，同样作了数十万字的卡片，这样就为下一步的深入研究打下了坚实的基础。

我从事训诂学研究，也十分重视积累语言材料。怎么积累？主要是靠两种最笨的方法：一是读原著、背原著。这样可以积累许多古代汉语材料，培养语感。二是熟读训诂资料，即在阅读古书时，注意阅读前贤时彦所作的注释；同时也注意阅读前贤时彦的训诂札记。为了强迫自己背原著，几十年来，我上《古代汉语》课时几乎从不看教材，也不看讲义。无论教哪篇文章，我都背得滚瓜烂熟。这几乎成为我上课的一大特色。曾经有不少学生问我在背诵方面有什么绝招？我的回答是：没有绝招，只有最笨的办法，那就是"死去活来"。我所说的"死去活来"，不是像词典里所解释的那样"昏厥过去又苏醒过来"，而是说读书要下苦工夫去背诵，累得不亦乐乎，背得"死去活来"，最后可以丢掉死的书本，让它活在自己的脑子里，背诵如流、信手拈来、运用自如，从而使得"死的去，活的来"。这就是"死去活来"新解，也是我读书的座右铭。我每教一届学生，都要求他们背诵课文。每次上课时，前十分钟我都是让学生到讲台上来背诵上次教的课文，学生都争先恐后地上台背诵，像《庄子·逍遥游》、《韩非子·五蠹》和《楚辞·离骚》这样的文章，学生都背得非常流利。在我所教的每届学生中几乎都掀起了背诵课文的热潮。

我所写的几部学术专著，其学术水平也许并不怎么样，但是我可以自豪地说，其中的语言材料绝大多数是自己平时一滴一滴地积累起来的，绝大多数是其他学者的论著中所未尝使用过的。读者仅仅从这些丰富的语料中就可以获益；学术水平高的学者完全可以根据这些语料进行再加工或深加工，而写出更好的相应的论著。

二　语言的敏感性

在积累了丰富的语料之后，就要对这些语料进行分析研究，看看这些语料对我们所要从事的研究课题是否有用？有何用？为何有用？这就需要我们对所搜集到的语言材料具有一定的敏感性。下面以自己写作《现代汉语同义修辞研究》为例。

我把自己搜集到的近万张卡片分三步处理：一是进行筛选：把符合自己研究课题的卡片留下来，反之则剔除，或备作他用。这一步是要解决语料是否有用的问题。二是分门别类：把留下来的卡片按照内容分成讲准确、求贴切、辨色彩、求同异、善活用、精确与模糊、信息的选择、同义

语音形式的选择、同义结构形式的选择、同义句式的选择、繁简的选择等
11 类，每类之下又分成若干小类，这样也就基本提炼出了写作提纲，或
者说书稿的章节目录。这一步是要解决语料有何用的问题，即要让它们在
自己的研究课题里皆有"安身"之处。三是修辞效果分析与修辞规律探
寻：对每则语料进行修辞效果分析，作者为何要用这个词语或这种句式，
为何不用那个词语或那种句式？作者为何要增加一个词语或一句话，或者
为何要删除一个词语或一句话？这种改动能够收到怎样的修辞效果？这些
零散的语料之间是否具有共性，并且是否有规律可循？等等。试举例说
明之：

（1）终于这（事情）流言消灭了。于是却又竭力运动，要收那
一封匿名信去。（《藤野先生》，见《鲁迅手稿选集》，文物出版社
1962 年版）

（2）仲子：三年前我来找你的时候，便是希望你帮助我，来铲
除这个国贼！（郭沫若：《棠棣之花》）

（3-1）铁匠黄老吉底勇猛强悍的血液，在她的周身泛滥起来
了。（峻青：《党员登记表》，见《黎明的河边》，人民文学出版社
1978 年版）

（3-2）铁匠黄老吉的勇猛强悍的血液，在她的周身沸腾起来
了。（峻青：《党员登记表》，见高级中学课本《语文》第 5 册）

上面三组语言材料，分别来自不同作家的作品，原本是零散而不相干
的；但我们发现这几则语料之间具有共性：都是为了准确地运用具有感情
色彩的词语，因此我们把这几则语料归纳为一类：词语感情色彩的选择。
接下来就要思考：原文和改文在表达效果方面有何差异？通过这几则语
料，我们能够发现什么样的修辞规律？经过分析我们发现：例（1），作
者把中性词"事情"换成贬义词"流言"，这就表达出了作者对造谣生事
者的愤慨之情。这是中性词与贬义词的选择。例（2），"这个"，原文作
"这位"。"位"含有尊敬的意味。既然说的是国贼，又怎能用"位"来
称之？因此改文换成中性词"个"。这是中性词与褒义词的选择。例
（3），原文中的"泛滥"是贬义词，把它用在所歌颂的对象黄淑英身上，
这是不恰当的，因此改文换成含有褒义色彩的"沸腾"。这是褒义词与贬

义词的选择。很显然，改文的表达效果优于原文，由此我们可以总结出作家锤炼语言的一条基本规律和方法：词语选择要注意"辨析感情色彩"，即要准确辨析中性词与贬义词、中性词与褒义词、褒义词与贬义词之间的区别。

语言的敏感性，往往还体现在由一则孤立的语料能够由此及彼而生发开去，从而发现某种规律。例如：

（4-1）熟练的纺手，趁着一豆灯光或者朦胧的月光，也能摇车，抽线，上线，一切做得优游自如。（吴伯箫：《记一辆纺车》，《人民文学》1964年第4期）

（4-2）熟练的纺手趁着一线灯光或者朦胧的月色也能摇车，抽线，上线，一切做得从容自如。（《记一辆纺车》，见初级中学课本《语文》第4册）

原文用"月光"，改文用"月色"。其实"月光"就是"月色"，都是指"月亮的光线"，它们之间既没有意义的微殊，又没有语体的区别，也没有语法功能的差异。那么改文为什么要用"月色"来替换"月光"呢？这令人百思不得其解。这时我们由此而想到了鲁迅先生在《社戏》里也分别使用了"月光"和"月色"："月色便朦胧在这水气里"，"月光又显得格外的皎洁"。于是我们产生了顿悟：这要从语音上去寻找答案。"光"的韵母属洪亮级韵，声音响亮，它适宜跟明亮的色彩相配；"色"的韵母属柔和级韵，声音柔和，它适宜跟昏暗的色彩相配。人们习惯说"月光皎洁""月色昏暗""明亮的月光""朦胧的月色"等，大概就是从词语的声音即韵母的响亮度方面来考虑的。鲁迅在这里也是将"月色"与"朦胧"搭配，"月光"与"皎洁"搭配，这也许是鲁迅先生从语音方面精心选择词语的结果，是为了声音的和谐。在此基础之上我们又可以总结出作家锤炼语言的一条基本规律和方法："月光"与"月色"在这里构成了语音上的同义手段——它们的语音形式不同，意义相同，是选择何种语音形式，取决于跟它配合使用的词语。

三 理论的指导性

有了丰富的语料，并不意味着就一定能够做出好的语言研究成果来。

它除了要求语言工作者要具有语言的敏感性之外，还要用科学的理论来指导。丰富的语料，好比散乱一地的一颗颗珍珠。只有用丝线把这些散乱的珍珠串起来，才可以成为供人佩戴的项链；只有用科学的理论对这些丰富而杂乱的语言材料进行科学的分析，才能发现其价值，才能把它们组织起来，才可能产生出研究成果。因此，从事语言研究，必须掌握普通语言学的基本理论，诸如语言的性质（语言的符号性、系统性、社会性、工具性，以及语言的民族性、生成性、模糊性）、语言的范围（语言与言语、口语与书面语、语言与副语言、自然语言与人工语言）、语言的类型、语言学的分科等等，还要掌握语言学各分支学科的基本理论。下面以自己从事模糊语言研究和修辞学研究为例。

在从事模糊语言研究时，我根据普通语言学中的"语言与言语"理论来区分"模糊语言"与"模糊言语"，认为二者的区别主要体现在以下三个方面。

第一，语言是由词汇和语法构成的系统，模糊语言（这里指狭义的模糊语言，即模糊词语）自然属于词汇系统的一部分，是词汇学和语义学研究的对象，人们对它着眼于静态的语言分析；模糊言语是在语言的使用过程中运用了某些表意不明确的词语或句子而产生的现象，它是语用学和修辞学研究的对象，人们对它着眼于动态的说写分析。当然，当我们运用模糊语言来表达思想，提高表达效果的时候，模糊语言也就存在于模糊言语之中了，它自然也就成了语用学和修辞学研究的对象，因此又有了"模糊修辞学"。第二，模糊语言只限于概念外延的边界不明确，在 A 与非 A 之间存在着一个不明确的交界区域；模糊言语则包括在表意上存在着不清晰的、能给人以模糊感的所有的言语现象。例如，双关的深层语义，一词多义所造成的歧义，婉曲中没有直接说出来的本意，跳脱中省略了的意思等。第三，模糊语言的表义是单一的，例如"高"就是"高"，只是在多少米才算高这一点上是模糊的，但其中心是明确的。模糊言语的表义是非单一的，它可以有多种解释，并且这多种解释之间或相互排斥，只有一个是符合说写者本意的；或为相容关系，几个意义或全部意义可以同时并存。由此而界定了模糊语义学研究的对象：模糊语义学所要研究的对象只限于那些具有模糊性的词义，即词义的模糊性。至于"模糊言语"，则属于模糊修辞学研究的对象。

在从事修辞学研究时，我在经过了一年多的辛勤劳动，做了近万张修辞卡片之后，第二步工作就是要考虑用什么修辞理论来统率这些丰富而杂乱的语言材料问题。当时国内已出版了几部谈文章修改或者说是语言锤炼方面的修辞学著作，运用的方法主要是比较法和归纳法。我不想重复别人的做法，而是考虑要把同义手段学说贯穿于全书的各个章节，写出一部现代汉语同义修辞著作。于是我按照语言的三要素将同义手段分为词汇上的同义手段、语音上的同义手段和语法上的同义手段，并以此为标准来对这些语料进行取舍、分类和分析，最终完成了《现代汉语同义修辞研究》一书。

四　方法的科学性

从事任何一门科学研究都要注重方法的科学性。不同的学科之间可以具有某种相同或相通的研究方法，也具有各自特殊的研究方法。找到恰当的研究方法，是科研成功的必备条件，也是有效途径。例如，无论是从事训诂学、修辞学和模糊语言学研究，我都注重运用"学科渗透法"和"宏观研究与微观分析相结合"的方法，这是由于不同的学科之间可以具有某种相同或相通的研究方法。然而，既然是不同的学科，当然也就应该有适合该学科的特殊的研究方法。例如，拙作《模糊修辞学导论》除了运用"宏观研究与微观分析相结合"的方法，不仅根据大量的模糊语言材料从微观上分析了模糊语言的修辞效果，并且从宏观上探讨了模糊修辞的基本原则、心理机制、修辞功能和模糊辞格的修辞效果之外，该书还运用了"动态追溯法"来研究模糊修辞，试图以动态追溯的方法引导读者去体会和探寻作者的修辞操作及其奥秘，明白其所以然，从动态的角度来研究如何运用模糊语言来提高语言表达的效果。

一种方法之所以被称为"科学方法"，那是由于它能够如实地反映事物的本来面目，能够按照事物自身的发展演变规律去分析和解决问题。然而任何方法都不可能是万能的，都有其局限性，不存在放之四海而皆准的方法，因此我们所运用的上述研究方法也必然会存在着一定的局限性；同时任何研究方法也都有一个认识的不断深化问题，如果过了若干年之后我们再来研究模糊修辞或模糊语言，也许对这些研究方法会有所改进，也许还会发现一些新的更为科学的方法；方法又具有多样性和灵活性，大到一门学科的研究方法，小到解决某个具体问题的方法，都不是唯一的，不同的方法也可以解决同样的一个问题。关键是看在处理问题时，运用哪种方法更为恰当和更为有效。总之，研究方法是以解决问题为宗旨的。

五　学科的交叉性

我所理解的学科的交叉性，主要体现在"多学科的兼攻性"和"学科之间的渗透性"两个方面。

（一）多学科的兼攻性，是指某人在多个学科领域皆具有一定的学术研究能力和成果。古今中外不少成大事业者，既能成为某一领域的专家，又能自觉地打通学科之间的界限而成为多才多艺之人。例如，赵元任先生不仅是享誉世界的语言学家，还是数学家、物理学家、哲学家、音乐家。令人称奇的是，1925 年赵元任先生在清华大学教授数学、物理学、中国音韵学、普通语言学、中国现代方言、中国乐谱乐调和西洋音乐欣赏等课程，此乃集文理、中西、古今等学问于一身。他与梁启超、王国维、陈寅恪一起被称为清华"四大导师"。孔子曰："君子不器。"朱熹《论语集注》曰："器者各适其用而不能相通。成德之士体无不具，故用无不周，非特为一才一艺而已。"孔子强调君子要"不器"，即不要像器皿那样只有某种专门的用途，而对于其他专业或学问则一无所知。受此启发，我学习和研究的兴趣比较广泛：我所从事的专业是古代汉语教学与研究，或者说这是自己赖以谋生的职业。在此研究领域，我出版了《古汉语知识二百题》《古今词义异同辨析手册》《训诂方法与实践》《现代训诂学导论》《说文学专题研究》等学术专著，还与人合编了《古代汉语教程》，参编了《古代汉语》（任副主编）。但是我的研究兴趣并不以古代汉语为限，曾把研究方向转移到了修辞学与模糊语言学领域。在修辞学领域出版了《现代汉语同义修辞研究》，与人合作出版了《现代汉语实践修辞学》；在模糊语言学领域出版了《实用模糊语言学》《模糊修辞学导论》和《模糊语义学导论》；在形式逻辑领域，我参编了《形式逻辑》，我所从事的"形式逻辑教学改革实验"成果曾获得湖南省优秀教学改革成果二等奖。我经常参加国内训诂学、文字学和修辞学等学术会议，还成功发起并主办了"首届中国模糊语言学术研讨会"和"第二届中国模糊语言学术研讨会"。

（二）学科之间的渗透性，是指某人在某个学科领域善于运用其他相关学科的知识和方法来从事科学研究。例如，模糊语言学本身就属于一门综合性的边缘学科，只有融合各相关学科的理论和知识，才能对模糊语言展开全面而深入的研究。因此，我在撰写《实用模糊语言学》《模糊修辞学导论》和《模糊语义学导论》三部模糊语言著作时，十分重视不同学科之间的相互渗透，把模糊学、语音学、语义学、词汇学、语法学、修辞学、语用学、语体学、辞典学、文化学、社会学、认知学、心理学、文艺学、哲学、美学、逻辑学、思维科学、信息学、计算机科学等学科的基本原理引入模糊语言研究中来，对模糊语言现象展开多学科、多角度、多方位的交叉性和综合性研究，从而彰显了"模糊语言学"的"综合性的边缘学科"的性质，进一步拓宽了模糊语言学的应用价值。

可以设想：如果我研究模糊语言，只研究模糊理论，而不花费大量的时间和精力去学习和掌握相关学科领域的基本理论，那么我根本不可能撰写出这三本模糊语言著作。同理，为了撰写《训诂方法与实践》和《现代训诂学导论》这两部著作，我广泛阅读了文字学、音韵学、校勘学、文献学、语义学、词汇学、语法学、修辞学、辞典学、考古学、文化学、社会学、历史学、阐释学、逻辑学、中国古代哲学史等方面的书籍，试图充分利用这些学科的理论、方法和成果来科学而系统地研究各种训诂方法的定义、原理、功能和原则，以准确地探求和诠释古代文献中的词义。学术研究实践使我深深地体会到：在某个学科领域从事学术研究，既要成为该学科研究的专才，也要掌握多门学科的知识和理论，使自己成为跨学科研究的通才，因为具有跨学科的知识结构的人跟只有单一学科知识的人相比，前者往往更容易产生创新的火花和独到的见解；在多个学科领域从事学术研究，不仅可以拓宽自己的知识面，开阔眼界，活跃思维，也可以为自己在某个学科领域从事某项课题研究时，能够展开多学科、多角度、多方位的交叉性和综合性研究。更为重要的是，无论是想成为专才或通才，或既专且博，这都得广泛地阅读，而阅读可以使人增加知识、开阔眼界、扩大兴趣、增添情趣、陶冶性情、提升品位，此亦人生之一大乐事也。

六　学术的创新性

开拓创新是学术研究的本质和生命力之所在，也是创建学术品牌的唯一途径。我始终把开拓创新作为自己从事学术研究所追求的目标，争取使自己的每项科研成果都具有一些创新点。1997 年我出版了《训诂方法与实践》，这是国内第二本研究训诂方法的专著，至今还没有第三本类似的著作出现，该书获得了湖南省优秀社会科学成果优秀奖。2003 年我出版了《现代汉语同义修辞研究》，这是国内第一本以"同义修辞"命名的现代汉语同义修辞专著，至今还没有第二本类似的著作出现，该书在出版之前就获得了湖南省优秀学术著作出版资助奖励，出版后获得了岳阳市优秀社会科学成果二等奖。1996 年我出版了《实用模糊语言学》，这是国内第一部公开出版的、成体系的模糊语言学专著，该书获得了郴州市优秀社会科学成果二等奖。十年之后，我又于 2006 年和 2007 年分别出版了《模糊修辞学导论》和《模糊语义学导论》，其中《模糊修辞学导论》获得了黄石市优秀社会科学成果二等奖；这两部著作分别建构了模糊修辞学和模糊语义学的学科体系，从而奠定了自己在模糊语言学界的学术地位。我所出版的几部学术专著，在创新性方面得到了一些专家学者的肯定。例如：

复旦大学韩庆玲博士评论《实用模糊语言学》说："国内至今还没有一部系统的能够反映当前模糊语言学研究成果的专著公开出版，黎千驹先生的《实用模糊语言学》的出版，总算填补了这一空白，该书具有拓荒性质，不失为一本比较严谨、全面、务实的专著。"① 光明日报出版社茹新平编辑评论《模糊修辞学导论》说："该书的创新主要体现在三个方面：第一，宏观研究与微观分析相结合的方法。第二，动态追溯的方法。第三，学科渗透的方法。可以说，《模糊修辞学导论》的出版，标志着模糊修辞学研究进入了一个较高的水平。同时，《模糊修辞学导论》的出版，印证着《光明学术文库》的结集将秉承《光明日报》'理论前沿型、学术探究型、知识密集型'的传统风格，为我国出版事业的繁荣和发展做出贡献。"② 暨南大学黎运汉教授评论《模糊语义学导论》说："从整体上看，我认为《模糊语义学导论》有如下几个显著特点：一、较为完备地建立了模糊语义学的理论体系，二、较为深入地研究了模糊语义现象及其应用价值，三、较为系统地探讨了模糊语义学的研究方法。上述三点是该书的可贵之处，是千驹对模糊语义学的重要贡献。它既有助于模糊语义学的深入研究和发展，也为模糊语言学、修辞学、语用学的发展和繁荣提供了有益的营养。可以说，千驹的《模糊语义学导论》代表了我国目前模糊语义学研究的最新成果，标志着我国模糊语义学研究迈上了一个新

---

① 韩庆玲：《严谨、全面、务实——读〈实用模糊语言学〉》，《修辞学习》1997 年第 6 期。
② 茹新平：《模糊修辞学的进展》，《光明日报》2007 年 2 月 3 日。

的台阶。"① 湖北师范学院张艳玲博士对我的模糊语言研究成果作了总体性的评价："黎氏勇于开拓、勇于创新。他的模糊语言研究所具有的创新性主要体现在三个方面：一是学科体系的创新。黎氏分别建构了模糊语言学、模糊语义学和模糊修辞学的学科体系，这些在国内模糊语言著作中都是具有开创性的，并且是独具一格的。二是理论的创新。在黎氏的模糊语言研究成果之中具有不少原创性的理论，例如：对模糊语言学、模糊语义学和模糊修辞学的学科性质及对象的界定，对模糊语义基本特征的研究、对模糊语句类型及其语用功能的深入探讨、对模糊语义的联想义的研究、对模糊语音特征的研究、对模糊语言的修辞功能研究等，往往是发前人之所未发。三是研究方法的创新。黎氏具有较为清醒的方法论意识，并力图在语义模糊性研究的基本方法上有所突破。例如：在《实用模糊语言学》中，黎氏运用宏观鸟瞰与微观分析相结合、理论阐述与应用研究相结合的方法来研究模糊语言。在《模糊语义学导论》中，黎氏运用了'整体贯通法'和'学科渗透法'来研究模糊语义。……在《模糊修辞学导论》中，该书同样运用整体贯通法和学科渗透法来研究模糊修辞，并且又提出了新的方法即'动态追溯法'来研究模糊修辞。"②

武汉大学杨合鸣教授评论《现代训诂学导论》说："综观全书，觉得它有几个鲜明的特色，即系统性、创新性和实用性。……该书在训诂学的基本原理、训诂的方法与原则、训诂学史、训诂学的应用价值等基本问题方面皆在前人研究的基础之上有所拓展、有所创新：或某些方面的研究更为深入，或在某些方面具有独到的认识，或在某些被以往的训诂学著作长期忽略的问题方面有新的发现、新的开拓，或吸收现代词汇学、语义学以及相关学科的成果来研究训诂学中某些问题，并取得了一定的进展。其书名为《现代训诂学导论》，的确洋溢着现代气息。"③

---

① 黎运汉：《体系完备 方法新颖 注重实用——评黎千驹〈模糊语义学导论〉》，《湖北师范学院学报》2007 年第 1 期。

② 张艳玲：《科学性、系统性、创新性、针对性——黎千驹的模糊语言研究》，《湖北师范学院学报》2007 年第 6 期。

③ 杨合鸣：《一部具有鲜明特色的训诂学著作——评黎千驹〈现代训诂学导论〉》，《湖北师范学院学报》2009 年第 1 期。

七　成果的实用性

语言研究理应注重语言自身的特点和人们运用语言的实际，应该为人们准确地认识语言和正确地解释各种语言现象服务，为解决语言运用中的各种问题，并更有效地运用语言服务。总之，语言研究的最终目的是指导人们更好地运用语言。如果我们对某种语言进行了近百年的研究之后，人们仍然不免疑惑地问道："这种语言研究到底有什么用?"那么，这不能不说是语言研究者的悲哀。正是基于这样的认识，我在从事语言研究时，总是以实践性和实用性为出发点，强调理论阐释与实用研究相结合。我的几部专著在实用性方面得到了一些专家学者的肯定。例如：

湘潭大学盛新华教授评论《实用模糊语言学》说："千驹先生的《实用模糊语言学》一书，既有扎实、系统的理论知识，又有丰富多彩的应用研究，知识性与实用性结合得和谐自然，于理论指导下的应用，于应用基础上的提高，这样，理论不是苍白的，而是丰满的，应用不是孤立的，而是理论链条上重要的一环。理论与实用水乳交融，堪称语言应用的典范。"① 湖南师范大学王大年教授评论《实用模糊语言学》说："该书一个重要的特点就是理论阐释与实用研究相结合。它不仅系统地阐述了模糊语言学的有关基本理论，构建了模糊语言学的学科体系，而且立足于对汉语的深刻研究，并注重联系人们运用语言的实际来多角度地阐发模糊语言学的实用价值。"②

湖北师范学院冯广艺教授评论《模糊修辞学导论》说："千驹的模糊修辞研究，以实践性和实用性为出发点，以大量而翔实的运用模糊语言的实例为基础来分析归纳模糊语言的修辞功效，从而使理论阐释与实用研究结合起来。例如：该书既从积极的方面阐释了模糊语言的修辞功能，研究了如何运用模糊词语、模糊语句、模糊同义结构、模糊同义句式以及模糊辞格来提高语言表达效果的方法，从而为人们指出了'应该这么运用模糊语言'的有效途径；又以大量的实例揭示了明晰语言和模糊语言在言语交际活动中的负效应，从而也为人们指出了'不应该那么使用明晰语言和模糊语言'的注意事项；该书还探讨了在文艺语体、科技、政论和

---

① 盛新华：《〈实用模糊语言学〉序》，《吉安师专学报》1996 年第 4 期。
② 王大年：《〈实用模糊语言学〉序》，《语言文化学刊》1996 年总第 15 辑。

公文等语体、新闻语体和广告语体中如何恰当地运用模糊语言来提高语言表达效果的方法。"①

暨南大学黎运汉教授评论《模糊语义学导论》说:"人们学习和研究模糊语义问题,一个十分重要的方面,不仅仅在于认识模糊语义现象及其规律性,因而能够解释模糊语义现象;更重要的是在于利用对模糊语义现象及其规律的认识去能动地指导语言运用。千驹意识到这个道理,因而研究模糊语义学并不满足于研究模糊语义现象本身及其规律,他还花了很大力气去探讨模糊语义在人们言语活动过程中的运用情况以及它对于提高语言表达效果所起的作用及其规律。例如第十七章'模糊语义学与辞典学',主要是研究模糊语义学在辞典学中的实际应用价值,即如何运用模糊语义学的理论和研究成果来解决辞典中某些模糊词语的释义问题,并且探讨归纳出了模糊词语释义的一些基本方法,诸如模糊种差法、定量法、形象描写法、比喻法、对比法、否定法、比较法、模糊义素法等。这些研究无疑是有益的,它开拓了模糊语义学的应用领域,增强了模糊语义学的实用价值。"②

武汉大学杨合鸣教授评论《现代训诂学导论》说:"该书非常注重实用性。这主要体现在三个方面:一是注重理论阐释与训诂实践成果相结合。无论是阐释训诂学的基本原理,还是阐释训诂的方法与原则,该书皆善于以前贤时彦的训诂实践成果为立论的依据,从训诂实践中归纳训诂理论,又用训诂理论来反思并指导训诂实践,理论与实践可谓水乳交融。二是对某些著名训诂学家的训诂成果作专题研究。既根据这些训诂学家的训诂成果来归纳其训诂成就与训诂特色和学术贡献,又能够让读者从中领悟训诂应该怎样做和不应该怎样做的道理,并由此而感悟治学的方法。三是设立'训诂学的应用'专章,从'训诂学与古籍整理'、'训诂学与语文辞书编纂'、'训诂学与古文阅读和教学'、'训诂学与语言运用'等方面来阐释训诂学的应用价值,尤其是'训诂学与语言运用',不仅发前人之所未发,而且还使得训诂学这门古老而艰深的科学与人民群众的日常交际紧密地结合,从而为训诂学的应用拓展了空间,为训诂学的普及作了有益

---

① 冯广艺:《理论新颖、体系独创、方法科学、实用性强——黎千驹〈模糊修辞学导论〉序》,《湖北师范学院学报》2006 年第 4 期。

② 黎运汉:《体系完备 方法新颖 注重实用——评黎千驹〈模糊语义学导论〉》,《湖北师范学院学报》2007 年第 1 期。

的探索。这些皆使得该书不仅具有'理论上创新'而且具有'实践上管用'的特色。"①

八　毅力的持久性

从事语言学研究，贵在具有持久的毅力，锲而不舍，百折不挠，"衣带渐宽终不悔，为伊消得人憔悴"。这就要求我们一要具有刻苦攻关的精神。韩愈"焚膏油以继晷，恒兀兀以穷年"之勤，宋濂"天大寒，砚冰坚，手指不可屈伸，弗之怠"之艰，愚自信皆"何有于我哉"！此皆与自知天资愚钝，而笃信勤能补拙密切相关。二要具有甘于寂寞的心境。所谓甘于寂寞，主要体现在两个方面：

一是面对多姿多彩的世界，研究者要沉下心来而甘于寂寞。老实说，30 年来，我既不知道麻将上的点是什么意思，也不知道围棋是怎么个围法；既不知道休闲是个什么滋味，也不知道炒股是怎么个炒法。只知道长年累月埋首书斋，把有限的业余时间几乎全部投入科研之中。此所谓外面的世界真精彩，书斋里面好寂寞！既然选择了做学问，就必须沉下心来而甘于寂寞。我曾写下一首诗《感受寂寞》来表达这种感悟：

> 远离都市的喧嚣，漠视富贵的耀眼风光。
> 蛰居寂寞的书斋，神往学问的神圣殿堂。
> 没有十年磨剑的寂寞，怎能铸就干将的锋芒？
> 没有经历寂寞的人生，怎会有金秋硕果的芬芳？

二是面对功名利禄的诱惑，研究者要始终保持良好的心态而耐得住寂寞。毋庸讳言，当今社会，人心浮躁。有的人恨不得一夜之间成为腰缠万贯的大款，有的人希望能抱住某个权贵的大腿而捞个一官半职。其实这也不值得什么大惊小怪的，因为思富、思贵乃人之本性。然而，如果你深知这样的暴发户与新贵们昨天的底细，看到他们今天的倨傲，想到自己眼下的寒酸，你就会知道什么叫财大气粗，什么叫小人得志，什么叫百无一用是书生。这时也许你就难以在书斋里忍受寂寞了。老实说，有时我还真有

---

① 杨合鸣：《一部具有鲜明特色的训诂学著作——评黎千驹〈现代训诂学导论〉》，《湖北师范学院学报》2009 年第 1 期。

点不平衡的感觉。我曾经写过一首诗《为了这可爱的孩子》来表达这种心情：

　　　　大款从我身边走过，
　　　　身穿豪华的衣着。
　　　　我不禁怦然心动——
　　　　如果我也下海，
　　　　未必没有你阔绰。

　　　　小官从我身边走过，
　　　　只用眼角瞟我。
　　　　我不禁怦然心动——
　　　　如果我也从政，肯定比你显赫！

　　　　学生在我身边坐着，
　　　　眼里流露出对知识的饥渴。
　　　　我的心忽然一阵颤抖——
　　　　为了这可爱的孩子，
　　　　我宁愿终生寂寞。

　　然而我总算还有点自知之明——知道自己没有发财的命，也不是当官的料，"富贵非吾愿，帝乡不可期"，唯有埋头学问而已。至于"自信"阔绰与显赫之类，那只不过是阿 Q 的精神胜利法。我从前辈学者的治学之道中得到了重要的启示：大凡有志于做学问的人，都必须耐得住寂寞。于是我把自己的书斋取名为"耐寂斋"，借以告诫自己不要为多姿多彩的世界和外界的功名利禄所动。

　　我在这里大谈甘于寂寞，也许有的年轻朋友会以为敝人是苦行僧。其实不然。书斋里其乐也融融。每当读到佳处，则击节赞叹；每有会意，则怡然自得。此时此刻，虽然是置身寂寞的书斋，但享受着的则是人生的快乐与快乐的人生。有感于此，我曾仿照刘禹锡的《陋室铭》而写了一篇《书斋铭》以抒怀：

　　室不在大，有书则灵；人不在富，博学则名。斯是书斋，养吾性情。千卷藏斗室，万物入汗青。仰吟诗词曲，俯览子史经。可以究天人，通废兴。无官场之斗角，无利禄之劳形。今吾耐寂斋，承古子云亭。君子云：尚复何求！

　　"仰吟诗词曲，俯览子史经"，"无官场之斗角，无利禄之劳形"，这是一种多么闲适而恬淡的生活情趣啊。然而，当一个人的心中充斥着种种欲望的时候，他是无缘享受这种情趣的。

（原载黎千驹主编《当代学者论治学》，

华中师范大学出版社 2011 年）

学界翘楚，长者风范
——我所认识的谭汝为先生

我是八年前认识谭汝为先生的，我们交往的时间既不算早，也不算长，但是谭先生在许多方面给我留下了深刻的印象，其中最为难忘的是谭先生的治学和为人。欣逢谭先生七十华诞之际，予欲以"学界翘楚"和"长者风范"来概括其治学和为人，并撰此小文，以为先生寿。

一 学界翘楚

愚以为，谭先生乃语言学界之翘楚，这主要体现在两个方面：一是多才多艺；二是治学有方。

（一）多才多艺

如果某位学者在某个学科领域取得了一定的学术研究成果，并且具有一定的影响力，那么这人无疑是位专家；如果某位学者在多个学科领域皆取得了一定的学术研究成果，那么这人无疑是位杂家；如果某位学者在多个学科领域所取得的学术研究成果皆具有一定的影响力，那么这人无疑是位多才多艺的大家。古今中外不少成大事业者，既能成为某一领域的专家，又能自觉地打通学科之间的界限而成为多才多艺之人。孔子曰："君子不器。"意思是不要像器皿那样只有某种专门的用途，而对于其他专业或学问则一无所知。朱熹《论语集注》曰："器者各适其用而不能相通。成德之士体无不具，故用无不周，非特为一才一艺而已。"谭汝为先生就是属于多才多艺的大家。他的学术研究领域所涉甚广，并且成果丰硕。例如：

在民俗语言研究领域，他出版了《话民俗 学汉语》（三联书店 2003年版）、《民俗文化语汇通论》（天津古籍出版社 2004 年版）等著作，发表相关论文十多篇，在学界引起较大反响，当选为中国民俗语言学会副会长。

在姓名与地名研究领域，他出版了《说古道今话姓名》（主要撰稿人，天津人民出版社 1996 年版）、《天津地名文化》（天津古籍出版社 2005 年版）、《天津地名故事》（与刘利祥合著，天津人民出版社 2012 年版）等著作，发表相关论文 20 多篇。被天津市地名办公室和天津市地名研究会聘为顾问。

在方言研究领域，他出版了《这是天津话》（天津教育出版社 2009 年版）、《天津方言词典》（天津人民出版社 2013 年版）等著作，发表相关文章 100 多篇，成为天津方言词汇与天津方言文化研究的领军人物。

在修辞研究领域，他出版了《古典诗歌的修辞和语言问题》（天津古籍出版社 1994 年版）、《词语修辞与文化》（天津古籍出版社 1998 年版）、《修辞言语探索——语言表达与得体性》（常务副主编，天津教育出版社 1998 年版）、《修辞与语言文明》（主编之一，天津古籍出版社 2002 年版）、《现代汉语理论教程》（撰写修辞语用部分，高等教育出版社 2002 年版）、《诗歌修辞句法与鉴赏》（澳门语言学会 2003 年版）等著作，发表相关论文十多篇。他是天津市语言学会修辞语用研究会主要创始人和现任会长。

在辞典编纂领域，他出版了《白话格言联璧》（与汪茂和合作，济南出版社 1992 年版）、《二十六史典故辞典》（主要撰稿人，天津人民出版社 1994 年版）、《"文化大革命"词语辞典》（副主编，主要撰稿人，韩国中文出版社 1997 年版）等著作。

即使只在上述某个学科领域取得如此研究成果，已属难能可贵，无愧于专家称号了；而谭汝为先生竟然在如此众多的学科领域皆能取得如此令人瞩目的研究成果，实乃语言学界之翘楚。

愚以为，如果是位科班出身的学者，例如受过大学、硕士研究生、博士研究生教育，在如此众多的学科领域皆能取得如此令人瞩目的研究成果者，也可谓凤毛麟角；然而令人惊讶的是，谭汝为先生竟然是位自学成才者，1985 年他被全国总工会表彰为自学成才优秀人物，同年荣获天津市首届自学成才奖。谭汝为先生以他的学术成就为"榜上无名，脚下有路"和"天才出自勤奋"等人生格言提供了有力的例证。

（二）治学有方

谭汝为先生何以能够取得如此丰硕的学术成果呢？除了他的勤奋之

外，愚以为还与他在治学方法和学术追求等方面的独出心裁密不可分。

谭汝为先生曾将自己的治学方法总结为"敏感、穷究、知疑、博采"。他说：

（1）敏感，善于发现进而解决疑难问题。敏感，是语言修辞研究者应具备的基本素质之一。面对纷纭复杂的语言修辞现象，应该随时感受并从中拈出有价值的语料，进而发现新的研究课题。我在读书备课过程中积累了大量鲜活的语料，而且时常从分类札记中发现前人未曾涉足的"荒地"，招引自己去开垦耕耘。

（2）穷究，勇于深入探索，力求开拓。对于难度较大的复杂课题，要敢于碰硬，穷究不已，决心搞个水落石出。这种研究既可以锻炼提高自己的科研能力，更重要的是促进了学术的发展。如在讲析王维六言绝句《田园乐》时，学生提问："六绝为什么数量绝少，六言句式为什么不能与五七言并驾齐驱？"其实，这个问题在自己脑子里已盘桓多年，但因工程浩大而一直没有动笔。于是下决心攻坚：我研读了百余种资料，做了上千张卡片，运用比较、归纳、综合等方法，撰成万言论文《六言绝句散论——兼论诗歌六言句式的起源和兴衰》，受到国内外学术界的重视。

（3）知疑，敢于否定不合理的定论。学术研究应具有独立思考的知疑精神，敢于在求实的基础上提出与传统或权威观点相悖的新见。譬如学术界认为"鼎足对"是散曲独有的对仗形式，众口一词，似成定论。但在研讨宋词作品时，笔者发现并札录了鼎足对的大量例证，如《行香子》《柳梢青》《醉蓬莱》《国门东》《眼儿媚》《水调歌头》《水龙吟》等词牌的句格就宜于容纳鼎足对诗句。我撰成《词曲鼎足对简论》，通过大量的语料与缜密的论证，否定了传统的定论，把"鼎足对"这种特殊的对仗形式在历史上出现的时间，向前推进了二三百年。

（4）博采，乐于广泛借鉴吸收各种学术营养。修辞学是一门多边性学科，这个领域的学者应不断吸取时贤的研究新成果并采择邻近诸多学科的某些研究方法，运用到自己的科研中，研究古典诗歌语言修辞更应如此。如果把自己关闭在狭小的天地里闭目塞听，势必走向死胡同。在诗语理论研究中，笔者尝试着把文艺学、美学、写作学和语言修辞学打通界限，并吸收心理学、社会语言学、语用学、语义学、逻辑学等多门学科的理论和方法，对诗艺奥秘进行探讨，其成果就是收入拙著《古典诗歌的修辞和语言问题》的最后一组文章，其中蕴含着探寻新路的努力和惨淡经营的心血。

谭汝为先生曾将自己的学术追求总结为"贴近社会，贴近群众，贴近现实生活"。他说：

这些年来，天津市语言学界勇于开拓，敢于创新，走出了一条生气勃发的创新之路。我们与天津市语言文字工作委员会办公室、天津市语言文字培训测试中心密切合作，把语言学研究从单一、狭隘而封闭的象牙塔中走了出来，引领到丰富多彩的语言现实之中。具体说，着力解决了三个带有方向性问题。即：（1）语言研究如何为本市语言文字工作服务；（2）语言学专家与语言文字工作者如何进行有效的双赢合作；（3）语言应用研究如何为人民群众的语言生活服务，为提高全民的汉语能力服务。

进入新世纪，笔者的语言学研究有明显的学术转向，就是把主要的精力转移到语言应用的研究上来。这体现在民俗语言研究、地名语言研究、修辞研究和社会语用研究等四个方面。

另外，将语言修辞理论与鲜活的社会语言实践相结合，笔者先后在报刊上发表《调整语言观，促进语言发展》《新生词语和网语、酷语》《规范社会用字》《普通话三题》《"国事"与"国是"》《说"语商"》《说"愿景"》《繁体别字》《网络新词语解析》等系列文章。在天津电视台、天津人民广播电台播出"新时代·新词语""地名文化""民俗语言""这是天津话"等系列谈话节目。在天津市社联、天津图书馆以及天津市语言文化中心等处，分别作《天津地名与地域文化》《从语言学角度论析天津地名》《天津方言与地域文化》《中外语言文化对比》《语言修辞研究与博客牵手》等学术报告。在《今晚报》推出"词义探幽"专栏，发表谈词语运用规范化文章数十篇。在《今晚报》《城市快报》《每日新报》上先后推出"天津地名漫话""天津卫老胡同""天津地名考""说文解字""天津方言词语例释"等专栏，发表应用语言学方面的普及性文章300多篇。这些将学术性、知识性、趣味性、地域性熔为一炉的系列文章，龙虫并雕、雅俗共赏，在为语言理论的普及，为汉语能力的提升，为群众的语言生活服务上，略致绵薄，因而受到读者欢迎。

近年来，我积极参与天津市语言文字培训测试中心组织的科研工作，从中深切地感受到语言应用研究的勃勃生机和远大的前景。在这里，语言学专家与语言文字工作者结合在一起，取长补短，相济互补，和谐相处，共同研究和解决实际问题。在这里，完全摒弃了"学院派、象牙塔、空对空"之类弊病，而将语言理论与语言教学、语言培训、语言测试等实践环节紧密地结合起来，力求解决实际问题，为提高全民的汉语能力这个长远目标而贡献力量。

语言学工作者面对社会上、网络中突然冒出来的新词语、新现象，应当及时作出科学的解释——这是社会语言生活的要求，也是语言学工作者的职责。语言学只要贴近现实社会、贴近群众生活，那就如同走进了广阔的沃野，无限风光等你欣赏，无数花果等你采摘。我们就会从青灯黄卷、庭院深深、故纸书袋的寻章雕句中挣脱出来，在现实语言生活中捕捉大量信息，发现鲜活课题，与时俱进，不断进取。[①]

《庄子·养生主》曰："彼节者有间，而刀刃者无厚。以无厚入有间，恢恢乎其于游刃必有余地矣。"谭先生那"敏感、穷究、知疑、博采"的治学方法，盖其学术研究之利刃乎？朱熹《观书有感》诗云："问渠那得清如许？为有源头活水来。"谭先生那"贴近社会，贴近群众，贴近现实生活"的学术追求，盖其学术研究之源头活水乎？手操利刃而引源头活水，这或许是谭先生取得丰硕成果的秘诀吧！

二　长者风范

我曾仿照刘禹锡的《陋室铭》而写了一篇《书斋铭》，以表达读书的快乐：

---

① 谭汝为：《方法·追求·尝试——语言修辞研究体会》，见黎千驹主编《语言学者论治学》，华中师范大学出版社 2011 年版，第 233—236 页。

室不在大，有书则灵；人不在富，博学则名。斯是书斋，养吾性情。千卷藏斗室，万物入汗青。仰吟诗词曲，俯览子史经。可以究天人，通废兴。无官场之斗角，无利禄之劳形。今吾耐寂斋，承古子云亭。君子云：尚复何求！

其实，读书的快乐不仅如此。想当年，秦王嬴政在读了韩非子《孤愤》《五蠹》两篇文章之后，感叹道："嗟乎！寡人得见此人与之游，死不恨矣！"（《史记·老庄申韩列传》）愚以为，当一个人读到当代人的论著，并佩服其学识时，就很可能产生一种心向神往的感觉，这正如孟子所云："颂其诗，读其书，不知其人，可乎？"（《孟子·万章下》）而一旦与作者邂逅，无疑也是一件乐事。

我曾拜读过谭汝为先生不少论著，但不识其人。2005 年 10 月，我去上海参加中国修辞学年会，而有幸结识了谭先生。他当时给我的印象是幽默风趣，待人平和。返校之后，我冒昧地给他发了个邮件，请他为拙作《模糊修辞学导论》作序，他欣然应允。他在该书《序》中说道："我和千驹先生，是相互仰慕，且神交既久的文友，但多年来地隔南北，缘悭一面。直至去年冬季，在中国修辞学会上海年会上，我们才得以相晤恳谈。我比千驹先生年长十二岁，但彼此在治学路径、知识结构，以及性情禀赋上，却多有相近相通之处。"

我知道，若是论交情，谭先生应该不会给我赐序，我们毕竟刚认识；他是在以一位长者的风范来扶持后学。

2008 年春，我们湖北师范学院语言学研究中心获批为湖北省人文社科重点研究基地，11 月，我们发起并主办"首届中国模糊语言学术研讨会"，我邀请谭汝为先生出席会议，并请他在大会闭幕式上代表组委会作本次学术研讨会总结。大家都知道，作学术总结是学术会议上最苦最累的活儿。谭先生二话没说就爽快地应承下来了。谭先生以其敏捷的思维、深厚的学养、风趣的语言赢得了代表们热烈的掌声。其后，我们又分别于2009 年和 2013 年在湖北师范学院主办了第二届和第四届中国模糊语言学术研讨会，都是请谭先生作学术研讨会总结。

我知道，谭先生并非乐此不疲，一般上了年纪的学者出席学术会议，大多想轻松一点，至少不愿太劳累；他是在以一位长者的风范来扶持我们语言学研究中心，来为中国模糊语言研究贡献自己的力量。

2010 年 4 月，我们文学院语言学科邀请谭先生来为我们汉语老师和研究生作学术报告，他欣然应允，作了《汉语修辞与汉文化》的报告，受到师生的一致好评。

我知道，任何一位知名学者都不太愿意为了作一场学术报告而千里奔波；谭先生是在以一位长者的风范来扶持我们语言学科，来让我们师生开阔学术视野。

谭汝为先生与我，与我们语言学研究中心，与我们语言学科，都结下了不解之缘，在与谭先生的交往当中，我们自始至终感受到了一位专家的睿智和长者的风范。

（2013 年 10 月为庆贺谭汝为先生七十华诞而作）

附录　黎千驹著作目录

一　训诂学类

（1）《训诂方法与实践》（16 万字），广西师范大学出版社 1997 年。
获奖：湖南省第五届社会科学优秀成果优秀奖（1999 年）。
（2）《现代训诂学导论》（30 万字），华中师范大学出版社 2008 年。
获奖：黄石市第七届社会科学优秀成果二等奖（2012 年）。
书评：杨合鸣：《一部具有鲜明特色的训诂学著作——评黎千驹〈现代训诂学导论〉》，《湖北师范学院学报》2009 年第 1 期。
（3）《训诂与说文研究》（47 万字），中国社会科学出版社 2013 年。

二　古汉语类

（4）《古汉语知识二百题》（22 万字），甘肃教育出版社 1991 年
（5）《古今词义异同辨析手册》（31 万字），湖南师范大学出版社 1993 年。
（6）《古代汉语教程》（蒋冀骋、黎千驹编著，52 万字），南海出版公司 2005 年。
（7）《古代汉语》（上下册，第 2 版，易国杰、黎千驹主编，80 万字），高等教育出版社 2011 年。

三　说文学类

（8）《说文学专题研究》（29 万字），中国社会科学出版社 2010 年。
获奖：黄石市第八届社会科学优秀成果二等奖（2014 年）。
书评：马芝兰：《一部说文学史的专著——评黎千驹〈说文学专题研究〉》，《湖北师范学院学报》2011 年第 1 期。
谢艳红：《一部具有学术创新性的说文学史专著——评黎千驹〈说文

学专题研究〉》,《湖北师范学院学报》2012 年第 5 期。

四　国学类

(9)《论语导读》(67 万字),社会科学文献出版社 2012 年。

获奖:湖北省第九届社会科学优秀成果三等奖(2015 年)。

书评:罗积勇:《一部严谨、准确、贴近现实的〈论语〉读本——评黎千驹〈论语导读〉》,北京师范大学《励耘学刊》2012 年第 1 辑。

徐柏青:《一部通经致用雅俗共赏的〈论语〉读本——评黎千驹〈论语导读〉》,《湖北师范学院学报》2013 年第 2 期。

五　模糊语言学类

(10)《实用模糊语言学》(15 万字),广西师范大学出版社 1996 年。

获奖:郴州市社会科学优秀成果二等奖(1998 年)。

书评:王大年:《〈实用模糊语言学〉序》,《语言文化学刊》1996 年第 15 辑。

盛新华:《〈实用模糊语言学〉序》,《吉安师专学报》1996 年第 4 期。

韩庆玲:《严谨、全面、务实——读〈实用模糊语言学〉》,《修辞学习》1997 年第 6 期。

(11)《模糊修辞学导论》(30 万字),光明日报出版社 2006 年。

获奖:黄石市第六届社会科学优秀成果二等奖(2010 年)。

书评:茹新平:《模糊修辞学的进展》,《光明日报》2007 年 2 月 3 日。

冯广艺:《理论新颖、体系独创、方法科学、实用性强——黎千驹〈模糊修辞学导论〉序》,《湖北师范学院学报》2006 年第 4 期。

谭汝为:《模糊语言与模糊修辞——评黎千驹〈模糊修辞学导论〉》,《江汉大学学报》2007 年第 3 期。

刘琼竹:《理论的创新性实践的指导性——评黎千驹〈模糊修辞学导论〉》,《广东技术师范学院学报》2007 年第 6 期。

张秋娥:《21 世纪中国模糊修辞学的新篇章——评黎千驹〈模糊修辞学导论〉》,《湖南科技学院学报》2007 年第 3 期。

(12)《模糊语义学导论》(31 万字),社会科学文献出版社 2007 年。

获奖:湖北省第七届社会科学优秀成果三等奖(2011 年)。

书评：黎运汉：《体系完备　方法新颖　注重实用——评黎千驹〈模糊语义学导论〉》，《湖北师范学院学报》2007 年第 1 期。

张春泉、马芝兰：《模糊语义学研究方法的新探索——评黎千驹〈模糊语义学导论〉》，《楚雄师范学院学报》2006 年第 11 期。

张艳玲：《科学性、系统性、创新性、针对性——黎千驹的模糊语言研究》，《湖北师范学院学报》2007 年第 6 期。

马芝兰：《一部体系严谨、内容翔实的语义学著作——评黎千驹〈模糊语义学导论〉》，《黄石理工学院学报》2008 年第 4 期。

（13）《模糊语言研究》（主编，42.7 万字），中国社会科学出版社 2014 年。

（14）《修辞与模糊语言研究》（52.8 万字），中国社会科学出版社 2015 年。

六　修辞学类

（15）《现代汉语同义修辞研究》（22.5 万字），湖南人民出版社 2003 年。

获奖：湖南省优秀社会科学学术著作出版资助（2003 年）。

岳阳市第六届社会科学优秀成果二等奖（2005 年）。

（16）《现代汉语实践修辞学》（李维琦、黎千驹著，26 万字），湖南师范大学出版社 2004 年。

七　文学创作类

（17）《道德贤文》（3 万字），广西师范大学出版社 1997 年。

（18）《点滴人生》（诗歌集，10 万字），中国文联出版社 1999 年。

（19）《柔情似水》（长篇小说，23 万字），岳麓书社 2000 年。

八　其他

（20）《形式逻辑》（参编），高等教育出版社 1999 年。

（21）《当代语言学者论治学》（主编，33.3 万字），华中师范大学出版社 2011 年。

自　述

有人说，老人有两个显著特征：一是树老根多，人老话多；二是喜欢回忆往事。我也想在这里回忆往事，自述自己前半生的经历，这也就表明我已垂垂老矣。

一　人在征途

我于1957年3月30日（农历二月二十九）出生在一个医生家庭。父亲黎尚荃在新中国成立前是医生，新中国成立之后，父亲被安排在湖南省郴州市永兴县湘永煤矿当医生。我们家有兄弟姐妹八人，我排行最小，上面有六个姐姐和一个哥哥。虽然是十口之家，但日子还算过得可以，因为我父亲的工资比较高，仿佛记得是90元一个月，我小时候听说这比矿长（相当于县长）的工资还高呢。然而好景不长，1968年我父亲逝世，时年46岁；那年我11岁。从此我们家陷入了穷困的境地，全家吃的经常是红薯煮稀饭，或者萝卜白菜煮汤饭，并且几乎不放油。我从小学到高中穿的大多是带有多个补丁的衣裤。直到后来读大学时，这种现象才得以改观：衣裤只旧而没有补丁了。读大学期间，我身穿皱巴巴的旧衣而行走于省会长沙。有人对我说："你穿这么破旧，不怕人笑话？"我答曰："反正没人认识我，无所谓。"其人又说："班上同学认识你啊！"我答曰："既然都认识我，无所谓。"孔子早就说过："士志于道，而耻恶衣恶食者，未足与议也。"（《论语·里仁》）有感于此，我曾作《贫寒》诗一首：

> 贫寒是什么？贫寒是衣不蔽体，
> 贫寒是食不果腹，贫寒是家徒四壁。
> 贫寒是什么？贫寒是一条汹涌的河，
> 它使懦者绝望沉沦，它使勇者奋力拼搏。

贫寒是什么？贫寒是一座熊熊燃烧的炉膛，
它使废物烧成炉渣，它使生铁百炼成钢。
我不需要贫寒，在贫寒中人生是如此的艰难，
我不惧怕贫寒，在贫寒中我将扬起理想的云帆。

父亲去世时，我们家只有哥哥有工作，在井下挖煤，大姐早已出嫁。剩下姐弟六人，其中四个姐姐先后"上山下乡"；1975 年 1 月我高中毕业，同年 3 月我也下放到永兴县高峰公社上湾大队田心生产队（现更名为七甲乡四甲村）插队落户。

我所下放的生产队是全大队最穷的，一个全劳动力的工分（10 分底分）一天只有 1 角多钱，而其他生产队一般有 3 角多。我每天跟社员一起卜田干活，由于没有力气，干活也不熟练，因此我的底分被定为 6.5 分。这就意味着我干一天活只能挣几分钱，到年底结算时，所挣的钱用于买基本口粮之后，几乎没有任何盈余了。后来大队干部听说我父亲是医生，就把我抽调到大队合作医疗站当赤脚医生，主要任务是跟一位老中医上山采草药。大概干了一年，后来我又被派到公社去修水电站、修公路。

1977 年 10 月初，我听到一个振奋人心的喜讯："国家决定从今年起恢复高考制度"，这次是由各省、自治区、直辖市自行命题，湖南省定于当年 12 月举行高考。按理说这应该是旧闻了。这恢复高考的消息且不说在全国各大中型城市，就连我们县城也早就传开了，然而我不知道，因为我所下放的公社是全县最偏远的地方，并且我也很久没有回家了。

老实说，下放三年来，我从来没做过大学梦。我知道，被推荐上大学的大多是干部子弟。这距离太遥远了。我不是一个富于幻想的人，我一心只盼着有朝一日能够被招工，哪怕是像我哥哥那样下井挖煤，我也愿意。然而我也知道，招工对于我来说，也无异于"蜀道之难，难于上青天"。当时招工基本上只有两种方式：一是从表现好的知青中选拔——虽然说是选拔，实际上大多数是干部子弟，或者是有门路可走的人家的子弟，而平民子弟很难被列入"表现好"的范围；二是顶职——父母退休或者死亡，其子女可以有一人顶替参加工作。我 11 岁丧父，母亲没有工作，无职可顶。除了眼睁睁地看着身边的"插友"一个个地被招工之外，我只有老老实实地继续留在广阔天地炼红心。

就在这读书无缘、招工无望的"山重水复疑无路"之时，忽然传来

了国家恢复高考招生制度的喜讯，我似乎产生了一种"柳暗花明又一村"的喜悦。那年我考入了湖南师范大学中文系，成为恢复高考之后27万名首届大学生中的一员，并且是全公社当年所有考生中唯一考上大学的人，那年我21岁。

　　回首知青下放的生活经历，有的人用"无怨无悔"来概括，有的人用"岁月蹉跎"来形容，我无法用一个简单的词语来表达自己对这段人生经历的感受。但我始终认为："上山下乡"是自己踏入社会的第一个人生驿站，既然在这片土地上生活过、奋斗过、快乐过、痛苦过，那么这片土地、这段经历也就成为自己一生中无法释怀的记忆，并且给自己人生旅途以极大的影响。淳朴的村民让我感受到了人间真情，也教会了我如何做人；艰苦的生活培养了我吃苦耐劳的精神和勤俭节约的美德；而邓小平同志所做出的恢复高考的英明决策，更是改变了成千上万知青的命运。我不希望再发生"知识青年到农村去，接受贫下中农再教育"的运动，但我们这些经历过这场"上山下乡"运动的知青，不应该忘记自己曾生活过的那片土地。2000年5月我召集曾经一起下乡的20余名知青回到当年所下放的村庄，并且特地去看望了一位大婶——当年我离开农村的那天向本生产队的每户人家告别时，她含着眼泪煮了三个鸡蛋给我吃。那情景如今仍历历在目，见到她时，我送了她400元钱（当时我的月工资是900元左右）以表示迟到的谢意，也算是了却了一件感恩的心愿。

　　为了弥补过去虚度岁月的损失，我，不仅仅是我，我们所有七七级的大学生几乎都在如饥似渴地读书。在大学读书期间，我有幸聆听了周秉钧先生、李维琦先生、王大年先生、王玉堂先生、刘诚先生的古代汉语课，聆听了马积高先生、彭丙成先生、宋祚胤先生、叶幼明先生的古代文学课，聆听了吴启主先生的现代汉语课，聆听了蔡健先生的现代文学课以及杨安仑先生的美学课，等等，皆受益匪浅。

　　1982年1月，我大学毕业被分配到湖南省郴州农校教语文，1983年与本校英语老师陈丽结为夫妻，1987年晋升讲师职称。1988年5月我调入郴州师专中文系教书。1994年7月晋升副教授职称，1999年7月晋升教授职称。在该校任教期间，我曾于1990—1991年赴北京师范大学中文系做王宁先生的国内访问学者，跟随王先生学习训诂学与汉语语源学。1994年被评为首届"湖南省普通高校青年骨干教师"，1995年荣获郴州市"有突出贡献的专业技术拔尖人才"称号，1995年当选为郴州市第一届政协委员，1998 年当选为第八届湖南省政协委员，2000 年当选为郴州市第二届政协常委。

2000 年 6 月我调入湖南理工学院，在中文系任教。2001 年 3 月我当选为岳阳市岳阳楼区第二届政协副主席；同年奉命创建新闻系，任主任；2003 年调任中文系主任。我耳闻目睹过不少曾经非常有才气的学者从政之后就变得"江郎才尽"的现象，这或许在他们自己看来是无怨无悔，甚至是乐得其所，因为他们尝到了从政的种种甜头；然而这并不是我所向往的。于是我于 2004 年 6 月主动提出申请，请求辞去中文系主任职务，以便专心致力于教学和科研。俗话说鱼与熊掌不可兼得，辞去行政职务之后的十年内，我在教学之余则埋首书斋，笔耕不辍，出版了十来部著作，我至今仍庆幸自己当年没有贪念官场，否则我也早已"江郎才尽"了。在该校任教期间，我于 2001 年被湘潭大学聘为文学与新闻学院汉语言文字学专业硕士研究生导师，被南开大学中国文字学研究中心聘为兼职研究员，2004 年荣获"岳阳市优秀专家"称号，当选为湖南省语言学会常务理事。

2005 年 6 月我调入湖北师范学院，在文学院任教。该年我与语言学科的同人一起在冯广艺校长的带领下，成功申报了汉语言文字学专业硕士点，成为该校首批硕士研究生导师；2007 年我获得教育部人文社科研究基金项目，实现了该校在教育部基金项目方面零的突破；2008 年 4 月我成功申报了湖北省人文社科重点研究基地"湖北师范学院语言学研究中心"，实现了该校在省级重点实验室与省级重点研究基地方面零的突破；2008 年 11 月初，我发起并成功主办了"首届中国模糊语言学术研讨会"，实现了该校在主办全国性学术会议方面零的突破，至今已主办四届中国模糊语言学术研讨会，从而使得该校成为中国模糊语言研究的重镇。2008 年我被评为"享受国务院政府特殊津贴的专家"，2012 年被湖北省人力资源和社会保障厅评为二级教授，2015 年被评为黄石十大文化名家。

二 学术研究之路

在大学读书期间，我对古代汉语特别感兴趣，于是立志从事古代汉语研究。我在学习王力先生主编的《古代汉语》时，其中的两段话对我启发很大。

第一，《古代汉语》第一册《绪论》中这样写道："我们认为学习古代汉语的基本理论知识也是非常重要的。因为认识有待于深化，认识的感性阶段有待于发展到理想阶段。单靠阅读后的一些零星体会和心得，那是很不够的，还必须继承前人对古代汉语的研究成果。所以本书中有古汉语通论部分，阐述古代汉语词汇、文字、语法、音韵以及修辞表达、文体特点等方面的基本理论知识，以加深学生对古代汉语的认识，使学生能够把读过的作品拿来跟它相印证。这样既有材料，又有观点，对古代汉语才算有了比较全面的了解。但是，我们讲通论的目的并不在于传授有关古代汉语的系统理论，而是从帮助提高古汉语的阅读能力出发的；因此，各部分知识并不强求其完整性和系统性。"这段话阐明了两层意思：一是强调学习古代汉语理论知识的重要性，所以该书中有古汉语通论部分；二是该书讲理论知识是从帮助提高古汉语的阅读能力出发的，因此各部分知识并不强求其完整性和系统性。这种设计与安排是合理的，也是无可厚非的。然而我们在学习古代汉语时，同学们几乎都觉得书中的理论知识"不解渴"，不能通过此书完整而系统地掌握古代汉语理论知识。当时也没有完整而系统地介绍古代汉语理论知识的教材。于是我突发奇想：能否编写一本比较完整而系统地介绍古代汉语理论知识的书呢？

第二，《古代汉语》（第一册）"古汉语通论（二）古今词义的异同"中这样写道："在异同的问题上，难处不在同，而在异；不在'迥别'，而在'微殊'。"这段话说明学习古代汉语要特别注重辨析古今词义的差异，这既是学习古代汉语的难点，也是重点之所在。对于那些初学古代汉语的人来说，如果能够正确辨析古今词义的差异情况，就不会犯"以今度古"的错误了，也就基本上可以读懂一般的文言文了。然而对初学者来说，要在较短的时间内掌握一定数量的古今词义有差异的词语，是相当不容易的。如果能够有一部专门辨析古今词义差异的词典，那么就可以帮助初学古汉语的人收到事半功倍的效果。可惜当时还没有这方面的词典。于是我又突发奇想：能否编写一本这样的词典呢？

俗话说"初生牛犊不畏虎"，"无知者无畏"。前一句是从正面说的，后一句是从反面说的。无论是从哪个方面来看自己当年的"写作冲动"，反正我认准了就大胆去做，即使最终没有写出书来，也必将从研究和写作的过程中比较系统地学习和掌握古代汉语理论知识，并将积累大量的古代汉语语料。何乐而不为呢？于是大学四年，我课余时间几乎都耗在搜集相关资料上面了。等大学毕业时，我带着一木箱卡片告别了母校。

参加工作之后，教学之余，我继续搜集资料，进行研究，于1985年终于完成了《古汉语知识二百题》和《古今词义异同辨析手册》两部书稿。接着就是分别向出版社投稿。当时既没有电脑，也没有复印机，每部书稿我得先手抄两份，投一份，留一份。书稿投出去之后，往往是石沉大海，连书稿也要不回；这时我只好又抄写一份书稿再投出去。好在皇天不负苦心人，1987 年上半年，甘肃人民出版社教育编辑室的杨马胜先生给我来信，说同意出版我的《古汉语知识二百题》，并且要我填写了该社的出版选题计划。于是我又抄写部分书稿寄给暨南大学中文系的杨五铭先生，请他斧正并赐序。孰料第二年几乎全国的出版社都发生了巨大变化，我的书稿被告知不宜出版了。1990 年我突然收到杨马胜先生的来信，说还是要出版我的书稿，他们的教育编辑室早已由甘肃人民出版社分离出来而另外组建了甘肃教育出版社。这真是令我喜出望外，并庆幸自己遇到了这么好的编辑。就这样我的第一部书稿《古汉语知识二百题》于 1991 年3 月出版了。1998 年，高等教育出版社面向全国高校招聘"师范院校汉语言文学教育专业系列教材"之《古代汉语》教材的编写人员，我以该书作为成果而成功应聘，并担任副主编；2010 年该教材重新修订，我担任第二主编。1993 年 4 月，我的《古今词义异同辨析手册》也由湖南师范大学出版社出版，首印就发行了 8000 册。

1990—1991 年，我有幸赴北京师范大学中文系做王宁先生的国内访问学者，我比较系统地学习了训诂学、汉语语源学和《说文解字》。这段求学经历，开阔了我的学术视野，为我今后的学术研究打下了坚实基础。访学归来之后，我先后出版了《训诂方法与实践》《现代训诂学导论》《说文学专题研究》等著作。这些成果的取得无疑得益于王宁先生的教诲。

在北京师范大学访学期间，我常到伍铁平先生家向伍先生请教模糊语言学方面的一些问题，伍先生耐心为我解疑释难。后来我先后出版了《实用模糊语言学》《模糊语义学导论》《模糊修辞学导论》，这些成果的取得无疑得益于伍铁平先生的教诲。

我的大学老师李维琦先生于 1986 年邀我与他合作撰写一本现代汉语同义修辞方面的著作，于是我开始涉猎修辞学研究。李先生说："我们对《说苑》中可以比较的修辞现象进行了全面的归纳，得出了一个由六大部分组成的修辞系统。1. 同义词的采择（这里所说的同义词不止是词汇学上的）；2. 同义语法形式的挑选；3. 广义借代的运用；4. 信息节取；

5. 语境省略；6. 模糊概念的引进。1、2 是语言要素。3、4 是逻辑，5、6 是表达。这六项使修辞领域有了前所未有的扩展。可借用的是一部古书，难以产生广泛的影响。但古今汉语是相通的，对古汉语合适的东西，就其大体来说，对现代汉语也应该有用。我的合作者已在收集这方面的资料了。大约不要很久，按照我们的反思和探索而写的修辞书，包括现代汉语的和古代汉语的，都将问世。"① 李先生所说的"合作者"就是我。在李先生的修辞理论指导下，我们的合作成果《现代汉语实践修辞学》于 2004 年 1 月出版。后来我写《模糊修辞学导论》，亦得益于跟随李先生作同义修辞研究。

我曾被评为湖南省普通高校科技工作先进工作者（1999 年）。我的一些学术著作曾经获得省市级奖励。如《训诂方法与实践》获湖南省第五届社会科学优秀成果优秀奖（1999 年），《现代汉语同义修辞研究》获湖南省优秀社会科学学术著作出版资助（2003 年），《模糊语义学导论》获湖北省第七届社会科学优秀成果三等奖（2011 年），《论语导读》获湖北省第九届社会科学优秀成果三等奖（2015 年）。

我曾分别应邀在中国训诂学学术年会、中国文字学国际学术研讨会、中国模糊语言学术研讨会、全国语言文字应用学术研讨会、中国修辞学学术年会和中国语文现代化学术研讨会等全国性学术会议上作大会学术报告。网上列有自清代以来的五十来位"训诂学专家"简介，我忝列其中；河南许慎纪念馆设有"许学学人"专栏，上面张贴有国内五十来位研究许学的知名学者照片，我亦忝列其中。中国国家图书馆以及所有 985 高校、211 高校的图书馆皆藏有我不少著作，全国许多大中型城市的新华书店以及网上书店皆有我的著作售卖。这让我感到欣慰，我数十年来所取得的科研成果没有像当今不少"职称书"那样仅仅躺在作者的家里。

回顾自己的学术研究之路，我最大的感受主要体现在以下两个方面。

第一，做学问要耐得住寂寞。毋庸讳言，当今社会，物欲横流，人心浮躁。即使是真正的读书之人，仅仅被单位的科研量化考核所迫，也很难再像前辈学者那样忍受"十年磨一剑"的寂寞。与此相反，有的人恨不得一夜之间成为腰缠万贯的大款，有的人希望能抱住某个权贵的大腿而捞个一官半职。其实这也不值得什么大惊小怪的，因为思富、思贵乃人之本

① 李维琦：《修辞学研究的反思和探索》，《湖南师范大学学报》1988 年第 2 期。

性。然而，如果你深知这样的暴发户与新贵们昨天的底细，看到他们今天的倨傲，想到自己眼下的寒酸，你就会知道什么叫财大气粗，什么叫小人得志，什么叫百无一用是书生。这时也许你就难以在书斋里忍受寂寞了。老实说，我也有心浮气躁的时候——当看到身边的某些人胸无点墨却成了暴发户，某些人不学无术却官运亨通，我不禁怦然心动，并且自信："如果我也下海，未必没有你阔绰；如果我也从政，未必没有你显赫。"然而我总算还有点自知之明——知道自己没有发财的命，也不是当官的料，"富贵非吾愿，帝乡不可期"，唯有埋头学问而已。至于"自信"阔绰与显赫之类，那只不过是阿Q的精神胜利法。我从前辈学者的治学之道中得到了重要的启示：大凡有志于做学问的人，都必须耐得住寂寞。于是我把自己的书斋取名为"耐寂斋"，借以告诫自己不要为外界的功名利禄所动。回首自己在耐寂斋内读书写作所度过的寂寞时光，无限感慨顿时涌上心头，我曾作《感受寂寞》的打油诗一首：

> 远离都市的喧嚣，漠视富贵的耀眼风光。
> 蛰居寂寞的书斋，神往学问的神圣殿堂。
> 没有十年磨剑的寂寞，怎能铸就干将的锋芒？
> 没有经历寂寞的人生，怎会有金秋硕果的芬芳？

第二，要把科研当作一项事业，当成一种生活方式。愚以为在高校从事科研的人可以分为两大类：一类是为评职称而从事科研的人，一类是为学术而从事科研的人。为评职称而从事科研的人，虽然也能够取得一定的科研成果，甚至是比较大的科研成果，但是他的科研动力先天不足，一旦所追求的职称目标已经达到，从此就可能"金盆洗手"而与科研拜拜了。为学术而从事科研的人，也许会呈现出另外一番景象。无论是过去还是现在，都有不少人问我这样的问题："讲师搞科研，是因为要评副教授；副教授搞科研，是因为要评教授；而您早已晋升教授，为什么还乐此不疲呢？难道您还要评个啥职称不成？"我认为，一个人从事科学研究，并不都是为了评职称；尽管我当讲师和副教授的时候，搞科研多少带有这种"功利"色彩，但是纯粹出于功利主义动机的人是不可能迷恋科研的。因此，虽然我不必再为评职称而科研了，但是每当攻克一项科研课题之后，我的目光又会立即盯住下一个目标。久而久之，科研就会自觉地融入我的生命，就会成为我的一种生活方式，就会成为一种惯性，就会具有生生不息的精神动力。正因为如此，我自 1999 年晋升教授以来，发表学术论文 80 余篇，出版著作 16 部。我已把科研当作一项事业，当成自己的一种生活方式，而不知老之将至焉。

三　三尺讲台写春秋

作为一名教师，我始终认为，除了要从事科研之外，最重要、最基本的任务是搞好教学与关爱学生。长期以来，我以"敬业、爱生、奉献、正己"作为自己从事教师职业的座右铭。

"敬业"主要体现在精通教学业务和上好每一堂课上。如果一位教师不能深刻而熟练地掌握他所教学科的专业知识，不善于把该学科的专业知识传授给学生，那么就很可能误人子弟；而误人子弟的教师是没有什么师德可言的。这正如苏联教育家马卡连柯所说："学生可以原谅教师的严厉、刻板，甚至吹毛求疵，但是不能原谅他们不学无术。"从这个意义上说，最大的师德就是认真上好每一堂课，既要让学生有所得，又要注重培养大学生的创新精神与实践能力。在长期的教学实践当中，我形成了独具一格的"设疑、讨论、点拨、实践"四步教学方法，"旁征博引、深入浅出和幽默风趣、生动活泼"的教学风格，"背诵如流、信手拈来、潇洒自如"的教学仪态。我为全校学生开设的选修课，每次都是学生爆满。学生去听我的课，一般要提前半小时去占座位，甚至经常还有不少学生站在教室里的过道上听我讲课。以我在湖北师范学院的教学为例，我给文学院大学生讲授《古代汉语》和《训诂学》课程。这两门课程是文学院所有课程中比较枯燥难懂的，但是我的教学受到了学生广泛的好评。恐口说无凭，下面从网上摘录五则学生对我的评价为例。

（1）怀念黎老师的古代汉语课。

（2）训诂学是中文专业最难懂的课，黎老师却讲得深入浅出，妙趣横生，我们也听得津津有味。还真想再去听听他的课。

（3）黎老师乃湖北师范学院最潮教授！黎老师的课讲得很好，深入浅出，让训诂学不再乏味。

（4）听了黎千驹老师的课，我才知道自己报考湖师文学院是正确的选择，我们为文学院有这样高水平并且讲课幽默生动的老师而自豪。黎老师，我们喜欢你！

　　（5）黎教授的教学方法自成一家，学识渊博，旁征博引，深入浅出，幽默风趣，潇洒自信，侃侃而谈，同学们在老师深入浅出的讲解中既增长了知识，又能与当今的社会现实相接合，使大家在愉快之中获得知识。

我为全校大学生开设《论语导读》课，也是好评如潮。下面也从网上摘录五则学生对我的评价为例。

　　（1）我曾提前十分钟去听黎教授的选修课，哇塞！教室里早已人满为患，有的同学已站在过道里，我也只好站着听课了。虽然有点累，但听得有味。值！

　　（2）黎千驹老师的课可以说是一股涤荡心灵的清泉，冲去心里的某些名利、金钱的污垢，塑造完美的人格。这门课结束了，可是那些体会是不会流失的。一笔宝贵的财富将会在我的人生中指引我前进的方向。感谢黎千驹老师上了这门让我们受益匪浅的课程。

　　（3）作为毕业生，早已没课了，本来是挑个教室自习的，可是黎老师来上选修课了，本来不认识老师的，却被老师的课深深吸引，也认识了我们湖师这么优秀的一位老师，我听了这么优秀的我的人生最后一课。

　　（4）黎老师的课总是让人觉得意犹未尽，课堂上总是洋溢着欢笑，在笑声中让我们理解《论语》中的深刻寓意，这其中包括学习、做人、工作等方面的，真的很感谢黎老师！！！

　　（5）一个用心去对待自己的课堂的老师是一位好老师，一个愿意细心地教导学生做人的老师是一位值得尊敬的老师，所谓十年树木百年树人，黎老师是一位好老师，也是一位值得尊敬的老师。

　　（下载网址：http://www.news.hbnu.edu.cn/）

我为全校大学生开设《语言交际艺术》课，同样是引来众多的"粉丝"。下面从网上摘录五则学生对我的评价为例。

　　（1）第一次听说《语言交际艺术》这门选修课是在刚进大学选

课时，听学姐学长们说在湖北师范学院有一门选修课如果不选的话肯定会后悔。那便是《语言交际艺术》。作为一个理科生，当时心里便有不少疑惑，是哪位老师开的选修课竟然如此受学生推崇呢？几经打听才知道是中文系的一位教授。心想，既然是教授开课便去选吧。但两个学期选课时人数都已经爆满，于是在第三次选课时便及早挤了进去。随着听课的深入，发现自己当时在最后一次选课时选了这门课真的是明智的选择。

（2）大二下学期选了《语言交际艺术》的最初原因是室友的推荐，她说那个老师幽默风趣，大班上课还有很多人站着听讲。所以我赶紧选了他的课，还带来了同学一起去。第一次听讲就被黎千驹教授的幽默风趣迷住了。整个课堂下来，出现了多次的互动的场面，笑声不断，同学们积极回答问题，老师把如何学习语言交际艺术演绎得很成功。如果有人问我：你在《语言交际艺术》上学到了什么？我会说，你不选这个课是个错误，学了以后你会知道它是一门必修课。谢谢我的老师。

（3）我报名学习了黎千驹教授的《语言交际艺术》，我觉得很有收获。单是每节课听课人数之多就让我瞠目结舌。以前我老是跟人家说选修课是必逃的，可是现场却是人满为患，有人甚至坐在地上听课，这让我不得不为黎教授的渊博知识，巧妙的言语表达能力，以及美妙的语言艺术所深深折服。

（4）黎千驹老师的每堂课都吸引了大批和我一样的"粉丝"。首先，因为他具有独具魅力的旁征博引、深入浅出和幽默风趣的教学风格。可以说那种授课方式本身就是语言艺术的体现。深厚的知识储备加上诙谐的语言，他将难懂的问题讲得透彻清晰，拓展了我们的视野，启迪了我们的思维，同时展现了作为一名学者的深邃的思想和渊博的知识。也让我感触到知识的积累的重要性。

（5）每周二晚上一次的课程，我总是提前到教室坐下，等候黎千驹老师的到来。对于我来说，那不仅仅是为了两个学分，更是一种享受。我不把去上这门课当成是一种学校规定的任务，而是觉得自己受了很大的恩惠。很庆幸自己这学期能够遇到黎老师，能够学习语言交际艺术。

（下载网址：http://www.yyx.hbnu.edu.cn/）

　　尽管学生对我的好评如潮，但是我并不以此为满足，因为我觉得："敬业"只是师德的基石，教师职业的特殊性决定了教师除了认真上好每堂课之外，还必须关爱学生。如果仅仅满足于上好课，那么这种师德仍然是不够完善的。"爱生"是师德的核心，"奉献"是师德的光辉，"正己"是师德的活力。我还必须朝这三个方面努力。

　　我曾经当过班主任。我深刻地认识到，班主任工作既没有上甘岭那迷漫的硝烟，也没有生活中与歹徒搏斗的壮举，它有的只是平凡琐碎的事务；而班主任就是要把自己的爱心一点一滴地融入平凡琐碎的工作之中去，让同学们从平凡的小事之中来感受班主任的真情。在我们班上，无论是谁遇到了困难，我都会及时出现在他们面前，并且伸出温暖的手来帮助他们。同学们几乎都记住了我的一句口头禅："在关键时刻，请看班主任的!"当我的学生临近毕业的时候，同学们纷纷将那依依惜别的深情倾注在给我的毕业留言里，其中一位同学这样写道："我以前认为世态总是那么炎凉，人情总是那么淡薄，也只相信世上只有妈妈好，于是便有了冷眼看世界的我。然而自从有幸做了你的学生之后，你那浓浓的真情、涓涓的爱心，滋润了我那干涸的心田，我这才知道，人间自有真情在，世上何止妈妈好!"

　　1994 年，郴州地区（1995 年改为郴州市）教育局主办"郴州地区教师职业道德优秀事迹报告会"，各县市及大中专院校推举一名教师参赛，共 20 余人。我作为郴州师专选派的代表在大会上作了《敬业·爱生·奉献·正己》的报告，感动了观众、征服了评委而荣获特等奖。接着我被选拔为教育界的代表参加"郴州地区职业道德优秀事迹报告会"，我被评为"郴州地区职业道德建设活动先进个人"。此后的两三年内，间或有郴州师范、郴州市一中等中专、中学和小学邀请我去作师德教育报告。

　　后来年纪大了，我不再当班主任了（一般是中青年老师当班主任），与同学们的接触自然也就少了许多。但是作为一名任课教师，有时我还是在做一些力所能及的事情。例如，2006 年下学期我在教文学院 2003 级《训诂学》课的时候，得知有几个学生家境贫寒，于是我就把卖书所得的钱全部捐给了那几位同学；我每年所带的十来名研究生，每逢有人过生日的那天，我都会买好生日蛋糕，请全体研究生吃饭，一起给那位研究生庆贺生日。2003 级的同学曾在网上给我留言道：

（1）因为班上许多同学都想要购买黎老师自己编写的教材，黎老师就把收上来的教材钱全部分发给班上最贫困、最需要帮助的同学。这样的好老师可敬、可赞！

（2）黎老师将自己的书费捐出来，补助班上的贫困同学。除了感动，就是由衷的赞叹。别的都不说了，祝福黎老师：身体健康，工作顺利，天天都有个美好的心情！

（3）黎千驹老师在上课前，把900元和880元钱分别交给我们两个班的班干部，委托他们转给本班的贫困生。看到这一幕，我们都非常感动。一个任课老师能够这样关心学生，我们闻所未闻，更不要说亲眼所见了。我们遇到了这样的好老师，也算是人生之大幸吧。

（4）儒者风范，大家风度！

（5）世界上没有不倒的建筑物，却有不倒的灵魂。

（下载网址：http://www.news.hbnu.edu.cn/）

为了进一步提高教学质量，我还积极从事教学研究，曾获湖南省普通高校优秀教学成果二等奖（1996年）。

回顾自己所走过的历程，我最主要的感受是：一个人年轻时一定要有理想，有追求；作为一名高校教师，教书育人与科学研究都是不可或缺的。

后　记

我的学术论文涉及训诂、说文、修辞、模糊语言、国学、逻辑等领域，我曾经把训诂与说文研究方面的论文结集为《训诂与说文研究》，中国社会科学出版社已于2013年出版；这本集子的文章是我从而立之年到接近耳顺之年所发表的有关修辞与模糊语言研究方面的文章中筛选出来的（还有几篇是尚未发表的），除了个别文章改动了一些词句，或有所增补之外，大都保持原貌。这本集子虽然是我30年辛勤汗水的结晶，但是限于学识而囿于视野，因此书中的不妥甚至谬误之处在所难免。虽然我从事语言研究追求"语料的丰富性，语言的敏感性，理论的指导性，方法的科学性，学科的交叉性，学术的创新性，成果的实用性，毅力的持久性"，但是未必皆做到了。我曾斗胆仿照王国维先生的三种境界说而创立从事学术研究的五种境界说：古今之做学问而成大器者，必经过五种之境界："欲穷千里目，更上一层楼。"此第一境也。"请君莫奏前朝曲，听唱新翻杨柳枝。"此第二境也。"咬定青山不放松，任尔东西南北风。"此第三境也。"结庐在人境，而无车马喧。"此第四境也。"居高声自远，非是藉秋风。"此第五境也。虽然我在努力践行，但仍未臻佳境。我诚恳地期待各位读者的批评指正！我的邮箱是：liqianju2005@126.com 请读者诸君不吝赐教。

我在中国社会科学出版社出版了四部著作，都是任明先生任责任编辑，他对工作认真负责，每次都帮我指出了书中的不少错讹之处；他服务周到热情，能够及时帮助我解决有关出版方面的一些问题。在此谨向任先生表示衷心的感谢！

黎千驹

2015年5月

于湖北师范大学耐寂斋